Informationsverarbeitung

Textverarbeitung/Büroorganisation

Spezielle Betriebswirtschaftslehre

Rechnungswesen

Kapitel 1: Die Unternehmung im Wirtschaftsgeschehen

1.1 Die Stellung der Unternehmung im Wirtschaftskreislauf

Stofftelegramm

Einfacher (stationärer) Wirtschaftskreislauf

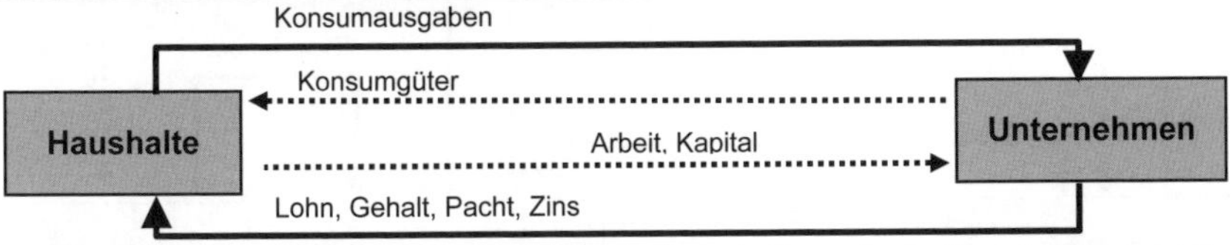

Die Unternehmen verkaufen Konsumgüter an die Haushalte und erhalten als Gegenleistung jenes Geld, welches die Haushalte für Konsum auszugeben bereit waren (oberer Kreislauf). Dieses Geld wiederum entstammt einem 2. Kreislauf. Dort stellen die Haushalte den Unternehmen ihre Arbeit und ihr Kapital zur Verfügung und erhalten als Gegenleistung ein Entgelt in Form von Lohn, Gehalt bzw. Zins (unterer Kreislauf).

In einer anderen Sichtweise lässt sich **außen ein geschlossener <u>Geld</u>strom** (——) erkennen, während **innen in entgegengesetzter Richtung ein <u>Güter</u>strom (······)** zu erkennen ist.

Merkmale des einfachen Wirtschaftskreislaufes:
- es gibt nur Haushalte und Unternehmen.
- alles, was produziert wird, wird wieder verbraucht; daher kein Wachstum.
- keine Kapitalbildung, d. h. die Haushalte verbrauchen ihr Einkommen und bilden keine Ersparnisse.

Es gilt folgende Gleichung: **Volkseinkommen E = Konsumausgaben C**

Einfacher Wirtschaftskreislauf mit Banken = evolutorische Wirtschaft

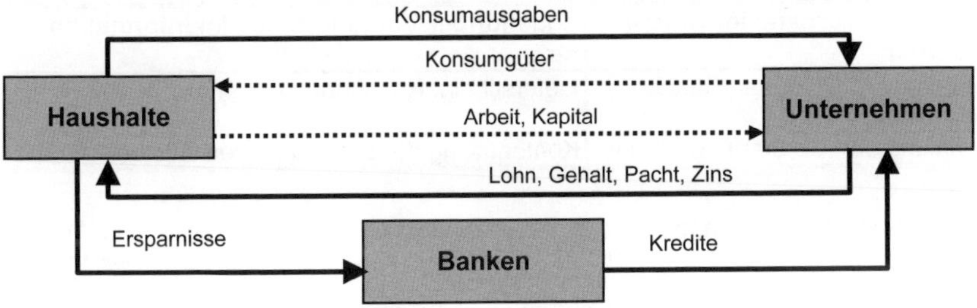

Das Kreislaufsystem wird erweitert um den Sektor **Banken**. Das den Haushalten zufließende Einkommen wird nur teilweise für Konsumausgaben verwendet. Der andere Teil wird gespart. Die Banken verwenden ihrerseits diesen Geldzufluss und stellen ihn den Unternehmen als Kredite zur Verfügung, aus denen die Unternehmen ihre Investitionen finanzieren.

Es gelten folgende Gleichungen:

Volkseinkommen E = Konsumausgaben C + Ersparnisse S

Ersparnisse S = Investitionen I

Wirtschaftskreislauf mit Staat und Außenhandel

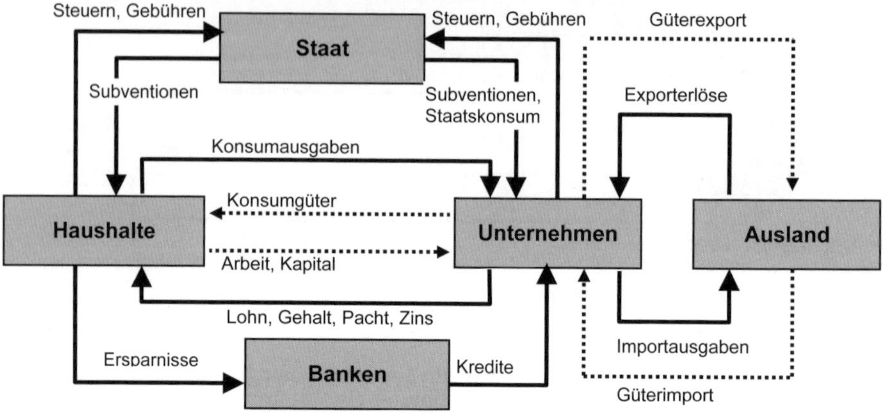

Dem **Staat** fließen von den Haushalten und den Unternehmen Einnahmen zu durch Steuern, Gebühren, Zölle. Im Gegenzug finden Geldübertragungen statt in Form von Subventionen (keine Gegenleistung) oder durch Staatskonsum (mit Gegenleistung).
Das **Ausland** ist Export-/Importpartner der Unternehmen.

Informationsströme im Wirtschaftskreislauf

Jeder Vorgang in einem der Güter- bzw. Geldströme führt zu einem entsprechenden (spiegelbildlichen) Vorgang im Informationsstrom. (Bekanntes Schlagwort: *„Keine Entnahme ohne Beleg!“*)

Beispiel für Vorgang im Güter-/ Geldstrom	Zugehöriger Vorgang/Beleg im Informationsstrom
Lieferung von Gütern an Kunden (hier = Haushalt)	Lieferschein, Rechnung
Bezahlung der Kfz-Steuer an Staat	Kontoauszug der Bank/Überweisungsbeleg

Die Speicherung der Informationen (z. B. in Datenbanken), deren Verarbeitung und darauf aufbauend deren verdichtete Aufbereitung sind notwendig zur Führung und Steuerung des Unternehmens (Management Information System).
Zusätzlich wird das Unternehmen von außen durch weitere Informationen gespeist, die zum Teil gezielt und gegen Entgelt eingeholt werden auf Initiative des Unternehmens (z. B. Lizenzen, Rechtsberatung). Zum anderen enthält das wirtschaftliche Umfeld Informationen, die jedermann zur Verfügung stehen, deren konsequente Nutzung für das Unternehmen jedoch lebenswichtig sein kann, z. B. Einkommensentwicklung der Bevölkerung, Änderungen im Konsumverhalten, Wechselkursänderungen.

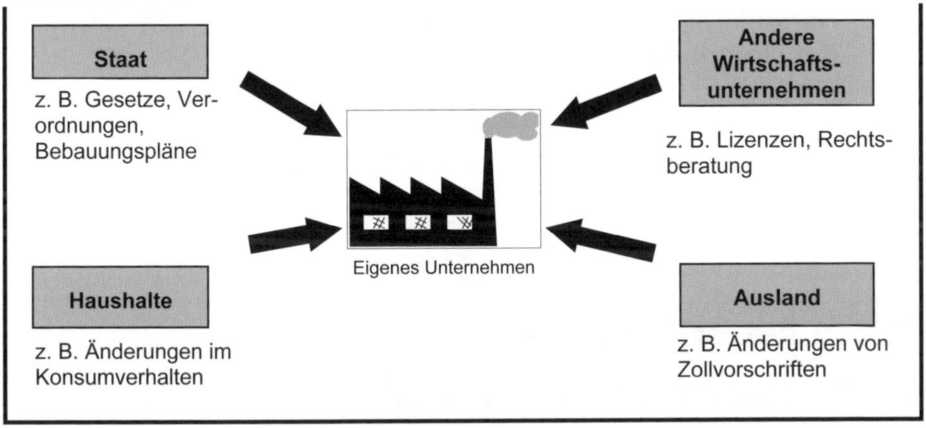

Übungsaufgaben

1. Nennen Sie die Sektoren, die an den einzelnen Modellen des Wirtschaftskreislaufes jeweils beteiligt sind.
2. Weshalb spricht man bei der Darstellung des Wirtschaftskreislaufes von einem „**Modell**"?
3. Zeichnen Sie den einfachen Wirtschaftskreislauf. Unterscheiden Sie zeichnerisch zwischen Güter- und Geldströmen und beschriften Sie dieselben.
4. Welche Merkmale kennzeichnen den einfachen Wirtschaftskreislauf?
5. Durch welche Gleichung ist der einfache Wirtschaftskreislauf gekennzeichnet?
6. Welcher grundlegende Unterschied besteht zwischen stationärer und evolutorischer Wirtschaft?
7. Zeichnen Sie den einfachen Wirtschaftskreislauf mit Banken einschließlich Beschriftung.
8. Welche Funktion erfüllen die Banken?
9. Angenommen, die Haushalte beziehen ein Einkommen in Höhe von 5.000,00 Geldeinheiten. Die Sparquote beträgt 20 %. Tragen Sie die entsprechenden Zahlen in Ihre Zeichnung (Aufgabe 7) ein.
10. Geben Sie die Gleichungen an, die im einfachen Wirtschaftskreislauf mit Banken gelten, und erklären Sie kurz den Aussagewert der Gleichungen.
11. Zeichnen Sie den Wirtschaftskreislauf mit den Sektoren Haushalte, Unternehmen, Staat, Ausland und Banken. Beschriften Sie die Pfeile.
12. Geben Sie je zwei Beispiele für Informationen, welche die Unternehmen von den bzw. über die anderen Sektoren beziehen.
13. Weshalb ist die Sammlung, Nutzung und Aufbereitung der Informationen für die Unternehmen von entscheidender Bedeutung?

1.2 Handelsrechtliche Rahmenbedingungen und Rechtsformen der Unternehmung

1 Kaufmann - Handelsregister - Firma

Stofftelegramm

Kaufmann im Sinne des HGB

Das HGB enthält die rechtlichen Vorschriften für Kaufleute.
Wer ist Kaufmann im Sinne des HGB? ⟶ Wer ein Handelsgewerbe betreibt.

Ein **Handelsgewerbe** ist jeder Gewerbebetrieb, der nach Art oder Umfang einen in kaufmännischer Weise eingerichteten Geschäftsbetrieb erfordert.

Gewerbe = Tätigkeit, die

- selbstständig
- auf Dauer angelegt und
- planmäßig betrieben wird,
- auf dem Markt erkennbar nach außen hervortritt und
- nicht gesetzes- oder sittenwidrig ist.
- Das Erfordernis der Gewinnerzielungsabsicht ist bei der Beschreibung des Gewerbebegriffs rechtlich umstritten.

Die Abgrenzung zwischen Kaufleuten und Nichtkaufleuten erfolgt demnach über *„Art oder Umfang des in kaufmännischer Weise eingerichteten Geschäftsbetriebs“*. Dabei kommt es **nicht** darauf an, ob objektiv ein in kaufmännischer Weise eingerichteter Geschäftsbetrieb vorhanden ist. Entscheidend ist, ob er **erforderlich** ist.

Merkmale hierfür:

- Umsatz
- Höhe des Vermögens
- Gewinn
- Höhe der Forderungen
- Mitarbeiterzahl
- Vielfalt der Erzeugnisse
- Zahl der Betriebsstätten
- Grenzüberschreitende Tätigkeit

Nach der Definition des Handelsgewerbes sollen **alle Kleinbetriebe** vom Handelsrecht ausgenommen werden. Sie werden dem Bürgerlichen Recht unterstellt, haben aber die Möglichkeit, sich in das Handelsregister eintragen zu lassen und erwerben damit die Kaufmannseigenschaft (**Kann-Kaufmann**, konstitutive Wirkung der Eintragung). Sie können auch die Rechtsform einer OHG oder KG wählen.

Kapitalgesellschaften wie GmbHs und AGs sind **immer** Kaufleute nach HGB (**Formkaufleute**, konstitutive Wirkung der Eintragung)

Land- und forstwirtschaftliche Betriebe haben den Status eines „**Kann-Kaufmanns**“.

Kaufmann nach HGB

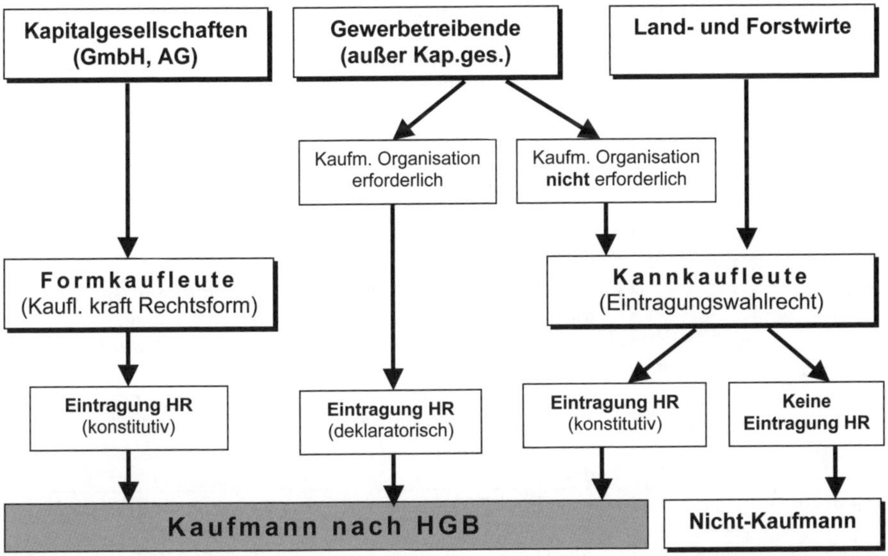

Handelsregister

= Öffentliches Verzeichnis aller Kaufleute nach HGB. Es wird vom Registergericht vollelektronisch geführt. Das Führen des Handelsregisters kann einem Amtsgericht für mehrere Amtsgerichtsbezirke übertragen werden.

Inhalt

- Firma
- Inhaber
- Kapital
- Gegenstand des Unternehmens
- Geschäftssitz
- Prokura
- Mitglieder der Geschäftsführung bzw. des Vorstandes

Öffentlichkeit des Handelsregisters

§ 9 HGB Einsicht für jeden

§ 10 HGB Veröffentlichung der HR-Einträge im Bundesanzeiger und in einer örtlichen Tageszeitung

§ 15 HGB „Öffentlicher Glaube“, d. h. eingetragene und bekannt gemachte Tatsachen muss jeder gegen sich gelten lassen.

Abteilung A: Einzelunternehmen und Personengesellschaften
Abteilung B: Kapitalgesellschaften

Beginn der rechtlichen Wirkung der Eintragung

1. **Deklaratorisch** (rechts**be**zeugend): Die Tatsachen waren schon vor ihrer Eintragung rechtsgültig, z. B. Prokura
2. **Konstitutiv** (rechts**er**zeugend): Die Tatsache wird erst durch die Eintragung rechtswirksam (z. B. Kapitalgesellschaften, Kannkaufleute)

Kleingewerbetreibende sollten durchaus eine Eintragung ins HR überprüfen, da diese mit einer Reihe von Vorteilen verbunden ist.

Kriterium	Kaufmann nach HGB	Nichtkaufmann
Rechtliche Grundlage für Geschäftstätigkeit	• HGB	• BGB
Firma	• besteht bei Tod des Inhabers fort • Bei Verpachtung/Verkauf kann Firma beibehalten werden. • Firmenwert (Goodwill) ist bei Unternehmensverkauf bedeutsam.	• Keine Firma! Sie kann somit auch nicht übertragen werden. • Stirbt Unternehmer, stirbt auch Name des Gewerbebetriebes.
Buchführung	• volle Buchführungspflicht	• vereinfachte Aufzeichnungspflichten
Unternehmensform	• Alle Unternehmensformen sind möglich.	• lediglich BGB-Gesellschaft möglich
Bürgschaft	• auch mündlich erlaubt	• Schriftform notwendig
Erteilung einer Prokura	• möglich	• nicht möglich
Prüfungs- und Rügepflicht	• unverzüglich	• innerhalb 6 Monaten nach Lieferung

Firma

= Name unter dem der Kaufmann seine Geschäfte betreibt und unterschreibt. Er kann unter seiner Firma klagen und verklagt werden. Kurz: Handelsname

Arten

- **Personenfirma:** z. B. Alf Moll, Eingetragener Kaufmann
- **Sachfirma:** Metallgesellschaft AG, Industriewerke Karlsruhe AG
- **Mischfirma:** Moll DV-Beratung OHG
- **Fantasienamen:** Aixtron AG

Firmenbildung

Eintragungsfähig ist jede Firma, die folgende Funktionen erfüllt:
1. Unterscheidungskraft gegenüber anderen Unternehmen
2. Gesellschaftsverhältnisse müssen ersichtlich sein.
3. Haftungsverhältnisse müssen offen gelegt werden.

Sind die drei Voraussetzungen erfüllt, können die Einzutragenden wählen zwischen Personen-, Sach-, Misch- oder Fantasiefirma.

Irreführungsverbot

Eine Firma soll von der Eintragung in das Handelsregister ausgeschlossen sein, wenn sie Angaben enthält, die **ersichtlich** geeignet sind, über geschäftliche Verhältnisse, die für die angesprochenen Verkehrskreise wesentlich sind, irrezuführen.

Zwingender Rechtsformzusatz

Unternehmensform	Vorschrift	Beispiele
Einzelkaufmann	Eingetragener Kaufmann bzw. eingetragene Kauffrau oder allgemein verständliche Abkürzung dieser Bezeichnung, z. B. e. K.; e. Kfm.; e. Kfr.	• Ingo Schnopf e.K. • Lulu Internet Services e. K.
Offene Handelsgesellschaft	Offene Handelsgesellschaft oder allgemein verständliche Abkürzung dieser Bezeichnung, z. B. OHG	• Müller & Schneider OHG • Gaga EDV-Beratung OHG
Kommanditgesellschaft	Kommanditgesellschaft oder allgemein verständliche Abkürzung dieser Bezeichnung, z. B. KG	• Meise KG • Microlux KG

Pflichtangaben auf Geschäftsbriefen

Für sämtliche kaufmännischen Unternehmen sind folgende Angaben auf Geschäftsbriefen, die an einen bestimmten Empfänger gerichtet sind, verpflichtend vorgeschrieben:

- Firma
- Rechtsformzusatz
- Ort der Handelsniederlassung
- Registergericht
- Nummer, unter der die Firma in das Handelsregister eingetragen ist.

Übungsaufgaben

1. Für wen gilt das HGB?
2. Unterscheiden Sie hinsichtlich Handelsregistereintragung: Gewerbetreibende **mit** bzw. **ohne** kaufmännischen Geschäftsbetrieb.
3. Welche Kaufleute sind immer Kaufleute nach HGB?

Nennen Sie vier Merkmale für die Beurteilung, ob für einen Gewerbetreibenden ein in kaufmännischer Weise eingerichteter Geschäftsbetrieb erforderlich ist.

4. Unterscheiden Sie die Begriffe Kann- und Formkaufmann, und nennen Sie je zwei Beispiele.

5. Ingo Schopf ist alleiniger Gesellschafter und Geschäftsführer der Schopf GmbH. Ist er Kaufmann im Sinne des HGB?

6. Welche Kaufmannsart(en) liegt (liegen) jeweils vor?
   a) Firma Opf & Co. KG, Kunststoffverarbeitung, 70 Beschäftigte
   b) Großkino in Hamburg, 15 Beschäftigte, 3 Mio. € Jahresumsatz
   c) Rechtsanwaltspraxis Dr. Para
   d) Würstchenbude in der Innenstadt
   e) Teehandels-GmbH, ein Gesellschafter, keine weiteren Mitarbeiter
   f) EDV-Beratung ***„Daty e. K.“*** ohne weitere Mitarbeiter, Jahresumsatz 150 T€.
   g) Firma Poppe e.K.; 2-Mann-Betrieb; Jahresumsatz 360.000,00 €
   h) Ravensburger Spiele AG
   i) Industriekaufmann Sebastian Schaufel
   j) Landwirtschaftlicher Großbetrieb des Bauern Gerster

7. Erklären Sie den Begriff „Handelsregister“.

8. Wer ist im Handelsregister eingetragen?

9. Welche Gewerbetreibenden können nicht Prokura erteilen?

10. Inwiefern unterscheidet sich die rechtliche Wirkung der Handelsregistereintragung bei Formkaufleuten von den sonstigen Gewerbetreibenden mit kaufmännischem Geschäftsbetrieb?

11. Sie erhalten eine Bestellung in größerem Umfang von einer Ihnen unbekannten Firma. Daher wollen sich einen Handelsregisterauszug über diese Firma zuschicken lassen.
    a) An wen müssen Sie sich wenden?
    b) Erlaubt man Ihnen den Einblick? Begründung.

13. Nennen Sie sechs wesentliche Eintragungen im Handelsregister.

14. a) Welche Rechtsformen werden in welchen Abteilungen des Handelsregisters geführt?
    b) Welche rechtliche Wirkung hat bei diesen Rechtsformen die Eintragung ins Handelsregister? Verwenden Sie die üblichen Fachausdrücke und erklären Sie diese kurz.

15. Ein Bekannter von Ihnen hat einen Surf-Shop eröffnet und behauptet, er sei Nichtkaufmann. Was bedeutet das?

16. Welche Besonderheiten gelten für gewerbetreibende Nichtkaufleute?

17. Welche Nachteile haben eingetragene Kaufleute im Vergleich zu Nichtkaufleuten?

18. Die Auszubildende Sandra fragt ihren Arbeitskollegen Sepp, was man unter dem Begriff Firma verstehe. Sepp antwortet: *„Ob Firma oder Betrieb oder Unternehmung – das ist doch alles das Gleiche!“* Sind sie in Bezug auf den Begriff „Firma“ derselben Meinung? Begründung.

19. Kreuzen Sie die richtigen Antworten an.
    a) Anmeldungen zur Eintragung im Handelsregister müssen notariell beurkundet sein.
    b) Eine neu zu gründende Gesellschaft entsteht rechtlich immer erst am Handelsregistereintrag.
    c) Die Maschinenfabrik Meyer & Söhne KG ist stets ein Kaufmann nach HGB.
    d) Die Eintragung ins Handelsregister ist bei Kann-Kaufleuten konstitutiv.
    e) Bei der Steuerberatungsgesellschaft Wurm GmbH ist Max Wurm alleiniger Gesellschafter. Folgende Begriffe treffen auf diese Unternehmungsform zu: Eintragung ist konstitutiv, Kaufmann nach HGB, Formkaufmann.
    f) Die Firma muss stets Auskunft geben über den Gegenstand des Unternehmens.
    g) Die Firma ist der Name, unter dem der Kaufmann seine Geschäfte betreibt.
    h) Die Unternehmung „Deutsche Leasing AG“ ist eine Mischfirma.

20. Welche Firmenart liegt in den folgenden Fällen jeweils vor?
    a) Sportgroßhandel KG
    b) Schneider-Video-GmbH
    c) Holzapfel OHG
    d) Bingo AG
    e) Müller e. Kfr.
    f) Schulbuchverlag Anne Pfeffer KG

21. Anke Strupp, Inhaberin des Modegeschäftes „Anke Strupp e. Kfr.“ in Bonn, verkauft das Geschäft an Evi Pfau. Unter welchen Voraussetzungen darf die bisherige Firma beibehalten werden?

22. Franz Maier möchte in Wittenberg/Lutherstadt eine Firma mit der Bezeichnung „Franz Maier e. K.“ gründen, obwohl bereits eine andere gleichnamige Firma in Wittenberg existiert. Ist dies möglich? Begründung.

23. Die Firma „Schulbuchverlag GmbH“ ändert den Unternehmensgegenstand und verkauft nur noch Videos an Videotheken. Darf die Firma beibehalten werden?

24. Welche Angaben auf seinen Geschäftsbriefen sind für einen Kaufmann zwingend vorgeschrieben?

2 Überblick über Rechtsformen

Stofftelegramm

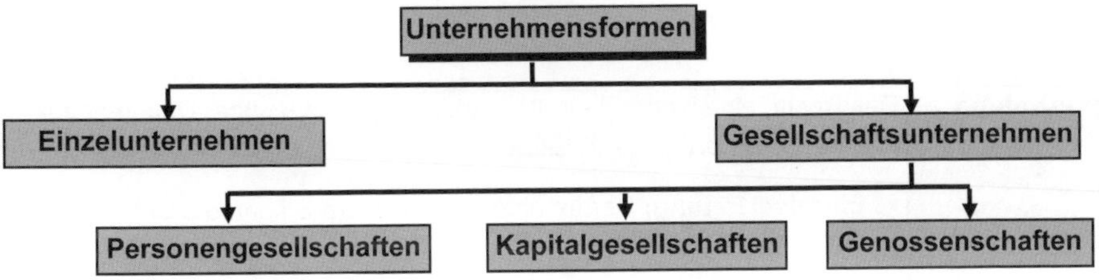

Personengesellschaften:
- Offene Handelsgesellschaft (OHG)
- Kommanditgesellschaft (KG)
- GmbH & Co. KG

Kapitalgesellschaften:
- Aktiengesellschaft (AG)
- Gesellschaft mit beschränkter Haftung (GmbH)

Genossenschaften:
- Eingetragene Genossenschaft mit beschränkter Haftung (eG)

Übungsaufgaben

1. Kreuzen Sie an, ob es sich bei den angegebenen Gesellschaftsunternehmen um eine Personengesellschaft bzw. um eine Kapitalgesellschaft handelt.

	AG	KG	OHG	GmbH
Personengesellschaft				
Kapitalgesellschaft				

3 Entscheidungskriterien für die Wahl der Rechtsform

Stofftelegramm

Gründungs-voraus-setzungen	Manche Unternehmensformen setzen bei ihrer Gründung eine bestimmte Mindesteinlage oder auch eine Mindestanzahl an Gründern voraus.
Firma	= Name, unter dem der Vollkaufmann seine Geschäfte betreibt und unterschreibt. Er kann unter seiner Firma klagen und verklagt werden. Personenfirma, Sachfirma, Fantasienamen
Geschäfts-führung	**Leitung** des Betriebes **im <u>Innenverhältnis</u>**, z. B. Mitarbeiter beurteilen, Anweisungen erteilen, Vollmachten einräumen • **Einzelgeschäftsführungsbefugnis:** Ist jemand hierzu berechtigt, so kann er Entscheidungen alleine treffen. • **Gesamtgeschäftsführungsbefugnis:** Zur Wirksamkeit einer Entscheidung bedarf es eines Gesamtbeschlusses der hierzu Berechtigten.
Vertretung	Das Recht, eine bindende Willenserklärungen gegenüber Dritten abzugeben, betrifft **<u>Außenverhältnis</u>.** • **Einzelvertretung:** Der Inhaber dieses Rechtes kann die Unternehmung **allein** gegenüber Dritten vertreten. • **Gesamtvertretung:** Alle oder mehrere Gesellschafter sind **nur gemeinsam** zur Vertretung der Unternehmung berechtigt.

Haftung	Legt fest, in welchem Maße die Gesellschafter für die Verbindlichkeiten der Gesellschaft einzustehen haben. • **unbeschränkt** = Haftung auch mit vollem Privatvermögen • **unmittelbar** = Gläubiger kann sich an jeden wenden, der zur Haftung verpflichtet ist. Dieser kann nicht auf die Mithaftung anderer verweisen. • **solidarisch** = Haftung für alle Schulden, also auch für jene, die bereits beim Eintritt des Gesellschafter bestanden (gesamtschuldnerische Haftung).

Übungsaufgaben

1. Klären Sie kurz folgende Begriffe:

a) Firma
b) Personenfirma
c) Sachfirma
d) Geschäftsführung
e) Einzelgeschäftsführungsbefugnis
f) Gesamtgeschäftsführungsbefugnis
g) Vertretung
h) Einzelvertretung
i) Gesamtvertretung
j) Haftung
k) Unbeschränkte Haftung
l) Unmittelbare Haftung
m) Solidarische Haftung

4 Die Einzelunternehmung

Stofftelegramm

Einzelunternehmung

Unternehmer = alleiniger Eigentümer

Kapitalaufbringung, Gründungsvoraussetzungen	keine Mindesteinlage; ggf. persönliche Voraussetzungen notwendig, z. B. bei Apotheker
Firma	(Fast) beliebiger Firmenkern (also Personenfirma, Sachfirma, Fantasienamen) + Rechtsformzusatz **e. K.**/ **e. Kfm.**/ **e. Kfr**. Für **e**ingetragener **K**aufmann, **e**ingetragene **K**auf**fr**au
Haftung	unbeschränkte Haftung mit Privat- und Geschäftsvermögen

Vorteile	• schnelle Entscheidung, da keine Abstimmung notwendig • klare Zuständigkeiten • keine Streitigkeiten in der Unternehmensführung • keine Gewinnaufteilung
Nachteile	• begrenzte Kapitalkraft • Inhaber trägt Risiko alleine • Haftung mit ganzem Privatvermögen • Erfolg des Unternehmens ausschließlich an Person des Inhabers gebunden (fachliche Fähigkeit, Gesundheit)
Bedeutung	• häufigste Unternehmensform • geeignet für kleinere und mittlere Betriebe • große Entfaltungsmöglichkeiten des Unternehmers

Übungsaufgaben

1. Im SÜDKURIER ist folgende Anzeige zu lesen:

> Am Donnerstag, 01.07..., eröffne ich mein neues
>
> **Kosmetikstudio**
>
> Barbara Lederle, Rosenstraße 14, 78465 Konstanz

1. a) Welche Vorteile könnten Barbara Lederle, die bisher angestellte Kosmetikerin war, dazu bewogen haben, sich selbstständig zu machen?

b) Welche Nachteile sind damit verbunden?

c) Machen Sie Vorschläge, wie die Firma lauten könnte.

5 Pro und contra Gesellschaftsunternehmung

Stofftelegramm

- mehrere Gesellschafter haben Rechte und Pflichten.
- Regelungen über Geschäftsführung/Vertretung, Verlust, Gewinnverteilung, Haftung im Rahmen eines Gesellschaftsvertrages

Vorteile	Nachteile
• Erhöhung der Kreditwürdigkeit • Einbindung von Fachleuten • Stärkung der Kapitalkraft • Aufteilung des Unternehmerrisikos • Verteilung der Arbeitslast	• Einschränkung der Entscheidungsfreiheit (Geschäftsführung und Vertretung in mehreren Händen) • Verzögerung der Entscheidung bei Meinungsverschiedenheiten • Aufteilung des Gewinns

Übungsaufgaben

1. Barbaras Geschäfte gehen gut. Sie möchte ihr Kosmetikstudio um ein Sonnenstudio und einige Fitnessgeräte und ihr Produktsortiment um ein Schlankheitsprogramm erweitern. Ihre Freundin Uschi Sonntag, eine frühere Arbeitskollegin, wäre daran interessiert, sich an Barbaras Unternehmen zu beteiligen. Darüber hinaus verfügt sie über 50.000,00 € Ersparnisse, die sie ebenfalls einbringen könnte. Nennen Sie die Vor- und Nachteile für Barbara, wenn sie Uschi als gleichberechtigte Partnerin in ihr Kosmetikstudio aufnimmt.

6 Die Kommanditgesellschaft (KG)

Stofftelegramm

Gesellschafter	Kapitalaufbringung, Gründungsvoraussetzungen	Firma
1. **Komplementär** = Vollhafter 2. **Kommanditist** = Teilhafter	• keine Mindesteinlagen • formfrei möglich, jedoch meist schriftlich • notarielle Beurkundung bei Einbringen von Grundstücken	• „Kommanditgesellschaft" oder allgemein verständliche Abkürzung dieser Bezeichnung, z. B. KG

Geschäftsführung	Vertretung
• **Komplementär** – bei gewöhnlichen Rechtsgeschäften ist jeder allein berechtigt und verpflichtet. – im Gesellschaftsvertrag kann die Geschäftsführung für einzelne Komplementäre beschränkt oder ganz ausgeschlossen werden.	• **Komplementär** – jeder hat allein das Recht, gewöhnliche und außergewöhnliche Rechtsgeschäfte vorzunehmen (Zweck: Schutz von Dritten). – abweichende Regelungen müssen vom Gesetz her zulässig sein und im Handelsregister eingetragen werden.

- außergewöhnliche Rechtsgeschäfte benötigen die Zustimmung aller Gesellschafter, auch die der Kommanditisten und der ausgeschlossenen Komplementäre.

- **Kommanditisten**
  - von Führung der Geschäfte ausgeschlossen
  - können jedoch außergewöhnlichen Rechtsgeschäften widersprechen

1. Ausschluss eines Komplementäres von Vertretung insgesamt
2. Gesamtvertretung (= mehrere Komplementäre können nur gemeinsam vertreten.)
3. Vertretung nur zusammen mit Prokuristen
4. **unwirksam gegenüber Dritten: Beschränkungen <u>im Umfang</u>** der Vertretung

- **Kommanditisten**
  - Sie sind zur Vertretung nicht ermächtigt.

Haftung

- **Komplementäre**
  - unbeschränkt - unmittelbar - solidarisch
- **Kommanditisten**
  - Es haftet nur die Einlage lt. HR-Eintragung. Ist die Einlage nicht voll geleistet, haftet der Kommanditist für die Resteinzahlung mit seinem Privatvermögen.
  - Haftung bei Neueintritt: bis zu Eintragung ins HR wie Komplementär, erst nach HR-Eintragung als Kommanditist
  - Vor Eintragung der Gesellschaft ins HR ebenfalls volle Haftung

Übungsaufgaben

1. An der Firma Moll & Co. sind die Komplementäre Moll und Stoll sowie die Kommanditisten Filz und Milz beteiligt. Moll kauft ohne Vorabsprache für die Gesellschaft Aktien im Wert von 390.000,00 €. Prüfen Sie die Rechtslage.

2. Am 13.05. tritt ein neuer Kommanditist in eine bestehende KG ein. Die Handelsregistereintragung erfolgt am 30.05. Erklären Sie die zwischenzeitliche Rechtslage.

3. Wann haften alle Kommanditisten einer KG ausnahmsweise voll?

4. Ein Kommanditist schließt namens der KG einen Kaufvertrag über 100,00 €. Ist der Kaufvertrag für die KG bindend? Begründung!

5. Können Kommanditisten bei entsprechender Gestaltung des Gesellschaftsvertrages eine dem Komplementär ähnliche „*Machtposition*" ausüben? (Innen- und Außenverhältnis beachten)

6. Kommanditkapital von Milz: 100.000,00 € (Haftsumme)
   Davon wurde bereits eingezahlt: 70.000,00 €
   Gläubiger Nötig wendet sich an Milz zwecks Einziehung seiner Forderung gegenüber der KG in Höhe von 50.000,00 €. Muss Milz zahlen? Begründung.

7. Haftet ein Kommanditist auch für **alte** Schulden der KG?

8. Die Firma Kurt Amann & Co. ist eine Unternehmung, die sich auf die Produktion von Gummiverbindungsteilen für Straßenbahnen und Omnibusse spezialisiert hat.
Als Komplementäre sind beteiligt:
- Kurt Amann mit 300.000,00 €
- Heinrich Berger mit 200.000,00 €

Als Kommanditisten sind beteiligt:
- Franz Kramer mit 80.000,00 €
- Horst Dreher mit 70.000,00 € mit Wirkung vom 01.07.08.

Dreher hat 60.000,00 € am 30.06.08 und den Rest am 30.09.08 eingezahlt.

Nach dem Gesellschaftsvertrag stehen die Geschäftsführung und Vertretung nur Amann zu.

a) Nennen Sie vier betriebswirtschaftliche Gründe, die zu der vereinbarten Regelung über die Geschäftsführung und Vertretung geführt haben könnten.
b) Ohne Absprache mit seinen Gesellschaftern kauft Amann von der Firma Pack AG eine sehr teure Spezialmaschine zur Verpackung für 200.000,00 €. Prüfen Sie, ob Amann dazu berechtigt war und ob ein Kaufvertrag mit der Firma Pack AG zustande gekommen ist.
c) Ein Gläubiger hat bisher vergeblich versucht, eine Forderung über 12.000,00 €, fällig am 15.03.10, einzutreiben. Er wendet sich daher am 20.08.10 direkt an den Kommanditisten Dreher und verlangt von diesem die Zahlung. Wie ist die Rechtslage?

7 Die Gesellschaft mit beschränkter Haftung (GmbH)

Stofftelegramm

Kapitalaufbringung - Gründungsvoraussetzung

- GmbH = Juristische Person (eigene Rechtspersönlichkeit)
- mindestens 1 Gesellschafter
- Errichtung durch notariell beurkundeten Gesellschaftsvertrag. Bei einer Einpersonen-GmbH erfolgt die Gründung durch ein notariell beurkundetes Musterprotokoll.
- Das Stammkapital muss mindestens 25.000,00 € betragen.
- Der Geschäftsanteil ist mit einem Nennbetrag versehen und muss auf volle Euro lauten. Dies ist der nominelle Anteil eines Gesellschafters am Stammkapital einer GmbH.
- Die Summe der Nennbeträge aller Geschäftsanteile muss daher mit dem Stammkapital (= gezeichnetes Kapital) übereinstimmen.
- Ein Gesellschafter kann bei der Errichtung der Gesellschaft mehrere Geschäftsanteile übernehmen.
- Mindesteinzahlung pro Einlage = 25 %, insgesamt mindestens 12.500,00 €.
- Da der Geschäftsanteil auch Anteile an den offenen und stillen Rücklagen sowie am Firmenwert umfasst, kann dessen realer Wert steigen oder fallen. Geschäftsanteile können veräußert und vererbt werden. Bei Ausscheiden des Gesellschafters wird (üblicherweise) dieser Wert zugrunde gelegt. Zur Übertragung ist notarielle Beurkundung notwendig.
- Entstehung durch Handelsregistereintragung (= konstitutiv)

Firma	**Rechte und Pflichten der Gesellschafter**
• Sach-, Personen-, Mischfirma, Fantasienamen + Zusatz „*mit beschränkter Haftung*“	• Leistung seines Geschäftsanteils • ggf. Nachschusspflicht • Anteil am Jahresüberschuss entsprechend ihrem Geschäftsanteil • Mitverwaltungsrecht (siehe Organe, Gesellschafterversammlung) • Auskunftsrecht gegenüber den Geschäftsführern

Geschäftsführung und Vertretung

- **durch Geschäftsführer** = Gesellschafter oder Angestellter
- Gesamtgeschäftsführungsbefugnis und Gesamtvertretungsmacht
- die Bestellung erfolgt
  - im Gesellschaftsvertrag (sinnvoll, falls Geschäftsführer = Gesellschafter)
  - oder durch Gesellschafterversammlung
- Widerruf jederzeit möglich
- Geschäftsführer dürfen bestimmte Aufgaben nicht wahrnehmen (z. B. Feststellung des Jahresabschlusses, Ergebnisverwendung, Prokura und Handlungsvollmacht erteilen). Darüber hinaus haben die Gesellschafter ein fast unbegrenztes Einsichts- und Auskunftsrecht gegenüber den Geschäftsführern.

  Folge: Intensivere Bindung zwischen Anteilseigner und Geschäftsführung (noch keine 100%ige Kapitalgesellschaft)
- Kontrolle durch Gesellschafterversammlung, bei größeren GmbHs durch Aufsichtsrat

Organe

Geschäftsführer
Gesellschafter oder Angestellter. Stellung entspricht in etwa dem des Vorstandes einer AG.

Aufsichtsrat
Er kann...
(1) im Gesellschaftsvertrag vorgesehen sein.
(2) gem. Betriebsverfassungsgesetz vorgeschrieben sein (bei mehr als 500 Mitarbeitern).
(3) gem. Mitbestimmungsgesetz vorgeschrieben sein (bei mehr als 2 000 Arbeitnehmern).

Aufgaben: Bestellung, Überwachung und Abberufung des Geschäftsführers, Einberufung einer außerordentlichen Gesellschafterversammlung, Prüfung des Jahresabschlusses

Gesellschafterversammlung
Oberstes Organ der GmbH (mit erheblich mehr Rechten als die vergleichbare Hauptversammlung der AG.)
Jeder Euro des Geschäftsanteils = 1 Stimme.
Aufgaben u. a.:

- Feststellung des Jahresabschlusses + Verwendung des Ergebnisses
- Einforderung von Einzahlungen auf die Stammeinlage
- Bestellung und Abberufung von Geschäftsf. (bei GmbHs mit max. 500 Arbeitnehmern)
- Bestellung von Prokuristen und Handlungsbevollmächtigten

Haftung	Bedeutung
• nur Gesellschaftsvermögen haftet • keine persönliche Haftung • Satzung kann eine beschränkte oder unbeschränkte Nachschusspflicht vorsehen.	• in Deutschland rund 1 Mio. GmbHs (darunter viele Komplementär-GmbHs bei der GmbH & Co. KG) • mit wenig Kapital gründbar • attraktiv durch Haftungsbeschränkung (keine persönliche Haftung) • niedrige Gründungskosten • typische Rechtsform für kleinere, mittlere und z. T. auch größere Unternehmen

Haftungsbeschränkte Unternehmergesellschaft ("Mini-GmbH")

- Keine eigene Rechtsform, sondern eine besondere Variante (Vorstufe) der GmbH
- Stammkapital zwischen 1,00 € und 24.999,00 €.
- Firmenzusatz: Unternehmergesellschaft bzw. UG (haftungsbeschränkt)
- Anmeldung zur Eintragung in das Handelsregister erst nach Einzahlung des Stammkapitals in voller Höhe.
- Sacheinlagen sind ausgeschlossen
- Einstellung von ¼ des Jahresüberschusses in gesetzliche Rücklage bis Mindestkapital von 25.000,00 € erreicht ist. Erst dann ist Umwandlung in "gewöhnliche" GmbH möglich.
- Gründung durch Musterprotokoll (notarielle Beurkundung) möglich.

Übungsaufgaben

1. Eine GmbH soll gegründet werden.

   a) Wie viele Gründer sind mindestens notwendig?
   b) Wie ist die Kapitalaufbringung gesetzlich geregelt?

2. Unterscheiden Sie Stammkapital von Geschäftsanteil.

3. Fuchs, Wolf und Hase gründen eine GmbH mit einem Stammkapital von 100.000,00 €. Fuchs ist mit 40.000,00 €, Wolf mit 30.000,00 € und Hase mit 30.000,00 € beteiligt.

   a) Wäre die Firma „*Fuchs & Hase GmbH*" zulässig?
   b) Wie hoch sind die Nennbeträge der Geschäftsanteile der Gesellschafter?
   c) Wie viele Stimmen haben Fuchs, Wolf und Hase jeweils bei Abstimmungen in der Gesellschafterversammlung?
   d) Besteht die Möglichkeit, dass Fuchs Geschäftsführer wird?
   e) Fuchs kauft als Geschäftsführer eine Lagerhalle für 300.000,00 €, ohne die Gesellschafter Wolf und Hase zu fragen. Rechtsgültig? Begründung.
   f) Wie ist e) zu beantworten wenn auch Wolf und Hase Geschäftsführer wären?
   g) Geschäftsführer Fuchs ernennt den Angestellten Bär zum Prokuristen. Rechtsgültig? Begründung.
   h) Geschäftsführer Fuchs möchte einen Teil des Gewinnes in die Rücklagen einstellen. Können die Gesellschafter Wolf und Hase dies verhindern? Begründung.
   i) Hase vereinbart mit einem Kegelbruder Hecht schriftlich, dass er ihm seinen Geschäftsanteil veräußert. Rechtsgültig? Begründung.

8 Handlungsvollmacht - Prokura

Stofftelegramm

Handlungsvollmacht

Gesamtvollmacht (Allg. HV)	Artvollmacht	Einzelvollmacht
↓ ermächtigt	↓ zur	↓ Vornahme
aller Rechtsgeschäfte	**bestimmter** Rechtsgeschäfte	**eines einzelnen** Rechtsgeschäftes

... die der Betrieb eines **derartigen** Handelsgewerbes **gewöhnlich** mit sich bringt.

Gewöhnliche Rechtsgeschäfte

(1) Einkaufen
(2) Verkaufen
(3) Mitarbeiter einstellen
(4) Mitarbeiter entlassen
(5) Zahlungsgeschäfte erledigen

Nur mit besonderer Befugnis

(1) Darlehen aufnehmen
(2) Wechsel akzeptieren
(3) Prozesse führen
(4) Grundstücke veräußern/belasten

Erteilung

(1) formlos, also schriftlich, mündlich, stillschweigend, auch durch Duldung
(2) jeder, der HV besitzt, kann im Rahmen der eigenen Vollmacht Untervollmachten erteilen.
(3) keine Eintragung im Handelsregister

Zeichnung

i. V. = „in Vollmacht“ (für Art- oder Gesamtvollmacht)
i. A. = „im Auftrag“ (für Einzelvollmacht)

Beendigung

(1) Auflösung des Rechtsverhältnisses
(2) Widerruf
(3) Geschäftsauflösung
(4) Tod des Geschäftsinhabers
(5) Inhaberwechsel, wenn neuer Inhaber widerruft
(6) Einzelvollmacht: nach Beendigung des Auftrages

Prokura

Umfang

Berechtigt zu allen **gerichtlichen und außergerichtlichen** Geschäften, die der Betrieb **irgendeines** Handelsgewerbes **überhaupt** mit sich bringt.
Eine Beschränkung des Umfanges ist Dritten gegenüber unwirksam.

Arten

Einzelprokura: Ein Prokurist ist allein vertretungsberechtigt.
Gesamtprokura: Gemeinsame Vertretung durch mehrere Prokuristen (Zweck: Kontrolle!)
Filialprokura: Prokura auf Filiale beschränkt.

Erteilung	Eintragung im Handelsregister	Zeichnung
• nur der Inhaber • nur durch ausdrückliche Erklärung (mündl./ schriftlich)	• notwendig (deklaratorisch)	• ppa = *„per prokura"*

Beginn	Beendigung
Innenverhältnis: • mit Ernennung **Außenverhältnis:** • Mitteilung an Dritte • Handelsregistereintragung	(1) Auflösung des Rechtsverhältnisses (2) Widerruf (3) Geschäftsauflösung (4) **nicht** bei Tod des Inhabers (5) Inhaberwechsel, wenn neuer Inhaber widerruft

	Prokura	Gesamtvollmacht	Artvollmacht	Einzelvollmacht
• Eid leisten • Steuererklärung unterschreiben • Bilanz + Inventar unterschreiben • HR-Eintragung anmelden • Geschäft verkaufen • Prokura erteilen • Gesellschafter aufnehmen	gesetzlich untersagt			
• Grundstücke belasten • Grundstücke verkaufen	nur mit Sonderbefugnis			
• Grundstücke kaufen • Vollmacht erteilen • Prozesse führen • Darlehen aufnehmen • Wechsel unterschreiben	erlaubt	nur mit Sonderbefugnis		
• Zahlungsgeschäfte erledigen • Mitarbeiter einstellen • Mitarbeiter entlassen • Verkaufen • Einkaufen	erlaubt		Z. B. Verkäufer	1 x Azubi

Übungsaufgaben

1. Erklären Sie kurz den Begriff Vollmacht.
2. Nennen Sie die drei Arten der Handlungsvollmacht. Definieren Sie diese kurz, und nennen Sie je ein Beispiel.

3. Stellen Sie fest, über welche Vollmacht die folgenden kaufmännischen Mitarbeiter verfügen müssen, um die genannten Geschäfte abzuwickeln. Ankreuzen!

EV = Einzelvollmacht, **AV** = Allg. HV, **GV** = Gesamtvollmacht		EV	AV	GV
(1)	Der Kassierer stellt eine Quittung aus.			
(2)	Der Einkaufsleiter soll den Inhaber vor Gericht vertreten.			
(3)	Lagerverwalter unterschreibt die monatliche Lagerbestandsmeldung.			
(4)	Personalleiter schließt mit neuen Mitarbeitern Arbeitsverträge ab.			
(5)	Auszubildender kauft Schreibmaterial.			
(6)	Reisender schließt Kaufverträge ab.			
(7)	Filialleiter Knirps leitet die Ulmer Filiale eines Supermarktes.			

4. Paul Storch betreibt in Nürtingen ein Einzelhandelsgeschäft für Autoteile. Anfang März 2007 erteilt er seinem Mitarbeiter Frosch Gesamtvollmacht. Entscheiden Sie, ob dieser die nachfolgenden Rechtsgeschäfte abschließen kann.

(1)	Verkauf von Reifen		
(2)	Aufnahme eines Darlehens bei der Volksbank Nürtingen		
(3)	Einkauf von Wechselvordrucken		
(4)	Einstellung der Verkäuferin Doro Roth		
(5)	Kauf eines Nachbargrundstücks zur Lagerung von Altreifen		
(6)	Da Storch sich gerade auf einer Geschäftsreise befindet, akzeptiert Frosch einen Wechsel.		
(7)	Eine Rechnung über 7.500,00 € der Firma Eberspächer für eine Lieferung an Auspufftöpfen ist zur Zahlung fällig. Frosch begleicht durch Banküberweisung.		

5. Storch ist noch immer auf Geschäftsreise. Frosch schickt Doro Roth in ein Schreibwarengeschäft, um gegen Lieferschein verschiedene Büroartikel zu besorgen. Doro bestätigt den Empfang durch folgende Unterschrift:

   Firma Paul Storch

   Als Frosch diesen Beleg sieht, tadelt er Doro. Warum tut er das?

6. Seit Beginn ihres Arbeitsverhältnisses muss Doro regelmäßig am Montag Blumen für das Zimmer des Seniorchefs im Wert von rund 50,00 € kaufen. Da sie auf dem Rückweg vom Schreibwarengeschäft sowieso an der Gärtnerei vorbei kam, brachte sie auch an diesem Montag die Blumen mit. Die 50,00 € legte sie derweil von ihrem Geld aus. Im Betrieb zurück schimpfte Frosch sie an: *„Jetzt sagen Sie bloß, Sie wissen nicht, dass der Senior seit letzter Woche in Urlaub ist? Stecken Sie sich die Blumen an den Hut!“* Hat sie Anspruch auf Ersatz?

7. Frosch führt den Betrieb sehr erfolgreich. Storch ist zufrieden mit ihm. Eines Tages klopft er ihm anerkennend auf die Schulter und ruft: *„Alle mal herhören! Frosch ist ab heute mein Prokurist.“* Rechtslage?

8. Frosch ist voller Tatendrang. Beurteilen Sie die nachfolgenden Fälle auf ihre Rechtsgültigkeit.

   a) Er kauft ein Grundstück mit Lagerschuppen für 250.000,00 €

   b) Hierfür nimmt er ein Darlehen auf über 200.000,00 €.

   c) Über den Restbetrag akzeptiert er einen Wechsel.

   d) Den Lagerschuppen lässt er renovieren und neu einrichten.

e) Es passt ihm gerade, dass er ein Grundstück günstig verkaufen kann.

f) Auch seinen Freund Martin Molch möchte er in der Firma Storch unterbringen. Zuerst sollte dieser ebenfalls Prokurist werden. Da er aber 100.000,00 € Einlage leisten würde, nimmt Frosch ihn als Gesellschafter auf.

g) Am Schluss des Geschäftsjahres überprüft Frosch die Buchhaltung und unterschreibt Inventar und Bilanz.

h) Die Geschäfte gehen schlecht, die Gläubiger verlangen ihr Geld. Die Bank gibt keine weiteren Kredite mehr. Ein Großhändler ist an dem Betrieb interessiert: *„Verkaufen Sie den Laden, ich biete 1,5 Millionen. Sie ersparen sich und Ihrem Chef eine Menge Ärger...“*

i) Frosch wird ein Grundstück zu einem sehr günstigen Preis angeboten. Er kauft es, obwohl er weiß, dass Storch ihm Grundstückskäufe ausdrücklich untersagt hat. Als Storch davon erfährt, erklärt er den Kaufvertrag als nichtig, da Frosch unbefugt gehandelt hätte.

j) Welche rechtlichen Schritte könnte Storch unternehmen?

9. Erklären Sie den Begriff Prokura.

10. Definieren Sie kurz die drei Arten der Prokura.

11. Unterscheiden Sie die Allgemeine Handlungsvollmacht (Gesamtvollmacht) und die Prokura hinsichtlich

- Umfang
- Einschränkung des Umfangs
- Erteilung
- Handelsregistereintragung
- Beginn
- Zeichnung
- Beendigung

12. Dem Angestellten Peter Schnell wurde am 02.01. Prokura erteilt. In einem Rundschreiben wurden am 04.01. alle Geschäftsfreunde und Banken hierüber informiert. Bereits am 08.01. nimmt der neue Prokurist ein Darlehen über 100.000,00 € zu einem hohen Zinssatz auf. Der Unternehmer ärgert sich und bestreitet die Rechtsgültigkeit des Darlehensvertrages, da seines Erachtens die Prokura mangels Handelsregistereintragung am 08.01. noch nicht wirksam war. Nehmen Sie Stellung!

13. a) 10.05.: Widerruf der Prokura
13.05.: Prokurist unterschreibt ungünstigen Kaufvertrag
14.05.: Rundschreiben über Widerruf
30.05.: Eintragung des Widerrufs im Handelsregister
Unternehmer erkennt den Kaufvertrag nicht an. Rechtslage?

b) Wie 13. a), jedoch wurde der Kaufvertrag am 18.05. unterzeichnet.

14. Unterscheiden Sie

a) Gesamtvollmacht - Gesamtprokura

b) Einzelvollmacht - Einzelprokura

15. Welche Überlegung könnte einen Unternehmer dazu veranlassen, Gesamtprokura statt Einzelprokura zu erteilen?

16. Erklären Sie das folgende Zitat: *„Ein Maschinenproduzent - von einer Reise zurückgekehrt - kann sich als Lederhosenproduzent wiederfinden.“*

1.3 Das Zielsystem einer Unternehmung

Stofftelegramm

Warum ist eine Zielformulierung für die Unternehmen notwendig?

Ursache:
Immer mehr Unternehmen schaffen schlankere Strukturen, indem sie dezentralisieren und die Entscheidungskompetenzen von der Vorstandsebene nach unten verlagern.

Damit entstehen Probleme:

1. Wie können einerseits dezentrale Strukturen entwickelt und gleichzeitig sichergestellt werden, dass diese abgestimmt operieren?
2. Wie erkennen die Mitarbeiter an den Rändern dieser Organisation die Zielrichtung des Gesamtsystems?

Lösung:
Entwicklung einer Unternehmensvision, in welcher das Zielsystem des Unternehmens formuliert ist.

Das Zielsystem eines Unternehmens ist das Ergebnis eines Such-, Findungs- und Entscheidungsprozesses und drückt sich aus in der **Unternehmensvision**. Diese setzt sich aus zwei Kernelementen zusammen: Eine **Unternehmensphilosophie**, die in Verbindung mit einem **Unternehmensumfeld** zu einem **Leitbild** führt.

Die Unternehmensvision

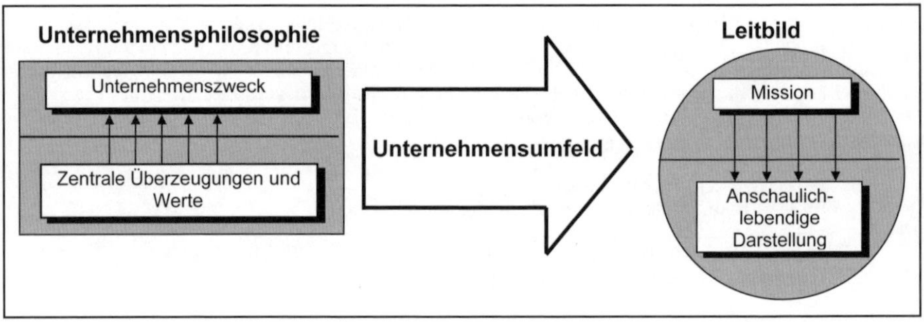

Die Elemente einer Unternehmensvision:

	Inhalt	Beispiele
Grundwerte und Überzeugungen	Sie können in unterschiedliche Richtungen zielen, z. B. auf Mitarbeiter, Kunden, Produkte, Allgemeinheit, Moral, Umwelt, Rentabilität. Sie sind **Richtschnur des Unternehmens**.	**Zu Mitarbeitern** Mariott: *„Sieh das Gute im Menschen und versuche, diese Eigenschaften zu entwickeln."* **Zu Produkten** Akio Morita von Sony: *„Mit unseren Produkten sollten wir stets die Pioniere sein - dem Markt weit voraus. Wir glauben, dass es besser ist, der Öffentlichkeit neue Produkte vorzuführen, als sie zu fragen, was für Produkte sie gerne hätte."*

Unternehmenszweck	Kurze und prägnante Darstellung des Unternehmenszweckes, um zu vermitteln, auf welche Art und Weise das Unternehmen die Bedürfnisse zu erfüllen sucht.	Merck: *„Wir sind in einer Branche tätig, in der es darum geht, menschliches Leben zu erhalten und seine Qualität zu verbessern. Alle unsere Handlungen müssen wir daran messen, ob wir diesem Ziel näherkommen."*
Mission	Klar umrissene, zwingende Zielvorstellung. Sie sieht eine „Ziellinie" vor und einen Zeitrahmen	Kennedy: *„Das Ziel verwirklichen, noch vor Ablauf dieses Jahrzehnts einen Mann zum Mond zu bringen und sicher auf die Erde zurück."* Sam Walton 1977 von Wal-Mart: *„In vier Jahren eine Milliarde Umsatz erreichen."* (Umsatz 1990: 25,8 Mrd. Dollar) Pepsi: *„Beat Coke"*
Anschaulich-lebendige Darstellung	Sie erweckt die Mission zum Leben, *„malt ein Bild mit Worten."*	Henry Ford, 1909: *„Ich werde ein Automobil für die breite Masse bauen... Es wird so niedrig im Preis sein, dass jeder, der ein gutes Gehalt bezieht, Besitzer eines solchen Wagens sein kann - und sich mit seiner Familie in Stunden der Freude an dem ergötzen kann, was Gott an großen Weiten geschaffen hat. ... Das Pferd wird von unseren Straßen verschwunden, das Auto selbstverständlich sein..."*

vergl. Harvard Business Manager IV/1992, S. 108

Die formulierten Ziele können sein von:

ökonomischer Art	z. B.: Formulierung von Rentabilitätskennziffern, Umsatz in €, Marktanteil in %
ökologischer Art	z. B.: Berücksichtigung von Gedanken des Umweltschutzes durch verstärkten Einsatz recyclebarer Stoffe, Rücknahme von Altautos durch den Hersteller, Entwicklung alternativer Antriebsarten usw.
sozialer Art	z. B.: Berücksichtigung von Gedanken der Arbeitssicherheit und humaner Arbeitsbedingungen

Übungsaufgaben

1. a) Erkundigen Sie sich, ob für Ihr Unternehmen ein Zielsystem entwickelt und in einem Unternehmensleitbild festgehalten wurde.

   b) Untersuchen Sie dieses Unternehmensleitbild im Hinblick auf die Art der dort formulierten Unternehmensziele.

2. Weshalb ist die schriftliche Formulierung der Unternehmensziele notwendig?

3. Bilden Sie Beispiele für Unternehmensziele
   a) ökonomischer b) ökologischer c) sozialer Art.
4. Zeigen Sie an je einem Beispiel, dass zwischen zwei Zielen
   a) eine Zielharmonie b) ein Zielkonflikt
   bestehen kann.

1.4 Marktorientierung als Grundlage unternehmerischen Handelns

Stofftelegramm

Notwendigkeit der Marktorientierung

Markt

früher	**heute**
Verkäufermarkt Merkmale: • Nachfrage größer als Angebot • Produktionsorientiert • Denkrichtung: Beschaffen ⟶ Produzieren ⟶ so gut wie möglich verkaufen	**Käufermarkt** Merkmale: • Angebot größer als Nachfrage (Markt = gesättigt) • Orientierung aller Entscheidungen (Produktionsprogramm, Design, Werbebotschaft) am Kundennutzen • Kundennutzen muss erforscht werden. • Kundenorientierung wird zum leitenden Prinzip unternehmerischen Handelns.

Beispiele für Ansätze zu kundenorientiertem Handeln im Unternehmen:

- Aufgabe der funktionsorganisierten Organisationsstruktur und Schaffung von kunden- bzw. produktorientierten Strukturen
- Entwicklung der Produkte in Kooperation mit den Kunden
- Regelmäßige und systematische Erforschung der Kundenbedürfnisse und deren Umsetzung in Produktentwicklung und Ablaufstrukturen

Übungsaufgaben

1. Wie ist die Wandlung von der traditionellen Denkrichtung (Beschaffung - Produktion - Absatz) zur kundenorientierten Denkrichtung (Denken vom Markt her) zu erklären?
2. Welche Merkmale kennzeichnen den Käufermarkt?
3. Skizzieren Sie Ansätze, durch welche kundenorientiertes Handeln im Unternehmen umgesetzt werden kann.

1.5 Marktforschung als Grundlage für Entscheidungen im Marketing

Stofftelegramm

Absatzmarketing = Steuerung des Betriebes vom Markt her = alle unternehmerischen Maßnahmen mit dem Ziel, einen Markt zu erschließen, zu erhalten und zu erweitern.

Marktforschung = Instrument zur Informationsbeschaffung

Was wird erforscht?

eigene Abnehmer	Gesamtheit aller Abnehmer	Gesamtwirtschaftliche Entwicklung	Konkurrenz
• Alter, Geschlecht • Einkommen, Freizeitverhalten • Kaufgewohnheit	(siehe eigene Abnehmer)	• Struktur der Bevölkerung • Einkommensentwicklung • technische Entwicklung	• Anzahl • Marktstellung • Angebot

Methoden der Marktforschung

Marktbeobachtung
- laufend
- zeitraumbezogen

Marktanalyse
- einmalig
- zeitpunktbezogen

führt zu

Marktprognose

mit Aussagen über die Entscheidungsfelder:

Produktpolitik
- Produktsortiment
- Design

Distributionspolitik
- direkt - indirekt
- zentral - dezentral

Preispolitik
- kostenorientiert
- nachfrageorientiert
- Preisdifferenzierung

Kommunikationspolitik
- Werbebotschaft
- Zielgruppe
- Etat

Methoden der Informationsgewinnung

Primärforschung (= field research)	**Sekundärforschung** (= desk research)
= neue, bisher noch nicht erfasste Daten werden eigens erhoben, z. B. durch • <u>Befragung</u> = Gewinnung von Meinungen, Einstellungen usw. durch mündliches, schriftl., telefonisches Interview • <u>Beobachtung</u> = Erfassung beobachtbarer Tatbestände ohne direkten Kontakt zum Marktteilnehmer • <u>Experiment:</u> Ermittelt die Abhängigkeit eines Faktors (z. B. Erkennen der Produktart) von der Veränderung anderer Faktoren (z. B. Verpackungsform bei Weichspüler) • <u>Panelerhebung:</u> Feste Anzahl von Haushalten/ Geschäften wird zu gleichen Sachverhalten periodisch befragt.	= Rückgriff auf vorhandenes Datenmaterial aus früheren Erhebungen • <u>unternehmensintern</u>, z. B. Absatzstatistik, Außendienstberichte • <u>unternehmensextern</u>, z. B. Statistisches Bundesamt, Bundesbank, IHK, Prognos-Reports, Internet

Übungsaufgaben

1. Erklären Sie kurz folgende Begriffe

   a) Absatzmarketing
   b) Marktforschung
   c) Marktbeobachtung
   d) Marktanalyse
   e) Marktprognose
   f) Primärforschung
   g) Sekundärforschung

2. Welche Datenquellen werden bei der Sekundärforschung verwendet?

3. Nennen und erklären Sie kurz die Methoden, mit denen im Rahmen der Primärforschung (field research) die Daten erhoben werden.

1.6 Instrumente der Produkt- und Sortimentspolitik

Stofftelegramm

Produktlebenszyklus = Umsatzentwicklung eines Produktes zwischen Markteinführung und Ausscheiden aus dem Markt

Jedes Produkt steht jeweils in einer ganz bestimmten Phase des Lebenszyklusses. Die Ertragssituation eines Produktes wird bestimmt durch die Phase, in welcher es sich jeweils befindet. Die Kenntnis der spezifischen Produktlebenszyklen ist wichtig, damit rechtzeitig die erforderlichen Marketingmaßnahmen (z. B. Weiterentwicklung, gezielte Aufgabe...) ergriffen werden können.

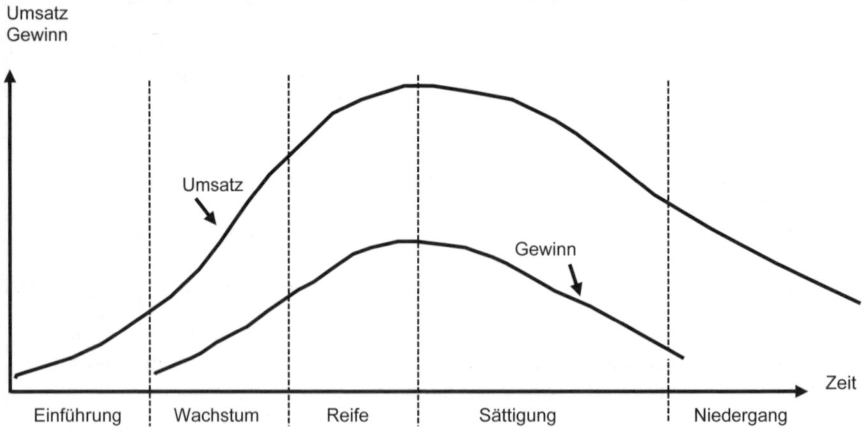

Einführung	• intensive Einführungswerbung zur Überwindung der Marktwiderstände • hoher Vertriebsaufwand • geringe Deckungsbeiträge • wegen hoher Anlaufkosten insgesamt Verluste • stabile Niedrigpreise bei Massenprodukten • hohe Einführungspreise bei hochwertigen Gütern • möglichst viele Probierkäufer • Ausbau der Absatzwege und der Produktionskapazität
Wachstum	• verstärkte Nachfrage • stark steigende Umsätze und Gewinne • Bildung einer Stammkundschaft • Etablierung der Marke bei Kernzielgruppe (Identifikation mit Marke) • ggf. Auftauchen der ersten Nachahmer
Reife	• volle Ausschöpfung des Marktpotentials • Umsatz- und Gewinnmaximum • Neukunden werden durch Abgänge neutralisiert. • Stammkundschaft ist gefestigt und markentreu. • Produktdifferenzierung zur Abdeckung von Sonderwünschen • Aufbau des Nachfolgeproduktes
Sättigung	• Umsatz und Gewinn sinken. • Abgänger können durch Neukunden nicht mehr ausgeglichen werden. • neue Marken gewinnen an Aktualität. • Überlegungen über weitere Strategie (Markenbelebung oder geplantes Aufgeben)
Niedergang	• starker Rückgang des Absatzes • „Auslaufmodelle" werden zu günstigen Preisen angeboten. • Das Produkt wird letztlich vom Markt genommen.

Produkt- und Sortimentsgestaltung

Produktgestaltung

- **Formgestaltung** (beim Auto z. B.) unter Berücksichtigung der Ästhetik, Aerodynamik, Sicherheit
- **Verpackung** Ziele z. B.: sicherer Transport, Platz sparend, weiterverwendbar, wiederverwendbar
- **Markierung** z. B. durch Zeichen (DB-Stern), Worte (NIVEA), Buchstaben (BASF)
- **Namensgebung** z. B. Boxter, Golf

Gestaltung des Produktionsprogrammes

A1	**B1**
A2	**B2**
A3	

Ausgangssituation: Ein Unternehmer stellt zwei Erzeugnisse her (A und B), von denen es jeweils noch Varianten gibt.

Produktdiversifikation

A	B	C
A1	B1	**C1**
A2	B2	**C2**
A3		

- Sortiment wird um ein weiteres Erzeugnis (**C**) erweitert.
- Unternehmen hat weiteres „Standbein am Markt"
- hoher Investitionsaufwand für neue Produktentwicklung, Maschinen, Vertrieb usw.
- größeres Risiko des Misserfolges
- Unternehmensrisiko wird gestreut.

Produktdifferenzierung

A	B
A1	B1
A2	B2
A3	**B3**
	B4

- Varianten eines bereits bestehenden Produktes
- geringerer Investitionsaufwand
- in der Regel auf derselben Fertigungsapparatur
- verbesserte Marktstellung
- geringeres Einführungsrisiko

Produktvariation

A	B
A1	B1
A2	B2
A3 (neu)	

- Ein bereits am Markt eingeführtes Erzeugnis wird verändert.
- Beseitigung festgestellter Mängel
- Anpassung an technischen Standard (z. B. Seiten-Airbag), Veränderung von Design, Verpackung, Qualität ...
- (seitheriges) Produktimage wird übernommen.
- teure Einführungswerbung entfällt.

Produkteliminierung

A	B
A1	~~B1~~
A2	~~B2~~
A3	

- Herausnahme von Erzeugnisse aus dem Sortiment
- bringt produktionswirtschaftliche Vorteile
- absatzwirtschaftliche Nachteile durch schmalere Angebotspalette

Kundendienst

Aufgaben

1. Vorleistung	**2. Nebenleistung**	**3. Folgeleistung**
z. B. technische Beratung, Preisgestaltung, Finanzierung	z. B. Überführung, Montage, Schulung	z. B. Wartung, Reparatur

Vorteil für Unternehmen:

1. wichtiges Instrument zur Informationsbeschaffung (z. B. Aufdeckung von „Kinderkrankheiten" in einer neuen PKW-Serie)
2. Bildung von Herstellerpräferenzen *(„ ... finden Sie immer in Ihrer Nähe.")*
3. damit preispolitischer Spielraum nach oben

Übungsaufgaben

1. Erklären Sie den Begriff Produktlebenszyklus.
2. Warum ist es für ein Unternehmen wichtig, den Standort ihrer Erzeugnisse innerhalb des Produktlebenszyklusses zu kennen?
3. Zeichen Sie die Lebenszykluskurve für
   a) ein Modeprodukt b) ein langlebiges Konsumgut.
4. a) Nennen Sie die Phasen eines Produktlebenszyklusses.
   b) Beschreiben Sie die Merkmale, durch welche sich die einzelnen Phasen auszeichnen.
5. Welche Entscheidungsfelder gehören zur Produktgestaltung?
6. a) Nennen Sie die Möglichkeiten zur Gestaltung des Produktionsprogrammes.
   b) Kennzeichnen Sie diese Möglichkeiten.
   c) Bilden Sie jeweils ein Beispiel aus Ihrem Erfahrungsbereich.
7. a) Welche Aufgaben übernimmt der Kundendienst?
   b) Welche Wettbewerbsvorteile hat ein Unternehmen durch den Aufbau eines Kundendienstes?

1.7 Möglichkeiten der Preisgestaltung

Stofftelegramm

Einflussgrößen der Preisfindung

Käuferseite	Verkäuferseite
Kauffähigkeit • verfügbare Kaufkraft • Vermögen, Einkommen • Verschuldungsmöglichkeit	**Produktpreis** • Kosten • Gewinnerwartung
+	+
Selbstimage des Käufers • Preisbereitschaft • Bedürfnisdruck • Preisvorstellung	**Produktimage** • Konkurrenzpreis • Preiswürdigkeit • Grund- und Zusatznutzen

Kostenorientierte Preisgestaltung

Der Verkaufspreis ergibt sich mit Hilfe der Vollkostenrechnung. Den Stückkosten werden ein konstanter oder prozentualer Aufschlag hinzugerechnet. Diese Art der Preisbildung findet sich insbesondere bei kundenwunschorientierter Fertigung.

Nachfrageorientierte Preisgestaltung

Im Vordergrund der Preisbildung steht die Nachfrageintensität. Der Preis schwankt je nach Verhandlungsmacht und -willen der Nachfrager. (Beispiel: Wegbrechen der Erzeugerpreise für Rindfleisch nach Information der Konsumenten über BSE)

Konkurrenz- und branchenorientierte Preisgestaltung

Der eigene Preis hängt nicht von Kosten- oder Nachfrageänderungen ab, sondern steht in fester Relation zur Konkurrenz. Dies gilt in erster Linie für Märkte mit homogenen Produkten (Mineralöle, Rohstoffe).

Preisdifferenzierung

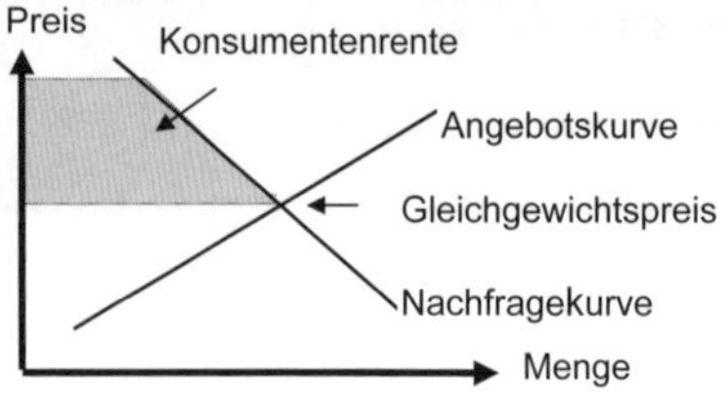

Unter den Bedingungen des vollkommenen Marktes kommt ein Gleichgewichtspreis zu Stande. Ein Teil der Konsumenten war jedoch bereit, mehr auszugeben. Dies bleibt ihnen erspart. Sie beziehen daher eine Konsumentenrente.

Ziel der Preisdifferenzierung = Abschöpfung der Konsumentenrente

Voraussetzung:
- Schaffung eines unvollkommenen Marktes durch Bildung von abgegrenzten Teilmärkten, auf denen jeweils unterschiedliche Preise verlangt werden.
- Ein Übergang von einem zum anderen Markt darf für den Kunden nicht möglich sein.

Art der Preisdiff.	Ziel	Beispiel
Räumliche Preisdifferenzierung	Je nach Ort der Nachfrage werden unterschiedliche Preise verlangt.	• Benzin an Autobahntankstellen • Geringere Preise für PKW in Ländern mit Luxussteuern (z. B. Dänemark)
Zeitliche Preisdifferenzierung	Je nach Zeitpunkt der Nachfrage werden unterschiedliche Preise verlangt.	• Preise für Urlaubsreisen je nach Ferienterminen in den einzelnen Bundesländern • Telefongebühren
Preisdifferenzierung in Verbindung mit Produktdifferenzierung	Verschiedene Varianten eines Grunderzeugnisses verursachen relativ geringe Zusatzkosten. Die Varianten werden jedoch zu erheblich höheren Preisen verkauft.	• PKW mit Sonderlackierungen, verschiedenen Motorvarianten und Zusatzkennzeichnungen (G, GL, GLX)
Preisdifferenzierung nach Verwendungszweck bzw. Abnehmergruppen	Die unterschiedlichen Preise ergeben sich aus der zweckgebundenen Nutzung des Erzeugnisses bzw. aus der Zielgruppe der Kunden, die das Erzeugnis verwendet.	• Alkohol - Spiritus • Dieselöl - Heizöl • Normalfahrkarten - Schülerfahrkarten

Übungsaufgaben

1. a) Welche Einflussgrößen spielen bei der Preisfindung eine Rolle?
   b) Ordnen Sie diese der Verkäufer- bzw. der Käuferseite zu.
2. Unterscheiden Sie zwischen kostenorientierter und nachfrageorientierter Preisgestaltung.
3. Worin besteht das Ziel der Preisdifferenzierung?
4. Unter welchen Voraussetzungen können von den Konsumenten unterschiedliche Preise für ein und dasselbe Erzeugnis erhoben werden?
5. Nennen Sie drei Arten der Preisdifferenzierung und belegen Sie diese jeweils durch ein Beispiel.

1.8 Formen der Distribution

Stofftelegramm

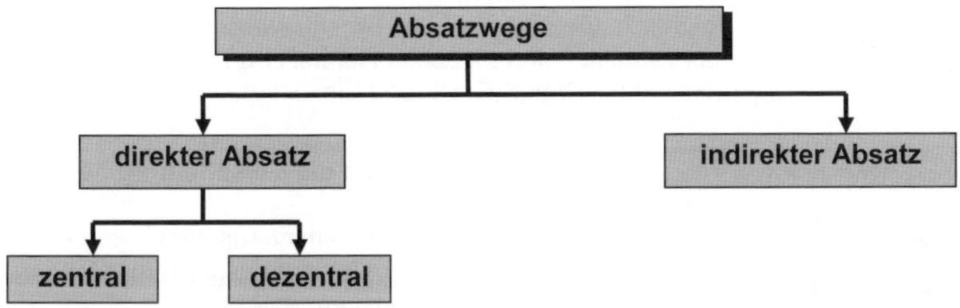

Direkter Absatz: Der Hersteller übernimmt die Aufgaben des Vertriebs bis zum Verbraucher in eigener Regie.

zentral: Direkter Kontakt zwischen Hersteller und Verbraucher (am Ort des Herstellers). Sinnvoll bei großen, teuren, erklärungsbedürftigen Gütern, bei denen noch Fragen der technischen Auslegung und der Finanzierung zu klären sind, z. B. Großbehälter, Fördereinrichtungen, Maschinen.

dezentral: **Verkaufsniederlassungen**. Diese sind weder wirtschaftlich noch rechtlich selbstständig, sondern in jeder Hinsicht (finanziell, personell und organisatorisch) Teil des Stammunternehmens. Die Leiter sind an Weisungen gebunden,
z. B. Verkaufsniederlassungen der Daimler AG
Verkaufsbüros (Annahme von Bestellungen, Kleinmengen)
Reisende, **Auslieferungslager**, **Automaten**

} **Werkseigenes Vertriebssystem**

Firmeneigene Handelsgesellschaften. Rechtlich selbstständig (z. B.: Mutter = AG, Handelsgesellschaft = GmbH), wirtschaftlich (Kapital) und organisatorisch (Kontrolle) gebunden.
Vertragshändler. Rechtlich und wirtschaftlich selbstständig, organisatorisch gebunden

} **werksgebundenes Vertriebssystem**

Vorteile des direkten Absatzes	Nachteile des direkten Absatzes	
• kürzere Vertriebswege • Gewinnanteil des Handels entfällt. • unmittelbarer Kundenkontakt • bessere Durchsetzung der Unternehmensziele, z. B. Preisniveau	• hohe Vertriebskosten • hohe Lagerkosten • hoher Verwaltungsaufwand durch Abwicklung von Kleinaufträgen	• kleinere Losgrößen • hohes Absatzrisiko

Indirekter Absatz

Rechtlich, wirtschaftlich und organisatorisch selbstständige Absatzvermittler sind zwischen Hersteller und Konsument eingeschaltet (Vertreter, Groß- und Einzelhandel).

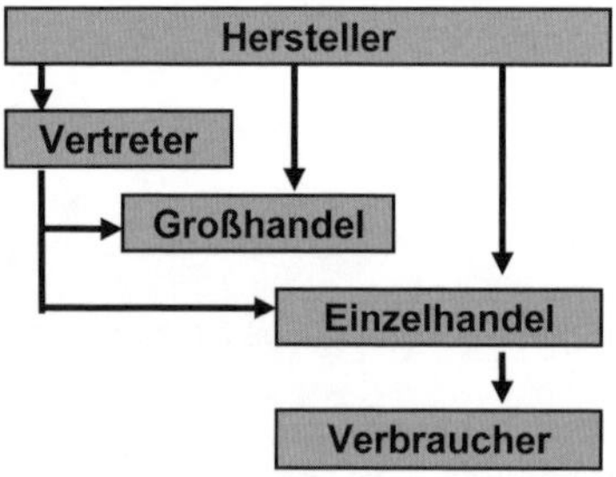

Vorteile durch die Einschaltung des Handels für Hersteller:

- Handel übernimmt Teil der Lagerhaltung.
- frühzeitige Bestellung größerer Mengen durch den Handel ermöglicht
  - höhere Planungssicherheit in der Produktion
  - höhere Losgrößen
  - geringere Umrüstkosten
  - günstigere Transporteinheiten
- weniger Reisende/Vertreter
- weniger Buchungen/Forderungsausfall

Formen des Einzelhandels:

Bezeichnung	Merkmale
Fachgeschäft	• schmales, tiefes Sortiment • gute Beratung • gehobenes Preisniveau
Warenhaus	• zumeist Citylage • Warengruppen etagenweise zusammengefasst • innerbetrieblich geschickte Standortwahl • heterogenes Sortiment • u. U. Verwendung einer Handelsmarke (Hausmarke)
Supermarkt	• breites, flaches Sortiment • Stadtrandlage • Großparkplatz • Tankstelle + Waschanlage • zentrale Kasse • Einkaufswagen

Absatzmittler

	Reisender	Handelsvertreter
Rechts-grundlage	Arbeitsvertrag	Agenturvertrag
Rechts-stellung	Angestellter mit Handlungs-vollmacht	selbstständig
Tätigkeit	im Namen und auf Rechnung seines Auftraggebers	in fremdem Namen und auf fremde Rechnung
Absatzweg	direkt	indirekt
Vergütung	Fixum, Provision, Spesen	Provision (Abschluss-, Delkredere-, Inkassoprovision), Auslagenerstattung
Rechte	vergleichbar den Rechten eines Angestellten mit Handlungsvollmacht (Artvollmacht)	Provision, Benachrichtigung, Unterlagen, Ausgleichsanspruch
Pflichten	siehe Pflichten eines Angestellten	Bemühung, Benachrichtigung, Wettbewerbsverbot, Sorgfalt, Verschwiegenheit, Befolgungspflicht

Vorteile	
Reisender	**Vertreter**
• bei guter Absatzlage billiger • weisungsgebunden • Tätigkeit kann besser kontrolliert werden. • flexibler einsetzbar • Übernahme von verkaufsvor- und verkaufsnachbereitenden Aufgaben	• bei geringen Umsätzen (Produkteinführung) kostengünstiger • provisionsorientiert, daher verstärkter Einsatz

Übungsaufgaben

1. a) Unterscheiden Sie: direkter - indirekter Absatz.
   b) Nennen Sie Vor- und Nachteile des direkten Absatzes.
   c) Welche Vorteile hat der Hersteller durch die Einschaltung des Handels?

2. a) Unterscheiden Sie: zentraler - dezentraler Absatz.
   b) Welche Absatzorgane gehören zum werkseigenen, welche zum werksgebundenen Vertriebssystem?

3. Nennen und erklären Sie kurz die Formen des Einzelhandels.
4. Unterscheiden Sie den Reisenden und den Handelsvertreter in Bezug auf
   a) Rechtsgrundlage der Geschäftsbeziehung zum Hersteller
   b) Rechtsstellung gegenüber dem Hersteller
   c) Art der Tätigkeit d) Absatzweg e) Vergütung f) Recht und Pflichten
5. Vergleichen Sie die Vorteile zwischen Reisendem und Vertreter.

6. Nennen und beschreiben Sie kurz drei Provisionsarten beim Handelsvertreter.
7. a) Was versteht man unter Ausgleichsanspruch des Handelsvertreters?
   b) Warum wird der Ausgleichsanspruch dem Handelsvertreter gewährt?
8. Welchen Vorteil hat die Vereinbarung einer Delkredereprovision?
9. Unter welchen Voraussetzungen darf ein Handelsvertreter mit verschiedenen Firmen Agenturverträge abschließen?
10. Kosten Reisender: Jährliche Personalkosten 40.000,00 €, 2 % Umsatzprovision
    Kosten Handelsvertreter: 6 % Umsatzprovision
    a) Welcher Absatzmittler wäre kostenmäßig am günstigsten bei einem geschätzten Jahresumsatz von 2 Mio. €?
    b) Bei welchem Umsatz sind die Kosten von Reisendem und Handelsvertreter gleich hoch?
    c) Skizzieren Sie obigen Sachverhalt im Koordinatensystem.
    Y-Achse: 10.000,00 € Kosten = 1 cm
    X-Achse: 200.000,00 € Umsatz = 1 cm.
11. Ein Reisender verursacht folgende Kosten:
    Fixum: 4.200,00 € pro Monat bei 13 Gehältern, zusätzlich 2 % Umsatzprovision.
    Der Vertreter erhält ein monatliches Fixum von 1.200,00 € zuzüglich 5 % Umsatzprovision.
    a) Berechnen Sie den kritischen Monatsumsatz.
    b) Angenommen, das Unternehmen erzielt einen Monatsumsatz von 150.000,00 €. Derzeit hat das Unternehmen Reisende als Absatzmittler eingestellt. In Zukunft soll der Vertrieb über Vertreter erfolgen. Wie hoch darf die Provision eines Vertreters maximal sein, damit er monatlich keine höheren Kosten verursacht als ein Reisender?

1.9 Ziele und Bereiche der Kommunikationspolitik

Stofftelegramm

Werbung

Aufgaben
- neue Bedürfnisse wecken
- neue Produkte bekannt machen (Einführungswerbung)
- neue Kunden gewinnen (Expansionswerbung)
- Kundenstamm erhalten (Erhaltungswerbung)

Grundsätze
- Wirksamkeit
- Wahrheit
- Klarheit
- Wirtschaftlichkeit

Werbearten

nach Anzahl der Adressaten
- Direktwerbung (durch Brief an einen Einzelnen)
- Massenwerbung (durch Rundfunk, Zeitung, Postwurfsendungen an die Allgemeinheit oder Zielgruppe)

nach Anzahl der Werbenden
- Alleinwerbung
- Verbundwerbung (mehrere Unternehmen werben gemeinsam, z. B. Hersteller von Sportgeräten + Hersteller von Sportbekleidung)
- Gemeinschaftswerbung (Werbung für eine ganze Branche, z. B. Fleischerhandwerk)

Werbeplan	Werbedurchführung	Werbemittel
Er legt fest, • wer • wo • wie • wann und • mit welchen Mitteln (Etat) wirbt.	• **Streukreis** (welche Personen werden umworben?) • **Streugebiet** (wo werben?) • **Streuzeit** (wann werben?) • **antizyklische Werbung** (Sinkender Umsatz - vermehrte Werbung und umgekehrt)	• Zeitungsanzeige • Werbespot • Kostprobe • Schaufenster

Werbeträger	Kennzeichen
Tageszeitung	• Werbung des Einzelhandels für tagesaktuelle Produkte • keine Zielgruppen • geringer Streukreis • einfache Gestaltung des Werbemittels
TV-Zeitschrift	• großer Streukreis • emotionale Werbegestaltung durch bunte Bilder möglich • Konzentration der Leserschaft eher auf TV-Plan und weniger auf redaktionellen Teil mit Werbeeinschaltung
Fachzeitschrift	• ideal für Spezialprodukte einer bestimmten Zielgruppe • Tendenz zu informativer Werbung mit Fachbegriffen
Rundfunk	• geringer Streukreis bei lokalen Sendern • Dauerberieselung mit geringem Aufmerksamkeitswert des Zuhörers
Fernsehen	• hoher Streukreis • akustische und optische Wirkung gleichzeitig • große Fluchtmöglichkeit mit Fernbedienung (Lösung: Integration der Werbung in Handlungsablauf = Product Placement)

Vorteile der Werbung	Nachteile der Werbung
• Kostensenkung durch erhöhten Absatz • Erhöhung der Markttransparenz durch besser informierte Verbraucher • Werbung verbessert Absatz, sichert damit Arbeitsplätze und trägt letztlich zum Wohlstand bei.	• Werbungskosten verteuern die Produkte. • Großunternehmen können sich Werbungskosten eher leisten und haben dadurch Wettbewerbsvorteile. • Verbraucher wird manipuliert und zum Verbrauch verführt.

Werbeerfolgskontrolle

= Vergleich zwischen Werbeaufwand und Werbeerfolg nach Abschluss einer Werbeaktion.

Ökonomischer Werbeerfolg	Psychologischer Werbeerfolg
= im werbenden Unternehmen selbst in Geld oder Stückzahlen messbar, z. B. Zuwachs an Umsatz, Erhöhung des Marktanteils.	lässt sich **nicht** im Unternehmen, sondern nur am Umworbenen selbst messen (Änderung in der Haltung gegenüber Produkt oder Hersteller). Hierzu werden spezielle Verfahren eingesetzt, wie z. B. Wortassoziationstest, Satzergänzungstests.

Absatzfördernde Maßnahmen

Sales Promotion	Werbung wendet sich an den Verbraucher, um ihn an das Produkt heranzuführen. Sales Promotion hingegen soll den **Verkaufsvorgang selbst** verbessern. Zielgruppen daher: • **eigene Vertriebsmannschaft**, z. B. Einstimmung auf neue Produktlinie • **Handel**, z. B. Verkäuferschulung, Beratung, Schaufensterdekorationen durch Hersteller, Displaymaterial • **Kunde**, z. B. Aktionswoche, Produktproben, Preisausschreiben
Public Relation	Maßnahmen zur Imagepflege, z. B. Tag der offenen Tür, Betriebsbesichtigungen
Product Placement	Unterbringung der Erzeugnisse im Rahmen von Fernsehserien bzw. Spielfilmen (z. B. BMW-Roadster bei James Bond)
Sponsoring	Unterstützung einzelner Sportler, Künstler oder von Sport- bzw. kulturellen Veranstaltungen

Übungsaufgaben

1. Nennen Sie

   a) Aufgaben b) Grundsätze der Werbung.

2. Unterscheiden Sie

   a) Direktwerbung - Massenwerbung
   b) Allein-, Verbund-, Gemeinschaftswerbung

3. Nennen Sie je 3 Werbemittel und Werbeträger.

4. Was versteht man unter antizyklischer Werbung?

5. Welche Vor- und Nachteile sind mit der Werbung verbunden?

6. Wie kann der Werbeerfolg kontrolliert werden?

7. Wodurch unterscheidet sich Werbung von Sales Promotion?

8. Erklären Sie

   a) Public Relation b) Product Placement c) Sponsoring

Prüfungsaufgaben

Winter 2006/07, Aufgabe 1

Die System-Möbel KG, Waldbrunn, produziert u. a. seit acht Jahren zwei Baureihen nach dem Baukastenprinzip: das Regalsystem „Büro 2000" und die Wohnschrankwand „Futura 2000". Im letzten Jahr gingen die Umsätze für beide Produkte stark zurück.

1.1 In welcher Phase des Lebenszyklus befinden sich die beiden Endprodukte?

1.2 Erklären Sie drei verschiedene Marketingmaßnahmen, welche die KG in dieser Phase ergreifen sollte sowie die damit angestrebte Wirkung.

2 Bisher wurden die Möbel über den Fachhandel und unter dem Einsatz von Handlungsreisenden vertrieben. In einer Gesellschafterbesprechung werden neue Wege des Vertriebs über das Internet diskutiert.

2.1 Erklären Sie die bisher eingesetzten Vertriebswege der System-Möbel KG.

2.2 Erläutern Sie je zwei Vor- und Nachteile des neuen Absatzweges.

3 Um auch in Zukunft die Produktionskapazität voll auslasten zu können, plant die System-Möbel KG die Erschließung neuer Märkte u. a. in Tschechien. Als Alternativen stehen der System-Möbel KG zwei Möglichkeiten offen:

a) Einsatz des Handelsreisenden Fritz Schleicher, der bisher Österreich betreute. Er wäre in Zukunft bereit, unter den gleichen Bedingungen in Tschechien zu arbeiten, d. h. für ein Fixum von 2.100,00 EUR und 1,2 % Provision.

b) Außerdem liegt ein Angebot von Franz Morawicz vor. Seine Bedingungen lauten: Kostenpauschale 1.000,00 EUR und 2,3 % Provision.

3.1 Nennen Sie drei Unterschiede zwischen den beiden Absatzmittlern.

3.2 Erläutern Sie je zwei Argumente, die für die beiden Absatzmittler in der konkreten Situation sprechen könnten.

3.3 Ermitteln Sie den Jahresumsatz, bei dem die beiden Absatzmittler die gleichen Kosten verursachen.

3.4 Entscheiden Sie sich für eine Alternative, wenn die KG in den ersten Jahren mit einem durchschnittlichen Jahresumsatz von 800.000,00 EUR rechnet.

4 Anlässlich der Einführung einer neuen Variante der Schrankwand unter dem Namen „Futura 2010" plant die KG eine bundesweite Werbekampagne. In Anlage 1 finden Sie einen Kostenüberblick über ausgewählte Werbemedien.

4.1 Entwerfen Sie einen Werbeplan, wenn für die Kampagne ein Etat von ca. 500.000,00 EUR zur Verfügung steht (Anlage 2).

4.2 Begründen Sie den von Ihnen entworfenen Medienplan durch vier Argumente, die ein derartiges Durchführen Ihrer Medienkampagne rechtfertigen.

Anlage 1
Kostenüberblick ausgewählter Werbemedien

Medium	Reichweite in Mio. (ab 14 Jahre)	Nutzerstruktur in %		Format/Dauer (= Einheit)	Kosten je Einheit in €	Erscheinungshäufigkeit/ Sendezeit
		Frauen	Männer			
Presse						
1. Zeitungen						
Bild am Sonntag	11,28	41	59	1/1 Seite s-w	36.000,00	wöchentlich
Süddeutsche Zeitung	1,14	o. A.	o. A.	1/1 Seite s-w	28.000,00	Tägl. Mo. – Sa.
2. Zeitschriften						
Focus	4,41	33	67	1/1 Seite 4-fbg	34.000,00	wöchentlich
Hör Zu	5,76	38	62	1/1 Seite 4-fbg	48.000,00	wöchentlich
Stern	8,60	45	55	1/1 Seite 4-fbg	53.000,00	wöchentlich
Lisa Wohnen & Dekorieren	0,25	65	35	1/1 Seite 4-fbg	9.600,00	14-tägig
Das Haus	1,92	58	42	1/1 Seite 4-fbg	42.000,00	monatlich
Fernsehen					(17 – 20 Uhr)	
ARD	4,78	55	45	30 Sekunden	18.500,00	täglich
ZDF	5,76	58	42	30 Sekunden	20.000,00	täglich
RTL	4,40	56	44	30 Sekunden	19.000,00	täglich
Pro7	2,20	52	48	30 Sekunden	14.000,00	täglich
Funk					(6 – 18 Uhr)	
Radio Regenbogen	0,80	50	50	30 Sekunden	800,00	täglich
SWR3	1,50	49	51	30 Sekunden	1.500,00	täglich

1/1 Seite s-w ganze Seite schwarz-weiß
1/1 Seite 4-fbg ganze Seite 4-farbig

Anlage 2

Mediaplan für die Schrankwand "Futura 2010"						
Medien	**Kosten je Einheit**	**Nov. 06**	**Dez. 06**	**Jan. 07**	**Anzahl von Schaltungen**	**Gesamtkosten**
Gesamtkosten der Medienschaltung						

Winter 2007/08, Aufgabe 2

In der INNOVA PC GmbH, einem mittelständischen Hersteller von IT-Produkten, konnte der Prototyp eines Kombigerätes von Notebook und Drucker erstellt werden, der von den Ingenieuren den Namen „NoteDru“ erhielt. Die vorhandenen Kapazitätsreserven reichen aus, um pro Jahr maximal 80.000 Notedru herzustellen. Im Zusammenhang mit einer möglichen Markteinführung sind viele Fragen zu beantworten und Probleme zu lösen.

2.1 Die Marktchancen sollen mithilfe von primärer oder sekundärer Marktforschung ermittelt werden.

2.1.1 Nennen Sie je drei quantitative und qualitative Daten, die mithilfe der Marktforschung erhoben werden sollten.

2.1.2 Unterscheiden Sie die primäre von der sekundären Marktforschung.

2.1.3 Begründen Sie, für welche Art von Marktforschung sich die INNOVA PC GmbH entscheiden sollte.

2.2 Die INNOVA PC GmbH nutzt für die Erstellung von Werbetexten das AIDA-Modell. Stellen Sie dieses Modell vor.

2.3 Die Produkte der INNOVA PC GmbH werden bislang sowohl mithilfe von Reisenden als auch mithilfe von Vertretern verkauft.
Zeigen Sie rechnerisch (Anlage 1), welche Absatzmittler für den Verkauf des Kombigerätes NoteDru bei alternativen Absatzmengen eingesetzt werden sollten.
Für die Reisenden der INNOVA PC GmbH fallen fixe Kosten in Höhe von insgesamt 40.000,00 EUR je Monat an. Zusätzlich fällt eine erfolgsabhängige Provision an. Diese beträgt 2 % des 28 Mio. EUR übersteigenden Vermittlungsumsatzes pro Jahr.
Die Provision der Handelsvertreter beträgt 1,20 % des erreichten Jahresumsatzes. Ab einem Jahresumsatz von 27 Mio. EUR steigt die Provision um 0,2 Prozentpunkte. Bei einem Vermittlungsumsatz von 50 Mio. EUR pro Jahr und mehr gewährt die INNOVA PC GmbH ihren Vertretern den höchsten Provisionssatz von 2,25 %.

Anlage 1

Stückpreis in EUR	Absatzmenge in Stück	Umsatz	Kosten für Reisende	Kosten für Vertreter	Entscheidung für Absatzmittler
679	40.000				
659	60.000				
639	80.000				

Sommer 2008, Aufgabe 1

Franz Maier, gelernter Bürokaufmann, beabsichtigt sich selbstständig zu machen.
Er möchte ein Fachgeschäft für Sportartikel eröffnen. Über die Wahl der Rechtsform für das Unternehmen macht er sich Gedanken.

1 Geben Sie zwei Unternehmensformen an, die für ihn infrage kommen. Unterscheiden Sie diese anhand von zwei Kriterien.

2 Franz Maier hat sich für die Einzelunternehmung entschieden.
Das Geschäft von Maier entwickelt sich hervorragend. Er möchte vergrößern.
Jedoch reicht sein Kapital von 80.000,00 EUR für die Erweiterung nicht aus. Sein Schwager Dieter Reich würde sich mit 100.000,00 EUR an einer Personengesellschaft beteiligen. Allerdings will er weder mitarbeiten noch mit seinem Privatvermögen haften.

2.1 Welche Unternehmungsform bietet sich an? Begründung.

2.2 Erläutern Sie, wie sich die Rechtsstellung von Franz Maier und Dieter Reich in Bezug auf
2.2.1 Geschäftsführungsbefugnis
2.2.2 Vertretungsbefugnis
2.2.3 Haftung unterscheidet.

3 Dem Sportfachgeschäft wird noch ein Fitnessstudio angeschlossen. Das Unternehmen wird nun in der Rechtsform der GmbH weitergeführt. Franz und Inge Maier, die neu in das Unternehmen eingetreten ist, sind bereit die Geschäftsführung zu übernehmen. Dieter Reich bleibt weiterhin Gesellschafter der GmbH.

Beurteilen Sie folgende Vorfälle:
3.1 Geschäftsführer Franz Maier ernennt den Angestellten Volker Fink zum Prokuristen.
3.2 Der Lieferant Hans Schmid KG fordert von dem Gesellschafter Dieter Reich die Zahlung einer Verbindlichkeit in Höhe von 20.000,00 EUR.
3.3 Inge Maier, die für den Verwaltungsbereich zuständig ist, stellt wegen des zunehmenden Verwaltungsaufwands eine weitere kaufmännische Angestellte ein.

Winter 2008/09, Aufgabe 1

Die Dünnbier GmbH aus Konstanz am Bodensee hat ihr Produktionsprogramm voll auf die Herstellung sogenannter Light-Biere umgestellt. Die Umsatzzahlen der letzten drei Jahre belegen, dass hier rechtzeitig auf einen Trend bei den Konsumenten gesetzt wurde.
Das Unternehmen hat als regionaler Anbieter einen hohen Bekanntheitsgrad. Beliefert werden vor allem Gastronomie, Betriebskantinen und Getränkemärkte.
Im Vertrieb hat die Dünnbier GmbH mehrere Reisende eingesetzt, die regelmäßig die Kunden besuchen und Aufträge entgegennehmen, die am nächsten Tag ausgeliefert werden.

1.1 Die Dünnbier GmbH vertreibt ihre Produkte also auf direkten wie auch indirekten Absatzwegen. Erläutern Sie diese beiden Möglichkeiten am vorliegenden Fall.

1.2 Beschreiben Sie zwei wichtige Vorteile, die der Einsatz von Reisenden dem Auftraggeber (Hersteller) bringt.

1.3 Die Dünnbier GmbH plant neue Märkte im schweizerischen und österreichischen Bodenseeraum zu erschließen.
Warum eignet sich hier eher der Einsatz von Handelsvertretern? Führen Sie drei wichtige Argumente an.

1.4 Ein Unternehmensberater rät dem Geschäftsführer der Dünnbier GmbH auf jeden Fall einen Kostenvergleich zwischen Reisenden und Handelsvertretern durchzuführen und erst auf dieser Basis eine endgültige Entscheidung zu treffen.
Momentan erhalten die Reisenden ein monatliches Fixum von 1.750,00 EUR sowie monatliche Spesen in Höhe von 250,00 EUR. Die Umsatzprovision beläuft sich auf 4 %.
Für Handelsvertreter beträgt der übliche Provisionssatz 8 %.

1.4.1 Berechnen Sie den kritischen Jahresumsatz und die dabei anfallenden Kosten. Der Lösungsweg muss erkennbar sein.

1.4.2 Welche Bedeutung hat dieser Jahresumsatz bei der Entscheidung für die Wahl zwischen den beiden Absatzmittlern?

1.4.3 Die Dünnbier GmbH könnte mit ihren Light-Produkten einen neuen Kundenkreis erschließen. Es handelt sich um Kioskbetriebe an Badestränden und in Freizeitparks. Allerdings ist der Absatz hier stark witterungsabhängig und die Kleinunternehmer fürchten das Risiko, eventuell auf der Ware sitzen zu bleiben.
Beurteilen Sie den Vorschlag eines Mitarbeiters, die Ware auf Kommission zu liefern.

1.5 Neuere Konsumentenbefragungen kommen zu dem Ergebnis, dass künftig die Nachfrage nach alkoholfreien Getränken, speziell auch Mineralwasser, zunehmen wird. Die Dünnbier GmbH hat bereits Kontakte zu entsprechenden Herstellern und möchte ihr Verkaufsprogramm um Mineralwasserprodukte ergänzen. Start der Verkaufsaktivitäten, zunächst nur im deutschen Bodenseeraum, soll das Frühjahr 2009 sein.
Beraten Sie das Unternehmen bei der Suche nach einem geeigneten Marketing-Mix zur Markteinführung der Mineralwasserprodukte.
Füllen Sie hierzu die Tabelle Anlage 1 aus.
Ihre Aufgabe ist es, die vorgegebenen Marketingmaßnahmen in Stichpunkten zu beschreiben und die Entscheidung, ob geeignet oder nicht geeignet, zu begründen.

Anlage 1

Vorgeschlagene Marketingmaßnahme	**Beschreibung der Maßnahme und begründete Stellungnahme**	Ankeuzen	
		geeignet	nicht geeignet
bundesweites Fernsehen			
Internetauftritt			
Sponsoring			
Preisdifferenzierung			

Sommer 2010, Aufgabe 1

Melanie Berger (Teilhafterin) und Otto Scherer (Vollhafter) betreiben ein Computerservicegeschäft mit Reparaturwerkstatt in der Rechtsform der KG unter der Firma B & S ComTec KG. Nach anfänglichen Schwierigkeiten hat sich das Unternehmen eine Stammkundschaft aufgebaut. Die Geschäfte gehen sehr gut, so dass eine bauliche Erweiterung des Unternehmens notwendig wird. Dazu benötigt die B & S ComTec KG neues Eigenkapital, das durch neu aufzunehmende Gesellschafter beschafft werden soll. Beide Gesellschafter beschließen die Umwandlung der KG in eine GmbH.

1.1 Vergleichen Sie die Rechtsform der KG mit der Rechtsform der GmbH, indem Sie eine Tabelle gem. nachfolgendem Muster erstellen und ergänzen.

Gesichtspunkt	KG	GmbH
Formvorschrift für Gesellschaftsvertrag		
Haftung für die Verbindlichkeiten der Gesellschaft		
Geschäftsführungsbefugnisse bei gewöhnlichen und außergewöhnlichen Rechtsgeschäften		

1.2 Melanie Berger und Otto Scherer sind sich einig, Bernd Liebig als GmbH-Gesellschafter aufzunehmen. Dazu müssen sie die GmbH ins Handelsregister eintragen lassen.

- Welche rechtliche Wirkung hat diese Eintragung? (mit Begründung)
- Welche Abteilung des Handelsregisters ist zuständig? (mit Begründung)
- Welche Eintragungen enthält das Handelsregister? (3 Nennungen)

1.3 Die drei Gesellschafter wählen Otto Scherer zum alleinigen Geschäftsführer. Da die Geschäfte der B & S ComTec GmbH gut gehen, kauft Otto Scherer einen Geschäftswagen für 40.000,00 EUR. Erläutern Sie die Rechtslage ausführlich.

1.4 Ein Gläubiger der GmbH verlangt vom Gesellschafter Bernd Liebig die Zahlung einer Rechnung in Höhe von 9.000 EUR. Erläutern Sie die Rechtslage.

1.5 Otto Scherer beabsichtigt, seiner Frau Lisa Scherer (sie ist als Buchhalterin bei der B & S ComTec GmbH beschäftigt) Einzelprokura zu erteilen. Wie muss er dabei vorgehen? Welche Formerfordernisse sind bei der Erteilung einer Prokura zu beachten?

Weitere Aufgaben siehe auch Kapitel 4 „Kapitel übergreifende Prüfungsaufgaben“

Kapitel 2: Leistungsprozesse in der Unternehmung

2.1 Notwendigkeit und Grundsätze der Organisation

Stofftelegramm

Aufgaben der Organisation

Schaffung eines Bündels **von Regelungen** zur Strukturierung eines Betriebes, die einerseits

- für **ausreichende Stabilität** im betrieblichen Geschehen sorgen,
- andererseits Freiraum lassen für **genügend Flexibilität**, um auf unvorhergesehene Änderungen problemgerecht reagieren zu können.

Notwendigkeit der Organisation

- Organisation schafft dauerhafte Regelungen und damit Stabilität.
- Betrieb wird unabhängig vom Organisationstalent und dem Engagement einzelner Mitarbeiter.
- kein erneutes Durchdenken und Rückfragen bei immer wiederkehrenden Problemen.
- nur jene Arbeitsabläufe werden als Dauerregelungen eingeführt, die auch als optimal erkannt wurden.
- neue Mitarbeiter können leichter eingearbeitet werden.

Voraussetzungen der Organisation

- Vorhandensein einer betrieblichen Gesamtaufgabe
- die Gesamtaufgabe muss teilbar sein.
- die Teilaufgaben müssen sich in gleicher Form wiederholen.
- die Regelungen müssen auf Dauerhaftigkeit angelegt sein.

Grundsätze der Organisation

- **Stabilität** (siehe oben)
- **Flexibilität** („)
- **Wirtschaftlichkeit**. Sowohl das Ergebnis der organisatorischen Tätigkeit als auch der Organisationsprozess selbst müssen diesem Grundsatz gehorchen.

Ziele der Organisation

- **Betriebliche Ziele:**
  - Verringerung der Kosten
  - Verbesserung der Leistung
  - Verbesserung des inner- und zwischenbetrieblichen Informations- und Materialflusses
- **Humane Ziele:**
  - Verringerung der geistigen/körperlichen Belastungen
  - Verbesserung der zwischenmenschlichen Beziehungen
- **generell:**
  - **Schaffung eines organisatorischen Gleichgewichts** = angemessenes Verhältnis von Stabilität und Flexibilität

Improvisation	Disposition	Überorganisation	Unterorganisation
Handeln aus dem Stegreif heraus in unvorhersehbaren Fällen auf der Basis bisheriger Erfahrungen	**Handeln in Einzelfällen** innerhalb eines organisatorischen Rahmens	Es besteht ein **Zuviel** an organisatorischen Regelungen. Diese nehmen dem Betrieb das erforderliche Maß an Flexibilität, um auf unerwartete Ereignisse rasch reagieren zu können. Der Betrieb erstarrt in Regelungen, wird zu schwerfällig und träge.	Es besteht ein **Zuwenig** an Organisation. Der Betrieb wird abhängig von jenen Mitarbeitern, die sich auskennen. Aufgaben werden doppelt gemacht, vergessen oder von Fall zu Fall anders gelöst. Fehlende organisatorische Strukturen werden im Laufe der Zeit durch informelle Beziehungen oder Gewohnheiten ersetzt.

Teilaspekte der Organisation	
Aufbauorganisation	**Ablauforganisation**
• Schaffung eines gegliederten Unternehmensaufbaues mit abgegrenzten Verantwortungsbereichen (= Stelle, Abteilung) • Festlegung einer Rang- und Beziehungsstruktur unter den Stellen • Verbale und grafische Dokumentation des Aufbaus (Stellenbeschreibung/Organigramm)	• Schaffung eines räumlichen und zeitlichen Beziehungsgefüges, mit dem die Ziele des Unternehmens (z. B. minimale Durchlaufzeit, maximale Kapazitätsauslastung, geringe Lagerbestände usw.) erreicht werden können

Übungsaufgaben

1. Was versteht man unter Organisation?
2. Warum ist es notwendig, durch organisatorische Maßnahmen Betriebe zu strukturieren?
3. In welchem Dilemma steht ein Organisator, wenn er einen Betrieb organisiert?
4. Durch welche Vorteile profitiert ein organisierter Betrieb?
5. Welche Ziele lassen sich durch organisatorische Maßnahmen anstreben?
6. Welche Grundsätze sind bei der Organisation zu beachten?
7. Unterscheiden Sie

   a) Organisation

   b) Improvisation

   c) Disposition.

2.2 Organisation als Entscheidungsprozess

Stofftelegramm

Organisationsanlässe

- Neuorganisation, z. B. wegen Betriebsgründung, Aufbau Filiale
- Reorganisation, z. B.
  - zur Beseitigung aufgedeckter Schwachstellen
  - Rationalisierungs- bzw. Organisationsdruck „von außen“ (lean management, lean production)
  - gekaufte Standard-Software (z. B. Produktionsplanungs- und Steuerungssystem) zwingt zu Änderungen im Informations- und Materialfluss
  - Ausscheiden/Neueintritt von Gesellschaftern
  - Änderung der Rechtsform einer Gesellschaft (Umwandlung einer Personengesellschaft in Kapitalgesellschaft)
  - Wachsendes Unternehmen verlangt eine Anpassung der Organisation an jeweilige Betriebsgröße
  - Einführung neuer Produktions- und Arbeitsverfahren
  - Veränderungen im Produktsortiment
  - behördliche oder gesetzliche Auflagen

Phasen des Oganisationsprozesses

Planung

- Formulierung des Organisationszieles
- Analyse der IST-Situation und Aufdeckung der Schwachstellen
- Entwurf des Sollkonzeptes. Hierzu gehören auch die Festlegungen hinsichtlich:
  - eines verantwortlichen Mitarbeiters, der während der Phase der Durchführung die Projektinteressen in allen betroffenen Bereichen vertritt und als Ansprechpartner dient.
  - der Unterziele, welche in den einzelnen Perioden erreicht werden müssen, um das Gesamtziel zu verwirklichen.
  - der Maßnahmen, welche hierfür erforderlich sind (z. B. Schulung der Mitarbeiter)
  - der Vorgaben für das Zeit- und Kostencontrolling
- Die Entscheidung (ggf. aus mehreren Sollkonzepten) schließt die Planungsphase ab. Sie ist eine klare Managementaufgabe. Dadurch erhält die Neuorganisation die notwendige Rückendeckung durch die Betriebsleitung und sie stärkt die Autorität jener, welche die Entscheidung durchzuführen haben.

↓

Durchführung

Innerhalb des vorgegebenen Zeitrahmens wird die Neuorganisation durchgeführt.

↓

Kontrolle

Vergleich des Ergebnisses mit den Sollvorgaben aus der Planungsphase.

Der Organisationsprozess vollzieht sich in einem Regelkreis.
Am Beispiel: **Verminderung der Kapitalbindungskosten**.

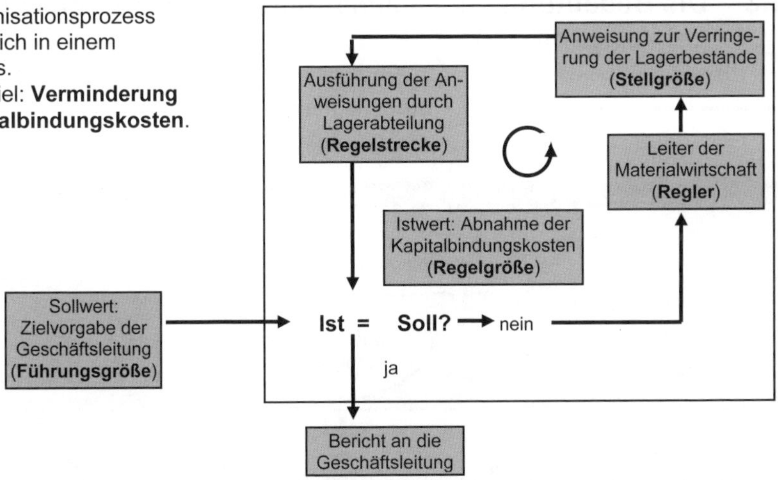

Führungsgröße	Sie wird von der Geschäftsleitung als Ziel vorgegeben, z. B. Verminderung der Kapitalbindungskosten um 15 %.
Regler	Bei laufendem Regelkreis analysiert er die Soll-Ist-Abweichungen und trifft als Entscheidungsträger die erforderlichen Maßnahmen, z. B. ABC-Analyse durchführen, optimale Bestellmenge ermitteln.
Stellgrößen	Maßnahmen, die vom Regler getroffen werden, um das angestrebte Ziel zu erreichen.
Regelstrecke	Durchführung der Maßnahmen
Regelgröße	Messbares Ergebnis der Maßnahmen, z. B. Verminderung des Kapitalbindungskosten gegenüber der Vorperiode

Übungsaufgaben

1. Nennen Sie Ereignisse, die Anlass zu organisatorischen Aktivitäten sein können.

2. a) Nennen Sie die Phasen, in denen ein Organisationsprozess abgewickelt wird.
   b) Beschreiben Sie kurz den Inhalt der einzelnen Phasen.

3. Der Organisationsprozess vollzieht sich in einem Regelkreis.

   a) Stellen Sie den Regelkreis grafisch dar.
   b) Beschriften Sie ihn mit den entsprechenden Fachbegriffen.
   c) Erklären Sie kurz: Führungsgröße, Regler, Stellgröße, Regelstrecke, Regelgröße.

2.3 Die Bedeutung der Beschaffung für den betrieblichen Leistungsprozess

Stofftelegramm

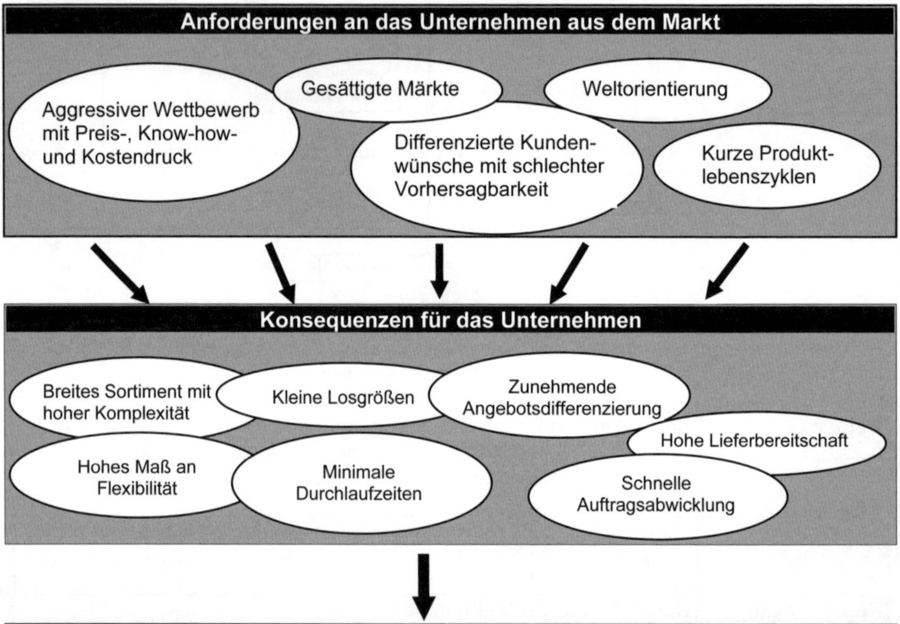

Lösungsansätze im Unternehmen

- Buy statt Make (= geringere Wertschöpfung im eigenen Unternehmen)
- Niedrige Bestände
- Marktorientierung

Die Beschaffung hat damit Schlüsselstellung im gewinnorientierten Unternehmen. Sie trägt die Verantwortung über etwa 40 bis 60 % der Kosten im Unternehmen.

Ziel der Beschaffung

Versorgung des Unternehmens mit Gütern und Dienstleistungen

- in **bestgeeigneter Qualität**, Art und Ausführung
- **in der wirtschaftlichsten Menge** (= optimale Losgröße)
- von den **geeignetsten Lieferanten**
- zur **richtigen Zeit** und am **richtigen Ort**
- zum **wirtschaftlich günstigsten Preis**.

Teilaufgaben der Beschaffung

- Beschaffungsmarktforschung
- Bedarfserfassung
- Anfrage und Angebotsauswertung
- Verhandlungsführung
- Auftragsvergabe
- Bestellabwicklung
- Terminwesen
- Reklamationsbearbeitung

Logistik = Planung, Durchführung und Steuerung des Material- Informations- und Kapitalflusses vom Vorlieferanten bis zum Kunden

Übungsaufgaben

1. Nennen Sie Anforderungen des Marktes an die Unternehmen in der Gegenwart, durch welche diese dazu gezwungen sind, von der produktionsorientierten (make statt buy) Unternehmensstrategie zu einer marktorientierten Strategie überzugehen (buy statt make).
2. Welche Konsequenzen ergeben sich innerhalb des Unternehmens durch die geänderten Marktanforderungen?
3. Nennen Sie das Ziel der Beschaffung.
4. Welche Teilaufgaben gehören zur Beschaffung?
5. Welche Aufgaben hat die Logistik?
6. Skizzieren Sie, wie die Beschaffungslogistik in die Logistik des Gesamtunternehmens eingebettet ist.

2.4 Ablauf eines Beschaffungsvorganges

Stofftelegramm

Beschreibung (Siehe auch nächste Seite):
Der Nettobedarf an Fremdteilen **(1)** wird durch das PPS-System ermittelt. Die Einkaufsabteilung holt Angebote **(2)** ein, indem sie Anfragen **(3)** an die Lieferanten richtet. Die Liefererangebote **(4)** werden ausgewertet **(5)**. Nicht nur Preis, auch Produktqualität, Zuverlässigkeit, Service, Termintreue usw. sind zu berücksichtigen. Die Bestellung wird geschrieben und an den Lieferanten geschickt **(6)**. Einen Durchschlag der Bestellung (= Wareneingangspapiere) erhält **(7)** das Lager, um bei Eintreffen der Ware vergleichen zu können, ob Bestellung und Lieferung mengenmäßig und sachlich übereinstimmen.

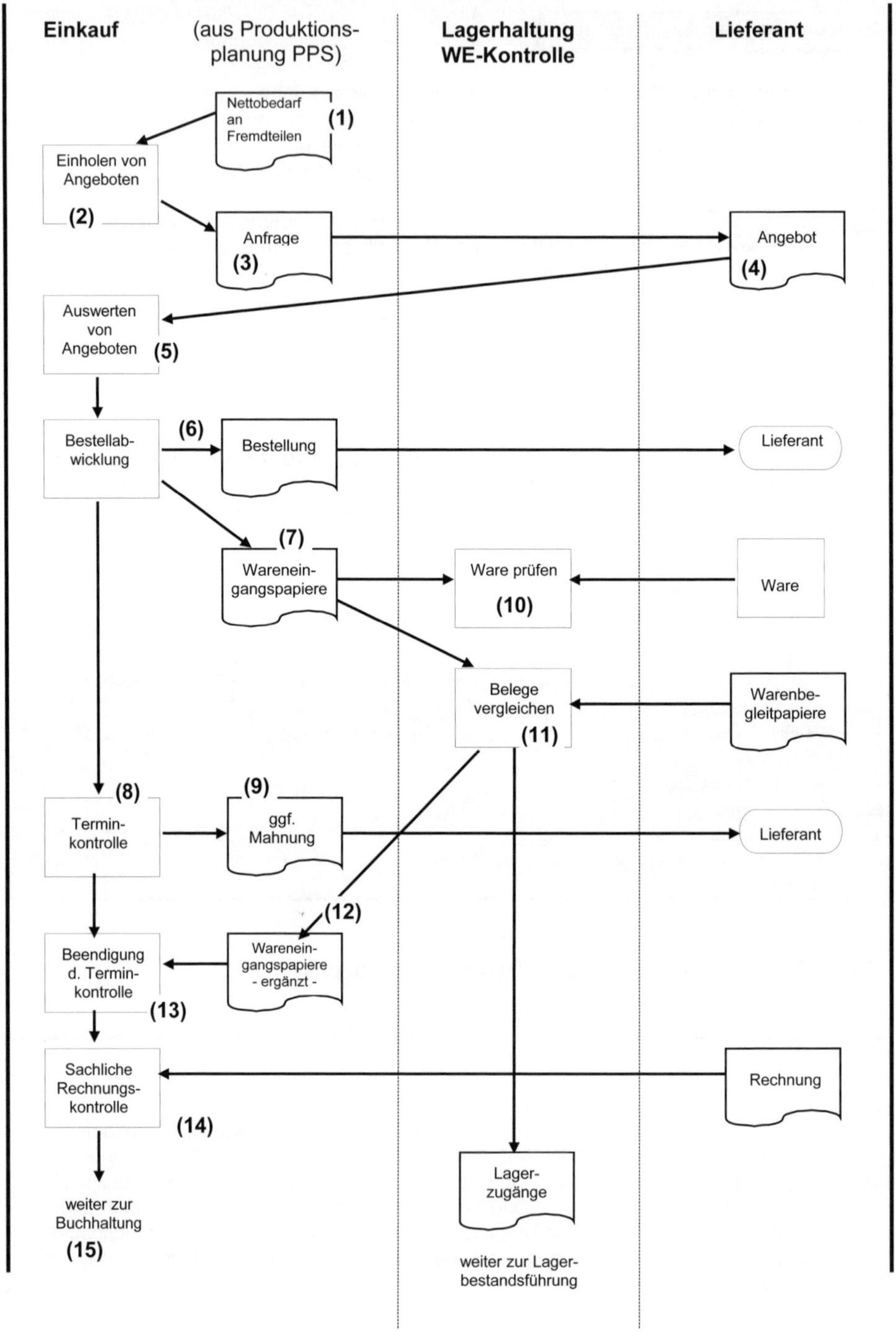

Einkauf
(aus Produktions-planung PPS)
Lagerhaltung WE-Kontrolle
Lieferant
Nettobedarf an Fremdteilen
(1)
Einholen von Angeboten
(2)
Anfrage
(3)
Angebot
(4)
Auswerten von Angeboten
(5)
Bestellab-wicklung
(6)
Bestellung
Lieferant
(7)
Warenein-gangspapiere
Ware prüfen
(10)
Ware
Belege vergleichen
(11)
Warenbe-gleitpapiere
(8)
Termin-kontrolle
(9)
ggf. Mahnung
Lieferant
(12)
Beendigung d. Termin-kontrolle
Warenein-gangspapiere - ergänzt -
(13)
Sachliche Rechnungs-kontrolle
(14)
Rechnung
Lager-zugänge
weiter zur Buchhaltung
(15)
weiter zur Lager-bestandsführung

Während der Lieferzeit übernimmt die Einkaufsabteilung die Terminkontrolle **(8)**. Bei zeitkritischen Waren sorgt sie durch ein rechtzeitiges Erinnerungsschreiben für pünktliche Lieferung. Erfolgt die Lieferung verspätet, und ist der Liefertermin nicht kalendermäßig bestimmbar, dann wird gemahnt **(9)**, damit die Rechte aus der Nicht-Rechtzeitig-Lieferung geltend gemacht werden können.

Nach Wareneingang wird geprüft **(10)**, ob gelieferte mit bestellter Ware übereinstimmt. Ebenso werden die Dokumente des Lieferers mit den eigenen verglichen **(11)**. Die Ergebnisse werden durch Ergänzungen auf den Wareneingangspapieren vermerkt **(12)**. Diese wandern als Rücklaufdatenträger zum Einkauf zurück und dienen als Datenbasis zur Beendigung der Terminkontrolle **(13)** und zur sachlichen Prüfung der Liefererrechnung **(14)**. Letztere wird anschließend an die Buchhaltung übergeben zur rechnerischen Prüfung **(15)**.

Bedarfsermittlung

Bedarfsarten

Primärbedarf

Bedarf an verkaufsfähigen Einheiten, in der Regel = Enderzeugnisse. Bei Ersatzteillieferungen auch Baugruppen oder Einzelteile. Der Primärbedarf wird ermittelt aus

- vorliegenden Kundenaufträgen
- zusätzlichen Bedarfen aufgrund von Erfahrungswerten

Sekundärbedarf

Bedarf an Baugruppen, Teilen und Rohstoffen. Ergibt sich aus Primärbedarf, indem für diesen eine Stücklistenauflösung durchgeführt wird.

Bruttobedarf

Gesamter Primär-, Sekundär- und Tertiärbedarf innerhalb einer Periode

Tertiärbedarf

Bedarf an Hilfs- und Betriebsstoffen

Nettobedarf

Bruttobedarf abzüglich disponierbarem Lagerbestand

Verfahren der Bedarfsermittlung

- **Bedarfsgesteuerte Bedarfsermittlung:** Verfahren zur Ermittlung des Sekundärbedarfes. Der zukünftige Bedarf wird durch einen **Blick nach vorn** ermittelt, indem für den vorgegebenen Primärbedarf eine Stücklistenauflösung für die nachfolgenden Komponenten durchgeführt wird.

- **Verbrauchsgesteuerte Bedarfsermittlung:** Verfahren zur Ermittlung des Tertiärbedarfes und desjenigen zusätzlichen Primärbedarfes, der nicht durch vorhandene Kundenaufträge abgesichert ist und daher auf Lager geplant wird. Dabei wird der zukünftige Bedarf durch einen Rückblick auf Vergangenheitswerte ermittelt. Anwendung verschiedener statistischer Verfahren, wie z. B. gleitende Durchschnitte.

- **Bedarfsermittlung durch Schätzung:** Verfahren zur Ermittlung des Tertiärbedarfes und des zusätzlichen Primärbedarfes, wenn keinerlei statistisch auswertbares Datenmaterial vorhanden ist. Die Schätzung wird gestützt durch Berufserfahrung oder Vergleiche zu ähnlichen Vorgängen (frühere Neueinführung eines anderen Produktes).

Beschaffungsplanung

Aufgabe der Beschaffungsplanung ist es, die im Rahmen der Bedarfsermittlung gefundenen Bedarfe so zu planen, dass sie

- in der richtigen Menge
- in der benötigten Qualität
- zur richtigen Zeit
- am rechten Ort

verfügbar sind. Es handelt sich also um eine **Zeit- und Mengenplanung.** → = 1. Ziel der Beschaffung

Dabei sollen die Teile **so preiswürdig wie möglich** sein. → = 2. Ziel der Beschaffung

Die **Kosten der Beschaffungsorganisation** sollen **möglichst niedrig** gehalten werden. → = 3. Ziel der Beschaffung

Zwischen dem 2. und 3. Ziel = Zielkonflikt. Denn: Ziel 3 lässt sich verfolgen mit möglichst wenig Bestellvorgängen. **Folge:** große Beschaffungsmengen, hohe Lagerbildung, also hohe Kostenbelastung der Teile (= Konflikt zu Ziel 2). Entsprechendes gilt umgekehrt.

Die **Beschaffungsplanung benötigt daher**

Dispositionshilfen
= Unterstützung des Disponenten

in der Beschaffung der **wirtschaftlich richtigen Menge**	in der Beschaffung zur **richtigen Zeit**	in der Konzentration der Energien auf **wirtschaftlich bedeutende Objekte**
↓	↓	↓
Optimale Losgröße	Wahl des **Dispositionsverfahrens**	**ABC-Analyse**

Dispositionshilfe Optimale Losgröße: Bestimmung der kostengünstigsten Beschaffungsmenge

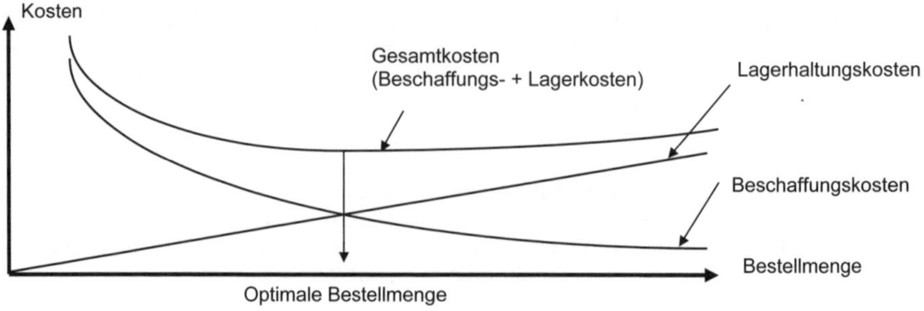

- Mit **zunehmender Bestellmenge sinken die Beschaffungskosten.**
- Mit **zunehmender Bestellmenge steigen die Lagerhaltungskosten.**

Da der Betrieb **beide** Kosten zu tragen hat, ist das **Optimum dann erreicht**, wenn die **Summe aus beiden Kosten ihr Minimum erreicht**.

Beispiel:

Geschätzter Jahresbedarf	:	24 000	Stück
Einstandspreis/Stück	:	1,50	€
Bestellkosten	:	40,00	€
Lagerkostensatz	:	24	%

Berechnung der optimalen Losgröße in tabellarischer Form.

Bestellmenge	Anzahl der Bestellungen	Bestellkosten	Durchschnittlicher Lagerbestand in €	Lagerkosten in €	Gesamtkosten
24 000	1	40,00	18.000,00	4.320,00	4.360,00
12 000	2	80,00	9.000,00	2.160,00	2.240,00
6 000	4	160,00	4.500,00	1.080,00	1.240,00
3 000	8	320,00	2.250,00	540,00	860,00
2 400	**10**	**400,00**	**1.800,00**	**432,00**	**832,00**
2 000	12	480,00	1.500,00	360,00	840,00
1 000	24	960,00	750,00	180,00	1.140,00

Wahl des Dispositionsverfahrens: Planung der Bestellzeit

Strategie 1 = Bestellpunktverfahren

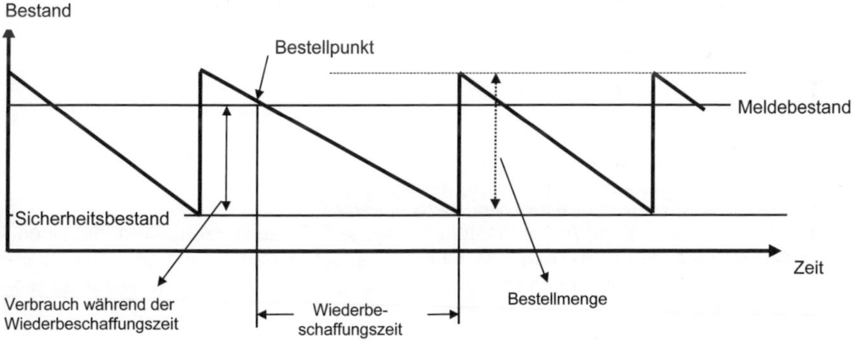

- **Bestellpunkt:** Zeitpunkt, an welchem bestellt werden muss, um Versorgung während der Wiederbeschaffungszeit sicherzustellen
- **Meldebestand:** Erreicht der Lagerbestand diese Bestandshöhe, dann ist eine neue Bestellung auszulösen.
- **Wiederbeschaffungszeit:** Zeitbedarf für eigene Überlegungszeit (z. B. Liefererauswahl), Durchführung der Bestellung, Laufzeit der Post, Lieferzeit, Zeit für Wareneingangskontrolle und Einlagerung

- **Sicherheitsbestand:** Er dient zur Abdeckung von Bestands-, Bedarfs- und Bestellunsicherheiten. Er steht nur für unvorhergesehene Ereignisse zur Verfügung und darf daher zur laufenden Disposition **nicht** verwendet werden.

Merkmale dieser Strategie

- sehr sichere Strategie, da geringe Gefahr der Unterdeckung
- geeignet für Güter, bei denen ein hoher Servicegrad verlangt wird
- führt tendenziell zu hohen Beständen
- hoher Kontrollaufwand
- durch ständige Bestandskontrolle geeignet für Güter mit unregelmäßigem Bedarf

Strategie 2 = Bestellrhythmusverfahren

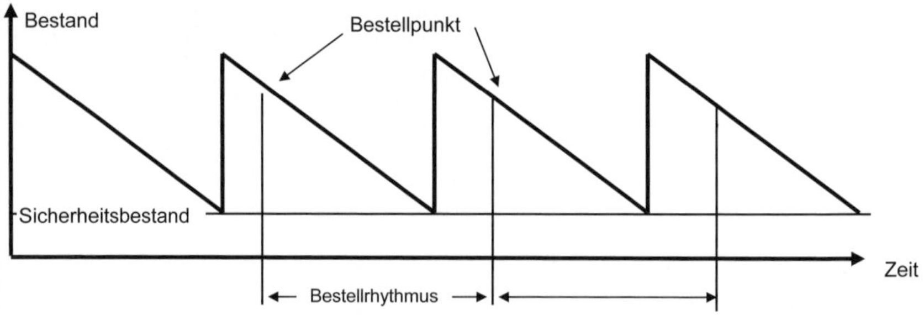

Merkmale dieser Strategie

- es wird nur in festen Zeitintervallen (= Bestellrhythmus) nachbestellt.
- Gefahr der Unterdeckung bei unregelmäßigem Bedarf
- nur sinnvoll, wenn Lagerabgangsrate relativ konstant
- geringer Verwaltungsaufwand

Dispositionshilfe ABC-Analyse:
Konzentration auf wirtschaftlich bedeutende Objekte

Sie hilft dem Disponenten, seine Aufmerksamkeit auf jene Teile zu konzentrieren, die einen **hohen wertmäßigen Anteil** (= **A-Teile**) am Jahresverbrauch haben. Schon geringe prozentuale Mengeneinsparungen bei diesen hochwertigen Komponenten führen daher zur Einsparung hoher €-Beträge.

Strategie bei Durchführung der ABC-Analyse:

1. Je Gut den bewerteten Verbrauch ermitteln.
2. Je Gut den %-ualen Mengen- und Wertanteil berechnen.
3. Rangfolge nach %-ualen Wertanteil ermitteln.
4. In zweite Tabelle die Artikel nach Rangfolge eintragen, ebenso die %-ualen Mengen- und %-ualen Wertanteile.
5. Die %-ualen Mengen- und Wertanteile laufend aufaddieren (= kumulieren).
6. ABC-Schranken festlegen.

ABC-Analyse - Tabelle 1

Lagergut	Mengen-verbrauch	Einstands-preis	Bewerteter Verbrauch	% der Menge	% des Wertes	Rang
Mahagonifurnier	4 000	50,00 €	**200.000,00 €**	**4**	**20**	**2**
Eichefurnier	20 000	22,00 €	**440.000,00 €**	**20**	**44**	**1**
Pressspanplatten	20 000	4,50 €	**90.000,00 €**	**20**	**9**	**4**
Kunststoffurnier	11 000	10,00 €	**110.000,00 €**	**11**	**11**	**3**
Beschläge	10 000	1,00 €	**10.000,00 €**	**10**	**1**	**9**
Leim	8 000	2,50 €	**20.000,00 €**	**8**	**2**	**7**
Sperrholzplatten	20 000	4,00 €	**80.000,00 €**	**20**	**8**	**5**
Teleskopschienen	2 000	4,50 €	**9.000,00 €**	**2**	**0,9**	**10**
Möbelrollen	2 000	5,50 €	**11.000,00 €**	**2**	**1,1**	**8**
Schrauben	3 000	10,00 €	**30.000,00 €**	**3**	**3**	**6**
	100 000		**1.000.000,00 €**			

ABC-Analyse - Tabelle 2

Rang	Artikel	%-Ant. Menge		%-Ant. Wert		ABC-Klasse	%-Anteil Menge Klasse	%-Anteil Wert Klasse
		einfach	kumuliert	einfach	kumuliert			
1.	Eichefurnier	20	20	44	44	A		
2.	Mahagonifurnier	4	24	20	64	A	**35 %**	**75 %**
3.	Kunststoffurnier	11	35	11	75	A		
4.	Pressspanplatten	20	55	9	84	B		
5.	Sperrholz	20	75	8	92	B	**43 %**	**20 %**
6.	Schrauben	3	78	3	95	B		
7.	Leim	8	86	2	97	C		
8.	Möbelrollen	2	88	1,1	98,1	C	**22 %**	**5 %**
9.	Beschläge	10	98	1	99,1	C		
10.	Teleskopschienen	2	100	0,9	100	C		

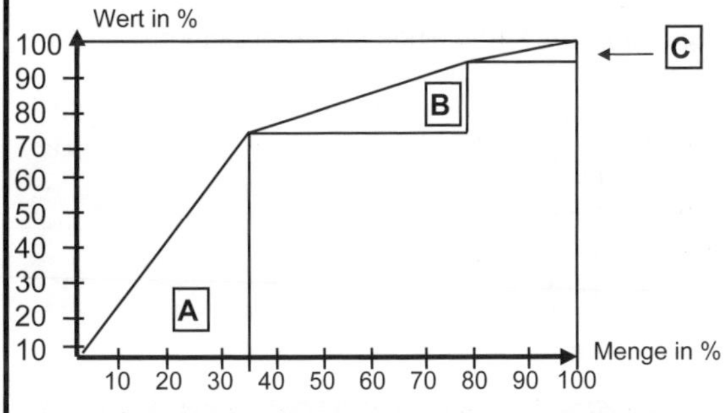

Welchen Beitrag leistet die ABC-Analyse?

- erhöht Transparenz der Materialwirtschaft
- vermeidet Arbeitsaufwand bei Objekten untergeordneter Bedeutung (C-Teile)

- konzentriert die Aktivitäten auf wirtschaftlich bedeutende Objekte (A-Teile), z. B. durch deren
  - exakte Vergleichsrechnung, ob Eigenproduktion oder Fremdbezug günstiger
  - möglichst geringe Lagerbestände
  - bedarfsgesteuerte Disposition
  - konstruktionstechnische oder materialtechnische Änderungen
  - strategische Absicherung durch langfristige Lieferverträge
  - fertigungssynchrone Anlieferung (just in time)

Bezugsquellenermittlung

Auslöser für Bezugsquellenermittlungen

- Produktinnovationen für den Gesamtmarkt bzw. für das eigene Unternehmen
- Kostendruck
- Probleme mit Lieferanten
- Wegfall eines bisherigen oder Entstehung eines neuen Marktes
- wissenschaftliche Erkenntnisse

Unternehmensinterne Quellen	Unternehmensexterne Quellen	
• Informationen von Einkäufern • Lieferantendateien • (-karteien) • Erfahrungsaustausch mit Kollegen	• Fachzeitschriften • Inserate in der Fachpresse • Firmenangebote • Marktübersichten von Verbänden • Kataloge, Firmenprospekte • Berufs- und Branchenverzeichnis („*Gelbe Seiten, CD*“)	• Messekataloge • Messe- und Lieferantenbesuche • Handelsmissionen • IHK • Internetrecherche

Anfrage

- **formfrei**, also mündlich, schriftlich, telefonisch usw.
- **unverbindlich**, d. h. für den Anfragenden entsteht **keine** bindende Verpflichtung
- **allgemein**, z. B. Bitte um Katalog, Preisliste, Prospekt, Muster
- **bestimmt**, z. B. Bitte um ein detailliertes Angebot zu einem bestimmten Erzeugnis. Detailliert = Angaben über Preise, Preisnachlässe, Güte, Beschaffenheit, Liefer- und Zahlungsbedingungen, Garantien, technische Erfordernisse, Transportart
- **Zweck**: - Anbahnung neuer Geschäftsverbindungen
  - Aktualisierung der eigenen Einkaufsunterlagen

Angebot

Form	Inhalt	
formfrei. Zur Beweissicherung besser schriftlich	• Art der Ware (genaue Bezeichnung) • Beschaffenheit und Güte der Ware (Angabe von Güteklassen, Normen)	• Menge • Preis, Preisnachlässe • Garantien • Liefer- und Zahlungsbedingungen

Bindung

Der Anbietende ist an das Angebot gebunden.

a) **Gesetzliche Bindungsfrist:**
Anwesende: Solange Gespräch dauert (auch Telefonate)
Abwesende: Bis unter normalen Umständen Antwort erwartet werden kann. (Brief ca. 1 Wo./eMail ca. 24 Std.)
Grundsatz: Antwort auf mindestens gleich schnellem Weg!

b) **Vertragliche Bindungsfrist:**
Befristetes Angebot, z. B. „*Gültig bis ...*"

c) **Freiklauseln:**
Einschränkung der Bindung, z. B. „*Preis freibleibend*", „*Solange Vorrat reicht*", „*ohne Obligo*", „*unverbindlich*"

Erlöschen

Bindung an Angebot erlischt, wenn

- der Empfänger das Angebot ablehnt.
- das Angebot verspätet angenommen wurde.
- das Angebot nicht innerhalb der festgesetzten Frist angenommen wurde.
- der Empfänger das Angebot abändert (= neuer Antrag).
- der Antragende rechtzeitig widerruft.

Angebotsvergleich

Beispiel: Unser Lieferant bietet an: 50 Snowboards „Yeti", Nettolistenpreis 250,00 € je Stück, 20 % Rabatt, 3 % Skonto innerhalb 10 Tagen, 180,00 € Fracht. Einstandspreis?

Listeneinkaufspreis	12.500,00	€
- 20 % Rabatt	2.500,00	€
= **Ziel**einkaufspreis	10.000,00	€
- 3 % Skonto	300,00	€
= **Bar**einkaufspreis	9.700,00	€
+ Bezugskosten	180,00	€
= **Einstand**spreis	9.880,00	€

Einstandspreis ist nur **ein** Entscheidungskriterium bei der Auswahl eines Lieferanten. Darauf aufbauend gibt es noch **qualitative Angebotsvergleiche**. Diese versuchen, zusätzliche Kriterien in Ziffern zu bewerten und zusammen mit dem Preis in eine Gesamtbeurteilung (Entscheidungsbewertungstabelle) einzubeziehen. Zu diesen qualitativen Kriterien gehören z. B.:

Preiswürdigkeit	• Preis-Leistungs-Verhältnis
Zuverlässigkeit	• Produktqualität • Pünktlichkeit
Flexibilität	• hoher Servicegrad • Entgegenkommen bei Sonderfragen
Kreativität	• Neu- und Weiterentwicklung durch Forschung und Entwicklung des Lieferers
Kontinuität	• Sicherheit beim Fortbestand der technischen und kaufmännischen Leistungsfähigkeit

Weitere wichtige Fragen:

- Welche Transportmöglichkeiten/Verkehrsanbindungen bestehen zwischen dem Lieferer und uns?
- Sind seine vorhandenen Kapazitäten ausreichend?
- Könnte weiterer zusätzlicher Bedarf rasch gedeckt werden?
- Wer wird von ihm bereits beliefert? Referenzen (Konkurrenz)
- Kann die Firma Problemlösungen anbieten?
- Verlangt der Lieferant Mindestmengen?
- Kann der Lieferant eine Bevorratung für uns übernehmen?

Bestellung

Die Bestellung ist in der Regel = Antrag und führt nach Annahme durch Lieferanten zum Kaufvertrag, der beide Partner bindet. Dies bedeutet, dass sämtliche Übereinkommen im Bestelltext so detailliert wie möglich angeführt sein müssen, um spätere Differenzen aufgrund unterschiedlicher Interpretationen auszuschließen.
Folgende Faktoren sind als äußerst wichtig anzusehen:

1. Produkt	• genaue Beschreibung und Klassifikation
2. Preise	• tatsächlich verhandelte Einstandspreise
3. Konditionen	• vereinbarte Rabatte und Nachlässe • Naturalbeigaben ohne Verrechnung • Skonto und Zahlungsvereinbarungen • Lieferbedingungen • Verpackung • Versicherung
4. Aufschläge	• Fracht, Verpackung, Versicherung, Entladung, Mindermengen
5. Liefertermine	• Zeitpunkt der Liefererfüllung (Fixtermin)
6. Leistungsort	• Gefahrenübergang • Zahlung • Gerichtsstand
7. Garantien	

Liefer- und Zahlungsbedingungen

1. Versandkosten

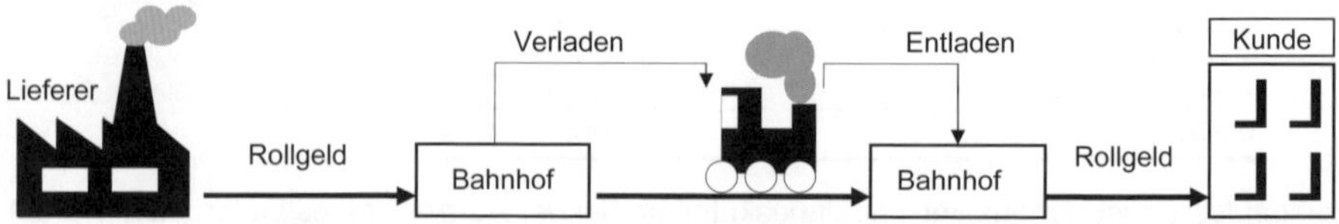

<table>
<tr><th></th><th>Rollgeld</th><th>Verladekosten</th><th>Fracht</th><th>Entladekosten</th><th>Rollgeld</th></tr>
<tr><td>ab Werk
ab Fabrik
ab Lager</td><td colspan="5">Käufer</td></tr>
<tr><td>unfrei
ab Bhf. hier
ab hier</td><td>Verkäufer</td><td colspan="4">Käufer</td></tr>
<tr><td>frei Waggon</td><td colspan="2">Verkäufer</td><td colspan="3">Käufer</td></tr>
<tr><td>frei dort
frachtfrei
frei Bahnhof</td><td colspan="3">Verkäufer</td><td colspan="2">Käufer</td></tr>
<tr><td>frei Haus
frei Lager</td><td colspan="5">Verkäufer</td></tr>
</table>

Gesetzliche Regelung = „***unfrei***“

2. **Verpackungskosten** (gesetzliche Regelung)	**Verkaufs**verpackung trägt Verkäufer (z. B.: Pralinenschachtel) **Versand**verpackung trägt Käufer (z. B.: Kartons, Kisten)	
3. **Lieferzeit + Zahlung** (gesetzliche Regelung)	Auf Verlangen sofort. Kosten der Zahlung trägt der Käufer.	
4. **Beschaffenheit und Güte der Ware** (gesetzliche Regelung)	Ware mittlerer Art und Güte	
5. **Preise und Preisnachlässe**	• **Mengenrabatt**	Fördert die Abnahme größerer Mengen, ist gerechtfertigt durch damit verbundene Senkung der Stückkosten (weniger Verwaltungsaufwand als bei durchschnittlichen Versandmengen)
	• **Treuerabatt**	Führt zu langfristiger Bindung des Kunden an den Lieferanten = Stammkundschaft
	• **Sonderrabatt**	z. B. anlässlich eines Firmenjubiläums
	• **Händlerrabatt**	Wird an Wiederverkäufer gewährt.
	• **Bonus**	Nachträglich gewährter Rabatt, i. d. R. für die Erreichung einer bestimmten Umsatzsumme in einer Periode.
	• **Skonto**	Preisnachlass für Barzahlung innerhalb bestimmter Frist.

Wareneingangs- und Rechnungsprüfung

Erstere prüft die sachliche Übereinstimmung von bestellter und gelieferter Ware. Gegebenenfalls werden auch Stichproben dahingehend unternommen, ob die gelieferte Ware den gestellten Qualitätsanforderungen entspricht. Die Einkaufsabteilung wird vom Ergebnis der Wareneingangsprüfung unterrichtet. Danach erfolgt die Qualitätsfreigabe des Erzeugnisses für die Produktion.

Die Rechnungsprüfung (Einkaufsabteilung) vergleicht die gelieferte mit der in Rechnung gestellten Ware. Sie kann nur funktionieren, wenn alle Daten richtig vorliegen. Sämtliche Änderungen, welche die Bestellung betreffen, müssen in der Bestellakte vermerkt werden (z. B. Teillieferungen oder gewünschte Ware ist nicht mehr lieferbar, L. schickt einen gleichwertigen Ersatz mit anderem Preis.) Wird der Lieferant dazu angehalten, sämtliche wichtige Daten der Bestellung auf der Rechnung zu wiederholen, wird dem Einkäufer langes Suchen und Verwechslungsgefahr erspart.

Die Rechnungskontrolle wird grundsätzlich von der Buchhaltung durchgeführt und beinhaltet die Überprüfung auf rechnerische Richtigkeit der Rechnung.

Bei Preisabweichungen hat der Einkauf die Rechnung abzuzeichnen.

Übungsaufgaben

1. Ordnen Sie die nachfolgenden Begriffe in logisch richtiger Reihenfolge, so wie sie innerhalb des Beschaffungsvorganges anfallen.

- Bestellabwicklung
- Terminkontrolle
- Auswerten von Angeboten
- Belege vergleichen
- Rechnungskontrolle
- Einholen von Angeboten
- Ware prüfen
- Terminkontrolle beenden

2. Geben Sie jeweils den Absender und den Empfänger des nachfolgenden Datenträgers an (**E** = Einkauf, **La** = Lager, **Li** = Lieferant)

Absender	Datenträger	Empfänger
...	Anfrage	...
...	Angebot	...
...	Bestellung	...
...	Mahnung	...
...	Wareneingangspapiere	...
...	Rechnung	...
...	Warenbegleitpapiere	...

3. Erklären Sie die Begriffe

- Primärbedarf
- Sekundärbedarf
- Tertiärbedarf
- Bruttobedarf
- Nettobedarf
- bedarfsgesteuerte Bedarfsermittlung
- verbrauchsgesteuerte Bedarfsermittlung
- Bedarfsermittlung durch Schätzung

4. Welche Ziele verfolgt die Beschaffungsplanung?

5. a) Wann spricht man von einem Zielkonflikt?
   b) Erklären Sie den Zielkonflikt in der Beschaffungsplanung.

6. Welche Eigenschaften in Bezug auf die Beschaffungs- und Lagerhaltungskosten erfüllt die optimale Bestellmenge?

7. Wählen Sie das richtige Prädikat aus.
   Mit zunehmender Bestellmenge (sinken/steigen) die Beschaffungskosten.
   Mit zunehmender Bestellmenge (sinken/steigen) die Lagerhaltungskosten.

8. Für Zahnräder liegen uns die folgenden Angaben vor:

Jahresbedarf:	1.500	Stück
Einkaufspreis pro Stück:	9,00	€
Kosten pro Bestellung:	70,00	€
Lagerkostensatz:	25	%

Da an 240 Tagen im Jahr gearbeitet wird, könnte alle 30, 60, 120 oder 240 Tagen bestellt werden. Berechnen Sie mit Hilfe der nachstehenden Tabelle die optimale Bestellmenge.

Anzahl der Bestellungen	Bestellmenge	Bestellkosten	Durchschnittlicher Lagerbestand in €	Lagerkosten in €	Gesamtkosten

9. Worin liegt der grundsätzliche Unterschied zwischen dem Bestellpunkt- und dem Bestellrhythmusverfahren in Bezug auf die Auslösung einer Nachbestellung?

10. Erklären Sie die Begriffe.
    - Bestellpunkt
    - Meldebestand
    - Wiederbeschaffungszeit
    - Sicherheitsbestand

11. Erklären Sie den Unterschied zwischen Lieferzeit und Wiederbeschaffungszeit.
12. Nennen Sie die Merkmale des Bestellpunkt- und des Bestellrhythmusverfahrens.
13. Welches der beiden Verfahren ist der Tendenz nach anzuwenden,
    a) bei unregelmäßigem Bedarf,
    b) wenn hohe Lieferbereitschaft sichergestellt werden soll,
    c) bei kontinuierlichem Bedarf,
    d) bei sehr teuren Produkten, von denen möglichst wenige auf Lager sein sollten?

14. Welches Ziel wird mit der ABC-Analyse verfolgt?

15. Welche Eigenschaften haben A-Güter im Vergleich zu C-Gütern?

16. Welche Folgerungen ergeben sich aus der ABC-Analyse für die Materialwirtschaft?

17. Erstellen Sie aus den nachfolgenden Angaben eine ABC-Analyse und stellen Sie das Ergebnis zeichnerisch dar.
    ABC-Schranken: A-Güter ca. 80 %, B-Güter ca. 15 % und C-Güter ca. 5 % Wertanteil.

ABC-Analyse - Tabelle 1

Lagergut	Mengenverbrauch	Verrechnungspreis pro Einh.	Bewerteter Verbrauch	% der Menge	% des Wertes	Rang
Stahlrohrgestell	2.500	120,00				
Tischplatte	20.000	21,00				
Fußstöpsel	14.000	0,10				
Seitengestell	7.000	35,00				
Tischbein	7.000	16,00				
Querrohr	6.500	11,00				
Längsverbindung	3.500	27,00				
Längsrohr	8.000	16,00				
Lasche	60.000	2,70				
Vierkantstahlrohr	90.000	1,50				
Schrauben	70.000	0,08				
Querverbindung	5.000	18,00				
Stahlrohrtisch	6.500	190,00				
Summe						

ABC-Analyse - Tabelle 2

Rang	Artikel	%-Anteil Menge		%-Anteil Wert		ABC-Klasse	%-Anteil Menge Klasse	%-Anteil Wert Klasse
		einfach	kumuliert	einfach	kumuliert			
1.								
2.								
3.								
4.								
5.								
6.								
7.								
8.								
9.								
10.								
11.								
12.								
13.								

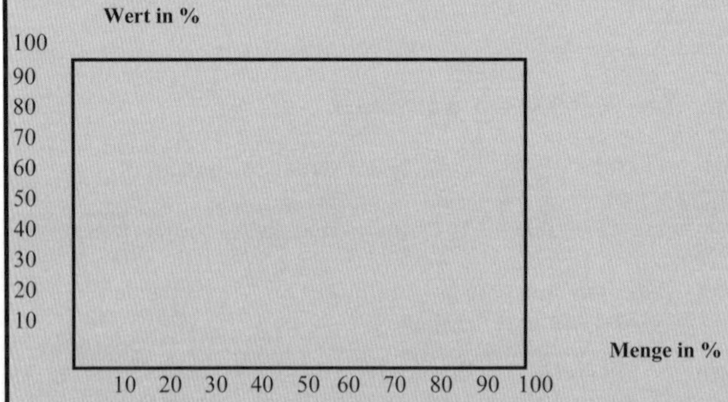

18. Welche Ereignisse können Auslöser dafür sein, dass im Rahmen des Beschaffungsmarketing neue Bezugsquellen ermittelt werden?

19. Nennen Sie
    a) 2 unternehmensinterne b) 5 unternehmensexterne
    Quellen zur Ermittlung möglicher Lieferanten.

20. Welches sind typische Inhalte einer
    a) allgemein gehaltenen Anfrage? b) bestimmten Anfrage?

21. Wann wird üblicherweise eine
    a) allgemein gehaltene Anfrage und wann eine
    b) bestimmte Anfrage abgesandt?
22. Wodurch unterscheidet sich das Angebot von einer Anfrage?
23. a) Nennen Sie 5 Angaben aus einem Angebot.
    b) Welchen Vorteil hat es, in einem Angebot auf DIN-Normen, Proben usw. zu verweisen?

24. Wie lange ist der Anbietende an sein Angebot gebunden?

25. Welche Möglichkeiten hat er, seine Bindung einzuschränken?

26. Nennen Sie 4 Situationen, in denen die Bindung an das Angebot erlischt.

27. Josef Hektik verschickt ein briefliches Angebot. Am selben Tag bemerkt er, dass er sich verkalkuliert hat. Was tun?

28. Firma A. Brenner sendet am 14.06. **per Telefax** ein Angebot an Firma B. Kloppt. Am 17.06. gibt Firma Kloppt **brieflich** die entsprechende Bestellung auf, die bereits am 18.06. bei Firma Brenner eintrifft. Diese lehnt jedoch die Bestellung ab. Klären Sie die Rechtslage.

29. Auszug aus einer Anfrage:

Wir ersuchen Sie um ein unverbindliches und kostenloses Angebot über 250 000 Offset Farbdruckprospekte, 16-seitig, DIN A4, für Haus- und Kleingeräte gemäß beiliegender Vorlage auf 240 gr/qm Glanzdruckpapier, gefaltet und geheftet.

Unsere allgemein gültigen Bedingungen:
Zahlung:
Zahlung nach Erhalt und Prüfung der Ware innerhalb von 14 Tagen mit 3 % Skonto oder 90 Tage netto.
Lieferung:
frei Haus, verpackt
Verpackung:
ohne Berechnung

Beachten Sie unsere umseitigen Einkaufsbedingungen ...

Welche Unzulänglichkeiten sind darin enthalten?

30. Weshalb wird ein rechnerischer Angebotsvergleich durchgeführt?

31. Die Werft der Gebrüder Stoppel OHG, Nonnenhorn, hat sich auf die Restaurierung nostalgischer Segeljachten spezialisiert. Zwei Angebote für seewasserfeste Bootslacke liegen vor.

Anbieter	**Farbwerke Niederrhein**	**Chemiefabrik Rostock**
Gewicht	400 kg	460 kg
Listenpreis/kg	18,70 €	16,50 €
Rabatt in %	12,5 %	10,0 %
Skonto in %	2,5 %	3,0 %
Bezugskosten	180,00 €	0,50 €/kg

Führen Sie den Angebotsvergleich durch.

32. Welche Gründe könnten dazu führen, dass dennoch nicht der günstigste Lieferant den Zuschlag erhält?

33. Nennen Sie Kriterien, die in einem qualitativen Angebotsvergleich zu berücksichtigen sind.
34. Nennen Sie 5 wichtige Punkte, die bei Aufgabe einer Bestellung eindeutig geregelt sein müssen.
35. Warum ist es wichtig, dass bei einer Bestellung alle Vertragsteile eindeutig formuliert sind?

36. Geschäftssitz:
Verkäufer **V** in Leipzig, Käufer **K** in Stuttgart.
Welche Versandkosten trägt **V** bei folgenden Vereinbarungen?

a) Gesetzliche Regelung
b) frei dort
c) ab hier
d) frei Waggon
e) frachtfrei
f) frei Haus
g) ab Werk
h) unfrei
i) frei Bahnhof

37. Welche gesetzlichen Regelungen gelten für
a) die Verpackungskosten
b) Beschaffenheit der Ware
c) Lieferzeit
d) Zahlung

38. a) Wodurch unterscheidet sich Bonus von Rabatt?
b) Welche Zielsetzungen verfolgt der Verkäufer bei der Vergabe von Mengen-, Treuerabatt und Skonto?

39. Unterscheiden Sie Wareneingangsprüfung, Rechnungsprüfung und Rechnungskontrolle.

2.5 Aufbauorganisation der Lagerhaltung

Stofftelegramm

Die Aufbauorganisation zielt darauf ab, die Elemente (Menschen, Sachmittel, Aufgaben) in einem Betrieb zu organisatorischen Einheiten (Stelle, Abteilung, Gruppe) zusammenzufügen und sie anschließend in eine hierarchische Ordnung einzubetten. Die schematische Darstellung erfolgt in Organigrammen. Voraussetzung ist, dass der Organisator sich einen Überblick verschafft über die anfallenden Aufgaben. Dies geschieht in der **Aufgabenanalyse.** Hierbei wird die Gesamtaufgabe stufenweise nach bestimmten Merkmalskriterien gegliedert.

Aufgabenanalyse (Kriterien für die **Gliederung der Lageraufgabe)**

Sachliche Kriterien
- Verrichtung
- Objekt

Formale Kriterien
- Rang
- Phase
- Zweckbeziehung

Sonstige Kriterien
- Raum

Gliederung der Lageraufgabe nach Verrichtungen

Typische Fragestellung: Welche Teilaufgaben sind erforderlich?

Lagerhaltung → **Gesamtaufgabe**

Einlagern | **Verwalten** | **Auslagern** | **Kontrolle** → **Teilaufgabe 1. Ordnung**

Einlagern
- Ware annehmen
- Ware prüfen
- Lagerort festlegen
- zum Lagerort verbringen

Verwalten
- Bestände führen
- ...
- ...

Auslagern
- Bereitstellen lt. Materialliste
- ...
- ...

Kontrolle
- Inventur
- Kennzahlen berechnen
- ...
- ...

→ **Teilaufgaben 2. Ordnung**

Gliederung der Lageraufgabe nach Objekten

Typische Fragestellung: An welchen verschiedenen Objekten werden die erforderlichen Verrichtungen durchgeführt?

In einem Industriebetrieb wäre eine Unterteilung nach Objekten wie folgt denkbar:

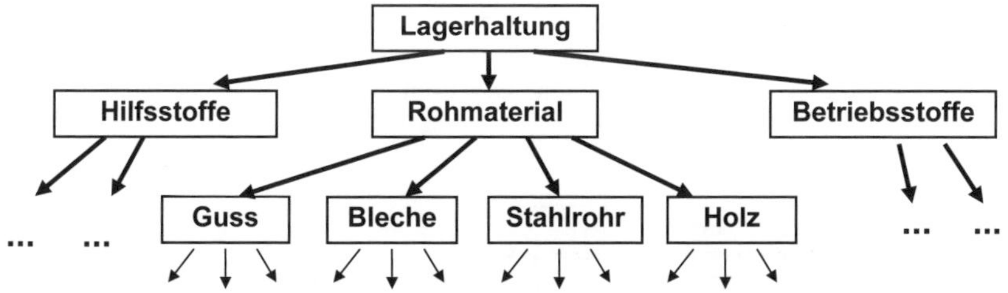

Eine Gliederung nach Objekten setzt voraus, dass der Aufgabenumfang auf den nachgeordneten Stufen noch so umfangreich ist, dass eine derartige Gliederung gerechtfertigt ist.

Ergebnis der Aufgabenanalyse nach unterschiedlichen Kriterien ist eine umfassende Ansicht der Gesamtaufgabe, vergleichbar einer Konstruktionszeichnung mit Frontansicht, Seitenansicht und Draufsicht.

Aufgabensynthese

Die im Rahmen der Aufgabenanalyse gefundenen Teilaufgaben werden zu größeren organisatorischen Einheiten zusammengefasst unter dem Aspekt ihrer späteren Übertragbarkeit auf eine Person. Eine derartige organisatorische Einheit = **Stelle**. In diesem Schritt wird noch **nicht geklärt**, **welche Person** diese Stelle besetzt. Bei der Zusammenfassung der Teilaufgaben gibt es **Zentralisierungsmerkmale**, vergleichbar den Gliederungsmerkmalen der Aufgabenanalyse.

Diese sind:

1. **Verrichtung**
   Gleichartige Verrichtungen werden zu einer Stelle zusammengefasst, z. B. Beschaffungsmarketing für Rohstoffe, Hilfsstoffe und Betriebsstoffe.

2. **Objekt**
   Einer Stelle werden verschiedene Verrichtungen für ein bestimmtes Objekt zugeordnet, z. B. Beschaffungsmarktforschung, Angebotsvergleich, Bestellabwicklung für Rohstoffe.

3. **Rang**
   Aufgaben mit Entscheidungsgehalt (Management-Aufgaben) und solche mit Ausführungsgehalt (administrative Aufgaben) werden verschiedenen Stellen zugeordnet, z. B. obliegen dem Leiter des Einkaufs Verhandlungen mit einem Volumen über 100.000,00 €, er entscheidet über die Durchführung einer Beschaffungsmarktforschung. Angestellte der ausführenden Ebene hingegen erstellen Anfragen, erfassen Angebote und wickeln die Bestellungen ab.

4. **Phase**
   Zusammenfassung von Teilaufgaben unter dem Aspekt Planung, Durchführung bzw. Kontrolle auf unterschiedliche Stellen, z. B. wird einer Stelle die Lagerbestandsplanung und einer anderen die Lagerbestandskontrolle zugeordnet.

5. **Zweckbeziehung**
   Es erfolgt eine Trennung zwischen Aufgaben, die dem eigentlichen Beschaffungszweck dienen und solchen, die eher „im Hintergrund" und verwaltender Art sind. Für diese werden unterschiedliche Stellen gebildet, z. B. die Stelle mit dem Inhalt, Einkaufsverhandlungen zu führen und Liefereraufträge zu vergeben ist getrennt von jener, welche die zugehörige Eingangsrechnungen mit der Warenlieferung vergleicht und den Zahlungsausgang anweist.

Zentralisation und Dezentralisation

Zentralisation führt zur Zusammenfassung von Aufgaben an **einem** Ort, während Dezentralisation Aufgaben auf **verschiedene** Orte (in der Regel Ort der Entstehung) verteilt.

Generell: Zentralisation ist sinnvoll und vorteilhaft:
- strategische Aufgaben und Entscheidungen (langfristiger Charakter)
- Vermeidung von Doppelarbeiten und mehrfacher Speicherung von Datenbeständen
- klarer Weisungs- und Entscheidungsaufbau
- klare Zuordnung von Art der Aufgabe und zugehöriger Ort der Erledigung
- minimale Kommunikationswege und daher rasche Informationsverarbeitung

Zentralisation der Lagerhaltung hat zur Folge:
- gute Übersicht über Auslastung des Lagers
- wirksame Lagerbestandskontrolle und dadurch weniger Schwund/Verderb
- geringe Redundanz (= Doppellagerung) jener Teile, die im Betrieb an mehreren Stellen benötigt werden und damit geringere Lagerbestände
- gute Ausnutzung vorhandener Lagerkapazitäten
- längere Transportwege

Generell: Dezentralisation ist sinnvoll und vorteilhaft:
- taktische Aufgaben und Entscheidungen (kurzfristiger Charakter)
- motivationsfördernd, da durch Dezentralisation eigenverantwortliches Handeln möglich
- flexibler

Dezentralisation der Lagerhaltung hat zur Folge:
- Lagergut befindet sich „vor Ort", daher kurze Wege und hohes Maß an Verfügbarkeit
- kompliziertere Kontrolle des Lagerbestandes
- wenn Bedarfe von mehreren Stellen nicht zentral gebündelt werden, besteht das Risiko kostenungünstiger Beschaffung durch häufigere Bestellung kleinerer Mengen.
- insgesamt größerer Bedarf an Lagervolumen und -einrichtungen

Räumliche Gliederung des Lagers und Lagerplan

Die räumliche Gliederung des Lagers klärt die Frage, wie die zu lagernden Produkte innerhalb des Lagerraumes angeordnet werden. Zwei Grundrichtungen sind zu unterscheiden.

1. **Systematische Lagerhaltung**
   Jedes Teil hat einen ihm fest zugewiesenen Platz. Fehlt dieses Teil, dann bleibt der Platz leer. Diese Anordnung ist notwendig, wenn Menschen die Lagerverwaltung (Lagerplatz bestimmen, einlagern, auslagern) übernehmen. Ein **Lagerplan** enthält Angaben darüber,
   - welche Ware
   - an welchem Ort
   - seit wann lagert,
   - unter Umständen mit Angaben über Gefahrenklasse, Verderblichkeit oder vorgenommene Teilentnahmen.

   Nachteil: Erheblich mehr Lagervolumen notwendig.
   Vorteil: Zeiten für Ein- und Auslagerung halten sich in vertretbarem Rahmen.

2. **Chaotische Lagerhaltung**
   Nur sinnvoll unter DV-Verwaltung, in der Regel in Verbindung mit Hochregallagern. Bei der Einlagerung passiert die Ware auf einem Fördersystem den so genannten **i-Punkt**. Dort wird der Warenbehälter identifiziert und der nächstgelegene, freie Lagerplatz ermittelt. Dabei achtet das System darauf, dass mehrfach vorhandene Waren auf unterschiedliche Hochregalgassen verteilt werden, damit im Falle eines defekten Fördersystems die Ware einer anderen Regalgasse entnommen werden kann. Es besteht **kein Zusammenhang** zwischen Ware und Lagerort, d. h. nur das DV-System weiß im Falle der Auslagerung, wo das gesuchte Lagergut zu finden ist. Ein fester Lagerplan ist daher unsinnig.

   Vorteil : Bestmögliche Ausnutzung des verfügbaren Lagerraumes
   Nachteil: Transportsystem, DV-Ausstattung sehr aufwendig

Kleinteilelager lassen sich platzsparend in einem so genannten Paternostersystem unterbringen.

Funktionen der Lagerhaltung

- **Ausgleich von Schwankungen zwischen Beschaffung und Produktion**
  Schwankende Beschaffung bei möglichst **gleichmäßiger Produktion**, z. B. Ausgangsmaterial fällt saisonal begrenzt an, Produktion und Absatz verlaufen weitgehend kontinuierlich über das ganze Jahr (Apfelsaft)

- **Ausgleich von Schwankungen zwischen Produktion und Absatz**
  Kontinuierliche Produktion während des Jahres, **Absatz schwankt** jedoch saisonal bedingt (Skier)

- **Ausnutzung von Vorteilen des Großeinkaufes**

- Evtl. notwendige **Lagerzeit zwecks Ausreifung** (Wein, Bier, Cognac) bzw. aus produktionstechnischen Gründen (langsame Abkühlung)

- **Sicherung der eigenen Produktion gegenüber Störungen** bzw. Ausfällen auf der Beschaffungsseite
- Bereithaltung eines **ausreichenden Sortimentes** (insbesondere beim Handel)

Übungsaufgaben

1. Worin liegt das Ziel der Aufbauorganisation?
2. In welchen Schritten vollzieht sich die Aufbauorganisation?

3. Nennen Sie die Gliederungsmerkmale, nach denen die Gesamtaufgabe in Teilaufgaben gegliedert werden kann.

4. Nach welchen Kriterien wurde auf den einzelnen Ebenen des nachfolgenden Organigrammes die Aufgabengliederung durchgeführt?

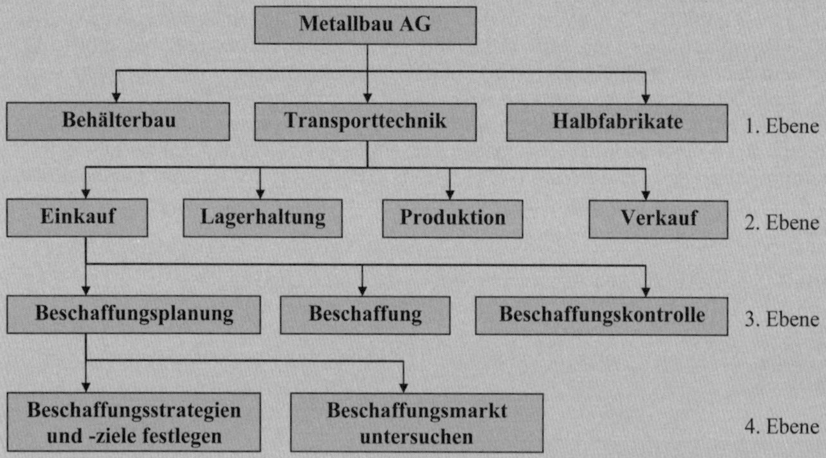

1. Ebene = Gliederung nach ____________ 3. Ebene = Gliederung nach ____________
2. Ebene = Gliederung nach ____________ 4. Ebene = Gliederung nach ____________

5. Mit welcher Fragestellung findet man zu einer Gliederung der Lageraufgaben
   a) nach Verrichtungen b) nach Objekten?

6. Worin liegen die Ziele der Aufgabenanalyse und der Aufgabensynthese?
7. Nennen Sie 4 Teilaufgaben innerhalb der Lagerhaltung bei einer Gliederung nach der Verrichtung.
8. Angenommen, Ihr Betrieb produziert (handelt mit) Möbeln für den häuslichen Bereich. Welche objektbezogene Gliederung der Lagerhaltung wäre dann möglich?
9. Unterscheiden Sie zwischen Zentralisation und Dezentralisation.
10. Erläutern Sie die Folgen aus Zentralisation bzw. Dezentralisation für die Lagerhaltung.
11. Inwiefern ist der Name **„chaotische“** Lagerhaltung auch berechtigt?
12. Welcher entscheidende Vorteil ist damit verbunden?
13. Beschreiben Sie die systematische Lagerhaltung.
14. Worüber gibt ein Lagerplan Auskunft?
15. Nennen Sie fünf Funktionen der Lagerhaltung.

2.6 Notwendigkeit wirtschaftlicher Lagerhaltung

Stofftelegramm

Lagerkennziffern

Sie sind ein Instrument der Unternehmensführung und helfen, die Entwicklung der Lagerbestände und damit auch der Lagerkosten zu erkennen, Schwachstellen aufzudecken, damit entsprechende Gegenmaßnahmen ergriffen werden können.

Typische Sägezahnkurve des Lagerbestandes

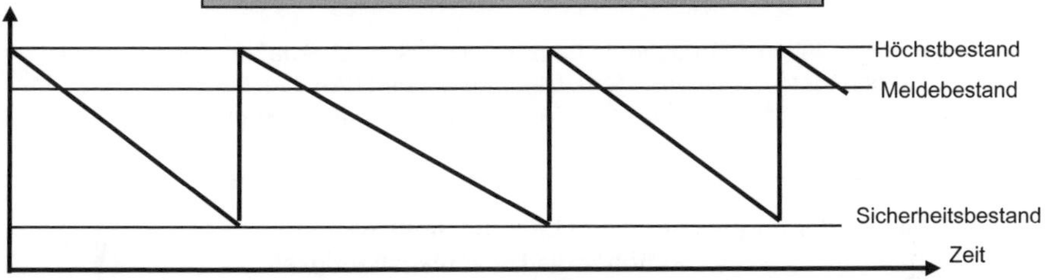

Meldebestand = Tagesverbrauch x Wiederbeschaffungszeit + Sicherheitsbestand

Begriffe **Sicherheitsbestand** und **Wiederbeschaffungszeit** siehe Kapitel 2.4.

1. **Ø Lagerbestand**	=	(AB + EB)/2	↓ Zunahme der Genauigkeit
"	=	(AB + 4 QuartalsEB)/5	
"	=	(AB + 12 MonatsEB)/13	
2. **Umschlagshäufigkeit**	=	Absatz (Stück) [bzw. Wareneinsatz in €]/ Ø Lagerbestand	
3. **Ø Lagerdauer**	=	360/Umschlagshäufigkeit	
4. **Lagerzinssatz**	=	Jahreszinssatz x Ø Lagerdauer / 360	
5. **Lagerkostensatz**	=	Lagerkosten x 100 / Ø Lagerbestand	

Der **Lagerkostensatz** ist ein %-Satz, der angibt, wie groß die Lagerkosten sind gemessen am Wert des durchschnittlichen Lagerbestandes.

Bestandteile der Lagerhaltungskosten

1. **Raum- und Einrichtungskosten, z. B.**
   - Abschreibungen auf Gebäude, Einrichtungen
   - Instandhaltung und Wartung
   - Energieversorgung, Reinigung
   - Versicherung

2. Kosten der Lagerverwaltung
- Personalaufwendungen
- Büromaterial
- Kosten der Kommunikation

3. Lagerrisiko
- Mengenverluste durch Diebstahl, Schwund, Verderb, Zerstörung
- Wertverluste durch Beschädigung, Preisverfall, technische Veralterung, Modewandel

4. Kapitalbindungskosten
- Verzinsung des im Lager gebundenen Kapitals (Lagerbestände + Einrichtung, Gebäude)

Von den oben aufgezählten 4 Gruppen an Lagerkosten lässt sich jene aus der 1. Gruppe kurzfristig nur in geringem Maße verringern. Die anderen drei (insbesondere 3. und 4.) können durch entsprechende organisatorische Maßnahmen verringert werden (siehe unten).

Merke!
Je **kleiner der durchschnittliche Lagerbestand**, desto
- **höher die Umschlagshäufigkeit**
- **kürzer die durchschnittliche Lagerdauer**
- **geringer der Lagerzinssatz**

Maßnahmen, die geeignet sind,
- **den durchschnittlichen Lagerbestand,**
- **die Kapitalbindung** und damit
- **die Kosten der Lagerhaltung**

zu verringern:

a) **Sorgfältige Beschaffungsplanung mit**
   - **bedarfsgesteuerter Disposition** (Bedarfsermittlung) höherwertiger Güter
   - **Berücksichtigung der Ergebnisse** aus der **ABC-Analyse**
   - Ermittlung **optimaler Bestellmenge**

b) Bei **stetigem** Bedarf **höherwertiger** Erzeugnisse und Erfüllung organisatorischer Voraussetzungen: **fertigungssynchrone Beschaffung** (= just in time)

c) **Minimierung des Mindestbestandes**. Daraus sich ergebende Versorgungsrisiken werden abgesichert durch langfristige Lieferverträge. Umfassender Informationsaustausch mit Lieferant, ggf. rechtzeitige Mitteilung des eigenen Produktionsplanes an den Vorlieferanten. Kurz: Einbindung des Lieferanten in die eigene logistische Kette.

d) Kontrolle des Bestandes auf **Ladenhüter und deren Aussonderung**

e) Verringerung des Lieferbereitschaftsgrades

Übungsaufgaben

1. Wozu dienen die Lagerkennziffern?
2. Geben Sie die Formeln an zur Berechnung
   a) des Meldebestandes
   b) des durchschnittlichen Lagerbestandes

c) der Umschlagshäufigkeit
d) der durchschnittlichen Lagerdauer
e) des Lagerzinssatzes
f) des Lagerkostensatzes

3. Warum ist ein Sicherheitsbestand (= Eiserner Bestand) notwendig?

4. Wodurch unterscheidet sich die Lieferzeit von der Wiederbeschaffungszeit?

5.
a) Tagesverbrauch: 600 Stück; Wiederbeschaffungszeit: 8 Tage; Mindestbestand: 5.000 Stück; Meldebestand: ?
b) Tagesverbrauch: 600 Stück; Wiederbeschaffungszeit: 8 Tage; Meldebestand: 12.000 Stück; Mindestbestand: ?
c) Meldebestand: 14.000 Stück; Wiederbeschaffungszeit: 8 Tage; Eiserner Bestand: 6.000 Stück; Täglicher Verbrauch: ?
d) Meldebestand: 14.000 Stück; Tagesverbrauch: 2.000 Stück; Eiserner Bestand: 6.000 Stück; Wiederbeschaffungszeit ?

6. Welche Konsequenz hat ein Überschreiten des Höchstbestandes?

7. Welche Kostenbestandteile sind im Lagerkostensatz enthalten?

8. Welcher Zusammenhang besteht zwischen
a) durchschnittlicher Lagerdauer und Lagerzinssatz?
b) Umschlagshäufigkeit und Lagerzinssatz?
c) durchschnittlichem Lagerbestand und Lagerzinssatz?

9. Die Lagerkarte für Ventile enthält für letztes Jahr folgende Eintragungen:

Artikel: Ventile		**Meldebestand:** 10 Stück	
Datum	**Zugang**	**Abgang**	**Bestand**
01.01.			10
07.02.	5		15
29.04.		14	1
05.05.	20		21
10.10.		12	9
16.12.	15		24
31.12.			24

Berechnen Sie
a) den durchschnittlichen Lagerbestand unter Berücksichtigung des Jahresanfangsbestandes und der Quartalsendbestände.
b) die Umschlagshäufigkeit
c) die durchschnittliche Lagerdauer
d) den Lagerzinssatz bei einem Kalkulationszinsfuß von 9 %
e) In den Vorjahren lag die Umschlagshäufigkeit bei 2. Welche Ursachen könnten für die Abweichungen verantwortlich sein?

10. Nennen Sie Maßnahmen, mit denen der durchschnittliche Lagerbestand gesenkt werden kann.

11. Ermitteln Sie die Lagerkennzahlen:

a)	AB 01.01.:	10.000,00 €	Rohstoffeinsatz:	163.000,00 €
	EB 31.12.:	18.000,00 €	Marktzinssatz:	8 %
b)	AB 01.01.:	63.640,00 €	Rohstoffeinsatz:	2.084.760,00 €
	Summe der Monatsendbestände	888.480,00 €	Marktzinssatz:	10 %

c) Bestände:	01.01.:	34.000,00 €	Rohstoffeinsatz:	582.000,00 €
	31.03.:	49.300,00 €	Marktzinssatz:	8 %
	30.06.:	47.800,00 €		
	30.09.:	71.400,00 €		
	31.12.:	25.300,00 €		

12. Die Entwicklung der Rohstoffbestände in einem Industriebetrieb:

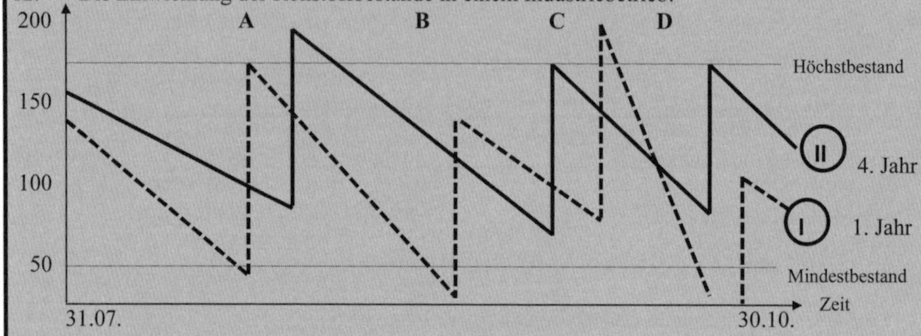

a) Interpretieren Sie die abgebildeten Lagerbestandskurven.

b) Berechnen Sie aus den folgenden Angaben die Umschlagshäufigkeit und die durchschnittliche Lagerdauer der Rohstoffe:

EB 31.12.01:	6,2 Mio €	Jahreseinkäufe:	78 Mio. €
EB 31.12.02:	6,8 Mio €		

c) Die Umschlagshäufigkeit der Rohstoffe wird für vergleichbare Betriebe mit 15 angegeben. Vergleichen Sie den unter b) ermittelten Wert mit diesem Durchschnittswert und beurteilen Sie die Auswirkungen auf den Kapitaleinsatz, die Lagerkosten und den Gewinn der Unternehmung.

13. Was versteht man unter durchschnittlicher Lagerdauer?

14. Wie wirkt sich (bei konstantem Absatz) eine Verringerung des durchschnittlichen Lagerbestandes auf die restlichen Lagerkennzahlen aus?

15. Wie hoch sind die jährlichen Lagerkosten, wenn bei einem Lagerkostensatz von 24 % und einem durchschnittlichen Lagerbestand von 500.000,00 € ausgegangen werden kann?

2.7 Ablauforganisation der Lagerhaltung

Stofftelegramm

Lagertätigkeiten

- **Warenannahme, Wareneingangsprüfung und Einlagerung**

  Sofort:
  - Übereinstimmung der Begleitpapiere mit der Sendung
  - Überprüfung auf sichtbare Schäden

  Nach dem Auspacken:
  - Übereinstimmung der bestellten mit der gelieferten Ware
  - Prüfung auf offene Mängel
  - Qualitätsprüfung (100 % oder Stichproben)

- **Warenpflege**
- **Ausfassen der Ware** („*Keine Ware ohne Warenentnahmeschein*")
- **Lagerkontrolle zur Verminderung**
  - des Mengenverlustes durch Diebstahl, Schwund, Verderb
  - des Wertverlustes durch Beschädigung, Preisverfall, Veralterung
- **Führen der buchmäßigen Lagerbestände** (Lagerkarte, DV)
- **Inventur =** Abgleich der Buch- mit den Ist-Beständen durch Zählen, Messen, Wiegen, Schätzen.

Sollen Arbeitsabläufe organisiert werden, ist es notwendig, dass sowohl IST-Zustände als auch SOLL-Konzepte auf übersichtliche Art dargestellt werden.

Darstellungsmöglichkeiten

- Beschreibung
- Grafische Darstellung
  - Netzplan
  - Balkendiagramm
  - Ablaufdiagramm

Jede Darstellung bietet Vor- und Nachteile. Eine Beschreibung ist zwar detailgenau, zeigt aber nur schwer die Verflechtung einzelner (oft paralleler) Abläufe. Darüber hinaus ist es schwer, Schwachstellen aufgrund langer Wartezeiten herauszufinden.

Ablaufdiagramme bieten folgende **Vorteile:**

- Sie zeigen einen Arbeitsablauf in der logisch und zeitlich richtigen Reihenfolge.
- Sie kennzeichnen durch Symbole die Art des Arbeitsganges (Bearbeitung, Transport, Warten).
- Sie sind gut geeignet, Schwachstellen im Arbeitsablauf (lange Wegstrecken, Liegezeiten) aufzudecken.

Ausschnitt aus einem Ablaufdiagramm (Auszug)

Lfd. Nr.	Tätigkeit	Symbole					Weg in Meter	Dauer in Min.
1.	Wareneingangspapiere holen		➔				3	10
2.	Gelieferte Ware auf offene Mängel prüfen			■			15	
3.	Übereinstimmung von Wareneingangspapier und Lieferschein prüfen			■			2	
4.	Empfangsschein abzeichnen	●						
5.	Wareneingangspapier + Lieferschein abheften					▼	3	10
6.	Ergebnis der Wareneingangsprüfung notieren	●					10	
7.	Ergebnis an Einkauf weiterleiten		➔				5	50

Auswertung

Art des Arbeitsganges		Bearbeiten	Transport	Prüfen	Warten	Summe
Häufigkeit,	abs.	13,0	5,0	3,0	3,0	24
„ ,	in %	54,2	20,8	12,5	12,5	100
Zeit,	in Min.	70,0	190,0	20,0	740,0	1.020
„ ,	in %	6,9	18,6	2,0	72,5	100

Analyse der Schwachstellen:

- Es fällt auf, dass 54,2 % der Vorgänge bearbeitender Art sind, diese jedoch nur 6,9 % der Zeit verbrauchen.
- Ebenso günstig schneidet der Vorgang **Prüfen** ab.
- Die zügige Abwicklung produktiver Arbeitsgänge wird wieder zunichte gemacht durch die übermäßig lange Wartezeit, hier 72,5 %

Methoden der IST-Aufnahme

Fremdaufschreiben
- Befragung
  - Interview
  - Fragebogen
- Beobachtung
  - Dauerbeobachtung
  - Multimomentaufnahme

Selbstaufschreiben

durch den Menschen
- Tätigkeitsbericht
- Stempelkarten

durch Messgeräte
- Fahrtenschreiber
- Waagen
- Zähler
- Zeiterfassungsgeräte

Dokumentananalyse

Methoden der IST-Aufnahme	Bemerkungen
Interview	• direkter Kontakt zwischen Interviewer und Mitarbeiter • großer Zeitaufwand • teuer • daher nur sinnvoll bei umfangreichen Erhebungen • Unklarheiten können sofort beseitigt werden. • Sympathie/Antipathie zwischen Interviewer und Mitarbeiter kann Ergebnis beeinflussen.
Fragebogen	• geringer Zeitaufwand • preisgünstig • Verfälschung der Ergebnisse durch „Gruppenlösung“ • Abstimmung der Fragen auf Zielgruppe notwendig • schlechte Fragestellungen werden erst bei Auswertung bemerkt, daher • sorgfältige Formulierung notwendig
Dauerbeobachtung	• Organisator ist längere Zeit „vor Ort“ und beobachtet Ablauf. • Ermittelte Daten beschränken sich nur auf beobachtbaren Teil des Ablaufes. • Datenmaterial daher räumlich begrenzt.

	• Organisator ist räumlich gebunden und benötigt Erfahrung über den zu beobachtenden Ablauf.
Multimoment-aufnahme	• Vielzahl von Augenblicks-Beobachtungen ersetzt die Dauerbeobachtung. • Aus der Häufigkeit, mit der ein bestimmter Vorgang an den Beobachtungen beteiligt ist, schließt man auf dessen Anteil am gesamten Arbeitsumfang. • Mitarbeiter wird im Arbeitsablauf nicht gestört oder unterbrochen. • Verfahren spart Zeit und Kosten bei hinreichender Genauigkeit.
Selbstauf-schreibung durch den Menschen	• Mitarbeiter selbst erstellt die Beschreibung der Arbeitsabläufe. Ggf. erhält er Vorgaben von Seiten des Organisators. • Gefahr der Inobjektivität, falls Mitarbeiter befürchten muss, das sein Arbeitsplatz in der jetzigen Form Gegenstand von Rationalisierungsbestrebungen ist. Folglich kämpft er um seinen Platz. • Keiner kennt die Arbeitsabläufe an diesem Platz besser als der Mitarbeiter vor Ort. Es ist für einen Betrieb wichtig, dieses Wissenspotential zum eigenen Vorteil zu erschließen.
Dokumenten-analyse	• Studium der vorhandenen innerbetrieblichen Arbeitsunterlagen, wie z. B. Arbeitsanweisungen • Arbeitsabläufe werden nicht gestört. • gute Informationsbasis, falls bisherige Arbeitsabläufe auch dokumentiert wurden • Informationsgrundlage für nachfolgende Befragung, Beobachtung usw. • Risiko, dass Dokumentation nicht mit praktiziertem Arbeitsablauf übereinstimmt. Daher als Beurteilungsgrundlage für IST-Zustand nur bedingt brauchbar.

Übungsaufgaben

1. Beschreiben Sie die Tätigkeiten des Lagerpersonals.
2. Nennen Sie die Möglichkeiten zu Darstellung von Arbeitsabläufen.
3. Die Auswertung eines Ablaufdiagrammes ergab folgendes Ergebnis:

Art des Arbeitsganges		Bearbeiten	Transport	Prüfen	Warten	Summe
Häufigkeit,	absolut	8	15	6	16	45
„ ,	in %	17,8	33,3	13,3	35,6	100
Zeit,	in Min.	60	270	40	900	1.270
„ ,	in %	4,7	21,3	3,1	70,9	100

Analysieren Sie die Schwachstellen

4. Nennen Sie die Methoden der IST-Aufnahme durch Fremdaufschreiben und beschreiben Sie diese kurz.
5. Welche Vorteile bietet die Multimomentaufnahme im Vergleich zur Dauerbeobachtung?
6. Nennen Sie den entscheidenden Vor-/Nachteil der Selbstaufschreibung durch den Menschen in Form eines Tätigkeitsberichtes.

2.8 Materialbereitstellungsverfahren beurteilen

Stofftelegramm

Materialbereitstellungsverfahren

Bedarfsdeckung mit Vorratshaltung	Bedarfsdeckung ohne Vorratshaltung
Zentrales Problem: Festlegung der **optimalen Bestellmenge** zum Ausgleich der gegenläufigen Kosten zwischen • **Minimierung der Lagerkosten** (durch kleine Beschaffungsmengen, häufigere Bestellvorgänge) einerseits und • **Minimierung der Beschaffungskosten** (durch Ausnutzung von Kostenvorteilen großer Beschaffungsmengen und weniger Bestellvorgänge) Offensichtliche **Vorteile** einer Vorratshaltung sind • bessere **Durchsetzung von Preisvergünstigungen** gegenüber Lieferant • **Aufbau eines Sicherheitsnetzes gegenüber Bedarfsschwankungen** in der Produktion bzw. Absatz. Dieses Netz drückt sich aus in Lagerbeständen, umfangreichen Abstellflächen und zeitlichen Puffern.	**Ausschließlich notwendige Teile werden zum notwendigen Zeitpunkt in der ausschließlich notwendigen Menge beschafft bzw. produziert.** Wirtschaftlich sinnvoll ist demnach nur jener Lagervorrat, der zur Aufrechterhaltung des Produktionsflusses gerade notwendig ist. Ein Vorrat über dieses Minimum hinaus ist als Hinweis auf unzulängliche Beschaffungslogistik bzw. unwirtschaftliche Produktionsorganisation zu werten. **Merkmale** einer Just-in-time-Produktion: • Produktionsabläufe sind zeitlich exakt aufeinander abgestimmt. • Materialabruf erfolgt nach dem Holprinzip (Kanban). • kleine Losgrößen • u. U. mehrmals tägliche Anlieferung durch Lieferer • ständige und automatisierte Fehlerkontrollen mit sofortiger und nachhaltiger Beseitigung der Fehlerursache, um einen kontinuierlichen Materialfluss sicherzustellen

Einflussgrößen, die bei der Wahl des Materialbereitstellungsverfahrens zu beachten sind:

Beschaffungsmarktverhältnisse	• zuverlässige Lieferanten? • kurzfristige Beschaffung auf jederzeit zuverlässigem Weg? • Konkurrenz zu anderen Nachfragern?
Absatzmarktverhältnisse	• sichere Vorhersagbarkeit der Kundenwünsche? • anspruchsvolle und differenzierte Kundenwünsche? • Konkurrenzsituation zu anderen Anbietern?
Erzeugnisprogramm	• für die Produktion kritisches (hohe Verfügbarkeit notwendig) Erzeugnis? • Qualitätsanforderung? • hohe Komplexität des Produktionsprogrammes?
Kapazitätsauslastung	• Höhe der Stillstandskosten bei Produktionsausfall?
Finanzlage	• angespannt?

Übungsaufgaben

1. Welche Überlegungen führen zu einer Materialbereitstellung mit Vorratshaltung?
2. a) Worin besteht das Dilemma bei einer Bedarfsdeckung mit Vorratshaltung?
   b) Wie wird dieses Problem gelöst?
3. Auf welcher Grundidee beruht die Bedarfsdeckung ohne Vorratshaltung?
4. Durch welche Merkmale ist eine Just-in-time-Produktion gekennzeichnet?
5. Welche außer- und innerbetrieblichen Einflussgrößen müssen bei der Entscheidung für ein bestimmtes Materialbereitstellungsverfahren berücksichtigt werden?

2.9 Transportmöglichkeiten

Stofftelegramm

Trans-portwege	**Landweg** durch • Post • Private Paketdienste • Spedition • Bahn	**Wasserweg**	**Luftweg**
Vorteile	**Post, Spedition und private Paketdienste:** • schnell • flächendeckend, da Straße als Transportweg **Sinnvoll:** Pakete, Päckchen und Stückgut bzw. Sammelgut (Speditionen) **Bahn:** • sicher • umweltschonend • schnell **Sinnvoll:** Massengüter wie Autos, Flüssigkeiten, Stückgüter (Kisten), IC-Kurierdienst	• preisgünstig • umweltschonend **Sinnvoll:** Schüttgut wie Erz, Getreide Schrott über große Distanzen keine zeitkritischen Waren	• Schnelligkeit • globale Abdeckung **Sinnvoll:** eilbedürftige, hochwertige Güter

Deutsche Bahn AG

Gesetzliche Grundlage = §§ 453 ff HGB; Eisenbahnverkehrsordnung (EVO).

Beförderungszwang (= Kontrahierungszwang) gemäß § 2 EVO

Versandarten

Kleingut	Kisten, Fässer, Containermiete
Wagenladungen	Beförderung großer Warenmengen in Güterzügen; Beladung durch Absender, Entladung durch Empfänger
Sammelladungen	Zusammenfassung von Gütern mehrerer Absender zu einer Wagenladung für einen Bestimmungsbahnhof

Schnelligkeit der Beförderung

Stückgut	Aufgabe bei Stückgutbahnhöfen. Beförderung mit Güterzügen. Versandpapier = Frachtbrief. Bundesweit in 48 Stunden am Zielort. Verrechnungssätze für 50 kg Mindestgewicht sind üblich.
Expressdienst	Aufgabe am Gepäckschalter der Personenbahnhöfe. Beförderung mit Personen-, Eil-, D-Zügen. Versandpapier = Frachtbrief. Innerhalb 24 Stunden am Zielort. Mindestgebühr für 6 kg.
IC-Kurierdienst	Beförderung + Ablieferung innerhalb eines Tages. Bis 10 kg. Versandpapier = IC-Kurierkarte
Inter-Cargo	Wagenladungen und Großcontainer im Nachtsprung

Frachthöhe: Je nach Gewicht, Wert, Entfernung, Beförderungsgeschwindigkeit

Haftung der Bahn: Haftung für Verlust, Beschädigung, Überschreitung der Lieferfrist bei Vorsatz, Fahrlässigkeit und Zufall. Keine Haftung bei höherer Gewalt.

Post

Päckchen	• Höchstgewicht 2 kg; bestimmte Höchstmaße • Aufschrift „Päckchen“ • keine Haftung der Post bei Verlust oder Beschädigung • Beilage von Briefen erlaubt • Spezialformen: Einschreiben, Nachnahme, Luftpost
Paket	• Höchstgewicht 31,5 kg; Maximalgröße: 120 cm c 60 cm x 60 cm • Haftung der Post bei Verlust oder Beschädigung bis 500,00 €
Selbstbucher	• mindestens 500 Pakete/Jahr • günstige Gebühr • Paketvorbereitung im Betrieb
Warensendung	• maximal 500 g • günstige Gebühr • unverschlossen • Beispiel: Filme, Proben, Muster
Nachnahme	• möglich bei Brief, Paket • Aushändigung der Sendung nur gegen Sofortzahlung

Güterkraftverkehr

Gesetzliche Grundlage: Güterkraftverkehrsgesetz

Güternahverkehr	• im Umkreis von 50 km • erlaubnispflichtig
Güterfernverkehr	• über 50 km • genehmigungspflichtig
Güterlinienverkehr	• fahrplanmäßige Beförderung auf bestimmten Linien • genehmigungspflichtig
Werkverkehr	• Gütertransport mit betriebseigenen Fahrzeugen

Merke:
- kein vertraglicher Haftungsausschluss im Güterverkehr möglich
- Versicherungspflicht für alle Haftungsfälle

Privatwirtschaftlicher Paketdienst

Gesetzliche Grundlage = Güterkraftverkehrsgesetz

Konkurrenz zur Post; Beispiel: DPD (= Deutscher Paketdienst = Zusammenschluss von Großspeditionen), UPS (= United Parcel Service)

Auswahlkriterien

Bei der Auswahl des geeignetsten Transportmittels können folgende Auswahlkriterien eine Rolle spielen:
- Kosten des Transportsystems
- Schnelligkeit der Beförderung
- Dichte des Servicenetzes
- Sicherheit, Zuverlässigkeit
- Nebenleistungen (Be-/Entladung)
- Wert des Gutes
- Art des zu transportierenden Gutes (Massengut, Schüttgut, Flüssigkeit)
- Gefahrenklasse
- Umweltverträglichkeit des Transportsystems

Übungsaufgaben

1. Welche Faktoren entscheiden über die Wahl des Verkehrsweges?

2. Nennen Sie die Vorteile eines Versandes per
   a) Post b) Luftweg c) Wasserweg d) Bahn

3. Nennen Sie Beispiele für Güter, die sinnvollerweise per
   a) Post b) Luftweg c) Wasserweg d) Bahn
   transportiert werden.

4. a) Welche 3 grundsätzlichen Versandarten bietet die Deutsche Bahn AG? Beschreiben Sie diese kurz.
   b) Wovon hängt die Höhe der Bahnfracht ab?

5. a) Welche Möglichkeiten der Güterbeförderung bietet die Post? Beschreiben Sie diese kurz.
   b) Erklären Sie die Haftung der Post.
6. a) Nennen und beschreiben Sie kurz die Arten des Güterkraftverkehrs.
   b) Was fällt Ihnen ein, wenn Sie - bezogen auf den Güterkraftverkehr - folgende Begriffe hören:
   - Haftungsausschluss - Versicherungen?
7. Nennen Sie zwei Unternehmen des privatwirtschaftlichen Paketdienstes.

2.10 Organisation der Fertigung

Stofftelegramm

Werkstattfertigung

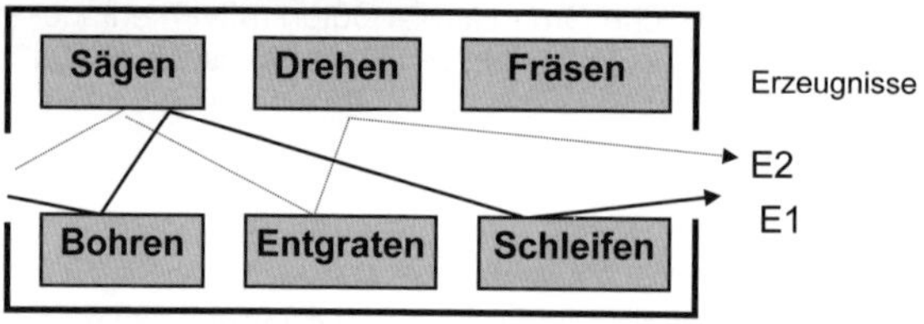

Merkmale:

- **Verrichtungszentralisation**, d. h. gleichartige Maschinen werden in gesonderten Abteilungen zusammengefasst (z. B. Drehbänke in der Dreherei usw.)
- **anpassungsfähig** gegenüber veränderten Marktbedingungen
- **flexibles Transportsystem** zwischen den Werkstätten (z. B. Gabelstapler, Flurfördersysteme)
- **hoher Bestand an Zwischenlager** zur Sicherung der Kapazitätsauslastung
- **qualifizierte Arbeitskräfte**
- **hohes Lohnniveau**
- **hoher Planungsaufwand** in der Arbeitsvorbereitung für
  - Lösgrößenbestimmung
  - Terminplanung
  - Reihenfolgeplanung
  - Maschinenbelegung
- guter **Überblick über Auslastung der Maschinen**

Anwendung: Einzel- und Kleinserienfertigung und in der Teilefertigung bei Großserienproduktion.

Reihenfertigung

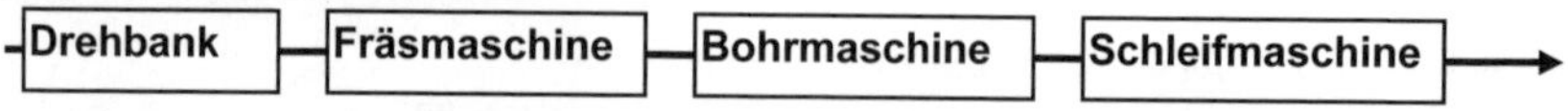

Mit der Tendenz zur Spezialisierung des Produktionsprogrammes erhöht sich die Wiederholung gleichartiger Arbeitsabläufe. Damit wird es sinnvoll, die Arbeitsplätze räumlich in der Reihenfolge anzuordnen, wie sie durch die beständig gleichartige Arbeitsgangfolge des Herstellungsprozesses vorgegeben wird.

- Anordnung der Arbeitsplätze nach dem Flussprinzip
- keine Taktzeit; Arbeitskräfte können Arbeitstempo weitgehend selbst bestimmen.
- Zwischenlager zwischen den einzelnen Arbeitsstationen
- einfaches Transportsystem (Rutschen, Schwenkkrane ...)
- erheblicher Grad der Spezialisierung von Mensch und Maschine
- hoher Umrüstaufwand
- Tendenz zu angelernten und ungelernten Arbeitskräften, damit geringeres Lohnniveau

Fließfertigung

- konsequente Fortführung der Reihenfertigung
- aufwändiges, starres Transportsystem zwischen den einzelnen Stationen (Fließband)
- Arbeitsabläufe sind zeitlich exakt aufeinander abgestimmt (Taktzeit)
- keine Zwischenlager
- hohes Maß an Arbeitszerlegung und damit Spezialisierung von Mensch und Maschine

Gruppenfertigung

- mehrere Personen arbeiten zusammen an einer Arbeitsaufgabe.
- der Gruppe stehen alle Maschinen und Werkzeuge zur Verfügung, die zur Bewältigung der vollständigen Aufgabe erforderlich sind.
- innerhalb einer Gruppe ist ein regelmäßiger Arbeitsplatzwechsel möglich. Dadurch ist diese Fertigungsorganisation ein Beitrag zur Humanisierung der Arbeitsbedingungen.
- **Teilautonomie** ist dann gegeben, wenn der Gruppe noch zusätzliche Aufgaben (Materialdisposition, Einrichtung der Maschinen, Reparaturarbeiten, Kontrolltätigkeiten) übertragen werden.

Fertigungsinsel

Bearbeitungszentrum

- Werkstücke können in **einer** Aufspannung von mehreren Seiten mit verschiedenen Verfahren (z. B. Bohren, Fräsen) bearbeitet werden.
- Automatischer Werkzeugwechsel ist notwendig.

Weiterentwicklung zur ...

Flexible Fertigungszelle (siehe →)

- **Steuerungssystem** (Hard- und Software zur CNC-Steuerung der Zelle)
- **Ausführungssystem** (die eigentlichen Bearbeitungsoperationen werden ergänzt um Mess- und Prüfeinrichtungen und ein Handhabungssystem zum Werkstück- und Werkzeugwechsel zwischen den Bearbeitungsstufen)
- **Bereitstellungssystem** (für den Folgeauftrag) an Werkstücken, Werkzeugen, Mess- und Prüfwerkzeugen, Spanneinrichtungen)

+

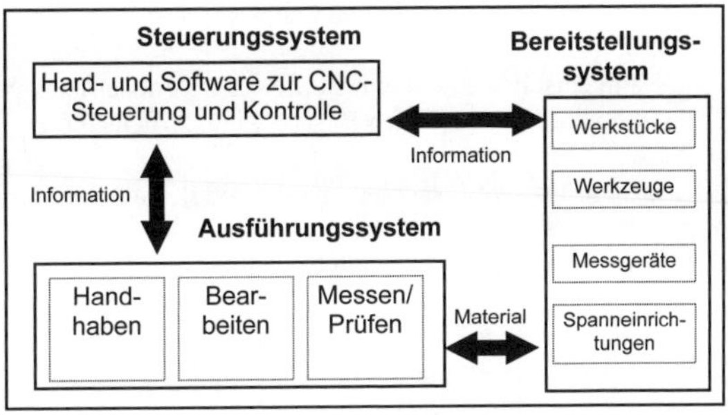

Grundkonzeption einer flexiblen Fertigungszelle
(vergl. Wiendahl: Betriebsorganisation, München, 1989)

Gruppenarbeit

=

Fertigungsinsel

- Die Fertigungsinsel kombiniert die Konzeption der flexiblen Fertigungszelle mit jener der Gruppenarbeit.

- räumliche und organisatorische Zusammenfassung aller Betriebsmittel, die zur möglichst vollständigen Herstellung einer Gruppe ähnlicher Werkstücke oder Komponenten erforderlich sind

- Die Mitarbeitergruppe betreibt die Fertigungsinsel in weitgehender Selbstverantwortung (teilautonome Gruppe), indem sie auch organisatorische, planerische und kontrollierende Funktionen übernimmt.

- Zu diesen Funktionen gehören z. B.:
  - Material- und Werkzeuganforderung
  - Festlegung der Reihenfolge bei aufeinanderfolgenden Aufträgen und deren Feinterminierung
  - Erstellung der Programme für die CNC-Steuerung
  - Qualitätsprüfung

- Erhebliche Verkürzung der Durchlaufzeit durch
  - Einsparung von Transportzeiten auf Grund der räumlichen Konzentration
  - Aufhebung der strengen Arbeitsteilung zwischen Planung, Ausführung und Kontrolle

Übungsaufgaben

1. Beschreiben Sie jeweils kurz die Merkmale der Werkstattfertigung, der Reihenfertigung, der Fließfertigung und der Gruppenfertigung.

2. Bei welchem Organisationstyp liegt eine Zentralisation nach der Verrichtung und bei welchen eine Zentralisation nach den Objekten vor?

3. Wann entscheidet sich ein Betrieb für Werkstattfertigung? Beurteilen Sie die Werkstättenfertigung unter den Aspekten Beschaffung, Arbeitsvorbereitung und Absatz.

4. Welche Vor- und Nachteile hat die Werkstattfertigung im Vergleich zur Fließfertigung?

5. Wodurch unterscheidet sich Reihenfertigung von der Fließfertigung?

6. Erklären Sie das Konzept
   a) des Bearbeitungszentrums
   b) der Fertigungszelle
   c) der Fertigungsinsel.

2.11 Phasen der Auftragsbearbeitung

Stofftelegramm

Bearbeitung der Anfrage - Erstellung eines Angebotes

Die Abgabe eines Angebotes gegenüber einem Kunden hat auf der Absatzseite vergleichbare rechtliche Wirkung wie die Aufgabe einer Bestellung gegenüber einem Lieferanten auf der Beschaffungsseite. Beide Vorgänge stellen bindende Willenserklärungen dar, die vom jeweils anderen Vertragspartner nur noch angenommen werden müssen. Durch die Annahme ist ein für beide Seiten verpflichtender Kaufvertrag entstanden. Auch hier gilt, dass alle Vertragsbestandteile so exakt wie möglich formuliert sein müssen, damit nachträglich keine Differenzen aufgrund unterschiedlicher Sichtweise auftauchen können.

Bevor ein Auftrag angenommen wir, müssen im Rahmen einer Auftragserfassungsprüfung neben den üblichen Kontrollen (Richtigkeit der Kundendaten, exakte Spezifikation des Kundenwunsches) folgende Prüfungen besonders exakt durchgeführt werden:

Auftragserfassungsprüfung

Bonität = Prüfung der Lieferwilligkeit	**Termin** = Prüfung der Lieferfähigkeit	**Nutzen**
• Bei bereits bestehender Kundenbeziehung kann auf die Daten im Kundenstammsatz zurückgegriffen werden. • Zu berücksichtigen sind: – gespeicherte Vergangenheitsdaten (Abwicklung bisheriger Zahlungsverpflichtungen) – Höhe der bestehenden Forderungen – Volumen des neuen Auftrages – Kreditlimit	**Ziel**: Prüfung, ob der angegebene Kundenwunschtermin gehalten werden kann. Dies beinhaltet: • Prüfung der Beständesituation (falls Fertigbestände vorhanden, dann ist die Prüfung beendet) • andernfalls Prüfung der Produktions- und Beschaffungszeiten (z. B. anhand mittlerer Durchlaufzeiten)	• Bei starker Marktposition des Verkäufers wird u. U. ein Auftrag nicht akzeptiert, wenn die Preisvorstellung des Kunden nicht zur Erreichung eines bestimmten Mindestdeckungsbeitrages ausreicht. • Bei kundenwunschorientierter Fertigung ist eine Vorkalkulation erforderlich, um das Kosten-Nutzen-Verhältnis beurteilen zu können.

Erfassung und Verarbeitung des Kundenauftrages

(Siehe hierzu Datenflussplan auf der nächsten Seite.)

Der eintreffende Kundenauftrag wird geprüft und der oben beschriebenen Auftragserfassungsprüfung unterzogen. Hat er diese Prüfungen erfolgreich passiert, dann wird der Auftrag erfasst, in der Datei **Kundenaufträge** gespeichert und gegenüber dem Kunden bestätigt. Während der Prüfung und Erfassung greift das System auf die Stammdatei

(Fortsetzung siehe übernächste Seite)

Vom Kundenauftrag zum Fertigungsauftrag

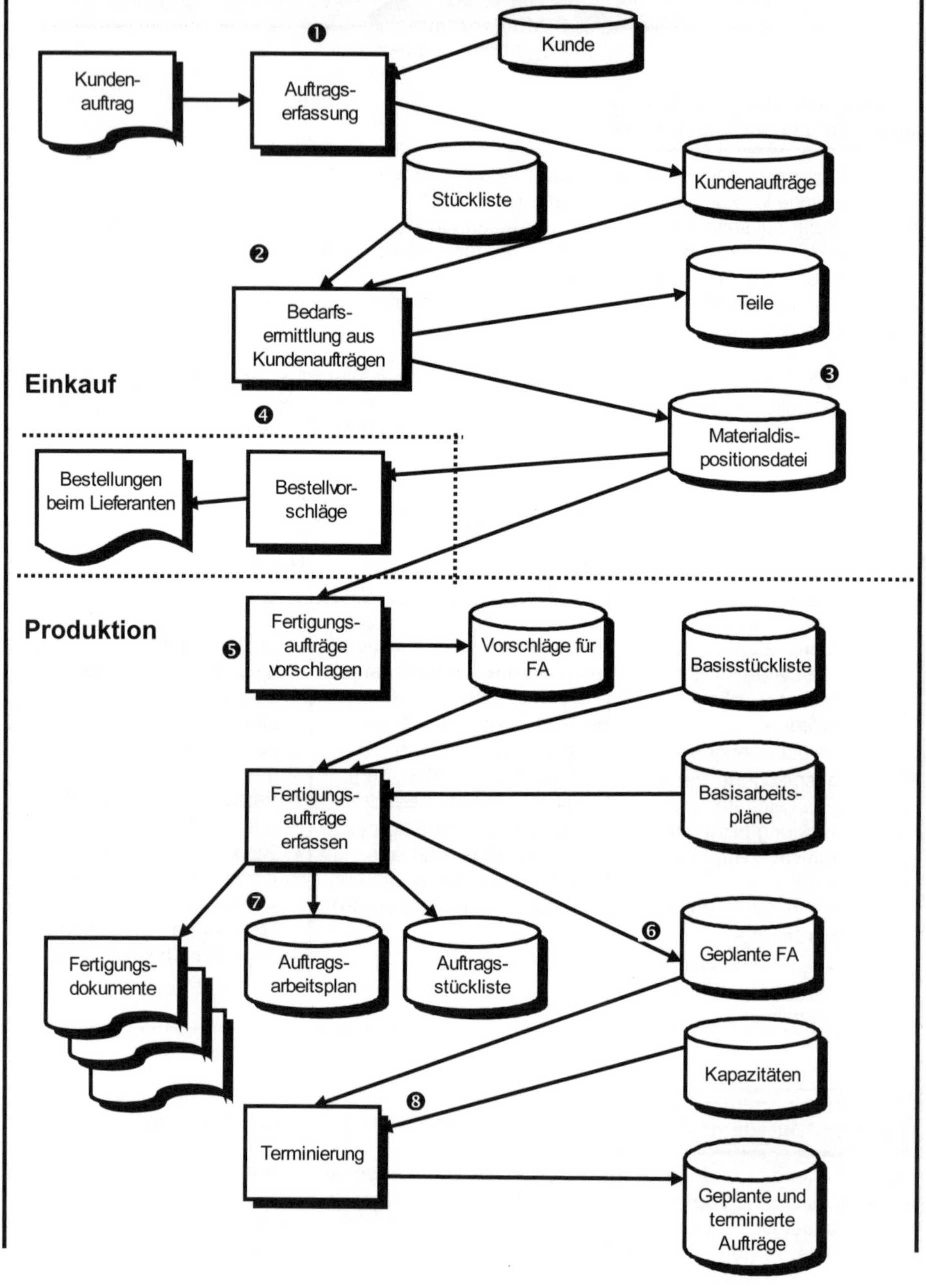

(1) Während der Prüfung und Erfassung greift das System auf die Stammdatei **Kunden** zu, entnimmt von dort z. B. Liefer- und Zahlungsbedingungen, Kreditlimit, bisherige Umsätze, Bonitätskennziffer.
Die Summe aller Kundenaufträge ergibt (einen Teil des) Primärbedarfs für die künftige Planungs- und Produktionsperiode. Primärbedarf = Bedarf an verkaufsfähigen Einheiten.

(2) Aus diesem Primärbedarf wird im Rahmen der **Bedarfsermittlung** unter Berücksichtigung
- der Stücklistenstruktur der Erzeugnisse und der dortigen Mengenangaben
- der mittleren Durchlaufzeit
- und der disponierbaren Lagervorräte

die Menge und der Zeitpunkt für den Sekundärbedarf der nachgeordneten Produktionsstufen ermittelt.

(3) Primär- und Sekundärbedarfe werden in der **Materialdispositionsdatei** eingetragen. Dabei werden folgende Angaben notiert:
- der Betriebskalendertag, an welchem der Bedarf auftritt
- die Höhe des Bedarfes
- der Kundenauftrag, auf den der Bedarf zurückzuführen ist

(4) und (5) Auf der Basis dieser Eintragungen in der Materialdispositionsdatei ermittelt ein Modul die optimalen Bestellmengen für den Einkaufsbereich bzw. die optimale Losgröße für den Produktionsbereich und unterbreitet dem Disponenten **Fertigungsvorschläge**.
Die Problemstellung im Fertigungsbereich ist analog zu jenem aus dem Beschaffungsbereich. Ziel = Ausgleich zwischen den gegenläufigen Kostentendenzen **Lagerkosten** und **Umrüstkosten** (im Einkaufsbereich = Lagerkosten und Beschaffungskosten).

(6) Dem Disponenten bleibt es überlassen, die Vorschläge zu übernehmen und als **geplante Fertigungsaufträge** zu erfassen mit folgenden Daten:
- Auftragsmenge
- Termin

(7) Das System verknüpft die Auftragsdaten (insbesondere Mengenangabe) mit den Daten der **Basis-Stückliste** (Auftragsmenge x Bedarfsmenge pro Einzelstück) und des Basis-Arbeitsplanes (Auftragsmenge x Zeitbedarf pro Stück) und erstellt daraus die **Auftrags-Stückliste** und den **Auftrags-Arbeitsplan**, darüber hinaus auch die **Fertigungsdokumente**, wie z. B. Lohnscheine, Materialentnahmescheine, Materialbereitstellungslisten usw.

(8) Im Rahmen der **Terminierung** wird unter Berücksichtigung bereits vorhandener Maschinenbelastungen und der verfügbaren Betriebsmittelkapazitäten ermittelt, an welchem Betriebskalendertag und zu welcher Zeit die Aufträge angestoßen werden müssen, damit der geforderte Endtermin gehalten werden kann.

Fertigungsbezogene Arbeitsunterlagen

Konstruktionszeichnung	Erzeugnisstruktur
Grafische Darstellung aller Einzelteile eines Erzeugnisses. Sie zeigt ihre Lager zueinander, ihre Funktion, die Maße, evtl. Leistung, Toleranzen, Normen.	Zeigt in Form eines **Strukturbaumes** den logischen Aufbau eines Erzeugnisses aus seinen Baugruppen und Einzelteilen.

Basis-Stückliste	Auftrags-Stückliste
Tabellarische Darstellung aller Baugruppen und Einzelteile zu **einem** Erzeugnis, unabhängig von einem Fertigungsauftrag.	Bezieht sich auf einen **Fertigungsauftrag** und verknüpft die Daten der Basis-Stückliste mit den Mengen eines konkreten Fertigungsauftrages.

Basis-Arbeitsplan	Auftrags-Arbeitsplan
Er legt fest: • in welcher **Arbeitsgangfolge** • **wo** (Arbeitsplatz, Kostenstelle) • mit **welchen Betriebsmitteln** und **Werkzeugen** • in welcher **Vorgabezeit** • bei welcher **Entlohnung** (Lohngruppe) • welches **Teil** hergestellt bzw. welche **Baugruppe** bzw. **Enderzeugnis** montiert wird. Er ist **unabhängig** von einem konkreten Fertigungsauftrag, seine Angaben beziehen sich nur auf die Herstellung **einer** Einheit.	Er bezieht sich auf einen **Fertigungsauftrag**. Vergleichbar der Auftrags-Stückliste werden hierfür die Daten aus dem Basis-Arbeitsplan (z. B. Belegungszeit des Arbeitsplatzes pro Stück) multipliziert mit den Mengenangaben des Fertigungsauftrages. Damit ergibt sich: **Belegungszeit für Auftrag = Rüstzeit + Stückzeit x Fertigungsmenge**

Lohnschein	Begleitkarte
= Rücklaufdatenträger, d. h. er wurde erstellt im Rahmen der Erfassung der Fertigungsaufträge (siehe Nr. 7). Vor Ort wird er ergänzt um die IST-Daten der Produktion (Personal-Nr. des Werkers, IST-Zeit, IST-Menge). Anschließend „läuft" er zurück zur EDV und dient als Beleg zur Erfassung der Lohndaten.	Auch Laufkarte genannt, in der Regel eine Kopie des Auftragsarbeitsplanes. Sie begleitet den Auftrag durch den Betrieb. **Aufgabe:** • Identifizierung der Werkstücke, daher sind Auftragsnummer, Werkstückbenennung besonders deutlich aufgeführt. • Transportsteuerung durch deutliche Angabe der Arbeitsgangnummer, Nr. der Kostenstelle und des Kostenplatzes.

Materialentnahmeschein	Terminkarte
= Rücklaufdatenträger. Er dient zur Erfassung der Materialentnahmen und ist nach Rücklauf Grundlage für die Materialbestandsführung.	Wie Begleitkarte eine Kopie des Auftragsarbeitsplanes und dient zur Überwachung des Fertigungsfortschritts. Wesentlicher **Inhalt:** • Termine für Start und Ende der einzelnen Arbeitsgänge

Weitere Dokumente		
• Werkzeugentnahmescheine • Werkzeugwechselpläne	• Arbeitsanweisungen • Einstellpläne	• Prüfvorschriften

Terminierung

Ziel: Einplanung der Arbeitsvorgänge an den von ihnen berührten Arbeitsplätzen, so dass sie innerhalb des geplanten Fertigstellungstermins abgeschlossen werden können. Die Durchlaufzeit setzt sich zusammen aus einer wiederkehrenden Folge von Rüst-, Bearbeitungs- und Übergangszeiten.

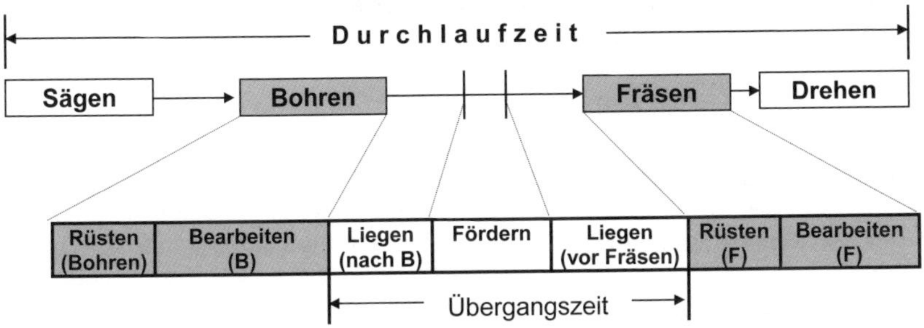

Die Ermittlung der Durchlaufzeit kann dabei in einer „Vorwärtsstrategie“ bestimmt werden. Als Ergebnis erhält man jeweils die frühesten Start-/Endtermine der einzelnen Arbeitsgänge. Im Rahmen einer „Rückwärtsstrategie“ lassen sich die spätest zulässigen Start-/Endtermine bestimmen. Durch Abgleich zwischen diesen Terminen lässt sich ermitteln, ob noch Zeitpuffer vorhanden sind (siehe Netzplantechnik).

Netzplantechnik

= Instrument zur Planung und Steuerung von Projekten. Der Netzplan zeigt auf grafische Weise die logische und zeitliche Abfolge von Teilvorgängen.

Beispiele für Projekte:
- Einführung neuer Produkte
- Bauvorhaben
- Forschungs- und Entwicklungsprojekte

Vorteile der Netzplantechnik:
- anschauliche Darstellung des Projektablaufes
- Zwang zum Durchdenken des Projektes und Erkennen von logischen Abhängigkeiten
- Aufdecken von Engpässen (= kritischer Pfad) und Zeitreserven (Puffer)
- Veranschaulichung der Auswirkung von Terminänderungen
- Kostenersparnis durch exakte Terminplanung

Darstellungsmöglichkeiten:
- Netzplan
- Vorgangsliste
- Gantt-Diagramm (= Balkendiagramm)

Aufbau eines Vorgangsknotens:

FAZ **FEZ**

VorgangsNr.	**Dauer**	**Gesamtpuffer**
Vorgangsbeschreibung		

SAZ **SEZ**

FAZ: Frühester Anfangszeitpunkt
FEZ: Frühester Endzeitpunkt
SAZ: Spätester Anfangszeitpunkt
SEZ: Spätester Endzeitpunkt

Rechenstrategie bei der Vorwärtsrechnung:

(1) **FEZ eines Knotens = FAZ + Dauer des Knotens**
(2) **FAZ des Nachfolgeknotens = FEZ des Vorgängers**

(3) Münden mehrere Vorgänger in **einen** unmittelbaren Nachfolger, dann gilt:
FAZ des Folgeknotens = <u>Maximalwert</u> aus den FEZ aller unmittelbaren Vorgänger

Rechenstrategie bei der Rückwärtsrechnung:

(1) **SAZ eines Knotens = SEZ - Dauer des Knotens**
(2) **SEZ des Vorgängers = SAZ des Nachfolgers**
(3) Haben mehrere Nachfolger **einen** gemeinsamen unmittelbaren Vorgänger, dann gilt:
SEZ des Vorgängers = <u>Minimalwert</u> aus den SAZ aller unmittelbaren Nachfolger.

Berechnung des Gesamtpuffers:

Gesamtpuffer = SAZ - FAZ (oder SEZ - FEZ)

Vorgehensweise bei Netzplantechnik

(1) Netzplan zeichnen mit Knoten, Verbindungspfeilen und Vorgangsdauer
(2) Vorwärtsrechnung durchführen (d. h. früheste Termine im Projekt ermitteln.)
(3) FEZ des Gesamtprojektes = SEZ des Gesamtprojektes. Eintragen!
(4) Rückwärtsrechnung durchführen (d. h. späteste Termine im Projekt ermitteln.)
(5) Gesamtpuffer berechnen und kritischen Pfad festlegen.

Kennzeichen für kritische Vorgänge: Gesamtpuffer = 0
Kritischer Pfad = Verbindung aller kritischen Vorgänge, zeitlich längster Weg durch das Projekt

Übungsaufgaben

1. a) Nennen Sie die Prüfungen, die im Rahmen einer Auftragserfassungsprüfung durchzuführen sind, ehe ein eintreffender Kundenauftrag angenommen und bestätigt werden kann.
   b) Erläutern Sie kurz die Inhalte dieser Prüfungen.

2. Um von einem Kundenauftrag zu einem Fertigungsauftrag zu gelangen, sind mehrere Schritte notwendig, die entweder „von Hand" bzw. durch eine DV-Anwendung durchgeführt werden. Ordnen Sie die nachfolgenden Begriffe in die richtige Reihenfolge.
   - Terminierung
   - Ermittlung von Fertigungsvorschlägen durch Berechnung der optimalen Losgröße
   - Ermittlung des Bedarfes aus Kundenaufträgen
   - Erfassung von Kundenaufträgen
   - Erfassung der Fertigungsaufträge

3. Unterscheiden Sie zwischen Primär- und Sekundärbedarf.

4. a) Welche Ergebnisse liefert der Planungsschritt „**Bedarfsermittlung aus Kundenaufträgen**"?
   b) Welche Größen sind dabei zu berücksichtigen?
   c) Was geschieht mit den ermittelten Daten?

5. Wodurch unterscheidet sich die Ermittlung der optimalen Losgröße im Fertigungsbereich von der Ermittlung der optimalen Bestellmenge im Rahmen der Materialwirtschaft?

6. Wann ist die optimale Losgröße erreicht?

7. Welche Aufgabe hat die Terminierung?

8. Erklären folgende Arbeitsunterlagen:
   a) Konstruktionszeichnung
   b) Erzeugnisstruktur
   c) Basis-Stückliste
   d) Auftrags-Stückliste
   e) Basis-Arbeitsplan
   f) Auftrags-Arbeitsplan
   g) Lohnschein
   h) Begleitkarte
   i) Materialentnahmeschein
   j) Terminkarte

9. a) Berechnen Sie den nachfolgenden Netzplan zum Bau einer Werkshalle.

Nr.	Vorgang	Dauer	Vor-gänger	Nach-folger	Frühester		Spätester		Gesamt-puffer
					AZ	EZ	AZ	EZ	
1.	Einholung von Angeboten, Angebotsvergleich, Beschluss	25	-	2					
2.	Auftragsvergabe	6	1	4, 7, 9					
3.	Baustelleneinrichtung	1	-	5					
4.	Lieferung der Baustoffe	3	2	6					
5.	Erd- und Kanalarbeiten	9	3	6					
6.	Fundamentierung	2	4, 5	8					
7.	Lieferung Eisenkonstruktion	9	2	8					
8.	Aufstellen Eisenkonstruktion	2	6,7	10					
9.	Lieferung Außenwände u. Dach	3	2	10					
10.	Montage Außenwände u. Dach	3	8,9	11					
11.	Richtfest mit Spanferkel	1	10	12					
12.	Installation	4	11	13					
13.	Festliche Einweihung	1	12	-					

   b) Zeichnen Sie den Netzplan
   c) Erstellen Sie hierzu das Balkendiagramm (= Gantt-Diagramm)

10. a) Welche Vorteile hat die Netzplantechnik?
    b) Schildern Sie kurz die Vorgehensweise bei der Erstellung eines Netzplanes.

Prüfungsaufgaben

Sommer 2006, Aufgabe 1

Die Firma Solar-Panel Service GmbH installiert als mittelständisches Unternehmen Solar Module. Sie sind im Einkauf dieses Unternehmens beschäftigt. Zu Ihrem Aufgabenbereich gehört es, durch Angebotsvergleiche die günstigsten Bezugsquellen für die Firma Solar-Panel Service GmbH zu ermitteln.

1 Erstellen Sie einen Angebotsvergleich der drei Anbieter (Anlage 1 - 3) für 10 und 100 Stück.

2 Entscheiden Sie sich auf Grundlage Ihrer Lösungen für einen Lieferanten, wenn
- 10 Stück bzw.
- 100 Stück
geliefert werden sollen.

3 Bei einem Angebotsvergleich spielen außer quantitativen auch qualitative Kriterien eine Rolle. Welche könnten im vorliegenden Fall von Bedeutung sein? Drei Nennungen mit Begründung.

4 In der Solar-Panel Service GmbH werden im Durchschnitt täglich 10 Solarmodule verbraucht. Die Beschaffungszeit beträgt bei unserem bisherigen Lieferanten 14 Tage. Als Sicherheitsbestand soll der Durchschnittsverbrauch von 5 Tagen vorgehalten werden.

4.1 Wozu dient der Sicherheitsbestand? (3 Nennungen)

4.2 Berechnen Sie den Meldebestand. (Formel und Rechnung)

4.3 Berechnen Sie den neuen Meldebestand, wenn wir uns für das Angebot 3 entscheiden und unsere Module nicht mehr über unseren bisherigen Lieferanten beziehen.

Anlage 1

Cell Solar GmbH

Buchholzweg 17 - 88871 Groß-Trockau

Ihr Zeichen: AP/hb
Ihre Nachricht vom 2006-03-16
Unser Zeichen: CS-te
Unsere Nachricht vom:

Solar-Panel Service GmbH
Baldenbergerstr. 44
45454 Neustadt

Name: Herr Mahl
Telefon: 0761-1442-0
Telefax: 0761-1442-20
E-Mail: Cell@gmx.de
Datum: 2006-03-16

Cell Solar Produktinformation Photovoltaik Solarmodul ST5

Sehr geehrte Damen und Herren,
für Ihre Anfrage danken wir Ihnen sehr. Wir können Ihnen die gewünschten Solarmodule ST5 zu folgenden Bedingungen anbieten:

Preis je Stück 220,00 €

Die Lieferung erfolgt ab Werk innerhalb von 10 Tagen.
Für die Anlieferung berechnen wir Ihnen 42,00 € pro 10 Stück. Bei Zahlungen innerhalb von 10 Tagen erhalten Sie 3 % Skonto, ansonsten gewähren wir ein Zahlungsziel von 30 Tagen.

Im Voraus besten Dank

Cell Solar

ppa. *Mahl*

Cell Solar GmbH
Registergericht Trockau, HRB 7541-45
Geschäftsführer: Max Müller

Bankverbindung: Sparkasse Trockau,
Konto-Nr. 102456, BLZ 514 872 00

Anlage 2

Sunny Solar OHG Druckstadt

Weinstraße 23 - 45444 Druckstadt

Ihr Zeichen: AP/hb
Ihre Nachricht vom: 10.03.2006
Unser Zeichen: Nö-Bi
Unsere Nachricht vom:

Solar-Panel Service GmbH
Baldenbergerstr. 44
45454 Neustadt

Name: Frau Nöbling
Telefon: 0745-4545-0
Telefax: 0745-4545-1
E-mail: Noebsun@t-online.de
Datum: 15.03.2006

Ihre Anfrage bzgl. Photovoltaik Solarmodulen

Sehr geehrte Damen und Herren,

aufgrund Ihrer Anfrage erlauben wir uns Ihnen folgendes Angebot zu unterbreiten:

Solarmodul Preis 198,00 € pro Stück

Die Lieferung erfolgt sofort nach Eingang der Bestellung. Bei Lieferung frei Haus berechnen wir 140,00 € Transportkosten je Lieferung.
Zahlung innerhalb von 20 Tagen nach Rechnungsdatum ohne Abzüge.

Mit freundlichen Grüßen

ppa. *Nöbling*

Sunny Solar OHG
Registergericht Druckstadt, HRA 5574-44

Bankverbindung
Konto-Nr. 24215

Fürst Fugger Bank
BLZ 414 444 02

Anlage 3

Solar Balduin e. Kfm.

Lindenstraße 52 - 80002 München – Tel. 089-1141-0

Ansprechpartner: Frau
Freitegey Durchwahl: 089-1141-17
Telefax: 089-1141-20
E-Mail: Solbal@aol.de

Solar-Panel Service GmbH
Baldenbergerstr. 44
45454 Neustadt

Ihre Zeichen	Ihre Nachricht vom	Unser Zeichen	München, den
AP/hp	2006-03-10	Fr-Ba	2006-03-13

Ihre Produktanfrage vom 10. März 2006

Sehr geehrte Damen und Herren,

vielen Dank für Ihre Anfrage.

Im Rahmen einer Sonderaktion können wir Ihnen unsere Solarmodule bei einer Mindestabnahme von 100 Stück zu einem Preis von 210,00 €, und einem Rabatt von 5 % je Modul anbieten.

Die Lieferzeit beträgt 3 Wochen. Bei Zahlung innerhalb von 10 Tagen erhalten Sie 2 % Skonto, ansonsten gewähren wir ein Zahlungsziel von 30 Tagen. Die Lieferung erfolgt frei Haus durch unseren eigenen Lieferdienst.

Über Ihren Auftrag würden wir uns freuen und wir sichern Ihnen umgehende und korrekte Erledigung zu.

Mit freundlichen Grüßen
Solar Balduin e.Kfm.

i.V. Freitegey

Bankverbindung: Bayrische Hypothekenbank - BLZ 514 544 11 - Konto Nr. 778 444
Registergericht München, HRA 1215166

Winter 2007/08, Aufgabe 1

Als Mitarbeiterin bzw. Mitarbeiter der Radzahnfabrik GmbH, Gratz Str. 1, 73525 Schwäbisch Gmünd, sollen Sie für Ihre 13 Außendienstmitarbeiter/-innen Notebooks einkaufen. Die Lieferung muss spätestens am 11.12.2007 erfolgen.
Die Notebooks sollen dem neusten Stand der Technik entsprechen, zumindest mit einem Prozessor von 1,50 GHz Taktfrequenz ausgerüstet sein und über eine Festplatte mit mindestens 70 GB verfügen. Die Geräte müssen wegen der hohen Beanspruchung von guter Qualität sein.
Aufgrund von Anfragen, die in Ihrem Betrieb erstellt worden sind, gehen vier Angebote (Anlagen 1 – 4) ein, die die Grundlage für die weitere Bearbeitung bilden.

1.1 In den vorliegenden Angeboten findet man Begriffe wie Rabatt, Skonto und Bonus. Erläutern Sie diese Begriffe.

1.2 Erklären Sie die Transportbedingungen (Beförderungskosten), die in den Angeboten genannt werden.

1.3 Überprüfen Sie, ob die angebotenen Notebooks den Erfordernissen entsprechen, die von Ihrem Betrieb vorgegeben wurden.

1.4 Vergleichen Sie rechnerisch die Angebote, die für eine Bestellung infrage kommen.

	Rollgeld 1 (EUR/Stück)	Fracht (EUR/Stück)	Rollgeld 2 (EUR/Stück)
Ahrensberg	15	38	22
Böblingen	6	22	7
München	5	20	10
Frankfurt	10	42	10

1.5 Welche zwei weiteren Kriterien sind bei einem Angebotsvergleich zu beachten?

Anlage 1
Brieftext des Angebots der Acer Computer GmbH, 22926 Ahrensberg

Sehr geehrte Damen und Herren!

Wir bieten Ihnen aufgrund einer Sonderaktion die folgenden Notebooks an:

Acer Aspire 3103 WLMi, Art.-Nr. 33, Prozessor AMD Mobile Sempron 3400+ (1,80 GHz), Festplatte Hitachi HTS541010G9AT00 (93,16 GB), Bildschirm TFT 15,4 Zoll, Grafikprozessor ATI Radeon Xpress 1100 (64 MB Shared Memory, einstellbar bis 128 MB) zum Preis von 699,00 EUR + 19 % MWSt.

Acer Aspire 3628 AWXMi, Art.-Nr. 34, Prozessor Intel Mobile Pentium M 754 (1,80 GHz) Festplatte Hitachi HTS421240H9AT00 (37,25 GB), Bildschirm TFT 14,1 Zoll, Grafikprozessor Intel GMA900 (Shared Memory, dynamisch bis 64 MB), zum Preis von 649,00 EUR + 19 % MWSt.

Die Notebooks werden per Bahn frei Bahnhof dort sofort nach der Bestellung geliefert.

Wir können Ihnen aufgrund unserer langjährigen Geschäftsbeziehungen einen Rabatt von 10 % einräumen. Nehmen Sie mehr als 10 Notebooks ab, gewähren wir zusätzlich einen Mengenrabatt von 20 %. Die Bezahlung muss innerhalb von 7 Tagen unter Abzug von 2 % Skonto oder innerhalb 30 Tagen ohne Abzug erfolgen.

Mit freundlichen Grüßen

Acer Computer GmbH

ppa. Olivia Kahn

Anlage 2
Brieftext des Angebots der Hewlett-Packard GmbH, 71034 Böblingen

Sehr geehrte Damen und Herren,

wir möchten Ihnen folgendes Notebook anbieten:

HP Compaq nx7400 (RH387EA), Art.-Nr. 1111, Intel Celeron M 430 (1,73 GHz), Festplatte Fujitsu MHV2080BH PL (74,53 GB), Bildschirm TFT 15,4 Zoll, Grafikprozessor Intel 945GM (Shared Memory, dynamisch bis 128 MB), zum Preis von 649,00 EUR + 19 % MWSt.

Die Notebooks werden per Bahn unfrei innerhalb von 4 Wochen nach der Bestellung geliefert.

Bei Abnahme von mindestens 10 Notebooks gewähren wir einen Rabatt von 20 %. Unsere Rechnungen sind innerhalb von 10 Tagen unter Abzug von 2,5 % Skonto oder innerhalb von 30 Tagen netto zu begleichen.

Mit freundlichen Grüßen

Hewlett-Packard GmbH

ppa. Tina Hildebrandt

Anlage 3
Brieftext des Angebots der Fujitsu Siemens Computers GmbH, 80807 München

Sehr geehrte Damen und Herren!

Wir bieten Ihnen aufgrund Ihrer Anfrage folgendes Notebook zum Vorzugspreis an:

> Fujitsu Siemens Amilo Pa 1510, Art.-Nr. 999, Prozessor AMD Mobile Sempron 3200+ (1,60 GHz), Festplatte Fujitsu MHV2080BH (74,53 GB), Bildschirm TFT 15,4 Zoll, Grafikprozessor ATI Radeon Xpress 1100 (Shared Memory, einstellbar bis 64 MB) zum Preis von 699,00 EUR + 19 % MWSt.

Die Notebooks werden mit der Bahn frachtfrei innerhalb von 2 Wochen nach der Bestellung geliefert. Der früheste Liefertermin wird nicht vor dem 15.02.2007 sein.

Unsere Rechnungen sind innerhalb von 30 Tagen nach Rechnungsdatum netto zu begleichen.

Mit freundlichen Grüßen

Fujitsu Siemens Computers GmbH

ppa. Andrea Reinke

Anlage 4
Brieftext des Angebots der MSI Technology GmbH, 60134 Frankfurt

Sehr geehrte Damen und Herren,

aufgrund Ihrer Anfrage bieten wir Ihnen folgendes Notebook an:

> MSI Megabook L720-C1556DL, Art.-Nr. 66xz, Intel Celeron M 370 (1,50 GHz), Festplatte Fujitsu MHV2060AH PL (55,89 GB), Bildschirm TFT 17 Zoll, Grafikprozessor Intel 915GM (Shared Memory, dynamisch bis 128 MB), zum Preis von 699,00 EUR.

Zu dem Preis kommt die gesetzliche Mehrwertsteuer in Höhe von 19 %.

Die Notebooks werden sofort nach der Bestellung frei Haus im firmeneigenen Pkw geliefert.

Bei Abnahme von mindestens 5 Notebooks gewähren wir einen Rabatt von 10 %, ab 10 Notebooks 20 %. Unsere Rechnungen sind innerhalb von 10 Tagen unter Abzug von 3 % Skonto oder innerhalb von 30 Tagen rein netto zu begleichen.

Mit freundlichen Grüßen

MSI Technology GmbH

ppa. Franka Rost

Sommer 2009, Aufgabe 1

Die Naturex GmbH ist Hersteller von Hackmaschinen, Motorsägen und Heckenscheren. Die Produkte werden in Fließbandfertigung hergestellt und über den Fachhandel, Landwirtschaftliche Zentralgenossenschaften und Baumärkte vertrieben.

1 Für den Artikel 70045 „Schmieröltank" sollen verschiedene Lagerkennziffern ermittelt werden. Die Lagerbewegungen können Sie der Unternehmenssoftware entnehmen. (Anlage 1)

1.1 Ermitteln Sie den durchschnittlichen Lagerbestand und die Umschlagshäufigkeit.

1.2 Berechnen Sie die durchschnittliche Lagerdauer (auf ganze Tage aufrunden).

1.3 Der Einkaufspreis eines Schmieröltanks beträgt 2,95 EUR. Der Kapitalmarktzins liegt zurzeit bei 4,5 %. Wie hoch sind die jährlichen Zinsen für das gebundene Kapital? (Anmerkung: Falls Sie eine Aufgabe nicht lösen können, gehen Sie von folgenden angenommenen Werten aus: Ø LB = 500 Stück; UH = 5; ØLD = 80 Tage)

2 Sie sollen für den Artikel 70148 „Sägeketten" einen neuen Lieferanten suchen. Angebote haben Sie bereits eingeholt und bei der quantitativen Lieferantenauswahl folgende Einstandspreise pro Sägeketten ermittelt: Organon AG 19,98 EUR und Colma GmbH 19,38 EUR. Wegen eines Großauftrags werden die Sägeketten so schnell wie möglich benötigt.

2.1 Warum werden Angebote eingeholt, obwohl man mit dem bisherigen Lieferanten in der Vergangenheit sehr zufrieden war? Nennen Sie vier mögliche Gründe.

2.2 Führen Sie eine qualitative Lieferantenauswahl durch. In Ihrer Unternehmenssoftware finden Sie die in Anlage 2 aufgeführten Bemerkungen zu den Lieferanten. Verwenden Sie zur Lösung die Entscheidungstabelle der Anlage 3. Legen Sie die Gewichtung der Kriterien fest. Begründen Sie, für welchen Lieferanten Sie sich entscheiden.

Anlage 1

Auszug aus der Lagerdatei der Unternehmenssoftware (Art.-Nr. 70045):

Buchungsdatum	Postenart	Belegnummer	Menge	
01.01.2008	Anfangsbestand		900	
18.01.2008	Entnahme	32788	- 400	
07.02.2008	Einkauf	33300	820	
22.02.2008	Entnahme	33700	- 315	
08.03.2008	Entnahme	34210	- 422	
14.03.2008	Entnahme	34811	- 70	
27.03.2008	Entnahme	35017	- 88	
14.04.2008	Entnahme	35290	- 400	
22.04.2008	Einkauf	35600	820	
21.05.2008	Entnahme	35998	- 153	
10.06.2008	Entnahme	36342	- 75	
30.06.2008	Entnahme	36624	- 400	
19.09.2008	Einkauf	39715	820	
29.09.2008	Entnahme	39965	- 280	
17.10.2008	Entnahme	40731	- 423	
07.11.2008	Einkauf	41342	730	
28.11.2008	Entnahme	41929	- 420	
19.12.2008	Einkauf	43017	720	

Anlage 2

Organon AG

Datum	Bemerkung
19.02.2008	Ware trifft wie vereinbart pünktlich ein, kurze Lieferzeit
19.02.2008	Sehr gute Verarbeitung, Verwendung hochwertiger Materialien
08.04.2008	Pünktliche Warenanlieferung, kurze Lieferzeit
09.04.2008	Falsch bestellte Ware wird anstandslos zurückgenommen
27.05.2008	Trotz Streik pünktliche Warenlieferung, kurze Lieferzeit
13.11.2008	Einladung zum Seminar „Kostenmanagement im Einkauf“
28.11.2008	Pünktliche Lieferung, sehr kurze Lieferzeit, Qualität sehr gut

Colmar GmbH

Datum	Bemerkung
01.04.2008	24 Stunden tel. Bestell- und Beratungsservice eingeführt
03.04.2008	Beratung sehr gut
18.04.2008	Lieferung pünktlich, Lieferzeit und Qualität angemessen
14.05.2008	Wir erhalten drei Tage Zahlungsaufschub (ohne Mehrkosten)
05.06.2008	Mangelhafte Lieferung, nach einer Woche Ersatzlieferung
03.07.2008	Lieferung pünktlich, Lieferzeit und Qualität angemessen

Anlage 3

Kriterium	Gewichtung	**Organon AG**		**Colmar GmbH**	
		Bewertung	Punkte	Bewertung	Punkte
Preis					
Qualität					
Lieferzeit					
Zuverlässigkeit					
Kulanz					
Service					
Summen	100				

Bewertungsskala: 6 = sehr gut, 4 = gut, 3 = befriedigend, 2 = ausreichend, 0 = schlecht

Winter 2009/10, Aufgabe 1

1 Im harten Wettbewerb der Automobilbranche setzt der Sportwagenhersteller Porsche AG auf eine moderne Organisation im Fertigungsbereich. Besonders deutlich wird dies beim Karosseriebau, der nach eigenen Angaben der Porsche AG folgendermaßen abläuft:
„(...) Die individuelle Produktion der Fahrzeuge beginnt bereits im Lager. Dort werden die feuerverzinkten Blechteile in Abhängigkeit vom Kundenwunsch zusammengestellt. In sogenannten Fertigungsinseln werden die Einzelteile zu Unterbaugruppen zusammengeschweißt und danach zeitlich aufeinander abgestimmt an die Fertigungslinie der Plattform übergeben. Hier [...] findet die Verschweißung der Seitenteile und des Daches mit der Fahrzeugplattform statt. Türen, Front- und Heckdeckel gelangen direkt von der jeweiligen Fertigungsinsel zur Montage an das Band. (...)“
(Quelle: www.porsche.com vom 03.11.2008)

Im Karosseriebau von Porsche werden zwei Organisationstypen der Fertigung kombiniert.

1.1 Unterscheiden Sie beide Fertigungsverfahren anhand der folgenden Merkmale:

- Anordnung der Betriebsmittel und Arbeitsplätze
- Qualifizierung der Mitarbeiter
- Flexibilität

Benutzen Sie die Lösungstabelle in Anlage 1.

1.2 Nennen Sie jeweils drei Vorteile dieser Fertigungsverfahren.

1.3 Die Produktion des Sportwagenherstellers Porsche ist so modern organisiert, dass die Porsche-Berater bereits bei Volkswagen als Lehrmeister tätig wurden (vgl. Handelsblatt vom 03.11.2008). Der VW-Konzern hat eigens dafür ein „Learn-Center" (eine Modellfabrik samt Schulungszentrum) geplant, in dem die VW-Mitarbeiter das schlanke Produktionssystem erlernen sollen. Sie haben die Aufgabe, die Terminierung dieses Bauprojektes darzustellen.

1.3.1 Erstellen Sie einen Netzplan und kennzeichnen Sie eindeutig den kritischen Pfad.

Nr.	Vorgang	Dauer in Wochen	Nachfolger
1	Planung, Auftragsvergabe	10	2, 3
2	Baustofflieferung	3	4
3	Einrichtung der Baustelle	4	4
4	Erdaushub, Fundament	11	5
5	Montage des Schulungszentrums	12	6, 7
6	Installationen	11	8
7	Einrichtung der Schulungsräume	7	8
8	Einweihung, Pressetermin	1	-

Legende des Vorgangsknotens:

FAZ	FEZ
Nr.	Bezeichnung
Dauer	Gesamtpuffer
SAZ	SEZ

Benutzen Sie die Lösungstabelle in Anlage 2.

1.3.2 Bei der Einrichtung der Schulungsräume kommt es bei den Tischen zu einer zweiwöchigen Lieferverzögerung. Welche Folgen hat dies für den errechneten Endtermin? (mit Begründung).

Anlage 1

Merkmale	Inselfertigung	Fließfertigung
Anordnung der Betriebsmittel und Arbeitsplätze		
Qualifizierung der Mitarbeiter		
Flexibilität		

Anlage 2

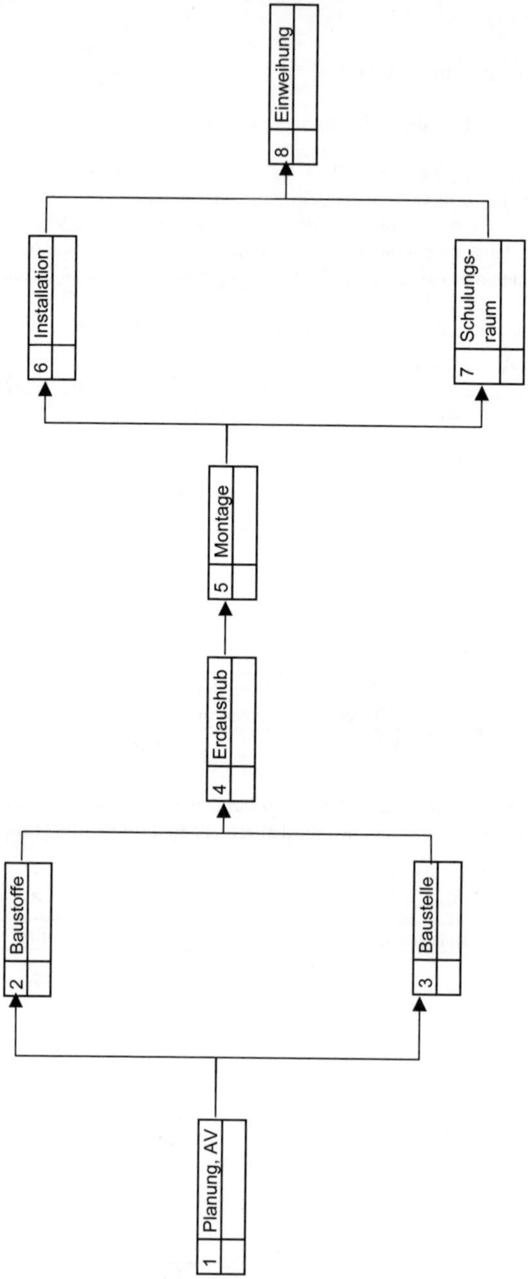
1 Planung, AV
2 Baustoffe
3 Baustelle
4 Erdaushub
5 Montage
6 Installation
7 Schulungs-raum
8 Einweihung

Sommer 2010, Aufgabe 2

Die Textildruck Fashion GmbH ist eine mittelständische Textilfabrik in Ulm und bezieht weltweit Shirts, die jeweils nach Kundenwunsch mit Aufdrucken versehen werden. Bei den Kunden handelt es sich vorwiegend um gewerbliche Kunden und Vereine. Neuerdings werden auch Privatkunden per Internet angesprochen. Neben der Textildruckerei soll als zusätzliches Standbein ein Ladengeschäft mit den Produktlinien Business, Freizeitbekleidung und Sportswear eröffnet werden. Frau Fuchs, Leiterin des Einkaufs, hat den Auftrag, dafür neue Bezugsquellen zu ermitteln.

2.1 Welche Möglichkeiten der Bezugsquellenermittlung stehen Frau Fuchs zur Verfügung? Unterscheiden Sie dabei zwischen internen und externen Informationsquellen und nennen Sie zu jeder Kategorie zwei Beispiele.

2.2 Die Textilwaren werden bei der Fashion GmbH per Spedition angeliefert. Beschreiben Sie, welche Tätigkeiten bei der Wareneingangskontrolle vorzunehmen sind und welche Warenbegleitpapiere dazu herangezogen werden.

2.3 Herr Kehl, Geschäftsführer, schlägt vor, aus Kostengründen auf die Wareneingangsprüfung zu verzichten und die Lieferanten besser in die Leistungserstellung einzubinden. Begründen Sie mit einem rechtlichen und einem wirtschaftlichen Argument, weshalb auf die Wareneingangsprüfung nicht verzichtet werden sollte.

2.4 Nach Ablauf des ersten Quartals der Geschäftserweiterung soll mit einer ABC-Analyse das Sortiment durchleuchtet werden.

2.4.1 Erstellen Sie aufgrund folgender Daten eine ABC-Analyse nach dem Verbrauchswert der Güter und stellen Sie das Ergebnis in geeigneter Form dar.

Artikel Nr.	**N1**	**N2**	**N3**	**N4**	**N5**	**N6**	**N7**
Quartalsbedarf (Stück)	850	63	500	150	1.100	750	275
Bezugspreis in EUR	79,00	30,00	26,00	350,00	9,20	23,00	10,20

2.4.2 Erklären Sie, welche Ziele mit einer ABC-Analyse in der Beschaffung verfolgt werden.

2.5 Nach gründlicher Auswertung der ABC-Analyse werden für verschiedene Artikel Angebote eingeholt.

2.5.1 Welche qualitativen Gesichtspunkte spielen bei der Auswahl des Lieferanten außer dem Preis noch eine Rolle? Nennen Sie vier Kriterien.

2.5.2 Erläutern Sie ein Kriterium.

Weitere Aufgaben siehe auch Kapitel 4 „Kapitel übergreifende Prüfungsaufgaben“

Kapitel 3: Übergreifende Funktionen in der Unternehmung

3.1 Maßnahmen in der Personalbeschaffung und -einstellung

Stofftelegramm

Anmerkung: Bei Berufsbezeichnungen wurde aus Gründen der leichteren Lesbarkeit auf eine Differenzierung zwischen männlicher und weiblicher Form verzichtet.

Personalbedarfsplanung

= Planung des künftigen Personalbedarfes in Bezug auf
- **Quantität** (= mengenmäßiger Personalbedarf)
- **Qualität** (= fachliche, soziale und methodische Anforderungen an die Mitarbeiter)
- **Zeitpunkt** des Personalbedarfes
- **Einsatzort** des Mitarbeiters

Quantitative Personalplanung

Ermittelt die Anzahl der künftigen Mitarbeiter nach Alter und Geschlecht, die zur Bewältigung des Arbeitspensums während einer bestimmten Periode benötigt werden.

Planungshorizont:
2 bis 3 Monate für Arbeiter
1 bis 2 Jahre für Angestellte auf der Ebene von Sachbearbeitern
3 bis 5 Jahre für Angestellte mit Führungsaufgaben

Soll-Personalstand (= künftiger Einsatz- und Reservebedarf)
- Ist-Personalstand lt. Stellenbesetzungsplan
= **Netto-Personalbedarf** (Neubedarf)

Quantitativer Personalbedarf ist u.a. abhängig von:
- **produzierter und verkaufter Menge** (je mehr, desto höher der Personalbedarf)
- **technische Ausstattung** (je höher, desto geringer der Bedarf)
- **Fertigungsprogramm** (Geringes Produktspektrum in Massenproduktion erlaubt hohen Automatisierungsgrad → geringerer Personalbedarf)
- **Qualität der Aufbau- und Ablauforganisation** (Bessere organisatorische Abläufe → geringerer Personalbedarf)
- **allgemeine wirtschaftliche und politische Entwicklung**, z. B. erwartete Rezession bzw. Hochkonjunktur, Verschlechterung des Standortes, Arbeitszeitverkürzung, steigende Lohn- und Lohnnebenkosten, Geldpolitik der EZB

Qualitative Personalplanung

Ziel ist es,
- die Art und die Höhe der Anforderungen an eine Stelle (unabhängig vom Mitarbeiter) zu bestimmen (**Jobprofil,** siehe hierzu Stellenbeschreibung).
- die Qualifikation des Bewerbers zu formulieren (**Bewerberprofil**).

Decken sich Jobprofil und Bewerberprofil, dann ist *„der richtige Mann am richtigen Platz."* Ist der Bewerber besser qualifiziert, hat er/sie Perspektiven für beruflichen Aufstieg.

Personalbeschaffung

Tätigkeiten im Rahmen der Personalbeschaffung:

- Beobachtung und Analyse des Arbeitsmarktes = Personalmarketing
- Personalwerbung
- Personalauswahl
- Einstellung

Arten der Personalbeschaffung

unternehmensintern

- Beförderung/ Versetzung von Mitarbeitern
- Mehrarbeit

unternehmensextern

- Einstellungen neuer Mitarbeiter
- Personalleasing

Ein **sehr kurzfristiger** Bedarf wegen eines Sonderauftrages, Krankheit o. Ä. kann z. B. über Mehrarbeit ausgeglichen werden.
Mittelfristiger Bedarf, z. B. saisonale Schwankungen im Fremdenverkehrsbereich lassen sich über Personalleasing lösen.
Eine **dauerhafte** Betriebserweiterung oder **Mitarbeiter mit Führungsaufgaben** verlangen umfangreichere Beschaffungsmaßnahmen.

Mitarbeiter können dadurch gewonnen werden, dass

- an anderer Stelle geringerer oder veränderter Personalbedarf entsteht und dadurch Mitarbeiter frei werden.
- Mitarbeiter mit Entwicklungspotential befördert werden.

§ 93 BetrVerfG: Betriebsrat kann verlangen, dass *„Arbeitsplätze, die besetzt werden sollen, ... vor ihrer Besetzung innerhalb des Betriebs ausgeschrieben werden."*

Vorteile innerbetrieblicher Personalbeschaffung:

- **Motivationssteigerung**, da innerbetriebliche Aufstiegsperspektiven
- **Qualifikation** des Bewerbers ist dem Betrieb **bekannt**. Daher **geringeres Risiko** der **Fehlbesetzung**
- **geringere Einarbeitungszeit**
- **geringere Kosten**

Nachteile der innerbetrieblichen Personalbeschaffung:

- Bei Beförderungen **verhindern** gefestigte informelle Beziehungen die Anwendung **notwendiger, aber unliebsamer Maßnahmen**.
- **„Betriebsblindheit" verhindert** dringende **Weiterentwicklungen**.
- U. U. muss eine frei gewordene Stelle neu besetzt werden. Wird diese auch intern besetzt, dann entstehen durch das **Nachrückverfahren Mehrkosten**, die den obigen Vorteil zumindest teilweise zunichte machen.
- möglicherweise **Karriereneid**

Unternehmenexterne Beschaffung

Wege zur Gewinnung dieser Mitarbeiter:
- Vermittlung durch Arbeitsämter
- Stellenanzeigen
- Schule („Schnupperlehre")
- „Blindbewerbungen"
- Werbung durch zufriedene Mitarbeiter, Familienmitglieder der Mitarbeiter
- MA höherer Unternehmensebenen auch durch spezielle Vermittler („Headhunter")

Stellenbeschreibung/ Stellenplan

Eine Stellenbeschreibung dient im Rahmen der Personalbeschaffung dazu, die Ausschreibung der Stelle zu formulieren.

- Sie verkürzt Einarbeitungszeit neuer Mitarbeiter und ist
- Grundlage für einen feingliedrigen Stellenplan
- Nachwuchskräfte haben dadurch eine Informationsquelle zur Abschätzung ihrer eigenen beruflichen Perspektiven.

Eine ausführliche Stellenbeschreibung enthält Angaben über:
- **Betriebliche Organisationsdaten (= Instanzenbild)**
  - Tätigkeitsbezeichnung
  - Sachgebiet
  - Wer ist fachlich dem Stelleninhaber unterstellt?
  - Wem ist der Stelleninhaber fachlich unterstellt?
  - Befugnisse des Stelleninhabers
  - Verbindungen zu anderen Arbeits- und Führungskräften
- **Arbeitsgegebenheiten (= Aufgabenbild)**
  - Arbeitsplatz
  - Arbeitsmittel, -unterlagen, Vorschriften (Ausstattungsliste)
  - Beschreibung der regelmäßigen und gelegentlichen Tätigkeiten
- **Anforderungen (= Leistungsbild)**
  - Beschreibung des Bewerberprofils, welches die Stelle vom Mitarbeiter verlangt, z. B. Kontaktfähigkeit, Verhandlungsstärke, Durchsetzungsfähigkeit, Führungsqualitäten, Fremdsprachen usw.

Der **Stellenplan** ist das **Ergebnis der Stellenbildung** (siehe Kapitel 2.5). Er enthält (jeweils bezogen auf eine Abteilung)
- die Anzahl der Stellen
- die Bezeichnung der Stellen
- die Lohn- und Gehaltsstufen
- Kompetenzen der einzelnen Stellen

Personalauswahl

Das Auswahlverfahren umfasst:
- Sammlung und Auswertung der Bewerbungsunterlagen
- ggf. Eignungstests
- Bewerbungsgespräch
- Entscheidung für einen bestimmten Mitarbeiter

Bewerbungsunterlagen geben **ersten Eindruck** über die einzustellende Person, über ihre Grundhaltung (Gewissenhaftigkeit, Sauberkeit), Systematik in der Planung der beruflichen Laufbahn, berufliches Engagement und ihr Interesse an der Stelle. Hierzu gehören u. a.:

- Bewerbungsschreiben
- Lebenslauf mit Lichtbild
- Kopien der Schul- und Betriebszeugnisse
- Referenzen (bei Führungskräften)
- bei Bedarf ärztliche Untersuchung, z. B. gem. Jugendarbeitsschutzgesetz bzw. Sicherheitsregeln für Bildschirmarbeitsplätze

Häufig lassen Betriebe zusätzlich einen firmeneigenen **Personalfragebogen** ausfüllen. Er dient als **Unterlage für die Personalakten** und **erleichtert durch die Vereinheitlichung den Bewerbervergleich.**

Eignungstests dienen zur Überprüfung der Intelligenz, der Allgemeinbildung, des berufsbezogenen Wissens, der Leistung (Konzentration, Ausdauer) und der Persönlichkeit.

Bewerbungsgespräch

- verschafft dem **Arbeitgeber** einen Eindruck über die Person des Bewerbers, seine Sprache, Haltung, berufliche Interessen, Fertigkeiten, Fähigkeiten, Fachkenntnisse, bisherige berufliche Entwicklung, Motive für die Bewerbung zu dieser Stelle, wahrgenommene Fortbildungsmöglichkeiten, beruflichen Ziele und Wünsche, außerberufliche Interessen, persönliche Lage (heikel!).

- informiert den **Bewerber** über den Arbeitsplatz, die an ihn gestellten Anforderungen, die Arbeitsbedingungen, die Entlohnung usw. Wem ist er direkt unterstellt, wer ist ihm unterstellt? Anzahl der Arbeitskollegen, personales Spannungsfeld, Umgangsstil, konkrete Entwicklungsmöglichkeiten.

Einstellung

Inhalte eines Anstellungsvertrages:

- Grundbezahlung, ggf. Erfolgsbeteiligung (empfehlenswert: für die Probezeit niedrigeres Gehalt, für die Folgezeit angemessene Bezahlung)
- Dauer des Arbeitsverhältnisses (zur Sicherheit möglichst zunächst auf 1 Jahr, bei voraussichtlicher schwieriger Aufgabe Mehrjahresvertrag)
- Arbeitszeit
- Urlaub
- Kündigungsfrist
- Pensionsplan
- evtl. sonstige Vergünstigungen (Auto, Wohnung)

Quelle: Günter Hund, Seminarunterlage zu „Menschenführung/Motivation - Personalprobleme lösen“ (Personalfindung, -bewerbung, -auswahl..)

Übungsaufgaben

1. Welche Teilaufgaben gehören zur Personalbedarfsplanung?
2. Unterscheiden Sie die quantitative von der qualitativen Personalplanung.
3. Wie wird der künftige Netto-Personalbedarf berechnet?
4. Nennen Sie drei Kriterien, von denen der mengenmäßige Personalbedarf abhängt.

5. Welche Tätigkeiten gehören zum Umfeld der Personalbeschaffung?

6. Welche Möglichkeiten zur Personalbeschaffung gibt es
   a) unternehmensintern   b) unternehmensextern?

7. Welche Vor- und Nachteile sind mit der innerbetrieblichen Personalbeschaffung verbunden?

8. Welche Wege stehen einem Unternehmen offen, unternehmensexterne Mitarbeiter zu gewinnen?

9. Worüber gibt eine Stellenbeschreibung Auskunft?

10. Welche Informationen enthält ein Stellenplan?

11. In welchen Teilschritten vollzieht sich die Personalauswahl?

12. Welche Unterlagen gehören zu einer Bewerbung?

13. Weshalb ergänzen die Unternehmen häufig ihre vorliegenden Bewerbungsunterlagen durch unternehmenseigene Personalfragebögen?

14. Welche Informationen gewinnen die Unternehmen aus den Bewerbungsunterlagen und den Eignungstests?

15. Wozu dient das Bewerbungsgespräch?

16. Welche Punkte sind innerhalb eines Anstellungsvertrages zu regeln?

3.2 Aufgaben der Personalverwaltung

Stofftelegramm

Aufgaben = Erledigung aller Routineaufgaben, welche durch die Beschäftigung von Mitarbeitern entstehen. Hierzu gehören:

- das Führen der Personalakten
- die Erfassung, Verarbeitung und Pflege der Personaldaten
- die Erstellung und Auswertung der Personalstatistik

Personalakten

Sammlung aller Unterlagen (Bewerbung, Zeugnisse, Beurteilungen, Arbeitsvertrag, Nachweis von Fortbildungsmaßnahmen usw.) über einen Mitarbeiter.

Personaldatenverwaltung

Eine Verarbeitung von Personaldaten erfolgt für eine Vielzahl von betrieblichen Routineaufgaben.

Hierzu gehören:

- **Operative Aufgaben** (am Beispiel der Entlohnung)
  - Ermittlung der Bruttolöhne und -gehälter, -provisionen und Ausbildungsbeihilfen auf der Basis von Leistungsnachweisen (Stückzahlen, Minuten), Anwesenheitszeiten, Umsätzen
  - Berechnung von Zeitrückständen und -überhängen bei Gleitzeitregelungen
  - Ermittlung der Lohn- und Kirchensteuer, der Sozialabgaben, vermögenswirksamer Leistungen und der Nettolöhne

- **Meldungen**, z. B.
  - Benachrichtigung der Mitarbeiter über Lohn- und Gehaltsänderungen
  - Bescheinigungen über Jahreseinkommen usw. für Finanzamt
  - Meldungen an IHK über Ausbildungsverhältnisse
  - Aufforderungen an Vorgesetzte zur Mitarbeiterbeurteilung
  - Aufforderungen an Mitarbeiter zum Besuch von Fortbildungsveranstaltungen im Rahmen einer systematischen Weiterbildung

Auf der Grundlage der Massendaten lassen sich höherrangige Arbeiten der Personalverwaltung (z. B. **Aufbau eines Personal-Informations-Systems** für die Führungsebene des Unternehmens) durchführen, z. B.

• Entwicklung der Personalkosten	nach Kostenart oder nach Abteilung
• Fluktuation	nach Abteilung oder nach Beruf
• Fehlzeiten	nach Abteilung
• Bewerber	nach Beruf

Belange des **Datenschutzes** sind zu berücksichtigen.

§ 28 Bundesdatenschutzgesetz: Natürliche und juristische Personen, die personenbezogene Daten automatisch verarbeiten und mindestens 5 Arbeitnehmer ständig beschäftigt haben, müssen schriftlich einen **Beauftragten für den Datenschutz bestellen**.

Seine Aufgaben:
- führt ein Verzeichnis der personenbezogenen Dateien, deren Zweck und Empfänger
- überwacht die ordnungsgemäße Anwendung der Programme
- schult das Personal, das mit der Verarbeitung personenbezogener Daten betraut ist, über die Vorschriften des BDSG
- wirkt mit bei der Auswahl jener Mitarbeiter, die in der Verarbeitung dieser Daten tätig sind

Rechte der Betroffenen

1. **Benachrichtigungsrecht,**
   falls Daten erstmals zur Person des Betroffenen gespeichert werden

2. **Auskunftsrecht**
   Der Betroffene kann immer Auskunft über die zu seiner Person gespeicherten Daten verlangen, auch darüber, an wen seine Daten regelmäßig übermittelt werden.

3. **Berichtigungsrecht**
   Sind sie unrichtig, kann er deren Berichtigung verlangen.

4. **Recht auf Sperrung**, wenn
   - sie vom Betroffenen bestritten werden und sich weder die Richtigkeit noch deren Unrichtigkeit feststellen lässt.
   - ihre Kenntnis nicht mehr erforderlich ist.

5. **Löschungsrecht**
   - **Können gelöscht werden**, wenn ihre Kenntnis nicht mehr erforderlich ist.
   - **Sind zu löschen**, wenn
     - ihre Speicherung unzulässig war.
     - die Richtigkeit von Daten über gesundheitliche Verhältnisse, strafbare Handlungen, Ordnungswidrigkeiten ... nicht bewiesen werden kann.

Personalstatistik

Sie gibt z. B. Auskunft über:

- Personalstruktur (weiblich/männlich, Arbeiter/Angestellte, ungelernt/angelernt/gelernt usw.)
- betriebliche Alterspyramide als eine der Grundlagen für die Personalbedarfsplanung
- Personalbestand gegliedert nach Abteilungen
- Dauer der Betriebszugehörigkeit
- Fort- und Weiterbildungen
- Personalbewegungen
- Betriebsunfälle
- Krankenstände

Zur Veranschaulichung eignen sich besondere Softwaretools, wie z. B. EXCEL, welche diese Massendaten in grafische Darstellungen (Balkendiagramme, Flächendiagramme, „Fieberkurven") umwandeln.

Übungsaufgaben

1. Worin bestehen die Aufgaben der Personalverwaltung?

2. a) Was versteht man unter Personalakten?

   b) Welche Unterlagen sind hierunter einzuordnen?

3. Nennen Sie betriebliche Routineaufgaben, in deren Rahmen Personaldaten verarbeitet werden.

4. a) Unter welchen Bedingungen ist ein einem Betrieb ein Datenschutzbeauftragter zu bestimmen?

   b) Nennen Sie drei seiner Aufgaben.

5. Welche Rechte haben die Betroffenen nach dem Bundesdatenschutzgesetz?

6. Nennen Sie 5 Informationen, die im Rahmen einer Personalstatistik gepflegt werden.

3.3 Grundlagen der Mitarbeiter- und Unternehmensführung

Stofftelegramm

Leitungssysteme

Einliniensystem

Kennzeichen	Vorteile	Nachteile
Jede Stelle bezieht Anweisungen nur von einer übergeordneten Stelle und berichtet ihrerseits auch nur an diese.	• klarer Instanzenaufbau • abgegrenzte Zuständigkeitsbereiche ohne Überschneidungen • starke Kontrolle nach unten	• schwerfälliger „Wasserkopf" vor allem in Großunternehmen • lange Instanzenwege, daher Zeitverzögerungen • Zwischeninstanzen können unliebsame Informationen unterdrücken. • Überlastung der oberen Ebenen mit Routineaufgaben (Informationsweitergabe)

Mehrliniensystem = Funktionalsystem

Kennzeichen	Vorteile	Nachteile
Eine Stelle kann von mehreren übergeordneten Stellen Anweisungen erhalten und an diese berichten.	• Verkürzung des Instanzenweges • flachere Hierarchien und dadurch flexibler reagierend • Entlastung der Führungsebenen von Routinearbeiten	• unübersichtlicher Instanzenaufbau • Bei nicht klar definierten Kompetenzen entstehen Konflikte. • Reibungsverluste bei konkurrierenden statt kooperierenden Mitarbeitern • großer Abstimmungsaufwand

Stabliniensystem

Kennzeichen	Vorteile	Nachteile
Instanzenstruktur des Einliniensystems + Stabsstellen mit beratender Funktion aber ohne Weisungsbefugnis. Beispiele für Stabsstellen: Organisation, EDV, Revision	• Vorteile des Einliniensystems bleiben erhalten. • verbesserte Entscheidungsbasis der Führungsebene	• Linienstellen, denen Stäbe zugeordnet sind, können gute Vorschläge unterbinden. • höhere Kosten durch teure Spezialisten in den Stäben

Neben diesen herkömmlichen Leitungssystemen haben sich auch neuere Organisationsstrukturen entwickelt, z. B.:

Spartenorganisation =
Divisional- oder Profit-Center-Organisation

Kennzeichen

Es handelt sich um eine Objektzentralisation, d. h. alle Verrichtungen, die sich auf gleichartige Objekte (Produkte/ Produktgruppen) beziehen, werden zusammengefasst.
Je größer das Unternehmen, desto eher besteht die Tendenz in Richtung Spartenorganisation.
(siehe grafische Darstellung)

Vorteile

- Mitarbeiter denken produktorientiert.
- Veränderungen am Markt werden daher rascher wahrgenommen.
- Das Unternehmen reagiert vorzeitig und schneller.
- Dadurch stabilere Marktposition und Sicherung von Wettbewerbsvorteilen
- (Gesunde) Rivalität zwischen den Sparten erzeugt einen innerbetrieblichen Wettbewerb (z. B. Beitrag zum Unternehmensergebnis) zum Vorteil des Gesamtunternehmens.

Nachteile

- Spartenrivalität verhindert u. U. die Weitergabe von Informationen, deren allgemeine Kenntnis für das Gesamtunternehmen von Vorteil wäre.
- Gleichartige Verrichtungen (z. B. Beschaffungsmarketing) werden dezentral, also mehrfach ausgeführt. Damit gehen u. U. Kostenvorteile (z. B. gemeinsame Bestellungen) verloren.
- demnach höherer Abstimmungsaufwand erforderlich

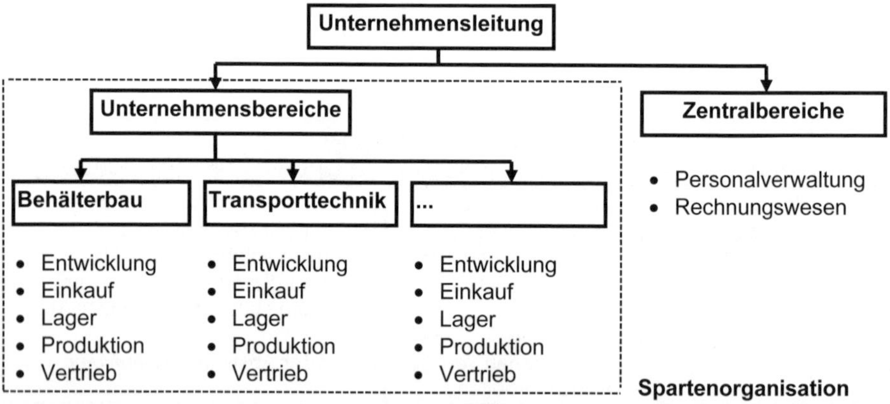

Spartenorganisation

Matrixorganisation = Projekt- oder Produktorganisation

Kennzeichen

Im Prinzip eine gegenseitige Überlagerung von zwei Weisungssystemen, wobei das eine verrichtungsorientiert, das andere produkt- oder projektorientiert ist.

Beispiele für Projekte:

- Neueinführung eines Produktes
- Planung von Bauten
- Einführung neuer Fertigungsverfahren
- Verbesserung der Produktqualität

Vorteile

- produkt- und verrichtungsbezogenes Know-how an einem Tisch
- Lösung der bewusst hergestellten Interessenkollision ist letztlich die beste Lösung für das Unternehmen.
- Förderung der Teamarbeit
- raschere und bessere Problemlösungen

Nachteile

- Kollision unterschiedlicher Denkrichtungen (produkt- bzw. projektorientiert gegen verrichtungsorientiert) führt zu Reibungsverlusten.
- großer Kommunikations- und Abstimmungsbedarf

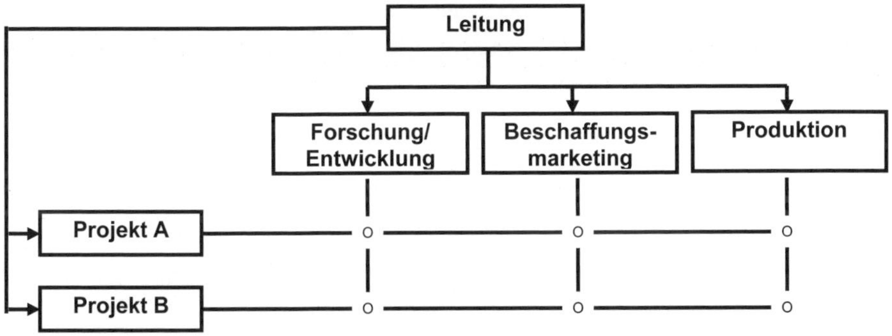

Teamorganisation

Mitglieder unterschiedlicher Bereiche werden zu Teams zusammengefasst. Jedes Team besteht aus einem Vorsitzenden und mehreren Mitgliedern.

Der Vorsitzende
- führt die Arbeitsgruppe
- ist Bindeglied zu anderen Gruppen gleicher Hierarchiestufe
- ist seinerseits Mitglied in einem übergeordneten Team.

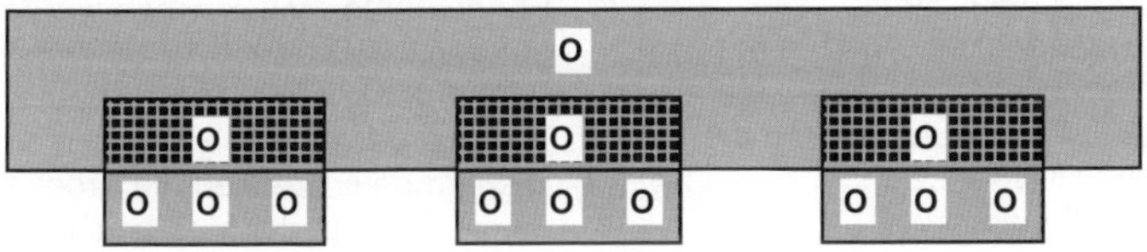

Entscheidungssysteme

Direktorialsystem

Kennzeichen	Vorteile
Entscheidungen werden von **einer** Person gefällt.	• klare Zuordnung der Entscheidungskompetenz • rasche Entscheidungen

Nachteile
- Entscheidungsqualität hängt von Fachkompetenz des Entscheidungsträgers ab.
- Fachwissen anderer wird nicht berücksichtigt.
- Zeitvorteil der raschen Entscheidung geht verloren durch zögernde Bereitschaft, diese zu akzeptieren und mitzutragen.
- In einer Zeit wachsender Bildung und Demokratisierung von Entscheidungsprozessen kommt dieses Entscheidungssystem schlicht „aus der Mode“, weil fragwürdig.

Kollegialsystem

Kennzeichen	Vorteile	Nachteile
Entscheidungen werden innerhalb eines Teams gefällt.	• Qualität der Entscheidung ist besser. • Demokratische Entscheidungsfindung in der Führungsebene hat Modellcharakter auf nachfolgende Stufen. • Zeitnachteil eines längeren Entscheidungsprozesses wird aufgewogen durch breitere Bereitschaft, diese zu akzeptieren. Entscheidung ist damit tragfähiger und dauerhafter.	• längerer Entscheidungsprozess • Bei Fehlen klarer Konzepte zur Entscheidungsfindung können informelle Beziehungen, Einzel- oder Gruppeninteressen die Entscheidungsqualität beeinträchtigen.

Informelle Beziehungsgefüge

Formelle Kommunikation = bewusst gewollte und geplante Kommunikationsbeziehungen der Aufbau- und Ablauforganisation

Informelle Kommunikation = Kommunikationsbeziehungen innerhalb des Unternehmens, die sich aufgrund nachbarschaftlicher Beziehungen, Freundschaften, gleicher Vereinszugehörigkeit usw. ergeben

Vorteile	Nachteile
(1) Befriedigung sozialer Bedürfnisse (Gruppenzugehörigkeit, Anerkennung) (2) Positive informelle Beziehungen stärken das „Wir"-Gefühl und fördern die gegenseitige Hilfsbereitschaft, z. B. in Engpasssituationen. (3) Arbeitsleistung harmonisierender Gruppen ist besser, da rascherer Informationsfluss, „Mitdenken" im Aufgabenfeld des anderen.	(1) Formale Informationswege werden umgangen. (2) Pflege der informellen Beziehungen kostet produktive Arbeitszeit. (3) Disharmonien senken die Arbeitsleistung, da die Energie der Mitarbeiter vergeudet wird in Konflikten und deren Lösungsfindung. (4) Vorenthalten von Informationen, „Auflaufen lassen" von Mitarbeitern

Führungsstile

	Autoritärer Führungsstil	**Kooperativer Führungsstil**
Kennzeichen	Vorgesetzter fällt Entscheidung und gibt Anweisungen an Mitarbeiter. *„Wie will er es haben?"*	Vorgesetzter beteiligt Mitarbeiter am Entscheidungsprozess, bezieht deren Wissen/Rat mit ein, stellt Meinungsbild her. *„Was ist die beste Lösung?"*
Beziehung Vorgesetzter - Mitarbeiter	Über- / Unterordnung	• „Wir"-Gefühl • Teamarbeit • Entwicklung von Eigeninitiative der Mitarbeiter

Verwendete Führungsinstrumente	• Anordnung • Kontrollmechanismen • Andeutung von Belohnung	• Vorgeben von Zielen • Delegieren von Verantwortung • Lob
Erzielte Leistung	kurzfristig hoch	dauerhaft hoch
Geeignet für	Routineaufgaben	Aufgaben, bei denen Neuland betreten wird, die mit Unsicherheiten behaftet sind, z. B. Produktentwicklung, Werbung, Neuorganisation
Mögliche Vorteile	• schnelle Entscheidung • diszipliniert	• aktivierte Intelligenz • geprüfte Entscheidung • stetige Entwicklung
Mögliche Nachteile	• wenig Selbstkritik • geistige Passivität der Mitarbeiter • Einmann-Entscheidung • sprunghafter Wechsel	• Verzettelung • Unentschlossenheit • Zeitverbrauch

Führungstechniken

Management by Exception	**Führen nach dem Ausnahmeprinzip** Routineaufgaben werden von den Mitarbeitern wahrgenommen. Der Vorgesetzte fällt die Grundsatzentscheidungen und greift in Ausnahmefällen ein. Voraussetzung: Klarheit zwischen Mitarbeitern und Vorgesetztem darüber, was noch als Routineaufgabe dem Arbeitsfeld des Mitarbeiters zuzuordnen und was als Grundsatzentscheidung/ Ausnahmefall vom Vorgesetzten zu regeln ist.
Management by Objectives	**Führen durch Zielvorgaben** Vorgesetzter gibt klar definierte Ziele vor oder vereinbart diese mit seinen Mitarbeitern. Diese haben Freiraum darin, mit welchen Mitteln sie die Ziele erreichen wollen. Für die Wahl der Mittel sind sie jedoch verantwortlich. Vorteil: Die große Gestaltungsfreiheit der Mitarbeiter ist motivationsfördernd. Engagierte und zielorientierte Nachwuchskräfte können sich profilieren.
Management by Delegation	**Führen durch Abgeben (= Delegieren) von Verantwortung** Der Vorgesetzte wird entlastet, indem er einen Teil der Verantwortung nach unten abgibt. Der Mitarbeiter wird dadurch in seiner Persönlichkeit gestärkt. Er entwickelt Eigeninitiative und Führungsqualitäten.

Übungsaufgaben

1. a) Nennen Sie die Grundformen der Leitungssysteme.
   b) Wodurch sind sie gekennzeichnet? c) Charakterisieren Sie deren Vor- und Nachteile.
2. Geben Sie den nachfolgend dargestellten Leitungssystemen die jeweils richtige Bezeichnung.

a)

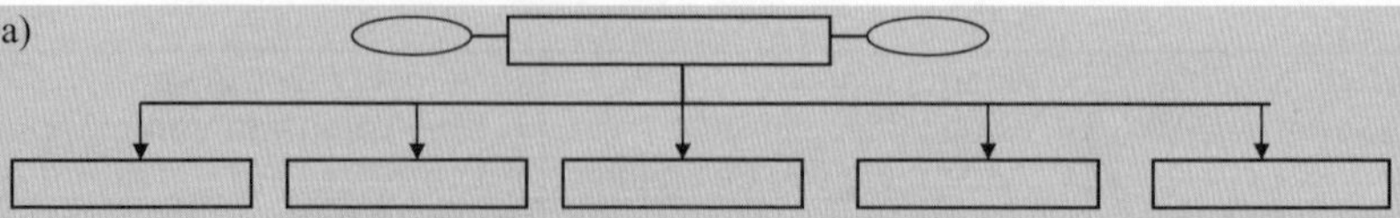

Bezeichnung ____________________

b)

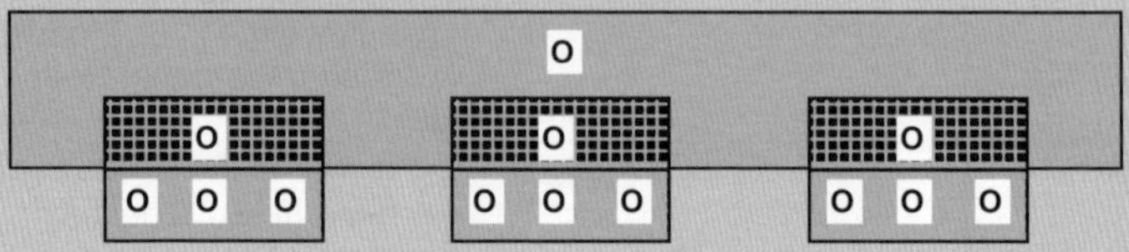

Bezeichnung ____________________

c)

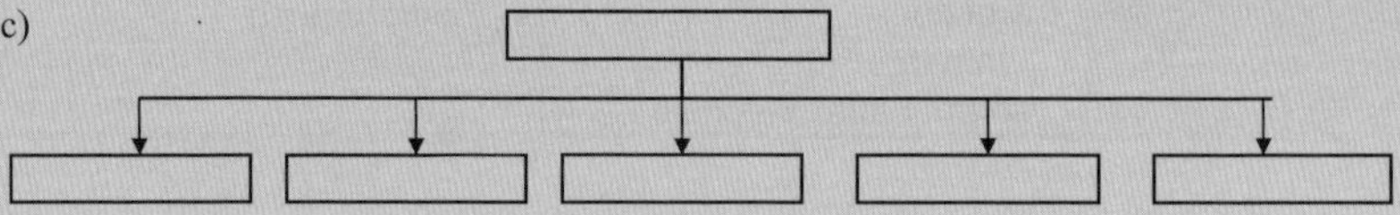

Bezeichnung ____________________

d)

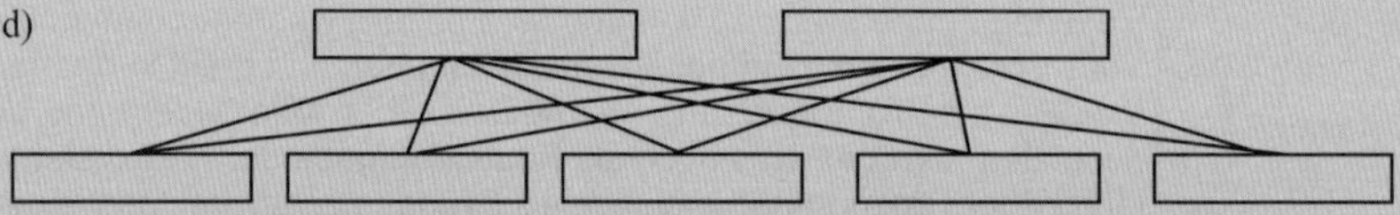

Bezeichnung ____________________

e)

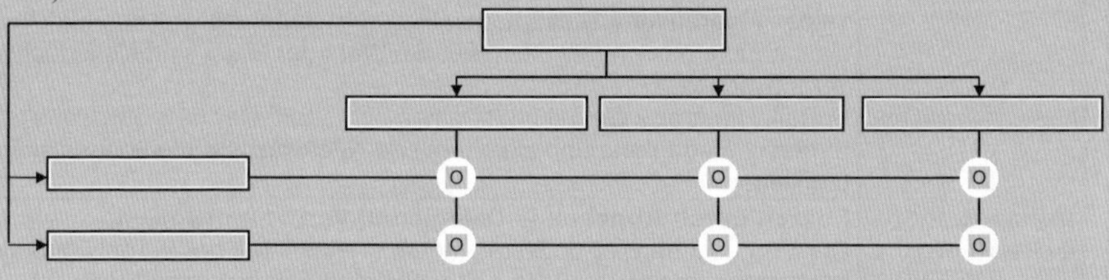

Bezeichnung ____________________

3. Unterscheiden Sie das Direktorialsystem vom Kollegialsystem, indem Sie die Kennzeichen, Vor- und Nachteile einander gegenüberstellen.

4. a) Unterscheiden Sie zwischen formeller und informeller Kommunikation.
   b) Stellen Sie die Vor- und Nachteile der informellen Kommunikation einander gegenüber.

5. Vergleichen Sie den autoritären mit dem kooperativen Führungsstil.
6. Nennen und erklären Sie die drei Führungstechniken.

3.4 Die Bedeutung der Umwelt- und Gesundheitsfaktoren für die Leistungsfähigkeit

Stofftelegramm

Menschliche Arbeitsleistung wird bestimmt durch

Innere Arbeitsbedingungen (Voraussetzungen beim Menschen)	**Äußere Arbeitsbedingungen** (Umwelt- und Gesundheitsfaktoren)
• **Leistungsbereitschaft** *(Was einer will.)* Sie hängt ab von – Motivation – Aufstiegschancen – persönliche Entfaltungsmöglichkeit – Über-/ Unterforderung • **Leistungsfähigkeit** *(Was einer kann.)* Sie hängt ab von – Alter, Geschlecht, Gesundheitszustand – Kenntnisse, Fertigkeiten – geistige/ körperliche Gewandtheit – Tagesform	• **Arbeitsform** – geistige/ körperliche Arbeit – sitzende/ stehende Tätigkeit • **ergonomische Gestaltung des Arbeitsplatzes** • **Arbeitszeitregelung** • **Betriebsklima** • **Rechtliche Vorschriften**

Ergonomie = Wissenschaft, die sich mit der menschengerechten Gestaltung des Arbeitsumfeldes beschäftigt. Ziel ist es demnach, die Arbeitsabläufe und Arbeitsmittel an die von der Natur vorgegebenen Eigenschaften des Menschen anzupassen.

Maßnahmen zur ergonomischen Arbeitsplatzgestaltung

Technische Auslegung des Arbeitsplatzes, Arbeitshöhe, Sitzhöhe, Greifraum usw.	Maßnahmen zur Verringerung der Muskelbelastung, der Umgebungseinflüsse, Beleuchtung, Klima, Lärm (= **physiologische Verbesserungen**)	Schaffung einer **psychologisch** angenehmen Atmosphäre durch farbliche Gestaltung, Musik, Pflanzen

Umweltfaktoren am Arbeitsplatz

Luft	• lt. DIN 1946 maximale relative Luftfeuchte 65 % • lt. Arbeitsstätten-Richtlinie: In Räumen mit Klimaanlagen muss die Luftgeschwindigkeit bei 20° C unterhalb von 0,2 m/s liegen. • Raumtemperatur in Büroräumen muss bei Arbeitsbeginn mindestens 20° C erreicht haben.

Licht	• Natürliches Licht verbessert Schärfe-Anpassung des Auges an Entfernung und Wahrnehmung von Bewegungen, erhöht die Kontrastschärfe und ermöglicht damit besseres Erkennen, bessere Konzentration, erhöhte Arbeitsleistung und geringere Ermüdung. • Grundhelligkeit für Büroarbeiten ab 500 Lux • flimmerfrei • Anpassung an Spektrum des natürlichen Lichtes • Lichtquellen so anordnen, dass sie sich nicht im Bildschirm spiegeln
Akustik	• Zu hoher Lärmpegel sorgt für Nervosität, Gereiztheit, sinkende Aufmerksamkeit. • nach VDI-Richtlinie für Büroarbeiten: Lärmbelastung unter 65 Phon.
Farbe	• Farben haben in erster Linie psychologische Wirkungen. • Kalte Farben (blau, grün) wirken beruhigend, dämpfend • Warme Farben (rot, orange, gelb) wirken dagegen anregend.
Raumgestaltung	• Stellwände, Regale, Pflanzen, Farbgebung, Beleuchtung sind Beiträge zur Verbesserung des Büroklimas. Den Anforderungen entsprechend werden Kommunikations- und Ruhebereiche sowie Verkehrsflächen geschaffen. Gruppenbüros bieten hierbei folgende Vorteile: • flexible Anordnung der Arbeitsplätze entsprechend dem Geschäftsprozess • zeitlich und räumlich kürzere Kommunikationswege • Förderung der informalen Beziehungen • bessere Ausnutzung der Raumkapazitäten (keine Mauern, Flure)

Arbeitssicherheit

Gewerbeordnung

Gem. § 120 GewO ist der Arbeitgeber verpflichtet, Arbeitsräume, Betriebsvorrichtungen, Maschinen und Gerätschaften so zu unterhalten und den Betriebsablauf so zu regeln, dass der Arbeitnehmer weitestgehend geschützt ist. Für genügend Licht, Luft und Abfallbeseitigung ist zu sorgen.

Arbeitsstättenverordnung

Sie verfeinert die allgemein gehaltenen Bestimmungen der Gewerbeordnung und enthält Vorschriften über die Beschaffenheit von Arbeitsplätzen und -räumen, über Beleuchtung, Temperatur, Anforderungen an sanitäre Einrichtungen, z. B.

• Temperatur in Büroräumen:	20^0 C
• Temperatur in Verkaufsräumen	19^0 C
• Lärmpegel	höchstens 70 dB(A)
• Fußböden	eben und rutschhemmend
• Flächenbedarf für Büro-Arbeitsplatz	8 - 10 m^2
• Beleuchtungsstärke	etwa 800 Lux

Unfallverhütungsvorschriften

Erlassen von den Berufsgenossenschaften. Sie kontrollieren die Einhaltung ihrer Vorschriften über technische Aufsichtsbeamte. Branchenunabhängig ausgelegt. Bedeutsam für Büroberufe: *„Sicherheitsregeln für Büro-Arbeitsplätze“* (ZH 1/535) ergänzt durch *„Sicherheitsregeln für Bildschirmarbeitsplätze im Bürobereich“* (ZH/618).

Sicherheitsregeln für Bildschirm-Arbeitsplätze

Stuhl	• Rückenlehne (ca. 50 cm über Sitzhöhe), horizontal und in der Höhe verstellbar • gepolsterte Sitzfläche, atmungsaktiv, rutschfest, vorn abgerundet • verstellbare Sitzhöhe (zwischen 40 und 54 cm) • selbstarretierende Rollen
Tastatur	• vom Bildschirmgerät getrennt aufstellbar • ausreichend Platz zur Auflage der Handballen vor der Tastatur • Neigungswinkel < 15^0 • ausreichender Tastenabstand
Bildschirm	• flimmerfrei durch Bildwiederholfrequenz von mind. 70 Hz. • Höhe der Großbuchstaben mindestens 2,6 mm • strahlungsarmer Bildschirm, entspiegelte Bildschirmoberfläche • Bevorzugung von dunkler Schrift auf hellem Grund • Auflösung größer als 640 x 480 Pixel (= Bildpunkte) • optimaler Augenabstand = 70 cm.
Bildschirm-Arbeitstische	• Tischflächen müssen eine flexible Anordnung der Arbeitsmittel zulassen. • nicht glänzende Oberfläche • Höhe = 72 cm bei nicht höhenverstellbaren Arbeitstischen

Das Sehvermögen von Beschäftigten an Bildschirm-Arbeitsplätzen ist von einem Arzt zu überprüfen. Erstuntersuchung vor Arbeitsaufnahme, Nachuntersuchungen in 5-jährigem Abstand, ab 45 Jahre in 3-jährigem Abstand.

Wichtige Vorschriften aus der EU-Richtlinie für Bildschirmarbeitsplätze

- gilt in allen Bereichen (auch öffentlicher Dienst)
- Anwendungszwang, d. h. die EU-Länder müssen sie in nationale Gesetze und Verordnungen umsetzen.
- Hard- und Software werden in die Arbeitsumgebung einbezogen
- gültig für Arbeitnehmer, die für einen nicht unwesentlichen Teil ihrer Arbeit ein Bildschirmgerät benutzen
- Pflicht zur Durchführung von Arbeitsplatzanalysen
- umfassende Unterweisung der Arbeitnehmer über alle gesundheits- und sicherheitsrelevanten Fragen und Maßnahmen
- regelmäßige Unterbrechung der Bildschirmarbeit durch Pausen und andere Tätigkeiten
- Recht auf qualifizierte Augenuntersuchung

(Quelle: ZPG Gewerbl. Schulen)

Vorteile einer menschengerechten Gestaltung des Arbeitsumfeldes

- körperliche und seelische Ausgeglichenheit der Mitarbeiter
- harmonisches Arbeitsumfeld und Betriebsklima
- positive Einstellung der Mitarbeiter zum Arbeitsplatz und zum Unternehmen
- weniger Fluktuation und Fehlzeiten
- leichtere Identifikation der Mitarbeiter mit den Zielen des Unternehmens
- leistungsfördernde Motivation der Mitarbeiter

Übungsaufgaben

1. Zu den inneren Arbeitsbedingungen gehören die Leistungsfähigkeit und die Leistungsbereitschaft. Was versteht man darunter? Beispiele.
2. Wodurch unterscheiden sich innere und äußere Arbeitsbedingungen?
3. Nennen Sie Beispiele für äußere Arbeitsbedingungen?
4. Erklären Sie den Begriff **Ergonomie**.
5. In welche Richtung tendieren die Maßnahmen zur ergonomischen Verbesserung des Arbeitsplatzes?
6. Luft, Licht, Akustik, Farbe und die Gestaltung des Raumes sind Umweltfaktoren, welche die Qualität des Arbeitsplatzes beeinflussen. Geben Sie zu jedem der Faktoren in kurzen Stichworten an, wie er sich auf den Menschen auswirkt.
7. Nennen Sie rechtliche Grundlagen, die Vorschriften zur Gestaltung der Arbeitsumgebung enthalten.
8. Geben Sie drei Vorschriften an, die in den Sicherheitsregeln für Bildschirmarbeitsplätze enthalten sind.
9. Nennen Sie 5 Vorschriften, die in der EU-Richtlinie für Bildschirmarbeitsplätze enthalten sind.
10. Nennen Sie vier Vorteile, die sich für den Unternehmer durch eine menschengerechte Gestaltung des Arbeitsplatzes ergeben.

3.5 Tätigkeiten am Arbeitsplatz

Stofftelegramm

Persönlicher Arbeitsstil

Wichtig: Einteilung der Arbeit in ABC-Klassen

A-Tätigkeiten	:	Nutzen von ca. 75 %, Zeitanteil von etwa 20 %
B-Tätigkeiten	:	Nutzen von ca. 20 %, Zeitanteil von etwa 20 %
C-Tätigkeiten	:	Nutzen von ca. 5 %, Zeitanteil dagegen rund 60 %

Ziel: Nicht nur die Dinge richtig zu tun (= effizient, mit hohem Wirkungsgrad), sondern auch die richtigen Dinge tun (= effektiv).

Ideal : Mit hoher Effizienz das Effektive
Schlecht : Mit geringer Effizienz das Ineffektive

Verbesserung der Effektivität	• ABC-Analyse • Prioritäten zu setzen
Verbesserung der Effizienz	• **systematische Zeitplanung** (Seiwert: *Mehr Zeit für das Wesentliche*, Landsberg, 1987) – 60 % der Zeit für geplante Aktivitäten – 20 % für unerwartete Aktivitäten – 20 % für spontane Aktivitäten • **Delegation von Aufgaben** (Siehe Kapitel 3.3, Führungstechniken) • **Verbesserung des Informationsflusses** und Einsatz von betrieblicher Software, welche die effiziente Bearbeitung von Informationsprozessen wirkungsvoll unterstützt (ERP-Software) • **Nutzung moderner Kommunikationstechniken**, z. B. Mobiltelefon, E-Mail

Arbeitsplatzbeschreibung

Arbeitsplatzbeschreibungen sind Bestandteil einer feingliedrigen Stellenbeschreibung und Grundvoraussetzung für eine gerechte Arbeitsbewertung sowie für Regel- bzw. Anlassbeurteilungen.

Eine Arbeitsplatzbeschreibung stellt genau und vollständig dar:

- Arbeitsaufgabe
- Arbeitsablauf
- Arbeitsumstände

Der **Lohn- und Gehaltsrahmentarifvertrag für Arbeiter und Angestellte in der Metallindustrie in Nordwürttemberg/Nordbaden** zählt zu einer vollständigen Arbeitsbeschreibung Angaben über:

- **Werkstücke** (Bezeichnung, Werkstoff, Gewicht)
- **Arbeitsunterlagen** (mündliche Unterweisung, Zeichnung, Muster, Handbücher)
- **Betriebsmittel** (Art der Maschinen .. Werkzeuge)
- **Arbeitsplatz** (räumliche Verhältnisse, Lärm, Heizung, Belüftung, Beleuchtung, soziale Kontakte)
- **Arbeitsvorgang und Arbeitsablauf** (genaue Darstellung der Arbeitsvorgänge in ihrer Abfolge und der Tätigkeit des Arbeitnehmers)
- **Fertigungsart**
- **Fertigungszeit**

Übungsaufgaben

1. Nennen Sie Möglichkeiten zur Verbesserung der Effektivität und der Effizienz des Arbeitsstiles.
2. Nennen Sie fünf Inhalte der Arbeitsplatzbeschreibung.
3. Wozu wird eine Arbeitsplatzbeschreibung verwendet?

3.6 Verfahren der Arbeitsbewertung

Stofftelegramm

Die Entlohnung einer Arbeitskraft ist gerecht, wenn drei Kriterien berücksichtigt werden.

Anforderungen des Arbeitsplatzes
↓
Sie finden ihren Niederschlag in der Lohngruppe des Arbeitnehmers. Diese wird ermittelt durch
↓
Arbeitswertstudien

Leistung der Arbeitskraft
↓
Vergleichsmaßstab ist die Normalleistung. Diese wird ermittelt in
↓
Arbeitszeitstudien

Soziale Aspekte
↓
Sie werden berücksichtigt durch die Zahlung von
↓
Sozialen Zuschlägen

Soziale Aspekte:
Diese Komponente der Entlohnung berücksichtigt Kinderzahl, Dauer der Betriebszugehörigkeit, Alter, ggf. Behinderung und wird zum Teil vom Arbeitgeber, in hohem Maße jedoch vom Staat sichergestellt, z. B. durch Steuerklasse, Freibeträge, Abzugsfähigkeit von Sonderausgaben und außergewöhnliche Belastungen, Kindergeld.

Arbeitswertstudien

Analytische Arbeitsbewertung

Grundlage für die Einstufung in eine der 12 Lohngruppen ist das
- erforderliche Können
- die Belastung
- die Verantwortung
- die Umwelteinflüsse

Ablauf:
1. Anfertigung einer Arbeitsbeschreibung mit Angaben über Werkstücke, Arbeitsunterlagen, Betriebsmittel, Fertigungsart, Arbeitsaufgabe..
2. Bewertungsbegründung
3. Festlegung der Rangstufen
4. Berechnung der **T**eil**a**rbeits**w**erte (TAW)
   TAW = Rangstufe x Wichtefaktor
5. Gesamtarbeitswert = Summe der Teilarbeitswerte
6. Ermittlung der Lohngruppe je nach Höhe des Gesamtarbeitswertes

Summarische Arbeitsbewertung

Bei der Einstufung in eine Lohngruppe werden nicht mehr die einzelnen Anforderungsmerkmale isoliert berücksichtigt, sondern der Arbeitsplatz in einer Gesamtbetrachtung. Beispiel (Tarifvertrag Nordwürttemberg/Nordbaden):

LG 1: *„Arbeiten mit geringen Belastungen, die ohne vorherige Arbeitskenntnisse und ohne jegliche Ausbildung nach kurzer Anweisung ausgeführt werden können."*

LG 2: *„Arbeiten mit geringen Belastungen, die eine gewisse Sach- und Arbeitskenntnis erfordern und nach einer kurzen Einarbeitung ausgeführt werden können."*

	Analytische Verfahren	Summarische Verfahren
Vorteile	• Bewertung für beide Teile durchschaubar und damit nachvollziehbar • exaktere und gerechtere Bewertung wird möglich. • geeignet, den sozialen Frieden zu sichern	• einfaches Verfahren • Richtbeispiele erleichtern Einordnung
Nachteile	• geringer Bewertungsspielraum zur Einordnung	• zu global • subjektive Einflüsse in Bewertung möglich • keine Berücksichtigung ausgeprägter Einzelmerkmale

Übungsaufgaben

1. Welche Faktoren müssen berücksichtigt werden, damit die Entlohnung einer Arbeitskraft als gerecht empfunden werden kann?

2. Wodurch wird der soziale Aspekt eines gerechten Lohnes hergestellt?

3. a) Unterscheiden Sie das summarische Verfahren der Arbeitsbewertung vom analytischen Verfahren.

   b) Nennen Sie Vor- und Nachteile beider Verfahren.

3.7 Maßnahmen zur Personalbeurteilung und -entwicklung

Stofftelegramm

Personalbeurteilung

= Instrument zur Personalführung

Sie ist Grundlage
- zur Planung des Arbeitseinsatzes
- zur Auswahl von Mitarbeitern bei Beförderungen, Versetzungen
- zu einer gerechten Entlohnung/Vergütung
- zur Steuerung der beruflichen Weiterbildung
- Perspektivplanung von Nachwuchskräften

Methoden der Beurteilung

Summarische Beurteilung

Der Mitarbeiter wird im Ganzen beurteilt, in der Regel in freier Formulierung

Vorteil:

- der Beurteiler kann auf individuelle Eigenheiten besonders eingehen.

Nachteil:

- erheblicher Formulierungsaufwand
- Spielraum für Beurteilungsfehler
- geringere Vergleichbarkeit
- Abhängigkeit von der Person des Beurteilers

Analytische Beurteilung

Der Beurteilende ist gezwungen, sich zu bestimmten, vorgegebenen Beurteilungskriterien zu äußern. Diese Äußerung kann darin bestehen, dass er die Erfüllung vorgegebener Kriterien in Ziffern benotet, ankreuzt oder frei formulierte Antworten gibt.

Beispiel für ein analytisches Beurteilungsschema:

Merkmal	**Wichtefaktor**	**Beurteilungs-kennziffer (1 - 9)**	**Produkt**
Qualität der Leistung	2	6	12
Berufliches Können	1	6	6
Verantwortungsbereitschaft	1	7	7
Quantität der Leistung	2	5	10
Arbeitsbereitschaft/ Initiative	1	8	8
Bereitschaft zur Zusammenarbeit	1	7	7
Summe	8		50
Leistungskennziffer = 50 / 8 =	**6,25**		

(vergl. Justen, Mitarbeiterbeurteilung, Stuttgart)

Mögliche Beurteilungsfehler

- Die Person des Beurteilenden ist **nachsichtig** (Beurteilungen sind allgemein zu milde), **streng** (Beurteilungen sind insgesamt schlechter), **vorsichtig** (Tendenz zu Durchschnittsnoten, wenige Spitzen nach oben und unten).
- **Vorurteile** gegenüber Beurteiltem in Bezug auf Aussehen, Kleidung, Nationalität, Ähnlichkeit mit Personen, die dem Beurteiler in guter/schlechter Erinnerung sind.
- **Halo-Effekt**: ein isoliertes Merkmal des Beurteilten erhält (unbewusst) eine Überbetonung und prägt entscheidend das Gesamturteil.
- Allgemeine Tendenz der Beurteiler, Mitarbeiter höherer Lohngruppen besser zu beurteilen als Mitarbeiter unterer Lohngruppen.

Beurteilungsgrundsätze

Nach § 92, II BetrVerfG bedarf die Aufstellung von Beurteilungsgrundsätzen der Zustimmung des Betriebsrates. Das Mitbestimmungsrecht des Betriebsrates konzentriert sich nicht darauf, **ob** überhaupt Beurteilungsgrundsätze eingeführt werden (= Entscheidung des Arbeitgebers), sondern darauf,

- mit welchem **Verfahren**,
- **welche Kriterien**
- **mit welcher Gewichtung** angewandt werden.

Folgende Anforderungen unterstützen die gewünschte Objektivität:

- **Einheitlichkeit** der Beurteilungen in ihrem Aufbau
- **einfache Durchführung** und
- **Vergleichbarkeit der Ergebnisse**

Zeugnis

Gem. § 73 HGB hat der Mitarbeiter bei Beendigung des Dienstverhältnisses Anspruch auf ein einfaches Zeugnis (Inhalt: Art und Dauer der Beschäftigung). Auf Verlangen ist ihm ein qualifiziertes Zeugnis auszustellen (zusätzlich Angaben über Führung und Leistung).

Probleme können sich in der Formulierung des Leistungs- und Sozialverhaltens ergeben, da bestimmte Grundsätze unbedingt zu beachten sind:

1. **Zeugniswahrheit und Zeugnisklarheit**
   - Aussagen müssen objektiv sein.
   - Berechtigte Aussagen günstiger und ungünstiger Art sollen enthalten sein.
   - Einmalige Ereignisse günstiger /ungünstiger Art sind nicht typisch und daher nicht aufzunehmen.

2. **Wahrung der Interessen Dritter**
   - Künftiger Arbeitgeber muss über wahre Begebenheiten informiert werden, sofern sie für ihn von Bedeutung sind.

3. **Interesse des Mitarbeiters wahren**
   - Berufliches und wirtschaftliches Fortkommen des Mitarbeiters darf nicht unnötig behindert werden.
   - Zeugnisaussagen sollen objektiv, jedoch wohlwollend verfasst sein.

Lösung = Zeugniscode, z. B.

***Sehr gute Leistung**:*	*„... hat die ihm übertragenen Arbeiten ständig zu unserer vollsten Zufriedenheit erledigt."*
***Niete**:*	*„... hat sich bemüht, die ihm übertragenen Arbeiten zu unserer Zufriedenheit zu erledigen"*
Noch schlimmer:	*„Er zeigte für seine Arbeit Verständnis."*

Personalentwicklung

= alle Maßnahmen, welche die berufliche Qualifikation der Mitarbeiter fördern. Hierzu gehören

- die **Ausbildung** (Erstausbildung in einem Beruf)
- die **Fortbildung** (Erhaltung und Erweiterung beruflicher Kenntnisse und Fertigkeiten)
- die **Weiterbildung** (Erwerb zusätzlicher Qualifikationen)
- das **Lernen am Arbeitsplatz** (learning by doing)

Erwartungen der

Unternehmensleitung	Mitarbeiter	Gesellschaft
• Sicherung des Bestandes an Fach- und Führungskräften • Anpassung der Mitarbeiterqualifikation an veränderte Marktanforderungen • Gewinnung von Nachwuchskräften • Unabhängigkeit vom Arbeitsmarkt • Erhöhung der Arbeitszufriedenheit im Unternehmen auf Grund der verbesserten Chance zur Selbstverwirklichung der Mitarbeiter	• Anpassung der persönlichen Qualifikation an Anforderungen des Arbeitsplatzes • Grundlage für berufliche Karriere • Verbesserung der beruflichen Mobilität • Sicherung des Arbeitsplatzes und damit des Einkommens • Chance zur Selbstverwirklichung	• Abdeckung des Bildungsbedarfes, welcher nicht durch das staatliche Bildungswesen abgedeckt wird. • Steigerung des Humankapitals • Verbesserung des Standortes • Verringerung der Arbeitslosigkeit

Möglichkeiten der Personalentwicklung
(am Beispiel der Fort- und Weiterbildung)

Interne Maßnahmen	Externe Maßnahmen
• Training-on-the-job (am Arbeitsplatz) • eigene (Vorgesetzte/ Mitarbeiter) oder externe Referenten **Merkmal**: • exakt abgestimmt auf eigenes Unternehmen und auf die Bedürfnisse der Teilnehmer • kostenintensiv, insbesondere bei kleinen Gruppen oder bei Einzelförderung	• gewerbliche Veranstalter • Verbände • überbetriebliche Schulungszentren **Merkmal:** • Anwesenheit von Teilnehmern anderer Unternehmen unterstützt Erfahrungsaustausch • eher geeignet für generelle Themenstellungen

Übungsaufgaben

1. Welche personalpolitischen Aktivitäten setzen eine Personalbeurteilung voraus?
2. Unterscheiden Sie summarische und analytische Methoden der Personalbeurteilung.
3. Welche Vorteile bringt eine analytische Personalbeurteilung im Vergleich zu einer summarischen?
4. Beschreiben Sie kurz das Vorgehen bei einer analytischen Personalbeurteilung.

5. Beschreiben Sie drei mögliche Fehler bei der Personalbeurteilung.
6. Die Aufstellung von Beurteilungsgrundsätzen bedarf lt. Betriebsverfassungsgesetz der Zustimmung des Betriebsrates. Worin liegt das Mitbestimmungsrecht des Betriebsrates?
7. Welche Anforderungen unterstützen die wünschenswerte Objektivität von Beurteilungen?
8. Unterscheiden Sie zwischen einem einfachen und einem qualifizierten Zeugnis.
9. Nennen und erklären Sie die Grundsätze, die bei der Formulierung von Zeugnissen zu beachten sind.
10. Aus welchem Grund hat sich bei der Formulierung eines Zeugnisses die Benutzung eines Codes durchgesetzt?
11. a) Was versteht man unter Personalentwicklung?
    b) Welche Maßnahmen gehören hierzu?
12. Unternehmensleitung, Mitarbeiter und die Gesellschaft haben unterschiedliche Erwartungshaltungen gegenüber der Personalentwicklung. Welche?
13. Skizzieren Sie die Möglichkeiten zur Personalentwicklung am Beispiel der Fortbildung.

3.8 Aktuelle Entwicklungen für den Arbeitsplatz

Stofftelegramm

Einfluss neuer Technologien auf Büroarbeitsplätze

Entlastungen

- **Entlastung von monotonen Routinearbeiten**, z. B. Tippen von Mahnschreiben mit jeweils geringen inhaltlichen Unterschieden
- **Unterstützung in komplexen Entscheidungsaufgaben** mit hohem Rechenaufwand, z. B. bei der Bestimmung der optimalen Losgröße unter Berücksichtigung mengenabhängiger Rabattstaffelungen und Beschaffungskosten
- integrierte Softwaresysteme (z. B. Microsoft Business Solutions - Navision) fördern die Schaffung von Arbeitsplätzen mit **höherer Eigenverantwortung** auf Grund eines höheren Planungs-, Handlungs-, Entscheidungs- und Kontrollspielraumes.
- Durch Schaffung von Computer-Netzwerken und Einsatz neuer Kommunikationstechniken **verbessern sich die Qualität und die Geschwindigkeit, in der entscheidungswichtige Informationen zur Verfügung stehen**. Folglich verbessert sich auch Qualität der Entscheidungen und damit die Marktposition des Unternehmens gegenüber den Wettbewerbern.
- Schaffung von Arbeitsplätzen, bei denen eine persönliche Anwesenheit des Mitarbeiters im Unternehmen nicht mehr erforderlich ist. Weniger Berufsverkehr, Verdienstmöglichkeiten für Mütter von Kleinkindern bei weitestgehend freier Zeiteinteilung (= „Telearbeit“).
- Ohne intensive Nutzung neuer Technologien wäre der international notwendige Standard an Produktqualität, Schnelligkeit, Flexibilität, Termintreue und Preiswürdigkeit nicht zu halten, die Betriebe und die Volkswirtschaft insgesamt auf Dauer nicht konkurrenzfähig.

Belastungen

- Tendenz zu höheren Qualifikationsanforderungen der Stelleninhaber
- ständiger Zwang zur Fort- und Weiterbildung

- intensivere Belastung der Arbeitskraft, da der kreative, planerische Anteil der Arbeit im Verhältnis zur (entspannenderen) Routinearbeit zunimmt (Beispiel: CAD)
- Verringerung der sozialen Kontakte, da immer weniger Informationen in Form von Hardware (Ordner usw.) übertragen werden. Somit entfallen die damit verbundenen telefonischen und/oder persönlichen Kontakte. Vielmehr verharrt der Mitarbeiter an seinem Platz und besorgt sich die Informationen über interne/externe Datennetze. (Unter Umständen ist nicht einmal mehr seine persönliche Anwesenheit im Unternehmen notwendig, siehe oben „Telearbeit").
- neue Anforderungen an die Arbeitskraft: Kommunikations- und Darstellungsfähigkeit, Entscheidungsbereitschaft, abstraktes, problemlösendes und vernetztes Denken
- Freisetzung von Arbeitskräften
- Herausforderung an Politik, Tarifpartner, Gesellschaft, neue Modelle zur Verteilung der Arbeit und der Arbeitszeit zu finden

Geänderte Arbeitsstrukturen als Beitrag zur Humanisierung der Arbeit

Die traditionellen Arbeitsstrukturen mit einem hohen Grad an Arbeitsteilung waren mit folgenden Nachteilen verbunden:

- hoher Planungsaufwand
- hohe Zahl an Transportvorgängen zwischen den spezialisierten Arbeitsplätzen
- hoher Kontrollaufwand
- einseitige körperliche Beanspruchung, damit größerer Erholungsbedarf, lange Fehlzeiten und hohe Fluktuationsrate
- hohes Maß an Spezialisierung auf eng begrenzten Arbeitsumfang vermindert langfristig die Anpassungsfähigkeit und Umstellungsfähigkeit des Mitarbeiters (zum Nachteil des Mitarbeiters **<u>und</u>** des Unternehmens)
- Da Arbeitskraft leicht ersetzbar ist, fürchtet diese um die Sicherheit ihres Arbeitsplatzes.
- Selbsteinschätzung der Arbeitskraft in Bezug auf ihre Fähigkeiten und Belastungsprofil des Arbeitsplatzes klaffen auseinander. Bedürfnisse der Selbstachtung und Anerkennung werden verletzt.
- Gebundenheit an einen eng begrenzten Arbeitsplatz verhindern die Befriedigung sozialer Bedürfnisse.

Lösungsansätze

Ausgangssituation
mit traditioneller Arbeitsteilung

Die Situation wird beherrscht durch eine weit gehende Arbeitsteilung. Dies gilt sowohl innerhalb der Montage als auch in Bezug auf eine Trennung zwischen ausführender Tätigkeit einerseits und planender/kontrollierender Tätigkeit andererseits

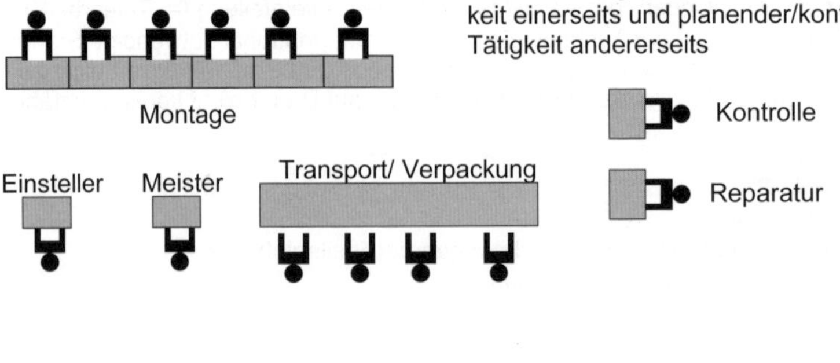

Job Rotation
= Arbeitsplatzwechsel

= geplanter, wechselseitiger Tausch der Arbeitsplätze. Ziel = Unterbrechung der Monotonie, die sich aus der ständigen Wiederholung gleichartiger Arbeitsabläufe ergibt. Der Wechsel erfolgt in der Regel innerhalb der gleichen Hierarchieebene.

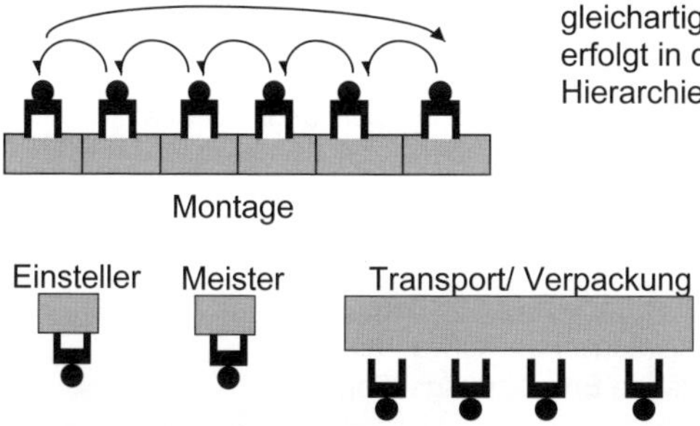

Job Enlargement
= Arbeitserweiterung

Mehrere bisher getrennte Teilarbeitsvorgänge mit jeweils kurzen Taktzeiten werden zu neuen, inhaltlich umfangreicheren Arbeiten zusammengefasst. Damit wird eine komplette Bearbeitungsstufe abgeschlossen. Für den Mitarbeiter entsteht ein überschaubares, abgerundetes Arbeitsfeld.

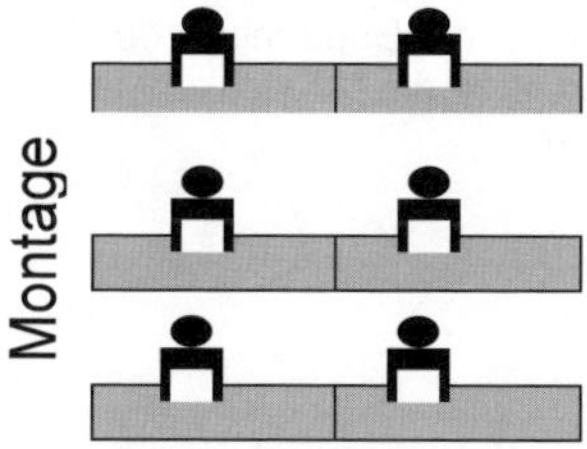

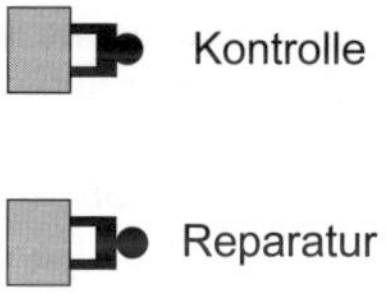

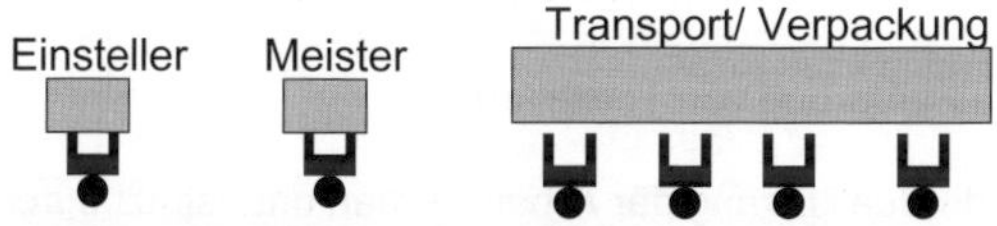

Job Enrichment
= Arbeitsbereicherung

Sie geht noch einen Schritt weiter. Nicht nur operative Tätigkeiten werden zu einem reicheren Arbeitsfeld zusammengefasst. Das Arbeitsfeld wird noch um dispositive Inhalte (Planen, Führen, Kontrollieren) erweitert. Damit übernimmt der Mitarbeiter teilweise Aufgaben der vormals höheren Unternehmensebene.

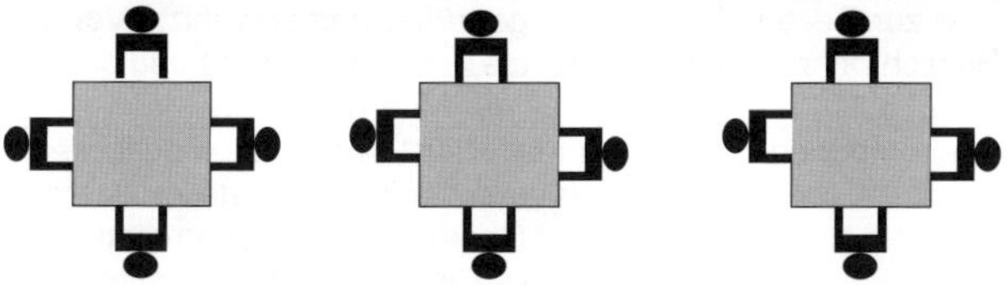

An- und Abtransport, Montage, Kontrolle, Einstellen

(Quelle: IPA Stuttgart)

Vorteile neuer Arbeitsstrukturen

- Reduzierung der einseitigen Belastung
- besserer Überblick der Arbeitskraft über den Gesamtablauf
- Verminderung der sozialen Isolation durch die Gebundenheit an einen eng begrenzten Arbeitsplatz
- Förderung der Flexibilität der Arbeitskraft und damit des Ausbildungsniveaus

Nachteile neuer Arbeitsstrukturen

- Risiko der Fehlleistung durch Wechsel in andere Arbeitsbereiche
- Erhöhung des planerischen und organisatorischen Aufwandes
- höhere Einarbeitungskosten und verstärkte Entwöhnungseffekte

Individualisierung - Standardisierung

Neue Technologien unterstützen die wünschenswerte Individualisierung der Arbeit. Dies bedeutet u. a., dass die Dauer und die Verteilung der Arbeitszeit auf die Bedürfnisse des Unternehmens, der Mitarbeiters und der Kunden abgestimmt wird. Durch die Möglichkeit des Jobsharing braucht auch nicht jeder Mitarbeiter Vollzeit zu arbeiten.

Vorteile der Individualisierungsprozesse:

- Maschinen und Anlagen können besser genutzt werden.
- steigende Produktivität
- Verkürzung der Amortisationszeit
- Produktionsspitzen und -flauten lassen sich besser ausgleichen.
- kundenindividuelle Ansprechzeiten lassen sich bedarfsgerechter gestalten.
- Wegfall teurer Überstunden
- Schaffung neuer Arbeitsplätze durch Förderung von Teilzeitarbeit

Die wirtschaftlichen Vorteile aus der Individualisierung der Arbeit werden unterstützt durch die Vorteile, welche sich aus einer Standardisierung ergeben, die sich in einer Vielzahl von Bereichen des Arbeitsumfeldes durchgesetzt hat. Im Bürobereich trifft dies beispielsweise zu auf:

Gegenstand der Standardisierung	Mögliche Vorteile hieraus
Arbeitsabläufe (Verfahren bei mangelhafter Lieferung)	Festlegung auf ein Standardverfahren garantiert, dass eventuelle Rechtsansprüche nicht an Formfehlern scheitern.
Ergonomische Vorgaben zur Gestaltung von Büro- bzw. Bildschirmarbeitsplätzen (siehe Kapitel 3.4)	Einhaltung geprüfter und bewährter Vorgaben unterstützt die Arbeitssicherheit und damit die Gesundheit der Mitarbeiter
Hardware- und Softwarekomponenten von Computern	Die „Kompatibilität" sichert die Möglichkeit, Komponenten verschiedener Hersteller zu einem individuellen Gesamtsystem zusammenzufügen und minimiert das Risiko von Fehlinvestitionen.

Kontinuierlicher Verbesserungsprozess
= Kaizen

Kaizen bedeutet die ständige, kontinuierliche Verbesserung in allen Bereichen, also nicht nur die Verbesserung der Produkte, sondern auch aller Abläufe und Prozesse beginnend von der Entwicklung über die Herstellung bis zum Vertrieb der Produkte.

Entwickelt wurde das System von Toyota. Die Kontinuität kleiner Verbesserungsschritte zeigt sich in folgender Gegenüberstellung:

	Japanische Werke in Japan	**Japanische Werke in Nordamerika**	**Amerikanische Werke in NA**	**Alle europäischen Werke**
Vorschläge/ Beschäftigtem	61,6	1,4	0,4	0,4

Quelle: Womack u. a. „Die zweite Revolution in der Autoindustrie"

Voraussetzung für den (japanischen) Erfolg des kontinuierlichen Verbesserungsprozesses liegt im hohen Engagement aller Mitarbeiter und in ihrer Sicherheit, mit der ständigen Rationalisierung nicht ihren eigenen Arbeitsplatz zu gefährden.

Nachfolgend eine Gegenüberstellung des Kaizen-Konzeptes und des Konzeptes der Innovation mit seiner sprunghaften Veränderung durch neue Technologien, neue Produktionstechniken, neue Organisationsmodelle, Managementkonzepte (europäische Denkweise)

	Kaizen	**Innovation**
Zeitlicher Rahmen	stetig und ununterbrochen	kurzfristig und sprunghaft
Ziel	Streben nach detaillierter Verbesserung von Produkt und Prozess	Streben nach großen Fortschritten in kurzer Zeit
Basis	auf bestehenden Systemen und Technologien aufbauend	ständige Suche nach und Entwicklung von neuen Technologien
Personaleinsatz	jeder Mitarbeiter und jede Führungskraft	Spezialisten, Konstrukteure
Erforderliche Eigenschaften	• Anpassungsfähigkeit • Kollektivgeist • Leistungsbereitschaft	• Kreativität • Individualität • individuelle Leistung
Devise	Erhaltung und Verbesserung	Abbruch und Neuaufbau
Investitionsmittel	geringer Kapitalbedarf	hoher Kapitalbedarf
Erfolgschance	Gleich bleibend hoch	abrupt und unbeständig
Bewertungskriterien	Produktivitäts- und Qualitätskennzahlen	ergebnisorientierte Kennzahlen (z. B. Umsatz, Kosten, Deckungsbeitrag)

Der kontinuierliche Verbesserungsprozess wird in drei Unternehmensebenen praktiziert.

(1) **Managementorientierter Verbesserungsprozess**
In diesen Bereich fallen Entscheidungen über komplexe Problemstellungen in den Bereichen Planung, Steuerung, Organisation, Entscheidungsfindung, Einführung neuer Produkte usw.

(2) Gruppenorientierter Verbesserungsprozess
Vorrangig ist hier die Arbeit in Qualitätszirkeln und Kleingruppen. Dabei suchen Mitarbeiter nach Verbesserungen im eigenen Arbeitsbereich, insbesondere in Bezug auf Arbeits- und Bewegungsvereinfachung, Arbeitserleichterungen, Verbesserung des Arbeitsablaufes und des Materialflusses. Der Problemlösungsprozess verläuft in folgenden Stufen

- Erkennen von Problemen
- Analyse der Ursachen
- Einleitung von Gegenmaßnahmen
- Überprüfung der Maßnahmen auf Wirksamkeit

Wichtig ist nicht nur die Erarbeitung von Verbesserungen, sondern auch deren unternehmensinterne Veröffentlichung. Dies dient als Ansporn für andere Zirkel und fördert die breite Anwendung (visuelles Management)

(3) Personenorientierter Verbesserungsprozess
Die kleinen Verbesserungsmöglichkeiten am Arbeitsplatz werden dem Vorschlagswesen zugeleitet. Diese Vorschläge beziehen sich zumeist auf:

- Vereinfachung der eigenen Arbeit
- Einsparungen an Energie, Material
- Verbesserung der Produktqualität
- Verbesserung der Maschinen, Vorrichtungen, Werkzeuge
- Ideen für neue Produkte

Ein ausgeklügeltes Prämiensystem motiviert alle Mitarbeiter zu derartigen Verbesserungsvorschlägen

(Quelle: „Lean Production", Institut für angewandte Arbeitswissenschaft, Köln, 1992)

Übungsaufgaben

1. Welche Be- und Entlastungen für den arbeitenden Menschen haben ihre Ursache in den neuen Technologien?
2. Welche Nachteile waren mit den herkömmlichen Arbeitsstrukturen (hoher Grad an Arbeitsteilung) verbunden?
3. Nennen und beschreiben Sie die Maßnahmen, durch welche die Struktur des Arbeitsumfeldes verändert werden kann.
4. Welche Vor- und Nachteile sind mit diesen neuen Arbeitsstrukturen verbunden?
5. a) Worin zeigt sich die zunehmende Individualisierung der Arbeit?
   b) Worin liegen die Vorteile der Individualisierungsprozesse?
6. Zeigen Sie Ansätze zur Standardisierung im Bereich der Büroarbeitsplätze, und nennen Sie deren Vorteile.
7. Was versteht man unter „Kaizen"?
8. Europäische Unternehmen setzen eher auf das „Innovationskonzept", wogegen japanische das „Kaizenkonzept" praktizieren. Zeigen Sie an 4 Merkmalen den Unterschied dieser Konzepte.
9. Zeigen Sie auf, dass das Konzept des kontinuierlichen Verbesserungsprozesses alle Unternehmensebenen betrifft. Zeigen Sie insbesondere, worauf sich die Aktivitäten der verschiedenen Ebenen jeweils konzentrieren.

3.9 Investition und Finanzierung

Stofftelegramm

Finanzierung = Maßnahmen der Kapitalbeschaffung und Sicherung der Zahlungsfähigkeit; berührt die **Passivseite** der Bilanz.

Investition = Maßnahmen zur Verwendung der finanziellen Mittel für Sachgüter; berührt die **Aktivseite** der Bilanz.

Beide Vorgänge sind intensiv miteinander verbunden:
- Investitionen setzen Finanzierung voraus.
- Kapitalzufluss führt zur Verwendung dieser Mittel bei der Anschaffung von Sachgütern.

Investitionsanlässe	Finanzierungsanlässe
• Unternehmensneugründung • Erweiterungsinvestition • Ersatzinvestition • Rationalisierungsinvestition	• Finanzierung des Anlagevermögens bei Gründung und des laufenden Umlaufvermögens • Kapitalerhöhung wegen Expansion

Die Höhe des Kapitalbedarfes wird bestimmt durch:
- die **Branche**, in welcher das Unternehmen tätig ist (beratendes Dienstleistungsunternehmen oder Handwerksbetrieb mit umfangreichem Maschinen- und Fahrzeugpark)
- die **Größenordnung** des Unternehmens (Bäckerei oder Brotfabrik)
- die **Umschlagshäufigkeit** des Umlaufvermögens. Je geringer die Umschlagshäufigkeit, desto länger die Kapitalbindungsdauer und höher der Kapitalbedarf. Die Kapitalbindungsdauer wird beeinflusst durch das Zahlungsziel des Lieferanten, dem des Kunden, der Lagerdauer im eigenen Unternehmen und der Durchlaufzeit in der Fertigung.
- den **laufenden Geschäftskosten**, wie z. B. Löhne, Energiekosten, Zinsen
- saison- oder konjunkturbedingte **Schwankungen der Nachfrage**

Faustregel = goldene Bilanzregel

langfristige Investitionen z. B. Sachanlagen	⟷	**langfristige Mittel** Eigenkapital, Grundschuldkredite
kurz- und mittelfristige Investitionen z. B. Vorräte	⟷	**kurz- und mittelfristige Mittel** z. B. Kontokorrentkredit

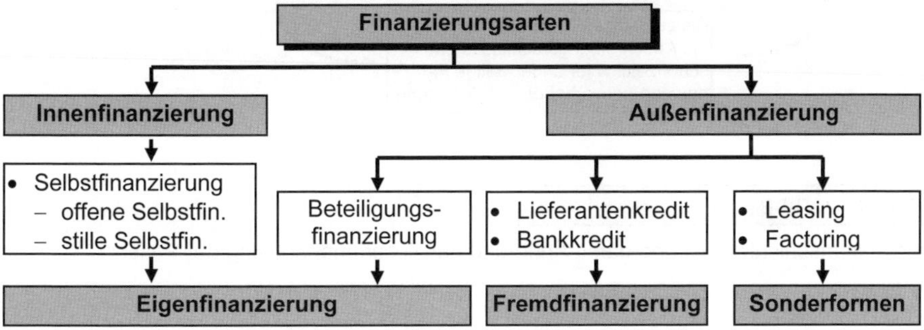

Innenfinanzierung

Selbstfinanzierung

= Nichtausschüttung von Gewinnen
Folge: **Eigenkapital steigt.**

Offene Selbstfinanzierung	Stille Selbstfinanzierung
• aus der Bilanz ersichtlich • bei Einzelunternehmung, OHG und KG: Gutschrift des nicht ausgeschütteten Gewinns auf Kapitalkonten der Gesellschafter • bei Kapitalgesellschaften: Gutschrift des Gewinns auf Rücklagenkonten	Erzielte, jedoch in Bilanz nicht ersichtliche Gewinne (stille Rücklagen = stille Reserven) Möglichkeiten: a) Unterbewertung der Aktiva (z. B. Abschreibung höher als tatsächliche Wertminderung) b) Überbewertung der Passiva (z. B. zu hohe Rückstellungen)

Vorteile	Nachteile
• keine Zins-, Tilgungs- bzw. Dividendenverpflichtung • erhöhte Sicherheit (Rücklagen = Eigenkapital) • Unabhängigkeit von Kapitalgebern	• nur in Gewinnzeiten möglich • Gesellschafter müssen bereit sein, auf Gewinnentnahmen zu verzichten. • begrenztes Finanzierungsvolumen, da Gewinne zunächst erwirtschaftet werden müssen • Bei stiller Selbstfinanzierung wird Aussagekraft der Bilanz verwässert. • Vertuschung von Verlusten durch Auflösung stiller Rücklagen möglich.

Finanzierung aus Abschreibungen

Funktionsweise:

Abschreibungsbeträge des Anlagegutes werden in Selbstkosten einkalkuliert.

→ Über Umsatzerlöse fließen Abschreibungsbeträge in Unternehmen zurück.

→ Bis zur fälligen Reinvestition stehen die Abschreibungsrückflüsse zwischenzeitlich für anderweitige Finanzierungsvorhaben zur Verfügung.

→ Abschreibungsrückflüsse werden für Ersatzbeschaffungen verwendet.

→ (zurück zu: Abschreibungsbeträge des Anlagegutes werden in Selbstkosten einkalkuliert.)

Umfinanzierung

= Kapitalumschichtungen und damit Änderung der Zusammensetzung der Passiva

Möglichkeiten:
- Umschichtung innerhalb des Eigenkapitals (z. B. aus Kommanditeinlage wird Komplementäreinlage)
- Umschichtung innerhalb des Fremdkapitals (Darlehen in langfristigen Kredit)
- Umschichtung von Fremd- in Eigenkapital und umgekehrt (z. B. ausscheidender Gesellschafter überlässt für weitere 5 Jahre seinen früheren Eigenkapitalanteil als Fremdkapital)

Außenfinanzierung

Beteiligungsfinanzierung (= Eigenfinanzierung)
- Einbringung von Eigenkapital durch Gesellschafter
- Eigenkapital steigt.
- Gewinn- und Verlustbeteiligung

Einzelunternehmung

Einbringen von Geld-, Sach- oder Rechtswerten (Kapital) durch den Einzelunternehmer. Aus Privatvermögen wird Eigenkapital.

OHG

Kapitalerhöhung durch bisherige Gesellschafter oder Aufnahme neuer Gesellschafter.

Eventuelle Probleme:
- Geschäftsführungs- und Vertretungsbefugnisse der neuen Gesellschafter können zu Streitigkeiten führen.
- weitere Gewinnaufteilung
- Änderung des Gesellschaftsvertrages

KG

Kapitalerhöhung durch bisherige Gesellschafter oder Aufnahme neuer Gesellschafter (Kommanditisten oder Komplementäre).

Eventuelle Probleme: (siehe OHG)

AG

Kapitalerhöhung (Erhöhung des gezeichneten Kapitals) durch Ausgabe (= Emission) junger Aktien

GmbH

Erhöhung der Geschäftsanteile durch bisherige Gesellschafter bzw. Aufnahme neuer Gesellschafter

Vorteile	Nachteile
• hohe Sicherheit durch Zufluss an Eigenkapital • keine Tilgung notwendig • erhöhte Kreditwürdigkeit • keine Zinszahlungen notwendig	• mehr oder weniger starke Einengung der Entscheidungsbefugnisse, da Kapitalgeber Mitspracherechte erlangt • evtl. Verschiebung der Mehrheitsverhältnisse • bei gutem Geschäftsgang evtl. teurer als Fremdfinanzierung (Gewinnanteile > Zinszahlungen bei Fremdfinanzierung)

Fremdfinanzierung

siehe Kapitel 3.10

Leasing

= mittel- und langfristige Vermietung oder Verpachtung von Anlagegütern durch Hersteller oder Leasinggesellschaft

Direktes Leasing: Hersteller ist Leasinggeber

Indirektes Leasing: Leasinggesellschaft (nicht der Hersteller) ist Leasinggeber.

	Operate Leasing	**Financial-Leasing**
Laufzeit	i. d. R. max. 1 Jahr	40 - 90 % der üblichen Nutzungsdauer
Kündigung	kurzfristig kündbar	unkündbare Grundmietzeit
Investitionsrisiko	trägt Leasinggeber	trägt Leasingnehmer
Anzahl der Leasingnehmer	mehrere Leasingnehmer nacheinander	i. d. R. nur durch einen Leasingnehmer
Nach Ablauf der Leasingzeit	Rückgabe an Leasinggeber, der i. d. R. an andere weiterverleast	Alternativen nach Ablauf der Grundmietzeit: Rückgabe, günstiges Anschlussleasing, Kauf

Mobilienleasing: Leasinggegenstand ist ein bewegliches Gut (PKW; DV-Anlage)

Immobilienleasing: Leasinggegenstand ist ein unbewegliches Gut (Lagerhalle)

Vorteile

- Einsparung hoher Anschaffungskosten, damit geringer Liquiditätsentzug
- laufende Anpassung an den neuesten Stand der Technik
- keine weiteren Kreditsicherheiten erforderlich
- keine Fremdfinanzierung notwendig
- Liquiditätsbelastung langfristig vorhersehbar
- konstante Beträge
- Leasingrate steuerlich voll absetzbar

Nachteile

- hohe Dauerbelastung mit fixen Leasingraten
- Leasinggegenstände nicht frei verfügbar
- Bindung während Grundmietzeit; gefährlich, da in Zeiten schlechter Geschäftsgänge eine notwendige Fixkostenreduzierung nicht möglich ist.

Vergleich Kreditkauf und Leasing

Anschaffungswert einer Maschine 200.000,00 €; Nutzungsdauer 10 Jahre; Abschreibung 20 % degressiv; gewinnabhängige Steuern 40 %.

Leasing: Grundmietzeit 5 Jahre, Mietrate 50.000,00 € pro Jahr

Kreditkauf: Laufzeit 5 Jahre; Tilgung in gleichen Raten zum Jahresende; die Zinsen betragen 10 % der Restschuld, fällig jeweils am Jahresende.

1. Ermitteln Sie in einer Tabelle die **Liquiditätsbelastung** für die ersten drei Jahre.
2. Stellen Sie den **Aufwand** für die ersten drei Jahre in einer Tabelle zusammen. Ermitteln Sie auch den Vorteil durch die Minderung der gewinnabhängigen Steuern und den Aufwand nach Steuern.

Lösung: Aufgabe 1 – **Liquiditätsbetrachtung in €**

	Kreditkauf			**Leasing**	**Vorteil**	
Jahr	**Tilgung**	**Zins**	**Summe**			
1	40.000,00	20.000,00	60.000,00	50.000,00	L	10.000,00
2	40.000,00	16.000,00	56.000,00	50.000,00	L	6.000,00
3	40.000,00	12.000,00	52.000,00	50.000,00	L	2.000,00
Summe	120.000,00	48.000,00	168.000,00	150.000,00	L	18.000,00

Lösung: Aufgabe 2 – **Aufwandsbetrachtung in €**

	Kreditkauf			**Leasing**	**Vorteil**
Jahr	**Abschreibung**	**Zins**	**Summe**		
1	40.000,00	20.000,00	60.000,00	50.000,00	**L** 10.000,00
2	32.000,00	16.000,00	48.000,00	50.000,00	**K** 2.000,00
3	25.600,00	12.000,00	37.600,00	50.000,00	**K** 12.400,00
Aufwand **vor** Steuern	97.600,00	48.000,00	145.600,00	150.000,00	**K** 4.400,00
Steuerminderung			58.240,00	60.000,00	
Aufwand **nach** Steuern			87.360,00	90.000,00	**K** 2.640,00

Factoring

= Verkauf von Forderungen aus Lieferungen und Leistungen durch den Lieferanten an ein Finanzierungsinstitut

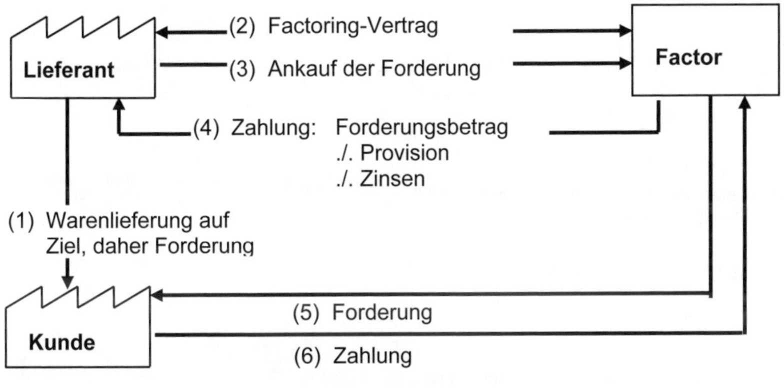

Das Factoring-Institut übernimmt folgende **Funktionen**:

- **Finanzierungsfunktion:** Die Forderungen werden vor ihrer Fälligkeit gekauft. Lieferant hat sofort den Gegenwert in Geld unter Vorweg-Abzug von Zinsen.
- **Delkrederefunktion:** Factor übernimmt Risiko der Forderungsausfälle. Als Risikoausgleich erhält er eine Delkredereprovision.
- **Dienstleistungsfunktion:** Factor übernimmt alle Arbeiten, die mit Eintreibung und Verwaltung der Forderungen zusammenhängen (Debitorenbuchhaltung, Mahnwesen)

Vorteile
• Verbesserung der Liquidität
• Arbeitsentlastung
• Abwälzung des Forderungsausfallrisikos

Nachteile

- Zahlung von Zinsen und Provision an den Factor
- mögliche Verärgerung von Kunden, da „radikales" Einziehen von Forderungen
- Factor kauft nur Forderungen mit guter Bonität.
- Kunde könnte möglicherweise sensibel reagieren, da Daten aus der Geschäftsverbindung (Lieferant ←→ Kunde) an Dritten gelangen.
- Kunde könnte Forderungsverkauf als Zeichen mangelnder Liquidität (und damit schlechter Geschäftslage) des Lieferanten oder als Misstrauen in seine Bonität auffassen.

Übungsaufgaben

1. Unterscheiden Sie die Begriffe **Finanzierung** und **Investition**.

2. Inwiefern sind Finanzierung und Investition miteinander verbunden?

3. Nennen Sie Anlässe, auf Grund deren Investitionen bzw. Finanzierungsvorgänge getätigt werden.

4. Welche Einflussfaktoren bestimmen die Höhe des Kapitalbedarfes für ein Unternehmen?

5. Was besagt die goldene Bilanzregel?

6. Wodurch unterscheidet sich
   a) Innenfinanzierung von Außenfinanzierung?
   b) Eigenfinanzierung von Fremdfinanzierung?

7. Welche Finanzierungsarten finden sich innerhalb
   a) der Innenfinanzierung
   b) der Außenfinanzierung?

8. a) Erklären Sie den Begriff **Selbstfinanzierung.**
   b) Welche Kapitalgröße wird durch die Selbstfinanzierung erhöht?
   c) Nennen Sie je zwei Vor- und Nachteile der Selbstfinanzierung.

9. Unterscheiden Sie offene und stille Selbstfinanzierung.

10. Nennen Sie je zwei Vor- und Nachteile der stillen im Vergleich zur offenen Selbstfinanzierung.

11. Nennen Sie die Möglichkeiten zur Bildung stiller Rücklagen und unterstützen Sie diese Möglichkeiten durch je zwei Beispiele.

12. Zitat: *„Die Bildung stiller Rücklagen ist ein zweischneidiges Schwert."* Begründen Sie diese Aussage.

13. Erklären Sie, wie die Finanzierung aus Abschreibungen funktioniert.

14. Ein Unternehmen kauft eine Maschine für 500.000,00 €, Nutzungsdauer 10 Jahre. Mit dieser Maschine werden pro Jahr 100.000 Stanzteile hergestellt. Lineare Abschreibung.

a) Wie viel € beträgt der Abschreibungsbetrag, der in den Verkaufspreis für jedes Stanzteil eingerechnet werden muss, wenn bei der Ermittlung des Abschreibungsbetrages von den Anschaffungskosten ausgegangen wird?
b) Welches Problem stellt sich für das Unternehmen? Lösung?

15. a) Was versteht man unter Umfinanzierung?
    b) Nennen Sie drei Beispiele.
16. a) Nennen Sie die Kennzeichen der Beteiligungsfinanzierung (Eigenfinanzierung).
    b) Beschreiben Sie kurz die Beteiligungsfinanzierung bei den verschiedenen Unternehmungsformen.
17. Worin liegen die Vor- und Nachteile der Beteiligungsfinanzierung?
18. Was versteht man unter **Leasing**?
19. Unterscheiden Sie zwischen **direktem** und **indirektem** Leasing.
20. Vergleichen Sie Operate Leasing und Financial Leasing hinsichtlich Laufzeit, Kündigung, Investitionsrisiko, Anzahl der Leasingnehmer und der Situation nach Ablauf der Leasingzeit.
21. Nennen Sie drei Vor- und Nachteile des Leasing.
22. Eine mittelständische Unternehmung benötigt zur Rationalisierung ihrer Fertigung eine Maschine zum Anschaffungspreis von 200.000,00 €. Die Maschine soll 8 Jahre genutzt werden. Lineare Abschreibung ist vorgesehen. Nach Verhandlungen mit der Hausbank eröffnet sich folgende Finanzierungsmöglichkeit:

    Darlehen in Höhe von 200.000,00 €, 6,5 % Zins, 20 % Ratentilgung im Jahr

    Die Maschine könnte auch über eine Leasingfirma beschafft werden, die folgendes Angebot unterbreitet:
    Abschlussgebühr 10 % des Kaufwertes von 200.000,00 €. Diese Gebühr wird der Leasingrate des 1. Jahres zugerechnet. Monatliche Leasingrate für die ersten drei Jahre (= unkündbare Grundmietzeit) 3 % des Kaufwertes. Bei Vertragsverlängerung Jahresmiete 4 % des Kaufwertes. Zinszahlungen, Tilgungen, Abschlussgebühr und Mietzahlungen jeweils am Jahresende.
    a) Nennen Sie zwei Gründe, warum sich die Unternehmung unter Umständen für die Alternative Kreditkauf entscheidet.
    b) Vergleichen Sie Kreditkauf und Leasing, indem Sie nachfolgende Tabelle für beide Finanzierungsarten ergänzen.
    c) Beurteilen Sie die beiden Finanzierungsarten hinsichtlich Aufwandsverteilung über den Investitionszeitraum, Liquiditätsentzug, Gesamtbelastung und raschem Abbau des Risikos.

Kreditkauf						Leasing	
Jahr	**Zins**	**Tilgung**	**Geldabfluss**	**Abschreibung**	**Gesamtaufwand**	**%-Satz**	**Mietzahlung**
1							
2							
3							
4							
5							
6							
7							
8							
Summe							

23. a) Was versteht man unter Factoring (Kurzdefinition)?
b) Erklären Sie die einzelnen Schritte beim Factoring.
c) Welche Funktionen übernimmt das Factor-Institut?
d) Nennen Sie je drei Vor- und Nachteile.

24. Eine Unternehmung entscheidet sich für Factoring. Welche bilanziellen und kostenrechnerischen Konsequenzen ergeben sich daraus?

3.10 Möglichkeiten der Fremdfinanzierung

Stofftelegramm

Lieferantenkredit

- Inanspruchnahme des vom Lieferer gewährten Zahlungszieles
- kurzfristig
- Verzicht auf Skontoabzug ist sehr teuer.
- Grundlage: Kaufvertrag
- Sicherheit: Eigentumsvorbehalt
- gelegentlich auch in Form von Geschäftsausstattung in Verbindung mit langfristigen Lieferverträgen, insbesondere von Brauereien an Gastwirtschaften

Ermittlung des effektiven Zinssatzes bei Lieferantenkredit

Annahme: Rechnungsbetrag = 2.000,00 €, 10 Tage mit 3 % Skonto oder 30 Tage Ziel

Lösung:

Der Kunde hat die Alternative:

entweder	**oder**
am 10. Tag 1.940,00 €	am 30. Tag 2.000,00 €

Ersparnis für 20 Tage = 60,00 €.
Bei einem Kapital von 1.940,00 € **p = 55,67 %**

Bankkredit nach der Verfügbarkeit

Darlehen	Kontokorrentkredit
• Auszahlung einer bestimmten Kreditsumme • in der Regel zeitlich befristet • Tilgung lt. Kreditvertrag • Zinssatz günstiger und abhängig von Sicherheit und Darlehensdauer	• Kredit **kann** innerhalb eines vereinbarten Rahmens beansprucht werden. • Höhe des Betrages daher schwankend • jederzeit kündbar, in der Regel jedoch unbefristet • relativ hoher Zinssatz

Darlehensarten

Fälligkeitsdarlehen: Tilgung des Gesamtbetrages bei Fälligkeit
Kündigungsdarlehen: Tilgung des Gesamtbetrages nach Kündigung
Abzahlungsdarlehen: = Ratendarlehen, Tilgung in Raten
Annuitätendarlehen: Tilgung in Annuitäten (Annuität = gleich bleibende Summe aus Zins + Tilgung)

Bankkredit nach Sicherheiten

Einfacher Personalkredit (= Blankokredit) → Einzige Sicherheit = persönliche Kreditwürdigkeit des Schuldners

Verstärkter Personalkredit → Neben Schuldner haften noch weitere Personen für die Rückzahlung der Kreditschulden.

Bürgschaftskredit

Zwei Verträge werden geschlossen:

- **Kreditvertrag** zwischen Schuldner und Gläubiger

+

- **Bürgschaftsvertrag** zwischen Bürge und Gläubiger

Bürgschaftsvertrag: Bürge verpflichtet sich zur Zahlung, falls Schuldner nicht zahlt. Schriftform. Ausnahme: HGB-Kaufmann gibt Bürgschaft im Rahmen seines Handelsgeschäftes ab.

- **Selbstschuldnerische Bürgschaft:**
  - Verzicht auf Einrede der Vorausklage, d. h. Gläubiger kann sich bei Fälligkeit sofort an den Bürgen wenden.
  - Bürgschaften von HGB-Kaufleuten im Rahmen ihres Handelsgeschäftes sind stets selbstschuldnerisch.
  - von Banken üblicherweise verlangt
- **Ausfallbürgschaft:** Bürge hat Recht zur Einrede der Vorausklage
- **Gesamtschuldnerische Bürgschaft:** Mehrere Bürgen haften gemeinsam für die gleiche Schuld. Gläubiger kann sich an jeden wenden.

Zessionskredit

Zession = Forderungsabtretung an den Kreditgeber zur Sicherung eines Kredits.
Notwendig: Kreditvertrag + Zessionsvertrag
Kreditnehmer = **Zedent**; Kreditgeber = **Zessionar**

- **Offene Zession:** Zession wird Drittschuldner mitgeteilt, der bei Fälligkeit an den Kreditgeber zahlt.

  Problem: evtl. Rufschädigung
  Vorteil: Kreditgeber erhält Zahlung direkt vom Drittschuldner.

- **Stille Zession:** Drittschuldner erfährt nichts von Zession, er zahlt somit bei Fälligkeit an den Kreditnehmer.

  Probleme:
  - Zedent verwendet Zahlungseingänge zweckfremd.
  - Forderung evtl. frei erfunden, nicht mehr existent, mehrfach abgetreten

- **Einzelzession:** Abtretung einer einzelnen Forderung

- **Mantelzession:** Abtretung bestimmter Forderungen. Beglichene Forderungen sind durch neue zu ersetzen. Einreichung einer Debitorenliste.

- **Globalzession:** Abtretung sämtlicher gegenwärtiger **und zukünftiger** Forderungen gegenüber bestimmten Kunden (z. B. Kunden mit Anfangsbuchstabe **A** bis **H**)

Realkredite → Kreditsicherung durch eine Sache

Sicherungsübereignung

Gläubiger erhält zur Kreditsicherung bestimmte Sachen ohne Übergabe übereignet. **Gläubiger wird Eigentümer, Schuldner bleibt Besitzer** (Besitzkonstitut)

- **Vorteil für Gläubiger:**
  - Aufbewahrung entfällt.
  - Recht auf Absonderung im Insolvenzfall
- **Vorteil für Schuldner:**
  - Nutzung der übereigneten Sachen im Betrieb möglich
- **Risiken für Gläubiger:**
  - Sache bereits anderweitig übereignet
  - Sache wird evtl. an gutgläubigen Dritten weiterveräußert
  - Beschädigung oder Zerstörung der Sache
  - hoher Wertverfall gebrauchter Maschinen. Insbesondere Spezialmaschinen können nur unter hohen Preisnachlässen verwertet werden.

Grundschuld

= im Grundbuch eingetragene Belastung eines Grundstücks mit einer bestimmten Geldsumme zu Gunsten des Berechtigten. Bei Nichtzahlung kann der Gläubiger die Versteigerung bewirken und sich hieraus befriedigen. Eintrag der Grundschuld im Grundbuch.

- **Dingliche Sicherung:**
  - nur Grundstück haftet
  - keine persönliche Haftung
- **Buchgrundschuld:**
  - Einigung + Eintragung im Grundbuch

- **Briefgrundschuld:**
  - Einigung + Eintragung im Grundbuch + Ausstellung Grundschuldbrief
    Vorteil: Grundschuldbrief kann formlos ohne Umschreibung im Grundbuch übertragen werden.

- **Fremdgrundschuld:**
  - Berechtigter ist der Kreditgeber.

- **Eigentümergrundschuld:**
  - Rechte aus Grundschuld stehen Eigentümer selbst zu.
    Entstehung: Nach Darlehensrückzahlung bzw. vorsorglich eingetragene Grundschuld zwecks Rangsicherung

Übungsaufgaben

1. Nennen Sie die Merkmale des Lieferantenkredites.

2. Wir haben Stahlrohre gekauft. Rechnungsbetrag 65.000,00 €. Zahlungsbedingungen: 8 Tage mit 2 % Skonto oder 30 Tage Ziel.
   Wir können unser Kontokorrentkonto überziehen. Bedingungen der Bank: 12 % Zins + 4 % Überziehungsprovision. Entscheiden Sie begründet, wie die Rechnung bezahlt werden soll.

3. Vergleichen Sie die Begriffe Darlehen und Kontokorrentkredit.

4. a) Nennen und erklären Sie kurz die vier Darlehensarten.

   b) Welche Gemeinsamkeit haben Fälligkeits- und Kündigungsdarlehen?

   c) Nennen Sie einen Vorteil des Fälligkeitsdarlehens gegenüber dem Kündigungsdarlehen.

   d) Welche Vor- und Nachteile haben Fälligkeits- und Kündigungsdarlehen gegenüber den beiden anderen Darlehensarten?

5. Unsere Firma beabsichtigt den Kauf einer neuen Fertigungsanlage zum Preis von 120.000,00 €. Die Finanzierung soll mit einem Darlehen erfolgen.
   Unsere Hausbank unterbreitet folgendes Angebot: Zinssatz 10 %; Zinszahlung jeweils nachträglich am Jahresende; Auszahlung des Darlehens am 01.01.01.

   Tilgungsalternativen:
   Alternative 1: Gesamttilgung am 30.12.10
   Alternative 2: Gesamttilgung nach Kündigung (Kündigung 3 Monate auf Quartalsende)
   Alternative 3: Tilgung in 10 Raten, fällig jeweils am Jahresende
   Alternative 4: Jährliche Annuität bis Jahr 09 20.000,00 €. Resttilgung im Jahr 10
   a) Welche Darlehensarten liegen jeweils vor?
   b) Erstellen Sie die Tilgungspläne für die Alternativen 3 und 4 nach folgenden Mustern. (auf 10 € genau)

Alternative 3: Ratendarlehen

Jahr	Anfangsschuld	Zinsen	Tilgung	Rate	Restschuld
1					
2					
3					
4					
5					
6					
7					
8					
9					
10					
Summe					

Alternative 4: Annuitätendarlehen

Jahr	Anfangsschuld	Zinsen	Tilgung	Annuität	Restschuld
1					
2					
3					
4					
5					
6					
7					
8					
9					
10					
Summe					

c) Ermitteln Sie für die vier Alternativen jeweils die Gesamtkosten.

Fälligkeitsdarlehen: ______________
Kündigungsdarlehen (Annahme: Kündigung nach 10 Jahren): ______________
Ratendarlehen: ______________
Annuitätendarlehen: ______________

6. a) Zeigen Sie in einer übersichtlichen Skizze die Arten der Kreditsicherheiten.
   b) Worin unterscheiden sich Personal- und Realkredite?

7. a) Welche Verträge werden bei einem Bürgschaftskredit abgeschlossen?
   b) Wie heißen die Vertragspartner?
   c) Welche Formvorschriften sind zu beachten?

8. Worin besteht der wesentliche Unterschied zwischen einer selbstschuldnerischen Bürgschaft und einer Ausfallbürgschaft?

9. Warum verlangen Banken üblicherweise eine selbstschuldnerische Bürgschaft?

10. Welche Vorteile hat die gesamtschuldnerische Bürgschaft für Bürge und Gläubiger?

11. Welche Besonderheiten gelten für Kaufleute nach HGB, die eine Bürgschaft im Rahmen ihres Handelsgeschäftes abgeben?

12. a) Erklären Sie jeweils mit einem Wort die Begriffe Zession, Zessionar und Zedent.
    b) Unterscheiden Sie zwischen offener und stiller Zession.
    c) Inwiefern können stille Zessionen problematisch sein?
    d) Welchen Vor- und Nachteil hat die offene Zession?
    e) Unterscheiden Sie: Einzel-, Mantel-, Globalzession.
    f) Welchen Vorteil hat die Globalzession im Vergleich zur Mantelzession?

13. Erklären Sie die Besitz- und Eigentumsverhältnisse beim Kredit gegen Sicherungsübereignung.

14. Welche entscheidenden Vorteile hat die Sicherungsübereignung für Gläubiger und Schuldner?

15. Welche Risiken ergeben sich aus der Sicherungsübereignung für den Gläubiger?

16. Was versteht man unter einer Grundschuld?

17. Welche Vorteile hat es, bereits vor Kreditaufnahme eine Grundschuld eintragen zu lassen?

18. Unterscheiden Sie die Begriffe:
    a) Buchgrundschuld - Briefgrundschuld
    b) Fremdgrundschuld - Eigentümergrundschuld

19. Wie entsteht eine Eigentümergrundschuld?

20. Welche Bedeutung hat die Rangfolge?

21. Erstrangige Grundschuld: 200.000,00 € zu Gunsten der Sparkasse Goggelshausen.
    2. Grundschuld zu Gunsten der Volksbank Hasenbüttel: 150.000,00 €
    3. Grundschuld zu Gunsten der Firma Teufel & Co. in Höhe von 40.00,00 €.
    Firma Teufel & Co. beantragt die Vollstreckung in das Grundstück. Der Versteigerungserlös beträgt 330.000,00 €. Welche Gläubiger werden in welcher Höhe befriedigt?

22. Welche Positionen einer Industriebilanz können für welche Kreditsicherheiten in Anspruch genommen werden?

Prüfungsaufgaben

Sommer 2006, Aufgabe 2

Die Firma Theodor Sammer GmbH in Offenburg stellt Klebebänder und Klebefilme her. Das Unternehmen beschäftigt 500 Mitarbeiter.

1 Da brennbare Chemikalien verarbeitet werden, besteht im Unternehmen eine Betriebsfeuerwehr. Diese ist strikt nach dem Einliniensystem organisiert.

1.1 Nennen Sie drei wesentliche Merkmale des Einliniensystems.

1.2 Begründen Sie die Anwendung des Einliniensystems für eine Betriebsfeuerwehr.

2 Um neue Absatzchancen für Klebefilme zu erhöhen, sollen neue Verwendungsmöglichkeiten erforscht werden.

2.1 Welcher Führungsstil eignet sich für die Forschungsabteilung?

2.2 Beschreiben Sie den von Ihnen genannten Führungsstil. (4 Merkmale)
2.3 Erläutern Sie zwei Ziele, die mit diesem Führungsstil erreicht werden sollen.

3 Um die Konkurrenzfähigkeit der Unternehmung zu stärken, überlegt die Unternehmensleitung ein modernes Vorschlagswesen einzurichten. Dabei wird das Konzept des „kontinuierlichen Verbesserungsprozesses" diskutiert.
Erläutern Sie die unterstrichenen Begriffe.

Winter 2008/09, Aufgabe 2

Die Möbelfabrik Wangen GmbH ist ein seit zehn Jahren bestehendes Unternehmen mit gutem Ruf in der Branche. Die beiden Gesellschafter sind gleichzeitig auch die Geschäftsführer. Sie stellen in Kleinserien bzw. auf individuelle Bestellung Möbel für gehobene Ansprüche her. Dank hervorragender Auftragslage überlegen sie, auf dem Firmengelände eine neue Lagerhalle für hochwertige Rohhölzer und fertig gestellte Möbel zu erstellen. Laut Kostenvoranschlag liegt die Bausumme bei ca. 300.000,00 EUR.
Die GmbH könnte davon 50.000,00 EUR aus den vorhandenen Rücklagen aufbringen, der Restbetrag müsste über die Hausbank finanziert werden. Die Bilanz der GmbH zum 31.12.2007 sieht wie folgt aus:

Aktiva	Bilanz zum 31.12.2007		Passiva
Grundstücke/Gebäude	450.000,00	Stammkapital	600.000,00
Maschinen/Fuhrpark	120.000,00	Rücklagen	50.000,00
Vorräte	90.000,00	Verbindlichkeiten aus L. u. L.	60.000,00
Forderungen	70.000,00	so. Verbindlichkeiten	30.000,00
flüssige Mittel	10.000,00		
	740.000,00		740.000,00

Die Hausbank wäre bereit, die fehlenden 250.000,00 EUR durch einen Kredit zu finanzieren.

2.1 Ordnen Sie den folgenden Finanzierungsarten die Begriffe Innen-/Außen- sowie Eigen/Fremdfinanzierung zu:
1 Finanzierung aus Rücklagen
2 Bankdarlehen

2.2 Die Bank benötigt für den Kredit Sicherheiten. Geben Sie an, welche drei Bilanzpositionen für welche Art der Kreditsicherung herangezogen werden könnten und erläutern Sie diese kurz.

2.3 Die Hausbank könnte den Kredit in Form eines Abzahlungsdarlehens oder als Annuitätendarlehen gewähren. Grenzen Sie die beiden Darlehensarten gegeneinander ab.

2.4 Die GmbH entscheidet sich für das Annuitätendarlehen. Erstellen Sie nach den folgenden Angaben auf dem Formblatt der Anlage 1 für die ersten drei Raten den zugehörigen Tilgungsplan.

Zahlungstermine: jeweils vierteljährlich
Darlehensbetrag: 250.000,00 EUR
Zinssatz: 6 % p. a.
Annuität: vierteljährlich 16.000,00 EUR.

2.5 Von einem neuen Holzlieferanten werden uns bei einem Rechnungsbetrag von 20.000,00 EUR folgende Zahlungsbedingungen angeboten:
Zahlungsziel 30 Tage oder bei Zahlung innerhalb von 10 Tagen 2 % Skonto. Die Hausbank bietet uns einen Kontokorrentkredit zu 9 % p. a. an.

2.5.1 Zeigen Sie rechnerisch, ob die Zahlung mit Skontoabzug unter Inanspruchnahme des Kontokorrentkredites oder die Zahlung am Ende des Zahlungsziels günstiger ist, und welcher Betrag hierbei gespart werden kann.

2.5.2 Berechnen Sie auf zwei Nachkommastellen genau, welchem effektiven Jahreszinssatz der Skontosatz des neuen Lieferanten entspricht.

Anlage 1

Raten-nummer	Darlehen EUR	6 % p. a. Zinsen EUR	Tilgungsanteil EUR	Annuität EUR
1				
2				
3				

Sommer 2009, Aufgabe 2

Die Holzgroßhandlung Halter GmbH in Freiburg beschäftigt durchschnittlich 200 Mitarbeiter. Im Freiburger Raum ist Halter der größte Anbieter von Schnittholz, Türen und Spanplatten. In den nächsten zwei Jahren wird sich die Mitarbeiterstruktur des Unternehmens erheblich verschieben, weil viele Mitarbeiter in den Ruhestand gehen.

1 Herr Maier, Leiter der Personalabteilung, möchte den zukünftigen Personalbedarf feststellen. Im Geschäftsjahr 2009 werden von den 200 Mitarbeitern 25 Arbeitnehmer in den Ruhestand gehen. Im Geschäftsjahr 2008 haben 12 Mitarbeiter und 2009 werden voraussichtlich 15 Mitarbeiter aus persönlichen Gründen das Unternehmen verlassen. Im Jahr 2009 werden zusätzlich in verschiedenen Abteilungen neue Mitarbeiter eingestellt: Einkauf: 3, Logistik: 2, Verwaltung: 5,

Marketing: 1. Im Unternehmen sind fünf Auszubildende beschäftigt, die alle übernommen werden.

1.1 Errechen Sie die Fluktuationsquote für das Jahr 2009. (Runden Sie das Ergebnis auf eine ganze Zahl.)

1.2 Berechnen Sie den Brutto- und Nettopersonalbedarf der Holzgroßhandlung.

2 Die Personalabteilung prüft die eingereichten Bewerbungsunterlagen. Nennen Sie vier Auswahlkriterien.

3 Die neu ins Unternehmen eingetretene Tochter des Geschäftsführers möchte in der Mitarbeiterführung, insbesondere in den Abteilungen Einkauf/Verkauf und Finanzbuchhaltung, neue Führungskonzepte einführen. Vor allem die zwei Führungstechniken Management by Exception und Management by Delegation möchte sie in ihrem Unternehmen umsetzen.

3.1 Erklären Sie, was Sie unter den beiden genannten Führungstechniken verstehen.

3.2 Begründen Sie, welche der beiden Führungstechniken für die Abteilungen Einkauf/Verkauf und Finanzbuchhaltung jeweils sinnvoll wäre.

Winter 2009/10, Aufgabe 2

Die Firma Schneider e.K., Mühlacker, ist ein erfolgreiches Unternehmen der IT-Branche. Da auch in Zukunft mit einer hervorragenden Auftragslage zu rechnen ist, soll ein Roboter angeschafft werden. Der erforderliche Kapitalbedarf beläuft sich auf 600.000,00 EUR.
Die Bilanz der Firma Schneider e.K. weist zum 31.12.2008 folgende Werte aus:

Aktiva	**Bilanz**	**(EUR)**	**Passiva**
Grundstücke/Gebäude	1.350.000,00	Eigenkapital	2.010.000,00
Maschinen	500.000,00	Darlehen	200.000,00
Vorräte	400.000,00	Verbindlichkeiten	300.000,00
Geschäftsausstattung	50.000,00		
Forderungen	200.000,00		
Flüssige Mittel	10.000,00		
	2.510.000,00		2.510.000,00

2.1 Der Prokurist Metzger schlägt zur Finanzierung die Aufnahme eines Gesellschafters vor, während der Unternehmensberater Kurz auf die bisherigen hohen Gewinne verweist und diese zur Finanzierung heranziehen möchte.

2.1.1 Entscheiden Sie, um welche Finanzierungsart es sich in Bezug auf die Kapitalherkunft (Außen-/Innenfinanzierung) und die Kapitalgeber (Eigen-/Fremdfinanzierung) jeweils handelt.

	Vorschlag Herr Metzger	**Vorschlag Herr Kurz**
Kapitalherkunft		
Kapitalgeber		

2.1.2 Erläutern Sie je zwei Vor- und Nachteile dieser Finanzierungsarten.

	Vorschlag Herr Metzger	**Vorschlag Herr Kurz**
Vorteile		
Nachteile		

2.2 Der Eigentümer, Herr Schneider, möchte, dass der Roboter durch Aufnahme eines Bankkredits finanziert wird. Dafür benötigt die Bank Sicherheiten.
Geben Sie die Bilanzpositionen an, die zur Kreditsicherung herangezogen werden können, und entscheiden Sie, um welche Kreditsicherung es sich dabei handelt. Erläutern Sie die Kreditsicherungsarten kurz.

2.3 Die Finanzierung des Roboters durch Aufnahme eines Bankkredits wird ebenfalls verworfen. Statt dessen entscheidet sich die Geschäftsleitung für Leasing.

2.3.1 Erläutern Sie den Begriff Leasing.

2.3.2 Nennen Sie je zwei Vor- und zwei Nachteile des Leasings für die Firma Schneider e.K.

Weitere Aufgaben siehe auch Kapitel 4 „Kapitel übergreifende Prüfungsaufgaben“

Kapitel übergreifende Prüfungsaufgaben

Winter 2005/06, Aufgabe 1

Sabine Birk und Andrea Reuter hatten sich nach der Insolvenz des Unternehmens, in dem sie arbeiteten, zwei Jahre lang bei anderen Firmen beworben - vergebens. Dann haben sie ihre eigene Firma gegründet - die Birk & Reuter GmbH. „Wir sind froh darüber! Wir können unsere Arbeit endlich so gestalten, wie wir es für richtig halten."
Sabine ist gelernte Einzelhandelskauffrau, Andrea Bürokauffrau. Ihre Fachkenntnisse haben sie in einem Haushalts- und Porzellanwaren-Großhandel erworben. Ihr Hobby sind Dekorationen im Landhausstil. Ihre Idee: ein Fachgeschäft für Porzellan und Dekorationen im gehobenen Countrystil. Die ersten fünf Geschäftsjahre waren erfolgreich und haben ihnen Sicherheit und Erfahrung gebracht.

1 Für das bevorstehende Weihnachtsgeschäft planen sie eine Erweiterung und Modernisierung ihrer Ausstellungsräume. Die Kosten für die notwendigen Arbeiten werden auf 145.000,00 Euro veranschlagt. Da sie nur über eigene Mittel in Höhe von 45.000,00 Euro verfügen, müssen sie den Rest über eine Bank finanzieren.
Ihre Hausbank ist bereit, ihnen die erforderlichen 100.000,00 Euro als Kredit zur Verfügung zu stellen, verlangt aber Sicherheiten.
Sabine und Andrea können folgende Sicherheiten anbieten:

Geschäftshaus	260.000,00 €
Büro- und Geschäftsausstattung	80.00,00 €
Geschäftswagen	60.000,00 €
Forderungen	15.000,00 €

1.1 In welcher Weise können diese Vermögenswerte zur Kreditsicherung (Kreditarten) verwendet werden?

1.2 Welche Kreditart und Laufzeit empfehlen Sie Sabine und Andrea? Begründen Sie Ihre Entscheidung.

1.3 Welche Pflichten übernehmen Sabine und Andrea gegenüber ihrer Bank mit der Annahme des Kredits?

2 Am 12.10. geht bei der Birk & Reuter GmbH eine Rechnung ein über Porzellan für das bevorstehende Weihnachtsgeschäft (Anlage 1). Sabine und Andrea können wegen der erfolgten Modernisierung ihrer Ausstellungsräume nicht innerhalb der Skontofrist bezahlen.
Um trotzdem die Skontofrist zu nutzen, möchte Sabine zur Begleichung der Rechnung einen Bankkredit aufnehmen. Die Hausbank verlangt dafür 6,75 % Zinsen. Andrea hingegen möchte lieber das Zahlungsziel ausnutzen, weil ihrer Meinung nach der Kredit zu teuer ist.

2.1 Ermitteln Sie den Kreditbedarf zum Ausgleich der Rechnung und die Finanzierungskosten.

2.2 Ermitteln Sie die Ersparnis, wenn sich Sabine und Andrea für die günstigere Möglichkeit entscheiden.

2.3 Welchem Zinssatz entspricht der Skonto?

3 Sabine und Andrea haben in den letzten drei Jahren ihr Sortiment sehr stark ausgeweitet, um auf Kundenwünsche schnell reagieren zu können. Dies hat zu Problemen im Lager geführt.

3.1 Beschreiben Sie drei Probleme, die sich aus dieser Situation ergeben können.

3.2 Um einen Überblick über die Lagerkosten und die Lagerbewegungen zu bekommen, möchte Andrea für alle Produkte Lagerkennziffern ermitteln. Am Beispiel des Kaffeeservice „White Dream" möchte sie die Kennziffern darstellen. So ergeben sich für das letzte Geschäftsjahr folgende Bestände in Stück:

Datum	Eingang	Ausgang	Bestand
01.01.2004			10
12.01.2004	8		18
21.01.2004		6	12
31.01.2004	8		20
15.02.2004		4	16
28.02.2004		10	6
10.03.2004	8		14
26.04.2004		4	10
03.05.2004		5	5
28.05.2004	8		13
30.06.2004		3	10
12.07.2004		4	6
08.08.2004	8		14
31.08.2004		5	9
10.09.2004		4	5
19.09.2004	8		13
06.10.2004		2	11
30.10.2004		4	7
11.11.2004	8		15
15.11.2004		10	5
01.12.2004	16		21
12.12.2004		15	6
15.12.2004	16		22
18.12.2004		15	7
19.12.2004	4		11

Ermitteln Sie aus diesen Zahlen der Lagerdatei folgende Lagerkennziffern:
- den durchschnittlichen Lagerbestand
- die Lagerumschlagshäufigkeit
- die durchschnittliche Lagerdauer

3.3 Die Branche erreicht eine Lagerumschlagshäufigkeit von 10. Vergleichen Sie Ihr Ergebnis mit dem Branchendurchschnitt und erläutern Sie eine mögliche Abweichung.

Anlage 1

Boch und Kaufmann GmbH

Porzellangroßhandel

Einfach tolles Porzellan ...

Boch & Kaufmann GmbH - Postf.107 - 79539 Lörrach

Birk & Reuter GmbH
Hohe-Flum-Str.5
79650 Schopfheim

Telefon 07621/2013
Fax 07621/2014
Internet www.Boch-Kaufmann.de

Kunden-Nr. 1018
Datum: 2005-10-04

Rechnung Nr. 99028

Menge	Art.-Nr.	Bezeichnung -	Einzelpreis	Gesamtpreis
16	365820	Kaffeeservice „Christmas Dream“	353,00 €	5.648,00 €
16	365860	Teeservice „Christmas Dream”	375,00 €	6.000,00 €
8	701020	Kaffeeservice „White Dream”	310,00 €	2.480,00 €
8	701060	Teeservice „White Dream”	320,00 €	2.560,00 €
5	701080	Speiseservice „White Dream”	620,00 €	3.100,00 €
	Gesamt Netto			19.788,00 €
	16 % USt			3.166,08 €
	Gesamtbetrag			**22.954,08 €**

Zahlbar mit 3 % Skonto innerhalb von 10 Tagen oder 30 Tage netto.

Hausanschrift
Tumringerstr. 195
79539 Lörrach

Handelsregister Lörrach
HRB 2653
Geschäftsführer Andreas Boch

Bankverbindung:
Sparkasse Lörrach
BLZ 68350048 Konto-Nr. 1105055

UST-IdNr.
DE229822452

Winter 2005/06, Aufgabe 2

Max Asal betreibt in Lörrach ein erfolgreiches Bauunternehmen mit 1 890 Mitarbeitern. Er ist spezialisiert auf die Erschließung von Gewerbegebieten und den Bau von Einkaufscentern im süddeutschen Raum.

Vor fünfzehn Jahren hat er sein Unternehmen gegründet und betreibt es als Einzelunternehmer. Zwei Geschäftsführer entlasten ihn, Frau Weise, die für Personal und Verwaltung zuständig ist, und Herr Keller, der für Planung und Realisierung der Bauprojekte verantwortlich ist.

1 In der Partnerstadt Meerane plant Max Asal die Errichtung eines Zweigbetriebes, da er in Sachsen gute Zukunftsaussichten für sein Unternehmen sieht. Er beauftragt Frau Weise, den Personalbedarf festzustellen. Für diese neue Fertigungsstätte errechnet sie folgenden Planstellenbedarf:

Beschaffung	8
Produktion	75
Vertrieb	9
Verwaltung	10

Zur Zeit sind 60 Auszubildende beschäftigt, von denen nach Ende der Ausbildungszeit 10 in den neuen Zweigbetrieb übernommen werden sollen.
Erfahrungsgemäß verlassen 90 Mitarbeiter pro Jahr auf eigenen Wunsch das Unternehmen.

1.1 Berechnen Sie die aktuelle Fluktuationsquote dieses Unternehmens. Runden Sie das Ergebnis auf eine ganze Zahl.

1.2 Ermitteln Sie den zukünftigen Brutto- und Netto-Personalbedarf für die neue Fertigungsstätte.

2 Nachdem die Anzahl der benötigten Mitarbeiter feststeht, müssen personelle Einzelentscheidungen nach qualitativen Gesichtspunkten getroffen werden. Hierfür sind möglichst genaue Anforderungsprofile erforderlich, also die für den jeweiligen Arbeitsplatz notwendigen Ausbildungs-, Belastungs- und Verantwortlichkeitskriterien.

2.1 Welche Unterlagen stehen dem Unternehmen zur Lösung dieser Aufgabe zur Verfügung? (2 Nennungen)

2.2 Frau Weise soll nun Vorschläge zur Beschaffung der neuen Mitarbeiter ausarbeiten. Welche Beschaffungswege stehen einem Unternehmen grundsätzlich zur Verfügung ? Erklären Sie diese und geben Sie je zwei Beispiele an.

3 Hans-Dieter Haag, der Steuerberater von Max Asal, rät ihm seit Jahren, sein Unternehmen in eine Gesellschaft umzuwandeln. Er sieht jetzt den Zeitpunkt gekommen, diese Idee in die Tat umzusetzen.

3.1 Welche Vorteile und Nachteile gegenüber einer Einzelunternehmung bringt die Bildung einer Gesellschaft für Max Asal mit sich ? (Nennen Sie je drei Vor- und Nachteile)

3.2 Max Asal überlegt, ob er die Rechtsform der KG oder der GmbH wählen soll. Vergleichen Sie beide Gesellschaften anhand folgender Merkmale :
- Kapital
- juristische Person
- Anzahl der Gesellschafter
- Geschäftsführung und Vertretung
- Haftung

Tragen Sie Ihr Ergebnis in das Lösungsblatt Anlage 1 ein.

Anlage 1

Merkmale	KG	GmbH
Kapital		
juristische Person		
Anzahl der Gesellschafter		
Geschäftsführung und Vertretung		
Haftung		

Winter 2006/07, Aufgabe 2

Auf einer Gesellschafterversammlung der System-Möbel KG werden wegen der zu erwartenden Umsatzsteigerungen umfangreiche Erweiterungsinvestitionen diskutiert. Eine bisher als Lager genutzte Halle könnte zur Produktion genutzt werden. Für die zu beschaffenden Maschinen und den Umbau sind ca. 300.000,00 EUR erforderlich. Strittig ist noch die Finanzierung.

1 Drei Finanzierungsalternativen kommen für die Mehrheitsmeinung in Betracht:
   a) Die Aufnahme weiterer Kommanditisten
   b) Die Aufnahme eines Kredits bei der Hausbank
   c) Die Nichtausschüttung von Gewinnen an die Komplementäre

1.1 Erläutern Sie drei wesentliche Unterschiede zwischen Komplementär und Kommanditist.

1.2 Um welche Finanzierungsart handelt es sich jeweils in Bezug auf die Kapitalherkunft und die Kapitalgeber?

1.3 Erläutern Sie zu zwei Finanzierungsarten je zwei Vor- und Nachteile.

2 Die System-Möbel KG entscheidet sich, einen Teil des Investitionsbedarfs über die Aufnahme eines Kredits bei der Hausbank zu decken und legt ihr folgende vereinfachte Bilanz vor.

A	Bilanz der System-Möbel KG		P
Grundst. u. Gebäude	600.000,00	Eigenkapital	800.000,00
Maschinen	450.000,00	Grundschulden	250.000,00
Rohstoffe	150.000,00	Verbindl. g. Kreditinst.	380.000,00
Fremdbauteile	80.000,00	Verbindl. a.L.u.L.	290.000,00
Forderungen a. L.u.L.	260.000,00		
Wertpapiere des UV	50.000,00		
Liquide Mittel	130.000,00		
	1.720.000,00		1.720.000,00

2.1 Ordnen Sie die Kreditarten zu, für welche die einzelnen Vermögensarten zur Sicherheit herangezogen werden können.

2.2 Die Komplementäre wollen die neuen Maschinen als Sicherheit anbieten. Erläutern Sie diese Kreditsicherungsart näher und beschreiben Sie dabei den Hauptvorteil dieses Kredits für die KG.

3 Für die neu zu beschaffende Maschine liegt ein Angebot über 144.000,00 EUR vor. Die Volksbank Mosbach wäre bereit, die Finanzierung zu übernehmen und sendet der KG beiliegendes Kreditangebot (Anlage 1).

3.1 Erstellen Sie einen Tilgungsplan der ersten drei Jahre für das Abzahlungsdarlehen (Anlage 2).

3.2 Wie unterscheiden sich Abzahlungs- und Annuitätendarlehen? Nennen Sie den Unterschied anhand von zwei Merkmalen.

Anlage 1

Volksbank Mosbach eG

System-Möbel KG
Klaus Streicher
Odenwaldstr. 33
74884 Waldbrunn

Mosbach, 2006-10-10

Kreditangebot
Ihre Kreditanfrage über 144.000,00 EUR

Sehr geehrter Herr Streicher,
vielen Dank für Ihre Kreditanfrage. Gerne unterbreiten wir Ihnen folgende Kreditangebote:

- Abzahlungsdarlehen über 144.000 EUR zu einem Zinssatz von 6,25 % p. a., 6 Jahre fest mit 100 % Auszahlung und jährlicher Tilgung am Jahresende

- Annuitätsdarlehen über 144.000 EUR zu einem Zinssatz von 6,25 % p. a., 6 Jahre fest mit 100 % Auszahlung und jährlicher Annuität von 29.515,00 EUR.

Wir danken Ihnen für das Vertrauen und erwarten Ihren Kreditantrag.

Mit freundlichen Grüßen
Volksbank Mosbach eG

i.V.

Braun

Braun

USt_ID-Nr. DE 24356537

Anlage 2

Abzahlungsdarlehen

Jahr	Darlehen am Jahresanfang	Tilgung	Zinsen	Mittelabfluss	Darlehen am Jahresende
1					
2					
3					

Sommer 2007, Aufgabe 1

Peter Ritter und Joachim Faust sind seit langer Zeit eng befreundet. Peter Ritter entschließt sich, ein eigenes Unternehmen zu gründen; er will Metallbeschläge für antike Möbel herstellen und verkaufen. Joachim Faust will sich am Unternehmen beteiligen. Im Unterschied zu Peter Ritter will Joachim Faust nur als Kapitalgeber tätig sein und, so hofft er, am Gewinn der Unternehmung beteiligt werden. Peter Ritter hingegen will die volle Verantwortung für das Unternehmen übernehmen und in diesem auch tätig sein.

1 Rechtsform der Unternehmung

1.1 Geben Sie an, welche Gesellschaftsform für dieses Unternehmen in Frage kommt. Begründen Sie Ihre Entscheidung. Gehen Sie in diesem Zusammenhang auf die Frage der Haftung, Vertretung und Geschäftsführung ein.

1.2 Die beiden Geschäftspartner schließen am 3. April 2006 den Gesellschaftsvertrag ab, am 18. Mai 2006 erfolgt die Handelsregistereintragung. Bereits am 25. April tätigt Peter Ritter in Absprache mit Joachim Faust erste Materialbereitstellungen. Arbeiten Sie deutlich heraus, wann die Gesellschaft entstanden ist und welchen Charakter die Handelsregistereintragung hat.

2. Beschaffung

Peter Ritter will aufgrund des zunehmenden Geschäftsverlaufs zum 01.01.2007 einen Kleintransporter zur Warenauslieferung kaufen. Daher holt er bei zwei Unternehmen Faxangebote über einen Kleintransporter der Marke VW ein (Anlagen 1 und 2).

2.1 Führen Sie einen Angebotsvergleich durch.

2.2 Erläutern Sie drei mögliche qualitative Kriterien, die neben den quantitativen bei dieser Kaufentscheidung zu berücksichtigen sind.

3 Finanzierung

3.1 Auf Nachfrage erhält Peter Ritter noch ein weiteres Angebot vom Autohaus Ebener über einen Jahreswagen mit geringer Kilometerleistung. Laut Angebot liegt der Einstandspreis bei 34.780,00 EUR. Für die Finanzierung des Jahreswagens liegen zwei Angebote vor:

1. Leasing
   Abschlussgebühr 2,5 % des Kaufpreises
   Grundmietzeit 4 Jahre, monatliche Leasingrate 928,00 EUR netto
2. Kreditangebot der Hausbank
   7,3 % Zins; Tilgung in gleichen Raten am Jahresende, Laufzeit 4 Jahre.

Ermitteln Sie anhand der Tabelle (Anlage 3), welches unter Liquiditätsgesichtspunkten die günstigste Variante ist.

3.2 Die Bank verlangt als Sicherheit für die Kreditvergabe eine Sicherungsübereignung. Erläutern sie diese Kreditsicherung.

Anlage 1

Autohaus Vogt Postallee 12 78999 Klettgau

12. Dezember 2006

Angebot Durch Fax

Sehr geehrter Herr Ritter,

entsprechend Ihrer telefonischen Anfrage bieten wir Ihnen freibleibend folgenden Transporter an:

Transporter Marke VW TDI 2,5, neu
Farbe rot, ohne Aufschrift, netto 54.000,00 EUR

Wir können Ihnen einen Sonderrabatt von 9 % anbieten, da es sich um ein Vorjahresmodell handelt. Bei Zahlung innerhalb von 10 Tagen nach Rechnungserhalt gewährend wir 3 % Skonto. Überführungsgebühren 150,00 EUR.

Wir hoffen, dass diese Angebot Ihr Interesse findet.

Mit freundlichen Grüßen

i. A. Monika Esser

Anlage 2

Autohaus 2000 GmbH Leimener Str. 54 79000 Freiburg

15. Dezember 2006

SONDERANGEBOT Faxmitteilung

Sehr geehrter Herr Ritter,

gerne kommen wir auf unser gestriges Telefonat zurück und bieten wie folgt verbindlich an:

Transporter Marke VW TDI 2,5, neu 48.250,00 EUR

Lieferung frei Haus. 2,5 % Skonto bei Zahlung innerhalb von 14 Tagen.

Für weitere Auskünfte stehen wir Ihnen gerne zur Verfügung.

Mit freundlichen Grüßen

ppa. Marc Hoheimer

Anlage 3

Jahr	Kreditkauf			Leasing	Vorteil
	Tilgung	Zinsen	Summe		
1					
2					
3					
4					
Summe					

Sommer 2007, Aufgabe 2 – Absatz, Lagerhaltung, Personal

Die RAUDEM GmbH – ein Hersteller von Bergsport- und Outdoorartikeln in Baden-Württemberg – vertreibt in einem weltweit wachsenden Markt ihr breites Sortiment. Der Vertrieb erfolgt über Direktversand und über eigene Sportfachgeschäfte.

Bei der RAUDEM GmbH wird die nachfolgende Umsatzstatistik ausgewertet:

UMSATZENTWICKLUNG von 2002 bis 2006 in Mio. EUR					
	2002	2003	2004	2005	2006
Produktgrupp e Bergsport	15,4	14,9	16,6	16,6	16.5
Produktgrupp e Outdoor	24,6	24,9	21,3	20,1	18,9

1 Beurteilen Sie den Verlauf der Umsatzentwicklung für beide Produktgruppen.

2 Aufgrund der gegebenen Marktsituation sollen Erkenntnisse durch Marktforschung bei der Produktgruppe Outdoor gewonnen werden.
Beschreiben Sie eine geeignete Methode. Beachten Sie dabei, dass nur ein kleiner finanzieller Rahmen zur Verfügung steht.

3 Die Marktforschung brachte folgende Erkenntnisse:
(Produktgruppe Outdoor)

I	Es wurde versäumt, neue Bedürfnisse zu wecken, vielen Endverbrauchern waren die Produkte der Firma RAUDEM GmbH nicht bekannt.
II	Über den Versandhandel können nur Stammkunden erreicht werden, welche über die Kundenkartei mit Katalogen versorgt werden.

Schlagen Sie jeweils eine geeignete Marketingmaßnahme vor, um die Marktsituation zu verbessern.

4 Die RAUDEM GmbH will im Beschaffungsbereich nach Möglichkeit Kosten einsparen. Hierfür soll unter anderem die ABC-Analyse eingesetzt werden.
Welche Erkenntnisse können in diesem Fall aus einer ABC-Analyse gezogen werden? (3 Nennungen)

5 Der Mindestbestand bei „Touren-Rucksäcken“ beträgt 20 Stück je Modell.
Ermitteln Sie den Meldebestand, wenn von jedem Modell durchschnittlich 10 „Touren-Rucksäcke“ je Tag verkauft werden, und die Lieferzeit 7 Tage beträgt.

6 Die durchschnittlichen Lagerbestände wurden 2006 bei allen Artikeln gesenkt.
Für Trekking-Schuhe ergaben sich danach folgende Werte:

Wareneinsatz:	314.000,00 EUR
Durchschnittlicher Lagerbestand:	39.250,00 EUR
Marktzinssatz:	8 %

Ermitteln Sie die Höhe der Lagerzinsen und den Lagerzinssatz.

Sommer 2008, Aufgabe 2 – Personal, Beschaffung

Die BüroWelt GmbH ist ein in Karlsruhe ansässiges mittelständisches Unternehmen, das exklusive Schreibtische und hochwertige Regale aus Holz für den Bürobedarf produziert. Das Unternehmen beschäftigt 130 Mitarbeiter. Beim wöchentlichen Meeting der Geschäftsleitung und aller Abteilungsleiter werden diverse Tagesordnungspunkte diskutiert.

1 Der Geschäftsführer der BüroWelt GmbH gibt bekannt, dass der Einkaufsleiter zum nächstmöglichen Termin gekündigt hat. Die Geschäftsleitung hat entschieden, diese Stelle extern zu besetzen.

1.1 Geben Sie zwei Vorteile und zwei Nachteile der externen Personalbeschaffung an.

1.2 Ein Personalberater schlägt dem Geschäftsführer der BüroWelt GmbH die Durchführung eines Assessment-Centers bei der Personalauswahl von Führungskräften vor. Erläutern Sie, mit welchen Argumenten der Personalberater versucht, den Geschäftsführer von diesem Auswahlinstrument zu überzeugen (2 Nennungen).

1.3 Nach Abschluss der Personalauswahl wird Herr Bergmann als Einkaufsleiter eingestellt. Bei der Führung seiner Mitarbeiter wendet Herr Bergmann das „Management by Exceptions“ an.

1.3.1 Erklären Sie anhand eines Beispiels, was unter dieser Führungstechnik verstanden wird.

1.3.2 Nennen Sie einen Vorteil dieser Führungstechnik aus der Sicht des Vorgesetzten sowie aus der Sicht der betroffenen Mitarbeiter.

2 Die Mitarbeiter der Einkaufsabteilung berichten Herrn Bergmann über Probleme bei der Bestellung der Tischplatten. In letzter Zeit sind des Öfteren Tischplatten geliefert worden, obwohl noch ausreichende Stückzahlen auf Lager waren.

2.1 Erläutern Sie eine Folge dieser Bestellpraxis.

2.2 Daraufhin wird die Sachbearbeiterin im Einkauf beauftragt, den Meldebestand zu berechnen. Folgende Daten stehen ihr zur Verfügung: Der durchschnittliche tägliche Verbrauch beträgt 42 Tischplatten. Es soll ein Mindestbestand gehalten werden, der für vier Tage reicht. Die Lieferzeit der Tischplatten beträgt acht Tage. Berechnen Sie den Meldebestand.

2.3 In einer Fachzeitschrift liest die Sachbearbeiterin einen Artikel über das Bestellrhythmusverfahren. Begründen Sie, in welchen Fällen dieses Verfahren geeignet ist.

3 Während des Meetings stellt der Leiter der Produktion, Herr Clausen, die Werkstattfertigung der Büroschreibtische zur Diskussion. Geben Sie zwei Vorteile und zwei Nachteile der Werkstattfertigung an.

4 Der Geschäftsführer der BüroWelt GmbH beauftragt den Leiter der Lagerhaltung, Herrn Huber, die Wirtschaftlichkeit der Lagerhaltung der Regale für die Produktlinie „Bodo Classic" zu prüfen. Folgende Daten liegen bereits vor:

Ø Lagerbestand:	298 Stück
Wareneinsatz	1.341 Stück

4.1 Berechnen Sie die Umschlagshäufigkeit und die durchschnittliche Lagerdauer der Regale.

4.2 Die IHK veröffentlicht für die Branche eine durchschnittliche Umschlagshäufigkeit von 8,0. Erläutern Sie, welche betrieblichen Ursachen bei den Regalen „Bodo Classic" für die Abweichung vom Branchendurchschnitt denkbar sind (2 Nennungen).

Industriekontenrahmen (IKR) - Auszug

AKTIVA

Kontenklasse 0

05 Grundstücke und Bauten
07 Technische Anlagen und Maschinen
08 Andere Anlagen, Betriebs- u. Gesch'ausst.
  080 Andere Anlagen
  082 Werkzeuge
  083 Lager- u. Transporteinrichtungen
  084 Fuhrpark
  085 Betriebsausstattung
  087 Geschäftsausstattung
  089 Geringwertige Wirtschaftsgüter
09 Geleistete Anzahlungen + Anlagen im Bau

Kontenklasse 1

Finanzanlagen
13 Beteiligungen
15 Wertpapiere des Anlagevermögens
16 Sonst. Finanzanl. (z. B. Darlehensford.)

Kontenklasse 2

20 Roh-, Hilfs-, Betriebsstoffe u. Fremdbauteile
  200 Rohstoffe u. Fremdbauteile
    2001 Bezugskosten
    2002 Preisnachlässe u. Rücks.
    2003 Liefererskonti
    2004 Liefererboni
  202 Hilfsstoffe 1)
  203 Betriebsstoffe 1)
  204 Sonst. Material z. B. Verpackung 1)
21 Unfertige Erzeugnisse
22 Fertige Erzeugnisse und Waren
  220 Fertige Erzeugnisse
  221 Handelswaren 1)
24 Forderungen
  240 Ford. aus Lieferungen u. Leistungen
  241 Zweifelhafte Forderungen
  245 Wechselforderungen (Besitzwechsel)
26 Sonstige Vermögensgegenstände
  260 Vorsteuer
  263 Sonstige Forderungen an Finanzbeh.
  265 Ford. an Mitarbeiter (Vorschüsse)
  269 Übr. sonst. Forderungen (Jahresabgr.)
27 Wertpapiere des Umlaufvermögens
28 Flüssige Mittel
  280 Guthaben bei Kreditinstituten (Bank)
  281 Postgiroguthaben
  282 Kasse
29 Rechnungsabgrenzung
  290 Aktive Rechnungsabgrenzung

1) Weitere Untergliederung wie 200

PASSIVA

Kontenklasse 3

30 Eigenkapital/Gezeichnetes Kapital
  Bei Einzelkaufleuten
  300 Eigenkapital
    3001 Privat
  Bei Personengesellschaften
  300 Kapital A
    3001 Privat A
    ...
  Bei Kapitalgesellschaften
  300 Gezeichnetes Kap. (Grund-/Stammkap.)
    ...
36 Wertberichtigungen
  367 Einzelwertberichtigungen zu Forderungen
  368 Pauschalwertber. zu Forderungen
37 Rückstellungen für Pensionen u. ähnliche Verpflichtungen
38 Steuerrückstellungen
39 Sonstige Rückstellungen (z. B. für Gewährl.)

Kontenklasse 4

42 Verbindlichkeiten gegenüber Kreditinstituten
44 Verbindlichkeiten aus Lieferungen u. Leistungen
45 Wechselverbindlichkeiten (Schuldwechsel)
48 Sonstige Verbindlichkeiten
  480 Umsatzsteuer
  483 Sonstige Verbindlichkeiten gegenüber Finanzbehörden (z.B. abzuführ. Lohnsteuer)
  484 Verbindlichkeiten gegenüber Sozialversicherungsträgern
  486 Verbindlichkeiten aus vermögenswirksamen Leistungen
  489 Übrige sonstige Verbindlichkeiten (Jahresabgrenzung)
49 Passive Rechnungsabgrenzung

ERTRÄGE

Kontenklasse 5

50 Umsatzerlöse
- 500 Umsatzerlöse für Erzeugnisse und Leistungen
  - 5001 Preisnachlässe und Rücksendungen
  - 5002 Kundenskonti
  - 5003 Kundenboni
- 501 Umsatzerlöse für Handelswaren (*Untergliederung wie 500*)

52 Erhöhung oder Verminderung des Bestandes an unfertigen und fertigen Erzeugnissen
- 521 Bestandsveränderungen an unfertigen Erzeugnissen
- 522 Bestandsveränderungen an fertigen Erzeugnissen

53 Andere aktivierte Eigenleistungen

54 Sonstige betriebliche Erträge
- 540 Erträge aus Vermietung und Verpachtung
- 541 Provisionserträge
- 542 Eigenverbrauch
- 543 Andere sonstige betriebliche Erträge
- 544 Erträge aus Werterhöhungen von Gegenständen des Anlagevermögens (Zuschreibungen)
- 545 Erträge aus der Auflösung oder Herabsetzung von Wertberichtigungen auf Forderungen
- 546 Erträge aus dem Abgang von Gegenständen des Sachanlagevermögens
  - 5461 Erlöse aus dem Abgang von Gegenständen des Sach-AV **bei Buchgewinn** (Verrechnung mit 546)
- 547 Erlöse aus direkt abgeschriebenen Forderungen
- 548 Erträge aus der Auflösung oder Herabsetzung von Rückstellungen
- 549 Andere periodenfremde Erträge

55 Erträge aus Beteiligungen

56 Erträge aus anderen Finanzanlagen

57 Sonstige Zinsen u. ähnliche Erträge
- 571 Zinserträge
- 573 Diskonterträge
- 578 Erträge aus Wertpapieren des Umlaufvermögens

58 Außerordentliche Erträge

AUFWENDUNGEN

Kontenklasse 6

60 Aufwendungen für Roh-, Hilfs- und Betriebsstoffe und für bezogene Waren
- 600 Aufwendungen für Rohstoffe und Fremdbauteile (Fertigungsmaterial)
  - (*Bei Just-in-time-Verfahren:*)
  - (*6001 Bezugskosten*)
  - (*6002 Nachlässe/Rücksendungen*)
  - (*6003 Liefererskonti*)
  - (*6004 Liefererboni*)
- 602 Aufwendungen für Hilfsstoffe **2)**
- 603 Aufwendungen für Betriebsstoffe **2)**
- 604 Aufwendungen für sonstiges Material (z. B.Verpackungsmaterial)
- 605 Aufwendungen für Energie und Treibstoffe
- 608 Aufwendungen für Handelswaren **2)**

61 Aufwendungen für bezogene Leistungen
- 610 Fremdleistungen für Erzeugnisse
- 613 Instandhaltungen, Reparaturen
- 614 Frachten und Fremdlager
- 615 Vertriebsprovisionen
- 617 Sonst. Aufw. für bezogene Leistungen

62 Löhne

63 Gehälter

64 Soziale Abgaben u. Aufwendungen für Altersversorgung u. Unterstützung
- 641 Arbeitgeberanteil zur Sozialversicherung
- 642 Beiträge zur Berufsgenossenschaft
- 644 Aufwendungen für Altersversorgung
- 649 Aufwendungen für Unterstützung

65 Abschreibungen
- 650 Abschreibungen auf Sachanlagen
- 654 Abschreibungen auf geringw. Wirtschaftsg.

66 Sonstige Personalaufwendungen

67 Aufwendungen für Inanspruchnahme von Rechten und Diensten
- 670 Mieten, Pachten
- 671 Leasing
- 675 Kosten des Geldverkehrs
- 677 Rechts- u. Beratungskosten
- 679 Sonstige Aufwendungen für die Inanspruchnahme von Rechten und Diensten

68 Aufwendungen für Kommunikation
- 680 Büromaterial
- 682 Postgebühren
- 685 Reisekosten
- 686 Bewirtung u. Repräsentation
- 687 Werbung
- 688 Spenden
- 689 Sonst. Aufwendungen für Kommunikation

1) *Bei Just in time: Untergliederung wie 600*

AUFWENDUNGEN

(Fortsetzung Kontenklasse 6)

69 Aufwendungen für Beiträge und Sonstiges sowie Wertkorrekturen und periodenfremde Aufwendungen
- 690 Versicherungsbeiträge
- 692 Beiträge zu Wirtschaftsverbänden u. Berufsvertretungen
- 693 Verluste aus Schadensfällen
- 695 Abschreibungen auf Forderungen
  - 6951 Abschreibungen auf Forderungen
  - 6952 Einstellung in Einzelwertberichtigungen
  - 6953 Einstellung in Pauschalwertberichtigungen
- 696 Verluste aus dem Abgang von Gegenständen des Sachanlagevermögens
  - 6961 Erlöse aus dem Abgang von Gegenständen des Sach-AV **bei Buchverlust** (Verrechnung mit 696)
- 698 Zuführung zu Rückstellungen für Gewährleistung
- 699 Periodenfremde Aufwendungen

AUFWENDUNGEN

Kontenklasse 7

70 Betriebliche Steuern
- 700 Gewerbekapitalsteuer
- 701 Vermögenssteuer
- 702 Grundsteuer
- 703 Kraftfahrzeugsteuer
- 707 Verbrauchssteuern
- 708 Sonstige betriebliche Steuern
- 709 Steuernachzahlungen/ -rückerstattungen bei betrieblichen Steuern

74 Abschreibungen auf Finanzanlagen und auf Wertpapiere des Umlaufvermögens

75 Zinsen und ähnliche Aufwendungen
- 751 Zinsaufwendungen
- 753 Diskontaufwendungen

76 Außerordentliche Aufwendungen

77 Steuern vom Einkommen und Ertrag
- 770 Gewerbeertragsteuer
- 771 Körperschaftssteuer
- 772 Kapitalertragssteuer
- 779 Steuernachzahlungen/ -rückerstattungen bei Steuern vom Einkommen und Ertrag

ERGEBNISRECHNUNG

Kontenklasse 8

80 Eröffnung/Abschluss
- 800 Eröffnungsbilanz
- 801 Schlussbilanz
- 802 G+V

Kapitel 1: Einführung in die Systematik der Buchführung

1.1 Bedeutung und Notwendigkeit des Rechnungswesens

Stofftelegramm

- **Dokumentation**
  Lückenlose und geordnete Aufzeichnung aller wertverändernden Geschäftsfälle

- **Information**
  ⇒ **unternehmensintern**
  - Gegenüberstellung der Aufwendungen und Erträge zur Ermittlung des Erfolges
  - Gegenüberstellung von Vermögen und Schulden
  - Schaffung einer Datenbasis zur Kalkulation der Selbstkosten und der Verkaufspreise
  - Sicherung von Beweismitteln für mögliche Rechtsstreitigkeiten mit Lieferanten, Kunden usw.

  ⇒ **unternehmensextern**
  - gegenüber Finanzamt, Kapitalgeber, Arbeitnehmer, Kommunen, Medien

- **Planung**
  Die gewonnene Datenbasis ist Grundlage für unternehmerische Entscheidungsprozesse.

- **Kontrolle**
  Vorhandenes Datenmaterial wird (häufig in grafischer Form) aufbereitet zum Zweck der Kontrolle und Planung (Management-Information). Dadurch möglich: Vergleich
  - zu früheren Perioden
  - zu anderen Betrieben
  - zu eigenen Planvorgaben
  - zum Branchendurchschnitt

Übungsaufgaben

1. Die Buchführung hat die Aufgabe der Dokumentation, der Information, der Planung und der Kontrolle.

   a) Was bedeutet **„Dokumentation"**?

   b) Nennen Sie drei unternehmensinterne Informationen, die aus der Buchführung gewonnen werden.

   c) Kontrolle setzt den Vergleich der IST-Daten mit anderen Daten voraus. Mit welchen Daten können die IST-Daten verglichen werden?

1.2 Vermögen und Schulden der Unternehmung erfassen

Stofftelegramm

Inventur → Körperliche Bestandsaufnahme des Vermögens und der Schulden durch Zählen, Messen, Wiegen, Schätzen. Notwendig bei Beginn des Handelsgewerbes sowie am Ende jedes Geschäftsjahres

Arten

- **Stichtagsinventur:** Erfassung der Werte an bestimmtem Tag (= Stichtag). Erlaubt ist zeitnahe Bestandsaufnahme (10 Tage vor/nach Bilanzstichtag). Bestandsveränderungen werden auf Stichtag zurückgerechnet.
- **Permanente Inventur:** Fortlaufende Führung der Bestände in Karteien/ Dateien. Mindestens 1 x jährlich körperliche Bestandsaufnahme notwendig (beliebiger Zeitpunkt).
- **Körperliche Inventur:** Mengenmäßige Erfassung aller körperlichen Gegenstände wie Vorräte, Geschäftsausstattung ...
- **Buchinventur:** Erfassung der nicht-körperlichen Gegenstände (Forderungen, Bankguthaben, Schulden) aufgrund von Aufzeichnungen und Belegen

Inventar → Verzeichnis aller Vermögens- und Schuldwerte

Inhalt und Gliederung

A. **Vermögen** (Gliederung nach Flüssigkeit = Liquidität)
- Anlagevermögen → (verbleibt dauerhaft im Betrieb)
- Umlaufvermögen → (ändert sich/wird verarbeitet)

B. **Schulden** (Gliederung nach Fristigkeit = Fälligkeit)
- langfristige Schulden → (Laufzeit > 4 Jahre)
- kurzfristige Schulden → (Laufzeit <= 4 Jahre)

C. Ermittlung des **Reinvermögens** (= Eigenkapital)
Reinvermögen = Vermögen - Schulden

Übungsaufgaben

1. Warum ist die Inventur notwendig?
2. Unterscheiden Sie
   a) Stichtagsinventur - permanente Inventur
   b) körperliche Inventur - Buchinventur
   c) Inventur - Inventar
3. Aus welchen Teilen setzt sich das Inventar zusammen?

4. Unterscheiden Sie

a) Anlagevermögen - Umlaufvermögen
b) Langfristige Schulden - Kurzfristige Schulden

5. Berechnen Sie die jeweils fehlenden Werte.

	5.1	5.2	5.3	5.4
Vermögen	?	?	120.000,00	?
Anlagevermögen	70.000,00	50.000,00	?	?
Umlaufvermögen	?	30.000,00	50.000,00	105.000,00
Eigenkapital	95.000,00	?	40.000,00	50.000,00
Fremdkapital	150.000,00	55.000,00	?	100.000,00

6. Herr Nietnagel ist Inhaber eines Bagger- und Fuhrunternehmens in Radolfzell. Zum 31.12.... ermittelt er folgende Werte:

Gebäude		350.000,00 €
Grundstücke		600.000,00 €
Geschäftsausstattung (lt. Anlage 1)		70.000,00 €
Fuhrpark		
- Bagger „Liebherr“	150.000,00 €	
- LKW „Daimler-Benz“	90.000,00 €	
- LKW „Magirus“	120.000,00 €	
- Schaufellader „Caterpillar“	220.000,00 €	
- VW-Transporter	18.000,00 €	
- PKW	55.000,00 €	653.000,00 €
Kassenbestand		1.270,30 €
Forderungen an Kunden (lt. Anlage 2)		54.500,00 €
Liefererverbindlichkeiten (lt. Anlage 3)		72.800,00 €
Guthaben		
- Kreissparkasse	4.360,00 €	
- Volksbank	7.990,00 €	12.350,00 €
Hypothekendarlehen von Kreissparkasse		900.000,00 €

a) Erstellen Sie das Inventar zum 31.12... und berechnen Sie das Reinvermögen.

b) Welche Vermögenspositionen gehören zum Anlage- und welche zum Umlaufvermögen?

1.3 Bilanz aus dem Inventar ableiten

Stofftelegramm

Bilanz

Kurzfassung des Inventars in Kontenform. Aus dem „**Untereinander**“ wird ein „**Nebeneinander**“. Notwendig bei Beginn des Handelsgewerbes + Ende jedes Geschäftsjahres

Aktiva	Bilanz zum 31.12	Passiva	
I. Anlagevermögen		**I. Eigenkapital**	...
Grundstücke	...	**II. Fremdkapital**	
Gebäude	...	*Langfristige Schulden*	...
		Hypothekenschulden	...
II. Umlaufvermögen			
Waren	...	*Kurzfristige Schulden*	
Forderungen	...	Vbl. g. Kreditinstitut	...
	...	Vbl. aus Lieferungen	...

↓ **Mittelverwendung = Investierung** ↓

Wo wurde Kapital **investiert**?
Ordnung der Positionen **nach Flüssigkeit = Liquidität**
(je flüssiger, desto später in der Position)

↓ **Mittelherkunft = Finanzierung** ↓

Woher stammt Kapital?
Ordnung der Positionen **nach Fristigkeit = Fälligkeit**
(je kurzfristiger die Fälligkeit, desto später in der Position)

Grundgleichung der Bilanz

Aktiva	=	**Passiva**
Vermögen	=	Eigenkapital + Fremdkapital
Anlagevermögen + Umlaufvermögen	=	Eigenkapital + Fremdkapital

Daraus folgt:

Eigenkapital = Vermögen - Fremdkapital

Gliederungsprinzipien

- **für Personengesellschaften:** Anlage und Umlaufvermögen, Eigenkapital, Schulden und Rechnungsabgrenzungsposten sind **gesondert** auszuweisen und **hinreichend** zu gliedern.
- **für Kapitalgesellschaften**: Exakte Vorschriften über Inhalt und Reihenfolge der auszuweisenden Positionen, abhängig von der Größe der Kapitalgesellschaft

Übungsaufgaben

1. Erstellen Sie aus den Daten der Aufgabe 6. in Kapitel 1.2 die Bilanz.
2. Unterscheiden Sie: Inventar - Bilanz.
3. Zu welchen Terminen sind Inventar und Bilanz zu erstellen?
4. Wie heißt die linke bzw. rechte Seite einer Bilanz?
5. Nach welchen Kriterien werden Inventar und Bilanz gegliedert?
6. Notieren Sie die richtige Reihenfolge der folgenden Vermögenspositionen:
   - Waren - Grundstücke - Bargeld - Bankguthaben - Forderungen - Fuhrpark - Lagereinrichtungen

1.4 Wertveränderungen in der Bilanz

Stofftelegramm

Alle Geschäftsfälle lassen sich auf einen der 4 Grundfälle zurückführen.

Grundfall	Kennzeichen	Beispiel
Aktivtausch	Ein Aktivkonto nimmt um den gleichen Betrag ab, um den ein anderes Aktivkonto zunimmt. Bilanzsumme bleibt konstant.	Bargeld wird vom Bankkonto abgehoben und in die Geschäftskasse gelegt.
Passivtausch	Ein Passivkonto nimmt um den gleichen Betrag ab, um den ein anderes Passivkonto zunimmt. Bilanzsumme bleibt konstant.	Eine Liefererverbindlichkeit wird in ein Darlehen umgewandelt.
Aktiv-Passiv-Mehrung	Ein Aktiv- und ein Passivkonto nehmen jeweils um den gleichen Betrag zu. Bilanzsumme erhöht sich um eben diesen Betrag.	Kauf von Waren auf Ziel
Aktiv-Passiv-Minderung	Ein Aktiv- und ein Passivkonto nehmen jeweils um den gleichen Betrag ab. Bilanzsumme verringert sich um eben diesen Betrag.	Wir bezahlen eine Liefererverbindlichkeit durch Banküberweisung.

Übungsaufgaben

1. Gegeben ist eine Reihe von Geschäftsvorfällen. Geben Sie jeweils an
   - welche Bilanzposition verändert wird.
   - ob es sich jeweils um ein Aktiv- oder Passivkonto handelt.
   - ob diese Position jeweils zu- oder abnimmt.
   - um welche Art des Grundfalles es sich somit handelt.

   Siehe Muster!

Geschäftsvorfall	**Welche Bilanzpositionen?**	**Aktiv? Passiv?**	**Zu Ab?**	**Art des Grundfalles**
Barabhebung vom Bankkonto	*Bank* *Kasse*	*Aktiv* *Aktiv*	*Ab* *Zu*	*Aktivtausch*
Kauf eines LKW gegen Bankscheck				
Kunde begleicht Forderung durch Banküberweisung				
Aufnahme eines Darlehens, Gutschrift auf Bankkonto				
Umwandlung eines kurzfristigen Bankdarlehens in ein langfristiges Darlehen				
Tilgung eines Darlehens durch Überweisung vom Bankkonto				
Kauf eines Lieferwagens durch Aufnahme eines Darlehens.				

2. Nennen Sie je einen Geschäftsfall, der zu folgenden Bilanzveränderungen führt:

   a) Aktiv-Passiv-Mehrung
   b) Aktiv-Passiv-Minderung
   c) Aktivtausch
   d) Passivtausch

1.5 Konten aus der Bilanz ableiten und Geschäftsfälle buchen

Stofftelegramm

Auflösung der Bilanz in Konten

Problem: Die Erfassung aller Geschäftsvorfälle durch Änderung der Bilanzwerte wäre umständlich und unübersichtlich.

Lösung: Für jede Bilanzposition wird ein eigenes Bestandskonto eingerichtet, auf welchem Veränderungen erfasst werden.

Ablauf: Die Werte der einzelnen Bilanzpositionen werden als Anfangsbestände (= Inventurwerte) in die Konten übertragen. Dabei gilt:

Anfangswert eines Aktivkontos → SOLL-Seite des Kontos
Anfangswert eines Passivkontos → HABEN-Seite des Kontos

Eröffnungsbilanz zum 01.01. ..

Aktiva		Passiva	
Geschäftsausstattung	30.000,00	Eigenkapital	33.000,00
Waren	10.000,00	Darlehen	20.000,00
Forderungen	7.000,00	Verbindlichkeiten	5.000,00
Bankguthaben	9.000,00		
Kasse	2.000,00		
	58.000,00		58.000,00

Aktivkonten

Soll	z. B. Bank Haben
Anfangsbestand	**Abgänge**
Zugänge	Schlussbestand

Passivkonten

Soll	z. B. Vbl. Haben
Abgänge	**Anfangsbestand**
Schlussbestand	**Zugänge**

Geschäftsfälle buchen

Merke!

- Jeder Geschäftsgang berührt mindestens 2 Konten

- Zuerst **SOLL**-Seite buchen, dann **HABEN**-Seite
- Betrag der SOLL-Buchung = Betrag der HABEN-Buchung

Art des Geschäftsganges	**Wo gebucht?**
Zugang auf Aktivkonto	**SOLL**
Zugang auf Passivkonto	**HABEN**
Abgang auf Aktivkonto	**HABEN**
Abgang auf Passivkonto	**SOLL**

„*Sesam öffne Dich*" zur richtigen Buchung!

Beispiel: *Wir kaufen Waren auf Ziel 2.500,00 €*

Frage	**Antwort**
(1) Welche Konten werden berührt?	Waren, Verbindlichkeiten
(2) Welche Kontenart?	Waren - **A**ktivkonto Verbindlichkeiten - **P**assivkonto
(3) Zugang oder Abgang?	Waren - **A** - Zugang Vbl. - **P** - Zugang
(4) Auf welcher Seite ist daher zu buchen?	Waren - **A** - Zugang, also SOLL Vbl - **P** - Zugang, also HABEN

Buchungssatz

Name des SOLL-Kontos	**an**	Name des HABEN-Kontos	
	hier also		
Handelswaren	**an**	**Verbindlichkeiten**	**2.500,00**

Übungsaufgaben

1. Kreuzen Sie an, auf welcher Seite eines Kontos die nachfolgenden Daten eingetragen werden.

Daten	Seite des Kontos	
	Soll	Haben
Anfangsbestände eines Aktivkontos		
Abgänge eines Passivkontos		
Schlussbestand eines Aktivkontos		
Zugänge eines Aktivkontos		
Schlussbestand eines Passivkontos		
Zugänge eines Passivkontos		
Anfangsbestand eines Passivkontos		
Abgänge eines Aktivkontos		

2. Gegeben ist die folgende Eröffnungsbilanz

Eröffnungsbilanz zum 01.01. ..

Aktiva		Passiva	
Geschäftsausstattung	40.000,00	Eigenkapital	42.000,00
Waren	20.000,00	Darlehen	25.000,00
Forderungen	8.000,00	Verbindlichkeiten	7.500,00
Bankguthaben	4.000,00		
Kasse	2.500,00		
	74.500,00		74.500,00

a) Buchen Sie die folgenden Geschäftsfälle zunächst auf nachfolgendem Schema (*siehe Muster*)

Geschäftsvorfall	**Welche Bilanzposition?**	**Aktiv? Passiv?**	**Zu? Ab?**	**Welche Seite ist zu buchen? SOLL**	**HABEN**
Barabhebung vom Bankkonto, 500,00 €	*Bank* *Kasse*	*Aktiv* *Aktiv*	*Ab* *Zu*	 *500,00*	*500,00*
(1) Kauf von Waren bar, 900,00 €					
(2) Kunde zahlt Rechnung per Bank, 1.500,00 €					
(3) Kauf von 5 Schreibtischen auf Ziel, 7.500,00 €					
(4) Aufnahme eines Darlehens bar, 20.000,00 €					
(5) Wir zahlen Liefererrechnung durch Banküberweisung, 4.500,00 €					

b) Eröffnen Sie die T-Konten!

c) Übertragen Sie die Buchungen auf die T-Konten (ohne Musterfall!)

3. Buchen Sie!

a)	Kauf von Waren gegen Barzahlung	1.000,00 €
b)	Liefererrechnung wird durch Banküberweisung bezahlt.	500,00 €
c)	Gebrauchter LKW wird gegen Banküberweisung verkauft.	8.000,00 €
d)	Darlehen wird durch Banküberweisung getilgt.	10.000,00 €
e)	Kauf von Waren auf Ziel	1.500,00 €
f)	Eine Liefererschuld wird in ein Darlehen umgewandelt.	5.000,00 €
g)	Ein Kunde begleicht unsere Forderung durch Postüberweisung.	2.000,00 €
h)	Aufnahme eines Bankdarlehens, Gutschrift auf Bankkonto	20.000,00 €
i)	Bareinzahlung auf Bankkonto	500,00 €
j)	Barabhebung vom Bankkonto	1.000,00 €
k)	Überweisung vom Bankkonto auf Postscheckkonto	5.000,00 €
l)	Kauf eines PC gegen Bankscheck	3.500,00 €
m)	Verkauf eines Grundstücks gegen Bankscheck	20.000,00 €
	und bar	20.000,00 €
n)	Kunde zahlt Rechnung durch Banküberweisung	2.500,00 €
	und bar.	500,00 €
o)	Zur Tilgung einer Darlehensschuld von	20.000,00 €
	geben wir einen gebrauchten PKW in Zahlung.	8.000,00 €
	Den Rest zahlen wir durch Bankscheck.	?
p)	Wir kaufen Waren auf Ziel	2.500,00 €
	und durch Barzahlung.	1.500,00 €
q)	Wir verkaufen ein gebrauchtes Kopiergerät	1.500,00 €
	gegen Bankscheck	1.200,00 €
	und Barzahlung.	?

1.6 Bestandskonten abschließen

Stofftelegramm

Am Ende des Geschäftsjahres werden die Schlussbestände (= Salden) für die einzelnen Konten berechnet und in die Schlussbilanz übertragen.

Aktivkonten

Soll	**z. B. Bank Haben**
Anfangsbestand	Abgänge
Zugänge	**Schlussbestand**

Passivkonten

Soll	**z. B. Vbl. Haben**
Abgänge	Anfangsbestand
Schlussbestand	Zugänge

Aktiva	Schlussbilanz zum 31.12. ..		Passiva
Geschäftsausstattung	33.000,00	Eigenkapital	36.000,00
Waren	12.000,00	Darlehen	20.000,00
Forderungen	9.000,00	Verbindlichkeiten	4.000,00
Bank	4.000,00		
Kasse	2.000,00		
	60.000,00		60.000,00

Übungsaufgaben

1. Die Konten aus Aufgabe 2. c) (Kapitel 1.5) sind noch nicht abgeschlossen. Schließen Sie die Konten ab.

1.7 Geschäftsfälle auf Ergebniskonten buchen

Stofftelegramm

Problem: **Erfolgswirksame** Geschäftsvorfälle (Aufwendungen/Erträge) führen zu einem Zuwachs oder einem Verzehr von Vermögen. Damit verbunden ist immer eine **Änderung des Eigenkapitals**.

Folge:
(1) Eigenkapitalkonto wäre durch die Vielzahl der Buchungen unübersichtlich.
(2) Keine Information über die unterschiedlichen Ursachen des Vermögensverzehrs bzw. -zuwachses

Lösung : Einrichtung von **Aufwands- und Ertragskonten als Unterkonten des Kontos Kapital**

Ablauf:

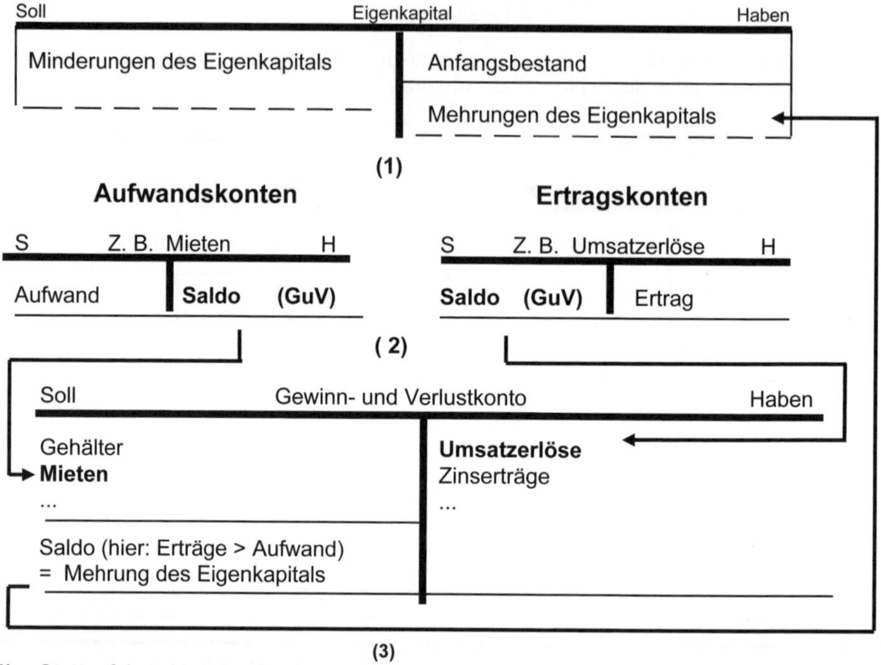

(1) Statt erfolgswirksame Buchungen auf dem Konto Eigenkapital vorzunehmen, werden Aufwands- und Ertragskonten als Unterkonten eingerichtet. Diese haben **keine Anfangsbestände**. Dort werden die laufenden Buchungen vorgenommen. **Aufwendungen werden auf der SOLL-Seite, Erträge auf der HABEN-Seite gebucht.**

(2) Die Salden der Aufwandskonten stehen auf der HABEN-Seite, die Salden der Ertragskonten auf der SOLL-Seite. Diese werden auf das GuV-Konto abgeschlossen.

(3) Der Saldo des GuV-Kontos wird auf das Eigenkapitalkonto abgeschlossen.

Wenn...	**Dann...**
Summe der Erträge größer als Summe der Aufwendungen	• Saldo im GuV-Konto auf SOLL-Seite • Abschluss auf HABEN-Seite des Eigenkapitals, damit **Gewinn = Mehrung des EK**
Summe der Erträge kleiner als Summe der Aufwendungen	• Saldo im GuV-Konto auf HABEN-Seite • Abschluss auf SOLL-Seite des Eigenkapitals, damit **Verlust = Minderung des EK**

Übungsaufgaben

1. a) Auf welcher Seite nimmt das Eigenkapitalkonto zu?
   b) Welche Konten erfassen Minderungen des Eigenkapitals?

   c) Auf welcher Seite werden Aufwendungen/ Erträge gebucht?

   d) Auf welcher Seite steht der
   - Saldo eines Aufwandskontos? - Saldo eines Ertragskontos?

   e) Wohin werden Aufwands- und Ertragskonten abgeschlossen?

   f) Angenommen, das Unternehmen hat Gewinn erwirtschaftet. Welche Seite der GuV ist dann größer - Soll oder Haben?

   g) Auf welche Seite des Eigenkapitalkontos erfolgt der Abschluss, wenn ein Verlust erwirtschaftet wurde?

2. a) Schließen Sie die Erfolgskonten über das GuV-Konto ab.
   b) Schließen Sie das GuV-Konto über das Eigenkapitalkonto ab.

S	Gehälter	H
1) 25.200,00		
8) 24.600,00		

S	Umsatzerlöse	H
	2)	43.000,00
	7)	22.000,00

S	Mieten	H
3) 800,00		
9) 600,00		

S	Zinserträge	H
	4)	250,00
	10)	30,00

S	Postgebühren	S
6) 120,00		

H	Provisionserträge	H
	5)	23,00

S	GuV	H

S	Eigenkapital	H
	AB	250.000,00

3. Buchen Sie

a)	Telefonrechnung wird vom Bankkonto abgebucht.	740,00 €
b)	Wir zahlen Darlehenszinsen durch Banküberweisung.	400,00 €
c)	Wir erhalten Miete für eine Lagerhalle auf Bankkonto gutgeschrieben.	500,00 €
d)	Lohnzahlung durch Banküberweisung	7.500,00 €
e)	Wir zahlen Gewerbesteuer per Postscheck.	1.200,00 €
f)	Beitrag zur IHK durch Banküberweisung	250,00 €
g)	Kauf von Büromaterial, bar	70,00 €
h)	Zinsgutschrift unserer Bank	120,00 €
i)	Rechnung eines Anwalts für Rechtsberatung wird durch Banküberweisung bezahlt.	850,00 €
j)	Kfz-Versicherung für Firmen-PKW wird durch Banklastschrift eingezogen.	730,00 €

1.8 Wareneinkäufe und Warenverkäufe buchen

Stofftelegramm

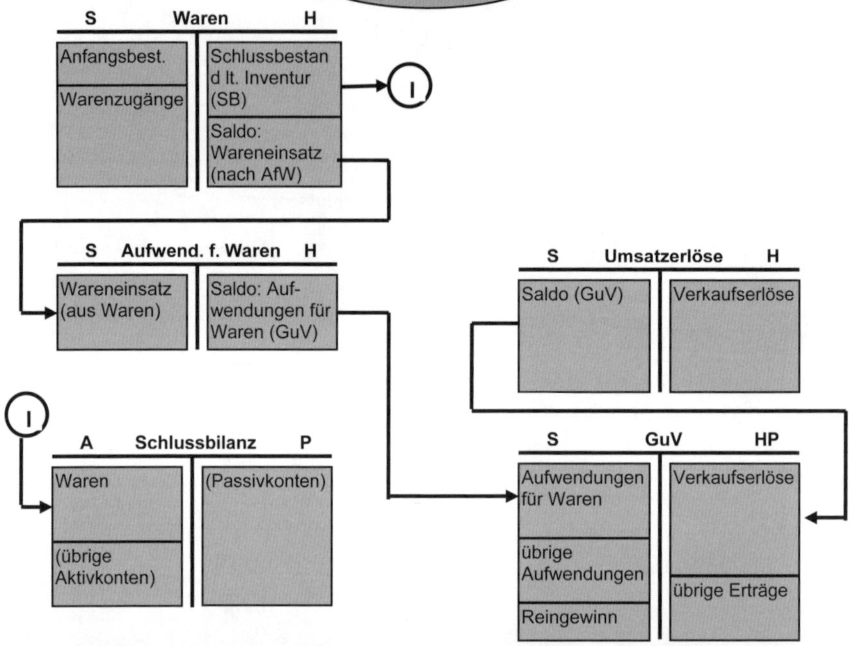

Buchung des Wareneinkaufs und des Warenverkaufs

Buchung bei Warenzugang	Buchung bei Warenverkauf
Waren an Verbindlichkeiten	**Forderungen an Umsatzerlöse**
Bewertung der Waren: **Einstandspreis**	Bewertung der Waren: **Verkaufspreis**
Konto **Waren = Aktives Bestandskonto**	Konto **Umsatzerlöse = Erfolgskonto**

Abschluss der Warenkonten

(1) Warenendbestand durch Inventur ermitteln und buchen:

Schlussbilanz an Waren

(2) Wareneinsatz ermitteln:

Warenaufwand = Anfangsbestand + Zugänge - Schlussbestand lt. Inventur

(3) Warenaufwand buchen:

Aufwendungen für Waren	**an**	**Waren**

(4) Abschluss des Kontos **„Aufwendungen für Waren"** buchen:

GuV	**an**	**Aufwendungen für Waren**

(5) Abschluss den Kontos **„Umsatzerlöse"** buchen:

Umsatzerlöse	**an**	**GuV**

Übungsaufgaben

1. Anfangsbestand 10.000,00 €
Endbestand lt. Inventur 8.000,00 €

Geschäftsvorfälle:
1. Wareneinkäufe auf Ziel 50.000,00 €
2. Warenverkäufe auf Ziel 90.000,00 €
Summe der übrigen Aufwendungen 400.000,00 €
Summe der übrigen Erträge 650.000,00 €

a) Richten Sie die Konten Waren, Aufwendungen für Waren, Umsatzerlöse, Schlussbilanz und GuV ein und buchen Sie auf diesen Konten. Schließen Sie die Konten ab und ermitteln Sie den Reingewinn.
b) Bilden Sie die Buchungssätze.

1.9 Bedeutung der Abschreibung

Stofftelegramm

Gründe für Abschreibung

Langfristig nutzbare Vermögensgegenstände verlieren an Wert. Grund: Nutzung, technischer Fortschritt, wirtschaftliche Entwertung, außergewöhnliche technische oder wirtschaftliche Nutzung. Die Abschreibung erfasst:

- durch die **Soll-Buchung** (auf **Aufwandskonto**) den **Vermögensverzehr**.
- durch die **Haben-Buchung** (auf **aktivem Bestandskonto**) die **Wertminderung des betreffenden Vermögensgegenstandes**. Dadurch wird das Anlagevermögen richtig ausgewiesen.

Abschreibungen werden in die Verkaufspreise einkalkuliert und fließen somit über die Umsatzerlöse als flüssige Mittel in das Unternehmen zurück, wo sie für weitere Neuanschaffungen zur Verfügung stehen.

Lineare Abschreibung

Jährlicher Abschreibungsbetrag = Anschaffungswert/Nutzungsdauer

Abschreibungssatz in % = 100/Nutzungsdauer

Beachte: Im ersten Jahr der Nutzung ist der Abschreibungsbetrag monatsgenau zu berücksichtigen.
Beispiel: Anschaffung im April, Abschreibungssatz auf 12 Monate: 20 %
Abschreibungssatz im 1. Jahr: 20 % · 9/12 = 15 %

Buchungssatz

Abschreibungen an Anlagenkonto

Übungsaufgaben

Buchen Sie!

1. Abschreibung auf Betriebsausstattung: 10.000,00 €
2. Am Jahresende ist noch folgende Abschreibung zu berücksichtigen (Gegenstand wird noch betrieblich genutzt.)

Vermögensgegenstand:	LKW	Anschaffungswert	200.000,00
Abschreibungssatz	20 %	Restbuchwert	80.000,00

Verständnisfragen

1. Begründen Sie die Notwendigkeit von Abschreibungen.
2. Wie wirken sich Abschreibungen erfolgsmäßig aus?
3. Weshalb schreibt die Finanzverwaltung Höchstsätze für die jährliche Abschreibung vor?

1.10 Jahresabschluss

Stofftelegramm

Reihenfolge der Buchungen beim Jahresabschluss

Art der Buchung	Buchungssatz
1. Aufwendungen für Waren	**Zunächst:** Übernahme des Endbestandes lt. Inventur in Schlussbestand *Schlussbilanz* *an Waren* **Buchen Wareneinsatz:** *Aufwendungen für Waren* *an Waren*

2. Abschreibungen	*Abschreibungen* *an Anlagenkonto*
3. Abschluss der Aufwands- und Ertragskonten	**Abschluss Aufwandskonto:** *GuV* *an Aufwandskonto* **Abschluss Ertragskonto:** *Ertragskonto* *an GuV*
4. Abschluss des GuV-Kontos	**Bei Gewinn:** *GuV* *an Eigenkapital* **Bei Verlust:** *Eigenkapital* *an GuV*
5. Abschluss der Bestandskonten	**Aktivkonten:** *Schlussbilanz* *an Aktivkonto* **Passivkonten:** *Passivkonto* *an Schlussbilanz*

Übungsaufgaben

1. **Anfangsbestände:**
Grundstücke und Gebäude 340.000,00 €; Betriebs- und Geschäftsausstattung 170.000,00 €; Waren 40.000,00 €; Forderungen 84.000,00 €; Bank 85.000,00 €; Kasse 12.000,00 €; Verbindlichkeiten gegenüber Kreditinstituten 240.000,00 €; Verbindlichkeiten aus Lieferungen und Leistungen 104.000,00 €; Eigenkapital?

Geschäftsvorfälle:

1.	Kauf von Waren auf Ziel	23.000,00 €
2.	Kunde bezahlt Rechnung durch Banküberweisung.	8.000,00 €
3.	Wir bezahlen Miete für Lagerraum durch Dauerauftrag.	1.500,00 €
4.	Überweisung der Zinsen für Bankdarlehen	1.800,00 €
5.	Verkauf von Waren auf Ziel	44.000,00 €
6.	Barabhebung vom Bankkonto	3.000,00 €
7.	Versicherungsbeiträge werden vom Bankkonto abgebucht.	900,00 €

Abschlussangaben:

1.	Warenendbestand lt. Inventur	46.000,00 €
2.	Abschreibungen für Betriebs- und Geschäftsausstattung	17.000,00 €

Aufgaben:
a) Errichten Sie die erforderlichen Bestands- und Erfolgskonten sowie Schlussbilanz und GuV.
b) Bilden Sie die Buchungssätze.
c) Schließen Sie die Konten ab.

Kapitel 2: Umsatzsteuer mit Prozentrechnen

2.1 Umsatzsteuer

Stofftelegramm

Bei der Umsatzsteuer ist **nicht der gesamte Betrag zu versteuern**, sondern nur der im Betrieb geschaffene **Mehrwert**.

Eingangsrechnung Nr. 4711		**Ausgangsrechnung Nr. 8842**	
20 Feuerlöscher		20 Feuerlöscher	
je 60,00 € netto	1.200,00 €	je 90,00 € netto	1.800,00 €
19 % USt.	228,00 €	+ 19 % USt.	342,00 €
Rechnungsbetrag	**1.428,00 €**	**Rechnungsbetrag**	**2.142,00 €**

Rechnerische Lösung:

Verkaufspreis, netto	1.800,00
- Einkaufspr., netto	1.200,00
= Mehrwert	600,00
davon 19 % =	**114,00**

Buchhalt. Lösung:

Einbehaltene USt. (= Vbl. an FA)	342,00
- Vorsteuer (= Forderung an FA)	228,00
= Mehrwertsteuer	**114,00**

Buchungssatz

Käuferseite

Handelswaren	1.200,00	
Vorsteuer	228,00	
an Verbindl.		1.428,00

Verkäuferseite

Forderungen	2.142,00	
an Umsatzerlöse		1.800,00
Umsatzsteuer		342,00

Abschluss des Kontos Vorsteuer

Konto **Vorsteuer** wird monatlich über das Konto **Umsatzsteuer** abgeschlossen. Die Zahllast (hier: 114,00 €) ist an das Finanzamt zu überweisen.

Buchung der Überweisung:
Umsatzsteuer an Bank

Buchung am 31.12.:
Umsatzsteuer an Schlussbilanz

S	**Vorsteuer**		H
Vbl	228,00	USt	228,00
	228,00		228,00

→

S	**Umsatzsteuer**		H
Vorst	228,00	Ford	342,00
Bank	114,00		
	342,00		342,00

Übungsaufgaben

Buchen Sie!

1. Einkauf von Handelswaren auf Ziel: 14.500,00 € + 19 % USt.

2. Verkauf von Fertigerzeugnissen auf Ziel:

Listenverkaufspreis	52.800,00 €
+ 19 % USt.	10.032,00 €
	62.832,00 €

3. **Summen Konto Vorsteuer**
   Soll 15.000,00 €; Haben 1.000,00 €
   Summen Konto Umsatzsteuer
   Soll 2.000,00 €; Haben 23.000,00 €
   a) Schließen Sie die Konten ab zur Überweisung der Zahllast.
   b) Wie würde die Abschlussbuchung zum 31.12. lauten?

Verständnisfragen

1. a) Erklären Sie die Begriffe Vorsteuer und Umsatzsteuer.
   b) Welche Vorgänge sind umsatzsteuerpflichtig?
   c) Welcher Personenkreis soll mit dieser Steuer belastet werden?

2. a) Wie entsteht ein Vorsteuerüberhang?
   b) Wie wirkt sich ein Vorsteuerüberhang bilanziell aus?
   c) Wie entsteht eine Zahllast?
   d) Wie wirkt sich eine Zahllast bilanziell aus?

3. Welchen Einfluss haben Umsatzsteuer- bzw. Vorsteuerbuchungen auf den Erfolg des Unternehmens?

4. Welcher Kontenart ist das
   a) Vorsteuerkonto b) Umsatzsteuerkonto zuzuordnen?

5. Ist ein Vorsteuerüberhang oder eine Zahllast eher üblich?

6. Warum ist die Umsatzsteuer ein durchlaufender Posten?

7. Erklären Sie den Begriff „*Umsatzsteuervoranmeldung*“.

2.2 Prozentrechnung

Übungsaufgaben

1. Berechnen Sie die fehlenden Werte (gekennzeichnet durch ?)

	a)	b)	c)	d)
Ursprünglicher Preis	230	?	?	900
Nachlass in %	12,5	-	?	-
Nachlass in €	?	-	352	-
Erhöhung in %	-	15	-	?
Erhöhung in €	-	187,50	-	?
Neuer Preis	?	?	1.248	1.035

2. Der Gewinn eines Unternehmens sank im Vorjahr um 8 %, nachdem er vor zwei Jahren um 4 % gestiegen war. Wie viel € betrugen der ursprüngliche Gewinn und die einzelnen Gewinnänderungen, wenn in diesem Jahr 162.080,00 € Gewinn erzielt wurde?

3. Bei einem Posten Rohbaumwolle ergaben sich durch die Bearbeitung in drei aufeinanderfolgenden Produktionsstufen jeweils folgende Gewichtsveränderungen:

1. Stufe - Waschen und Kämmen:	Gewichtsverlust	16 2/3	%
2. Stufe - Spinnen:	„	2	%
3. Stufe - Ausrüsten:	Gewichtszunahme	1,5	%

Nach diesen Bearbeitungsvorgängen wog die Fertigbaumwolle 2 486,75 kg.

a) Wie viel kg betrug der Rohbaumwolleinsatz?

b) Wie viel Prozent ist der Gewichtsverlust insgesamt?

Kapitel 3: Zahlungsverkehr mit Zinsrechnen

3.1 Zahlungsmöglichkeiten unterscheiden, abwickeln und buchen

Stofftelegramm

Überweisung

Eine Überweisung ist ein
- Auftrag eines Kunden
- an seine Bank,
- zu Lasten seines Bankguthabens/Kredites
- einen bestimmten Betrag
- auf das Konto eines Empfängers zu überweisen.

Ablauf des Zahlungsvorganges

- Kunde füllt zweiteiligen Formularsatz aus und unterschreibt.
- Bei Bank abgeben
- Bank bucht Betrag zu Lasten des Kundenkontos.
  - Original behält die Bank als Nachweis.
  - Belastungskopie erhält Kunde mit Kontoauszug.
  - Empfänger erhält erforderliche Information auf Kontoauszug

Sammelüberweisung

Viele Beträge an verschiedene Empfänger mit nur einem unterschriebenen Überweisungsauftrag

Vorteile:
- Zeitersparnis
- Geldersparnis (nur eine Buchungsgebühr)

Lastschriftverfahren am Beispiel des Einzugsermächtigungsverfahrens

Schuldner
- **ermächtigt einmalig den Zahlungsempfänger**
- **bei Fälligkeit**
- **wiederkehrende Zahlungen** in **schwankender Höhe**
- **von seinem Konto**

abzurufen.

Gegen ungerechtfertigte Belastung seines Kontos kann Schuldner **innerhalb von 6 Wochen** bei seiner Bank **Widerspruch** einlegen.

Vorteile:
- **keine Zielüberschreitung**
- **bei unregelmäßigen Beträgen kein Arbeitsaufwand** für Zahlungspflichtigen
- **kein Mahnaufwand für Empfänger** wegen Terminversäumnis

Selten ist das **Lastschriftverfahren durch Abbuchungsverfahren**. Schuldner erteilt Auftrag an Bank, von seinem Konto den vom Empfänger geforderten Betrag abzubuchen. Nicht widerrufbar.

Der Scheck

Da der Scheck als Zahlungsmöglichkeit weitestgehend seine Bedeutung verloren hat, wird auf seine Darstellung verzichtet.

Moderne Zahlungssysteme

Kreditkarte

Organisationen: Eurocard, VISA, American Express
Voraussetzung für den Erwerb einer Kreditkarte: in der Regel ein gewisses Mindesteinkommen + Kreditwürdigkeit

Karteninhaber kann bei Vertragspartnern der Kreditkartenorganisation Waren bis zu einem täglichen Höchstbetrag kaufen.

Vorteile	Nachteile
für Kartenbesitzer	
• **kurzfristiger Kredit** bis zur monatlichen Abrechnung • ausführliche und **übersichtliche Monatsabrechnung** • bequemes **Zahlen per Unterschrift** • **sicher**, da Kartenorganisation Risiko des Missbrauchs trägt • häufig verbunden mit Versicherungsschutz auf Reisen und Kautionserlass bei Mietwagen, Ferienwohnungen usw.	• in Deutschland noch relativ **geringe Verbreitung** • feste Jahreskosten • **verführt zu Mehrausgaben**, da Konto erst später (u. U. nach Lohnzahlung) belastet wird. • **Risiko der Überschuldung** • mangelnde Übersicht über laufende Außenstände
für Händler, Kaufleute, Gaststätten	
• Einzelhändler kann **moderne Kassensysteme** einsetzen • **Umsatzsteigerung** • **kein Zahlungsrisiko für Verkäufer**, da Kreditkartenorganisation Kreditrisiko trägt.	• geringere Umsatzerlöse, da Kreditkartenorganisation 2 - 5 % Provision abzieht

Tele-Banking/Home-Banking

Die Kontoführung über Home-Banking bietet folgende Möglichkeiten:

- Kontostände abfragen
- Bestellungen (Überweisungen, Daueraufträge) aufgeben
- Umsätze abfragen
- Mitteilungen senden
- Mitteilungen empfangen

Der Zugriff auf die Konten ist durch spezielle Sicherheitsvorkehrungen (z. B. PIN = persönliche 5-stellige Identifikations-Nummer) gesichert.

Technische Voraussetzungen beim Benutzer:

- Telefonanschluss
- Modem/ ISDN-Anschluss
- Endgerät (z. B. PC)
- t-online-Dienste

Electronic Cash/ Point-of-Sale (POS)-Banking

Bargeldlose Zahlungsform. ec-Karte wird durch Kartenleser an Ladenkasse gezogen, danach die Geheimnummer eingetippt. Die Verbindung zum Zentralrechner wird aufgebaut und die Zahlungsfähigkeit überprüft. Anschließend wird der Betrag automatisch und für den Händler mit Sicherheit vom Konto abgebucht.

Vorteile	
für Händler	**für Kunden**
• geringere Gebühren als beim Kreditkartensystem • sichere und sofortige Gutschrift • geringere Bestände an Bargeld in Kasse • kein Belegtransport • kein Verlust- oder Diebstahlrisiko • rascher Überblick über Tageseinnahmen	• jederzeit liquide ohne Bargeldbestände • keine Höchstgrenzen wie bei ec-Verfahren • hohes Maß an Zahlungswürdigkeit

Point-of-Sale-System ohne Zahlungsgarantie (POZ)

Äußerer Ablauf vergleichbar dem POS-System. Der Betrag wird jedoch nicht direkt abgebucht. Vielmehr wird eine Lastschrift erstellt und an die Bank des Zahlungspflichtigen zur Einlösung übermittelt. Diese hat jetzt die Möglichkeit, die Lastschrift (mangels Guthaben) zurückzuweisen. Damit bleibt dem Händler das Risiko des Zahlungseinganges. Verfahren ist für Händler jedoch kostengünstiger als POS.

Zahlungsvorgänge buchen

Es wird davon ausgegangen, dass die Buchung der Schecks und der Überweisungen erst nach Gutschrift bzw. Belastung durch die Bank erfolgt. Damit erfolgt die Buchung direkt auf dem Konto **Bank**.

Buchung des Lieferanten	Geschäftsvorfall	Buchung des Kunden
Forderungen 5.950,00 Umsatzerlöse 5.000,00 Umsatzsteuer 950,00	(1) Verkauf von Waren auf Ziel, netto 5.000,00 € + 19 % USt..	Waren 5.000,00 Vorsteuer 950,00 Verbindlichkeiten 5.950,00
Bank 5.950,00 Forderungen 5.950,00	**Alternative A** (2) Kunde bezahlt durch Banküberweisung	Verbindlichkeiten 5.950,00 Bank 5.950,00

Übungsaufgaben

1. Skizzieren Sie den Ablauf des Zahlungsvorganges mit Hilfe einer Überweisung.
2. a) Unterscheiden Sie Einzel- und Sammelüberweisung.
   b) Welche Vorteile hat die Sammelüberweisung?
3. Entscheiden und begründen Sie die Wahl des Überweisungsverfahrens bei folgenden Fällen

Fallbeispiel	Einzelüberweisung (E) oder Lastschrift (L)	Begründung
Heizölrechnung über 950,00 €. Auf der Rechnung steht die Kontoverbindung.		
Telefonrechnung		

4. a) Warum möchten Versicherungen und andere Unternehmen, dass die an sie zu entrichtenden Beträge im Lastschriftverfahren gezahlt werden?
   b) Welche Möglichkeit hat der Bankkunde, wenn ihm im Rahmen einer Einzugsermächtigung ein zu hoher Betrag abgebucht wird?
   c) Worauf muss ein Zahlungspflichtiger achten, wenn er einem Berechtigten eine Einzugsermächtigung gibt?

5. Worin liegen die Vorteile des Lastschriftverfahrens?

6. a) Welche Partner sind bei Kreditkartengeschäften beteiligt?
   b) Nennen Sie je zwei Vor- und Nachteile der Kreditkarten für den Benutzer.

7. a) Welche Hardwarevoraussetzungen müssen erfüllt sein, damit Sie Ihre Bankgeschäfte über Home-Banking durchführen können?
   b) Welche Arten von Bankgeschäften können Sie auf diesem Weg durchführen?
   c) Durch welche Maßnahme ist sichergestellt, dass kein Unbefugter über das Konto anderer verfügen kann?

8. Unterscheiden Sie POS-Banking von POZ-Banking.
9. a) Die Badische Porzellanmanufaktur AG verkauft ein Teeservice an das Haushaltswarengeschäft Eiermann GmbH, 560,00 € + 19 % USt.
   b) Die Firma Eiermann bezahlt durch Banküberweisung.
   c) Firma Eiermann bezahlt durch Bankscheck.
   Erstellen Sie für alle drei Fälle die Buchungssätze sowohl für den Verkäufer als auch für den Käufer.

3.2 Zinsrechnung

Übungsaufgaben

1. Berechnen Sie die Zinsen!

	Kapital	Zinssatz	Zeit
a)	1.800,00	8 %	15.02. - 01.03.
b)	2.400,00	9,5 %	28.02. - 31.05..
c)	5.400,00	11 %	31.01. - 28.02.

2. Berechnen Sie das Kapital!

	Zinsen	Zinssatz	Zeit
a)	215,73	7%	14.02. - 21.04.
b)	312,88	6,5 %	24.01. - 31.05..
c)	97,43	9 %	31.01. - 29.02.

3. Hoppel nimmt bei seiner Bank am 15.01. ein Darlehen auf über 8.000,00 €. Zu welchem Zinssatz war es ausgeliehen, wenn er am 21.03. einschließlich Zinsen 8.176,00 € zurückzahlt?

4. Zu wie viel % verzinst sich das in einem Mietshaus angelegte Kapital, wenn folgende Bedingungen gelten?

Kaufpreis	:	400.000,00	€
Eigenkapital	:	250.000,00	€
Hypothekenschulden	:	150.000,00	€ zu 8 %
Monatl. Mieteinnahmen	:	1.800,00	€
Hausaufwendungen je Quartal	:	600,00	€

5. Eine Liefererrechnung über 12.600,00 € war am 13.03. fällig. Wann haben wir die Rechnung tatsächlich beglichen, wenn uns der Lieferant 6 % Verzugszinsen zuzüglich 1 % Bearbeitungsgebühr berechnet und wir insgesamt 12.915,00 € bezahlten?

6. Die monatlichen Mieteinnahmen eines Mehrfamilienhauses betragen 3.400,00 €. An Kosten fallen an:

I. Hypothek über	:	110.000,00	€ zu 7 %
II. Hypothek über	:	50.000,00	€ zu 8 %
Jährliche Abschreibungen	:	8.000,00	€
Jährliche Reparaturen	:	2.600,00	€
Vierteljährl. öffentliche Abgaben	:	480,00	€

Welches Kapital legt der Käufer höchstens an, wenn es sich mit 4 % verzinsen soll?

7. Am 25.02. wurde ein Darlehen zu 9 % aufgenommen und am 05.06. wieder zurückgezahlt. Wie hoch war das Darlehen, wenn für diesen Zeitraum 62,50 € Zinsen gezahlt wurden?

8. Ein Kredithai verlangt für ein Anschaffungsdarlehen über 2 Monate zusätzlich zu den Zinsen noch eine Kreditprovision von 2 %. Welchem Jahreszinsfuß entsprechen die 2 % Provision?

9. Ein Golfprofi legt die Einnahmen der letzten Spiele bei seiner Bank an. Nach 4 Monaten erhält er 412.000,00 € ausbezahlt. Diese legt er erneut zum selben Zinssatz an und erhält nach weiteren 8 Monaten 436.720,00 € zurück.
   a) Zu welchem Zinssatz war das Geld angelegt?

b) Welchen Betrag legte er ursprünglich bei seiner Bank an?

10. Wir hätten am 10.07. die Rechnung eines Lieferanten bezahlen müssen. Die Überweisung in Höhe von 93.314,89 € erfolgte jedoch erst am 22.08. einschließlich 8 % Verzugszinsen. Wie hoch war der Rechnungsbetrag?

11. Eine Bank zahlte nach Abzug von 1 % Bearbeitungsgebühr (berechnet vom Darlehensbetrag) und 9 % Zinsen für eine Kreditgewährung vom 16.04. bis 16.08. 7.968,00 € aus. Ermitteln Sie den Darlehensbetrag, die Zinsen, den effektiven Zinssatz und die Bearbeitungsgebühr.

12. Zur Vorfinanzierung unserer Waren für das Weihnachtsgeschäft nehmen wir bei der Bank ein Darlehen auf für 90 Tage. Die Bank zieht 12 % Zinsen vorweg ab und zahlt uns am 15.10. 77.600,00 € aus. Welchen Betrag zahlen wir zurück?

13. Lohnt es sich, zwecks Ausnutzung des Skontoabzuges einen Bankkredit aufzunehmen, wenn die Bank 11 % Zinsen berechnet?
Rechnungsbetrag: 35.800,00 €; Zahlungsbedingungen: Bei Zahlung innerhalb 14 Tagen unter Abzug von 1,5 % Skonto oder innerhalb 60 Tagen netto Kasse.

14. Welchem Zinssatz entspricht jeweils der Skontoabzug bei folgenden Zahlungsbedingungen?
   a) Zahlung innerhalb 10 Tagen unter Abzug von 2 % Skonto oder 30 Tage Ziel.
   b) Zahlung innerhalb 14 Tagen unter Abzug von 2,5 % Skonto oder innerhalb 30 Tagen rein netto.

Kapitel 4: Personalaufwendungen

Stofftelegramm

- Lohnsteuer = Besondere Erhebungsform der Einkommensteuer
- Lohnsteuer = Steuer auf Einkünfte aus nichtselbstständiger Arbeit

Aufbau einer Lohn- bzw. Gehaltsabrechnung	Buchung
Bruttogehalt	
+ Vermögenswirksame Leistung des Arbeitgebers	
= Steuer- und sozialversicherungspflichtiges Gehalt	Gehälter
- Lohnsteuer	→ Sonst. Vbl. gegen Finanzamt
- Kirchensteuer	
- Solidaritätszuschlag	
- Arbeitnehmeranteil zur Soz. Vers.	Vbl. gegen Sozialversicher.
- Vermögenswirksame Anlage	Vbl. a. vermögenswirks. Leist.
= Nettogehalt (Auszahlung)	Bank (o. Ä.)

1. **Wie ist die Buchung durchzuführen?**
Seit 1. Januar 2006 sind die Sozialversicherungsbeiträge spätestens am drittletzten Bankarbeitstag des aktuellen Monats für das Gehalt des Folgemonats fällig. Dies bedeutet, dass die Unternehmen mit einigen Tagen Vorlaufzeit diese Beitragsschuld begleichen müssen, ohne in jedem Fall den exakten Betrag zu kennen (w. Personalfluktuation, Überstunden usw.). Mögliche Abweichungen werden im Folgemonat verrechnet. Damit ergeben sich folgende Buchungen:

Beispiel:

Bruttogehalt	3.500,00
Lohn- u. KiSt	475,00
Sozialversicherung	770,00
Nettogehalt	2.255,00

Der AG-Anteil zur SV beträgt 730,00 €.

1. Vor dem drittletzten Bankarbeitstag	Vorauszahlung der Sozialversicherungsbeiträge		
484	Vbl. gg. Sozialversicherungsträger	1.500,00	
	2800 Bank		1.500,00
2. Fälligkeit der Lohnzahlung	Bruttogehalt buchen, Verrechnung des Arbeitnehmeranteils zur Sozialversicherung, Steueranteil + Nettogehalt ermitteln und buchen.		
63	Gehälter	3.500,00	
	483 So. Vbl. gg. FA		475,00
	484 Vbl. gg. Sozialversicherungsträger		770,00
	280 Bank		2.255,00
641	AG-Anteil zur Sozialversicherung	730,00	
	484 Vbl. gg. Sozialversicherungsträger		730,00

3. Am 10. des Folgemonats	Zahlung der einbehaltenen Steueranteile		
483	So. Vbl. gg. FA	475,00	
	280 Bank		475,00

2. Die Behandlung von Vorschüssen

2.1 bei Gewährung

Forderungen an Mitarbeiter
an Kasse

2.2 bei Verrechnung

Der Vorschuss wird bei einer späteren Gehaltszahlung wieder verrechnet, indem dem Mitarbeiter ein geringerer Betrag ausbezahlt wird.

3. Freiwillige Sozialleistungen

Leistungen, die dem einzelnen Arbeitnehmer direkt zugute kommen, z. B. Prämie für 20-jährige Betriebszugehörigkeit, wird dem Konto **Gehälter** belastet und unterliegt der Lohnsteuer und Sozialversicherung.
Leistungen, die der Belegschaft allgemein zustehen, z. B. Betriebsveranstaltungen, Unterhalt der Werkskantine, werden dem Konto **Sonstige Personalaufwendungen** belastet. Ggf. ist die Vorsteuer zu beachten.

4. Sonderregelungen für Pflichtversicherte in der Sozialversicherung:

4.1 Pflegeversicherung:

	AN-Anteil	**AG-Anteil**
Kinderlose ab 23 J.	1,225 %	0,975 %
Allgemeiner Satz	0,975 %	

4.2 Krankenkasse:

Der Beitragssatz beträgt bundeseinheitlich nunmehr 14,9 %

Hiervon trägt der Arbeitgeber:	7,0 %	**14,9 %**
Satz des Arbeitnehmers:	7,9 %	

Übungsaufgaben

Buchen Sie!

1. Der Angestellte Franz Schwender erhält 800,00 EUR Vorschuss in bar.

2. Der verheiratete Abteilungsleiter Peter Kuhnle hat ein Kind. Er verdient 4.100,00 EUR .
Der Beitragssatz der Krankenkasse beträgt 14,9 %.
Weitere Angaben:

Vermögenswirksame Leistung des Arbeitgebers	20,00 EUR
Lohnsteuer	730,00 EUR
Kirchensteuer	58,40 EUR
Solidaritätszuschlag	40,15 EUR
Die Beitragsbemessungsgrenze der Krankenversicherung beträgt 3.750,00 EUR .	
Beitragssatz Rentenversicherung (BBG: 5.500,00 EUR)	19,9%
Beitragssatz Arbeitslosenversicherung (BBG: wie RV)	2,8 %
Beitragssatz Pflegeversicherung (BBG: wie KV)	1,95 %
Sparrate	40,00 EUR
Vorschussverrechnung	300,00 EUR

a) Erstellen Sie die Gehaltsabrechnung.
b) Ermitteln Sie den Arbeitgeberanteil zur Sozialversicherung
c) Buchen Sie die Zahlung der fälligen Sozialversicherungsbeiträge zum drittletzten Bankarbeitstag.
d) Buchen sie die Gehaltszahlung durch Banküberweisung und den AG-Anteil zur SV.
e) Buchen Sie die Überweisung der noch abzuführenden Steuern und vermögenswirksamen Leistungen.
f) Wie hoch ist die Kostenbelastung des Arbeitgebers?

3.

Bruttogehalt	3.900,00	Vorschussverrechnung	500,00
Lohn- u. KiSt, Solidaritätsz.	800,00	Sparrate	40,00
Soz.vers.anteil	790,00	vL AG	20,00

a) Erstellen Sie die Gehaltsabrechnung.
b) Buchen Sie die Zahlung der fälligen Sozialversicherungsbeiträge zum drittletzten Bankarbeitstag (Arbeitgeberanteil zur Sozialversicherung = 720,00 EUR).
c) Buchen Sie die Gehaltszahlung (Banküberweisung).
d) Buchen Sie den Arbeitgeberanteil zur Sozialversicherung.
e) Buchen Sie die Überweisung der noch abzuführenden Abgaben.

Verständnisfragen

1. Welche Lohn- bzw. Gehaltsabzüge werden verrechnet?

2. An wen müssen die noch abzuführenden Abgaben gezahlt werden?

3. Bei welcher Einkunftsart wird Lohnsteuer verrechnet?

4. Warum ist die Lohnsteuer ein durchlaufender Posten?

5. Nennen Sie die Beitragssätze der Sozialversicherungsarten.

Kapitel 5: Organisation der Buchführung

Stofftelegramm

Kontenrahmen = Zusammenstellung aller Kontenarten eines Wirtschaftszweiges (Industrie, Großhandel, Einzelhandel, Banken)

Notwendigkeit des Kontenrahmens:

- einheitliche Untergliederung der Kontenarten, klare Übersicht
- rasches Auffinden der Konten und maschinelle Verarbeitung wird unterstützt durch
  - ⇒ systematischen Aufbau
  - ⇒ Verwendung „sprechender“ Nummern (für Kontenklasse) und
  - ⇒ einheitlicher Kontenbezeichnung
- erleichtert Vergleich des eigenen Unternehmens mit den Daten früherer Perioden oder denen anderer Unternehmen

Kontenplan = Auszug aus dem Kontenrahmen unter Berücksichtigung der Erfordernisse des einzelnen Betriebes.

Systematik der Benummerung

2 0 0 1

→ Kontenklasse	2	:	Umlaufvermögen
→ Kontengruppe	20	:	Roh-, Hilfs-, Betriebsstoffe, Fremdteile
→ Kontenart	200	:	Rohstoffe, Fremdbauteile
→ Kontenunterart	2001	:	Bezugskosten (für Rohstoffe)

Aufbau des Schulkontenrahmens (Industrie)

Kontenklasse	Inhalt	Zugehörigkeit beim Abschluss		
0	Sachanlagen	Anlagevermögen	Aktiva	Bilanz
1	Finanzanlagen			
2	Umlaufvermögen	Umlaufvermögen		
3	Eigenkapital + Rückstellungen	Eigenkapital + Rückstellungen	Passiva	
4	Verbindlichkeiten	Fremdkapital		
5	Erträge	Ertragskonten	Ergebniskonten	GuV
6	Aufwendungen	Aufwandskonten		
7	Aufwendungen			
8	Ergebnisrechnung	Konten für Eröffnung und Abschluss		
9	Kosten- und Leistungsrechnung			

Übungsaufgaben

1. Nennen Sie vier Wirtschaftszweige, für die Kontenrahmen entwickelt wurden.

2. Unterscheiden Sie zwischen Kontenrahmen und Kontenplan.

3. Nennen Sie drei Argumente für die Entwicklung von Kontenrahmen.

4. In welcher Kontenklasse befinden sich
   a) Umlaufvermögen
   b) Eigenkapital
   c) Sachanlagen
   d) Finanzanlagen
   e) Verbindlichkeiten
   f) Aufwendungen
   g) Erträge

5. Unterscheiden Sie zwischen Grund- und Hauptbuch.

6. Nennen Sie fünf Beispiele für Nebenbücher.

Kapitel 6: Grundbuchungen ausgewählter Geschäftsfälle

6.1 Geschäftsfälle aus der Beschaffungs-, Produktions- und Absatzwirtschaft einschließlich Währungsumrechnung

Stofftelegramm

Buchungen in der Beschaffungswirtschaft

Grundbuchungen

Geschäftsfall	Buchungssatz
1. Kauf von Rohstoffen auf Ziel. Listenpreis 3.000,00 - 10 % Rabatt 300,00 = Zieleinkaufspr. 2.700,00 + Verpackung 100,00 + 19 % USt. 532,00 Einstandspreis, br 3.332,00	2000 Rohstoffe 2.700,00 2001 Bezugskosten 100,00 260 Vorsteuer 532,00 44 Verbindlichkeiten 3.332,00

Hinweis
- Sofortnachlässe (Rabatte) werden nicht gebucht.
- Verpackungskosten werden wie Frachtkosten behandelt (2001)

2. Wie Fall 1, Buchung nach dem **Just-in-time-Verfahren (= verbrauchsorientiert)**	600 Aufwendungen f. Rohstoffe 2.700,00 6001 Bezugskosten 100,00 260 Vorsteuer 532,00 44 Verbindlichkeiten 3.332,00

3. Wir senden Verpackung zurück und erhalten hierauf 60 % Gutschrift ***(kursiv = verbrauchsorientierte Alternative).***	44 Verbindlichkeiten 71,40 2001 Bezugskosten 60,00 ***(6001 Bezugskosten 60,00)*** 260 Vorsteuer 11,40

4. Transportkosten in Höhe von 150,00 € + 28,50 € USt. bar an Spedition.	2001 Bezugskosten 150,00 ***(6001 Bezugskosten 150,00)*** 260 Vorsteuer 28,50 282 Kasse 178,50

5. Fehlerhafte Fertigerzeugnisse im Nettowert von 500,00 € werden zurückgeschickt.	44 Verbindlichkeiten 595,00 2002 Rücksendungen 500,00 ***(6002 Rücksendungen 500,00)*** 260 Vorsteuer 95,00

6. Nach Mängelrüge gewährt uns der Lieferer einen Preisnachlass in Höhe von 20 %. Der Wert der Sendung betrug 1.785,00 € (incl. 19 % USt.)	44	Verbindlichkeiten	357,00	
		2002 Nachlässe		300,00
		(6002 Nachlässe		*300,00)*
		260 Vorsteuer		57,00

7. Wegen eines Firmenjubiläums gewährt uns der Lieferer einen Bonus in Höhe von 5 % des letzten Jahresumsatzes. Dieser betrug 285.600,00 € (incl. 19 % USt.)	44	Verbindlichkeiten	14.280,00	
		2004 Liefererboni		12.000,00
		(6004 Liefererboni		*12.000,00)*
		260 Vorsteuer		2.280,00

In Zukunft:
Seit 01.01.1999 gilt im Euroland für die Kursnotiz in Euro die **Mengennotierung**. Der Wechselkurs bezeichnet die **Menge** an ausländischen Geldeinheiten, die man für einen Euro erhält.

Beispiel: Eine Kursnotiz für den Schweizer Franken von 1,40 bedeutet daher
1 Euro = 1,40 sfrs

Umtausch Eurowährung ↔ Nicht-Eurowährung

Beachte: Der **Euro** steht im Mittelpunkt, wenn die Abwicklung eines An- oder Verkaufsgeschäftes von Sorten betrachtet wird.

Dies bedeutet:

Verkauf einer Fremdwährung = Ankauf von € = Verwendung des Geldkurses
Ankauf einer Fremdwährung = Verkauf von € = Verwendung des Briefkurses

Beispiel: Ein Bankkunde tauscht 1.000,00 € in Schweizer Franken um.
Geld: 1,39 Brief: 1,47

Lösung

Beim Verkauf der Schweizer Franken kauft die Bank diese 1.000,00 € an. Dies bedeutet die Verwendung des Geldkurses von 1,39

1,00 € = 1,39 sfr
1.000,00 € = X sfr

$$X = \frac{1000{,}00 \times 1{,}39}{1} = \mathbf{1.390{,}00\ sfr}$$

Buchungen bei Importgeschäften

Warenwert	→ Zollwert
- Rabatt	+ Zoll
- Skonto	+ Beförderungskosten bis zum
+ Verpackungskosten	1. Bestimmungsort
+ Transportkosten (Ausland)	= Bemessungsgrundlage für USt.
= Zollwert (= Bemessungsgrundlage für Zoll)	

Geschäftsfall	**Berechnungen und Buchungssätze**
Wir importieren aus einem Drittland Kunststoff-Formteile (= Rohstoffe). zum Preis von 5.800,00 €. Der Hersteller gewährt 15 % Rabatt. Die Frachtkosten bis zur Grenze betragen 350,00 €. Der Zoll beträgtg 380,00 €. Frachtkosten in Deutschland bis Bestimmungsort Kaufbeuren 220,00 € zuzüglich 19 % Einfuhrumsatzsteuer.	a) Listenpreis 5.800,00 € - 15 % Rabatt 870,00 € **= Rechnungsbetrag 4.930,00 €** + Fracht bis München 350,00 € **= Zollwert 5.280,00 €** + Zoll = 380,00 € + Fracht bis Kaufbeuren, netto 220,00 € **= Bemessungsgrundl. f. USt 5.880,00 €** davon **19 % Umsatzst. 1.117,20 €**
a) Ermitteln Sie den Rechnungsbetrag, den Zollwert und die Höhe und der Einfuhrumsatzsteuer. b) Bilden Sie die Buchungssätze für den Rechnungsbetrag einschl. Auslandsfracht und der Zahlung der Inlandsfracht, des Zollbetrages und der Umsatzsteuer.	**b) Buchungssätze** **RB + Auslandsfracht, bestandsorientiert** 2000 Rohstoffe 4.930,00 2001 Bezugskosten 350,00 44 Vbl 5.280,00 **RB + Auslandsfracht, verbrauchsorientiert** 600 Aufw. f. Rohstoffe 4.930,00 6001 Bezugskosten 350,00 44 Vbl 5.280,00 **Inlandsfracht** ***(in Klammer = verbrauchsorient.)*** 2001 Bezugskosten 220,00 ***(6001 Bezugskosten 220,00)*** 260 Vorsteuer 41,80 280 Bank 261,80 **Zoll** ***(in Klammer = verbrauchsorientiert)*** 2001 Bezugskosten 380,00 ***(6001 Bezugskosten 380,00)*** 260 Vorsteuer (1.117,20 – 41,80) 1.075,40 280 Bank 1.455,40

Buchungen in der Produktionswirtschaft

Bestandsorientiertes Verfahren

Indirekte Verbrauchsermittlung

Geschäftsfall	Berechnungen und Buchungssätze
Anfangsbestand an Rohstoffen 740.000,00 €; Zugänge 1.520.000,00 €; Endbestand lt. Inventur 370.000,00 € a) Berechnen Sie den Verbrauch.	a) Anfangsbestand 740.000,00 + Zugänge 1.520.000,00 = Zwischensumme 2.260.000,00 - Endbestand lt. Inv. 370.000,00 **= Verbrauch 1.890.000,00**
b) Buchung des Verbrauchs?	b) 600 Aufw. f. Rohst. 1.890.000,00 2000 Rohstoffe 1.890.000,00

Direkte Verbrauchsermittlung (Skontrationsmethode)

Anfangsbestand an Rohstoffen 740.000,00 €, Zugänge 1.520.000,00 €, Entnahmen lt. Entnahmescheinen 1.890.000,00€. a) Berechnen Sie den buchmäßigen Endbestand.	a) Anfangsbestand 740.000,00 + Zugänge 1.520.000,00 = Zwischensumme 2.260.000,00 - Verbrauch lt. ES 1.890.000,00 **= Endbestand 370.000,00**
b) Buchung des Verbrauchs?	b) wie oben

Verbrauchsorientiertes Verfahren

Die beschafften Rohstoffe werden fertigungssynchron (just-in-time) angeliefert und direkt in den Fertigungsprozess eingeschleust. Deren Beschaffung wird daher unmittelbar als Aufwand auf dem Konto **600 Aufwendungen für Rohstoffe** erfasst (Analoges gilt für Handelswaren...)

Fall der Bestandsmehrung

Nicht alle beschafften Rohstoffe wurden im Rahmen der Produktion verbraucht. Der Bestand am Ende der Abrechnungsperiode ist demnach höher als zu Beginn (= Bestandsmehrung). Das Konto **600 Aufwendungen für Rohstoffe** erfasste folglich **mehr** als tatsächlich verbraucht wurde - und zwar genau jener Betrag, um den der Bestand zugenommen hat.

Buchungssatz

2000 Rohstoffe Höhe der Bestandsmehrung
600 Aufwendungen für Rohstoffe Höhe der Bestandsmehrung

Fall der Bestandsminderung

Es wurden mehr Rohstoffe verbraucht als fertigungssynchron angeliefert und auf dem Konto 600 erfasst wurden. Dieser erhöhte Verbrauch war nur möglich, indem vom Bestand an Rohstoffen zusätzliche Entnahmen durchgeführt wurden. Der Bestand am Ende der Abrechnungsperiode ist demnach geringer als zu Beginn (= Bestandsminderung). Das Konto **600 Aufwendungen für Rohstoffe** erfasste folglich **weniger** als tatsächlich verbraucht wurde - eben jener Betrag, um den der Bestand vermindert wurde.

Buchungssatz

600 Aufwendungen für Rohstoffe		Höhe der Bestandsminderung	
	2000 Rohstoffe		Höhe der Bestandsminderung

Geschäftsfall	**Berechnungen und Buchungssätze**
Rohst. / Betr.st. AB 40.000,00 / 80.000,00 EB 75.000,00 / 50.000,00 Zugänge 120.000,00 / 140.000,00 a) Ermitteln Sie jeweils den Verbrauch.	**Rohstoffe** Bestandsmehrung von 35.000,00 **Ermittlung des Verbrauchs** Zugänge 120.000,00 - Bestandsmehrung 35.000,00 **= Verbrauch von Rohstoffen 85.000,00** **Betriebsstoffe** Bestandsminderung von 30.000,00 **Ermittlung des Verbrauchs** Zugänge 140.000,00 + Bestandsminderung 30.000,00 **= Verbrauch von Betriebsst. 170.000,00**
b) Buchungssätze?	b) **Beschaffung/Verbrauch der Rohstoffe** 600 Aufw. f. Rohstoffe 120.000,00 260 Vorsteuer 22.800,00 44 Vbl. 142.800,00 **Bestandsveränderung (Bestandsmehrung)** 2000 Rohstoffe 35.000,00 600 Aufw. f. Rohstoffe 35.000,00 **Beschaffung/Verbrauch der Betriebsstoffe** 603 Aufw. f. Betriebsstoffe 140.000,00 260 Vorsteuer 26.600,00 44 Vbl. 166.600,00 **Bestandsveränderung (Bestandsminderung)** 603 Aufw. f. Betriebsst. 30.000,00 203 Betriebsst. 30.000,00

Buchungen in der Absatzwirtschaft

Grundbuchungen

Geschäftsfall	Buchungssatz
1. Verkauf von Fertigerzeugnissen auf Ziel Listenpreis 5.500,00 - 8 % Rabatt 440,00 5.060,00 + Verpackung 80,00 + Fracht 120,00 + 19 % Ust. 999,40 6.259,40	240 Forderungen 6.259,40 500 Umsatzerlöse 5.260,00 480 Umsatzsteuer 999,40 **Hinweis** • Sofortnachlässe werden nicht gebucht. • In Rechnung gestellte Fracht- und Verpackungskosten werden wie Umsatzerlöse behandelt.
2. Für eine „Lieferung frei Haus" übernehmen wir die Frachtkosten der Spedition, 150,00 €.	614 Frachten 150,00 260 Vorsteuer 28,50 280 Bank 178,50
3. Kunde (aus Fall 1) sendet Verpackung zurück und erhält Gutschrift in Höhe von 50 %.	5001 Rücksendungen 40,00 480 USt. 7,6 240 Forderungen 47,60
4. Fertigerzeugnisse im Nettowert von 700,00 € werden vom Kunden wegen eines Materialfehlers zurückgeschickt.	5001 Rücksendungen 700,00 480 USt. 133,00 240 Forderungen 833,00
5. Wegen leichter Farbabweichungen gewähren wir nach Mängelrüge einen Preisnachlass von 25 %. Bruttowert der Sendung 4.165,00 €	5001 Nachlässe 875,00 480 USt. 166,25 240 Forderungen 1.041,25
6. Auf den Quartalsumsatz von brutto 107.100,00 € gewähren wir dem Kunden einen Bonus von 8 %.	5003 Kundenboni 7.200,00 480 USt. 1.368,00 240 Forderungen 8.568,00

Buchungen bei Exportgeschäften

Zur Förderung des Exportes sind Ausfuhrgeschäfte von der Umsatzsteuer befreit. Dies gilt auch für die Besteuerung der Nebenkosten, wie z. B. Verpackung, Fracht.

Geschäftsfall	Berechnungen und Buchungssätze
Wir exportieren 3 Edelstahltanks in die Schweiz zum Rechnungsbetrag von 810.000,00 sfrs. Die Spedition stellt uns für den Spezialtransport 24.000 sfrs in Rechnung, die wir an unseren Kunden weiterbelasten. Geld: 1,39; Brief: 1,47 a) Ermitteln Sie den €-Betrag der Ausgangsrechnung. b) Buchungssatz?	Der Kunde überweist 834.000,00 sfrs. Ankauf sfrs = Verkauf Euro = Briefkurs 1,47 **a)** Warenwert 551.020,41 € Transportkosten 16.326,53 € **Rechnungsbetrag 567.346,94 €** **b) Buchungssatz** 240 Forderungen 567.346,94 500 Umsatzerlöse 567.346,94

Übungsaufgaben

Buchen Sie!

(Geben Sie jeweils die bestands- und verbrauchsorientierte Alternative an.)

1.

ER Rohstoffe	5.000,00 €
- 20 % Rabatt	1.000,00 €
= Zieleinkaufspreis, netto	4.000,00 €
+ 19 % USt.	760,00 €
= Zieleinkaufspreis, brutto	4.760,00 €

2. Zu 1. erhalten wir die Rechnung der Spedition über Transportkosten in Höhe von 238,00 € incl. 19 % USt.

3. Wegen einer Mängelrüge gewährt uns ein Lieferant einen Preisnachlass in Höhe von 20 % auf den Rechnungsbetrag von 17.850,00 €.

4. Wegen Falschlieferung senden wir Rohstoffe zurück. Rechnungsbetrag 9.520,00 €.

5. Da der Halbjahresumsatz mit unserem Lieferanten 100.000,00 € überschritt, erhalten wir von ihm eine Bonusanzeige über 5 % des Halbjahresumsatzes. Dieser betrug 172.550,00 €.

6. Auf dem Konto 2001 (bzw. 6001) stehen 9.700,00 €. Wie lautet die Abschlussbuchung am 31.12.?

7. Von der belgischen Stahlhandelsgesellschaft Legrand erhalten wir eine Lieferung Walzstahl. Der Listenpreis beträgt 45.000,00 €. Die Firma Legrand gewährt 7,5 % Rabatt. Frachtkosten bis Bremerhaven 1.750,00 €. Zoll = 9 % des Zollwertes. Frachtkosten in Deutschland bis zum 1. Bestimmungsort Osnabrück 640,00 €, 19 % USt.
   a) Ermitteln Sie den Rechnungsbetrag, den Zollwert, die Höhe des Zolls, die Bemessungsgrundlage für und die Höhe der Umsatzsteuer.
   b) Bilden Sie (bestands- und verbrauchsorientiert) die Buchungssätze für den Rechnungsbetrag und die Auslandsfracht, die Inlandsfracht und den Zoll.

8. Verbrauch von Rohstoffen Materialentnahmeschein 4.500,00 €.

9. Konto Hilfsstoffe:
   Anfangsbestand: 5.000,00 €; Schlussbestand: 12.000,00 €;
   Zukäufe: 105.000,00 €
   Buchung des Verbrauchs?

10.

	Rohstoffe	Hilfsstoffe
Anfangsbestand	150.000,00	45.000,00
Endbestand	110.000,00	80.000,00
Zugänge	540.000,00	180.000,00

   a) Berechnen Sie für beide Stoffekonten den Verbrauch.
   b) Bilden Sie jeweils die Buchungssätze für die verbrauchsorientierte Beschaffung und die Bestandsveränderung.

11.

Ausgangsrechnung für Fertigerzeugnisse	10.000,00 €
+ 19 % USt.	1.920,00 €
	11.920,00 €

12. Obigen Auftrag (Nr. 11.) liefern wir „frei Haus". Rechnung der Spedition:

Transportkosten	800,00 €
+ 19 % USt.	152,00 €
	952,00 €

13. Kunde sendet Fertigerzeugnisse zurück: 1.190,00 € incl. 19 % USt.

14. Kunde Schwätzer erhielt die Erzeugnisse versehentlich in einer falschen Farbe. Auf den Rechnungsbetrag in Höhe von 7.735,00 € erhält er daher eine Gutschrift in Höhe von 15 %.

15. Wir feiern Firmenjubiläum. Kunde Schnorr erhält einen Bonus über 5 % auf den letzten Quartalsumsatz von 202.300,00 €.

16. Verkauf von säurefesten Edelstahlbehältern nach Italien zum Rechnungsbetrag von 125.500,00 €. Die italienische Spedition berechnet für den Transport nach Stresa 4.200,00 €. Bilden Sie hierfür den Buchungssatz.

Übungsaufgaben zur Währungsumrechnung im Inland

1. Familie Schnopfer fährt nach Florida in Urlaub. Vorsorglich kauft Herr Schnopfer noch US-$ im Wert von 2.000,00 €. Geld: 1,18; Brief: 1,33. Wie viel US-$ erhält er?

2. Während des Urlaubs wird das Hotelzimmer der Familie Schnopfer ausgeraubt. Nach 4 Wochen überweist die amerikanische Versicherungsgesellschaft des Hotels 1.200 US-$ auf das Bankkonto. Wie viele € werden dem Konto gutgeschrieben?

3. Herr Knopper will einen Skirulaub in den Kanadischen Bergen verbringen. Für die beiden Wochen verlangt das Hotel eine Vorauszahlung in Höhe von 1.500 kan-$.
   Geld: 1,24; Brief: 1,40
   Welchem €-Betrag entspricht die geforderte Vorauszahlung?

4. Knut Brösel hatte eine Erbtante in Zermatt. Als dieselbe verstarb, hinterließ sie ihm per Testament 250.00,00 sfrs. Welchen €-Betrag schreibt die Bank Knut Brösel gut?
   Geld: 1,39; Brief: 1,47

Verständnisfragen

1. Erklären Sie die Begriffe
   a) Rohstoffeinsatz b) Wareneinsatz
2. Erklären Sie die beiden Möglichkeiten zur Ermittlung des Stoffverbrauchs beim bestandsorientierten Verfahren.
3. Nennen Sie jeweils 2 Vorteile der direkten bzw. der indirekten Methode zur Ermittlung des Stoffverbrauchs.
4. Bei der verbrauchsorientierten Buchung des Materialverbrauches sind die Bestandsveränderungen zu berücksichtigen.
   a) Weshalb sind diese Bestandsveränderungen zu berücksichtigen?
   b) Wie wirken sich Bestandsmehrungen (B'minderungen) auf die Höhe des fertigungssynchron gebuchten Verbrauchs aus?

6.2 Geschäftsfälle aus dem Zahlungs- und Kreditverkehr

Übungsaufgaben

Buchen Sie!

1. Zahlung einer Liefererrechnung unter Abzug von 2 % Skonto durch Banküberweisung. Rechnungsbetrag: 4.760,00 €.
2. Banküberweisung eines Kunden für eine Rechnung über 11.900,00 € unter Abzug von 3 % Skonto
3. Überweisung eines Kunden unter Abzug von 2 % Skonto, Skontobetrag = 99,96 €. Wie hieß die Nettobuchung?
4. Wir überweisen die Zahllast an das Finanzamt 22.845,00 €.
5. Kauf eines LKW 120.000,00 €
   + 19 % USt. 22.800,00 €
   142.800,00 €
   Die Zahlung erfolgt durch Bankscheck.
6. a) Wir nehmen ein Bankdarlehen auf über 60.000,00 EUR . Die Bank schreibt den Betrag unserem Kontokorrentkonto gut.
   b) Die Bank belastet uns mit 1 % der Darlehenssumme als Bearbeitungsgebühr.
   c) Wir überweisen die 1. Zinsrate: 450,00 EUR .
   d) Wir begleichen Tilgungsrate: 1.250,00 EUR .

Verständnisfragen

1. Wie wirken sich Lieferer- bzw. Kundenskonti erfolgsmäßig aus?

6.3 Beschaffung, Nutzung und Verkauf von Anlagen

Stofftelegramm

Kauf von Sachanlagen

Kaufpreis (ohne Umsatzsteuer)		
+ Anschaffungsnebenkosten	→	Einmalige Ausgaben im Zusammenhang mit der Anschaffung, z. B. • Montagekosten • Transportkosten • Verpackungskosten • Zölle • Notariatskosten • Grund**erwerb**steuer (nicht Grundsteuer)
- Anschaffungkostenminderungen	→	Skonti, Rabatte, Boni
= Anschaffungskosten	→	Aktivierungsbetrag (= gebuchter Betrag auf dem Aktivkonto)

Merke! Generell gilt: Was nicht aktiviert wird, ist Aufwand!

Geringwertige Wirtschaftsgüter

Dies sind abnutzbare, bewegliche Güter des Anlagevermögens, deren Anschaffungs- bzw. Herstellkosten einen bestimmten Betrag nicht übersteigt. Seit dem Jahr 2010 sind bis zu drei unterschiedliche Verfahren der Abschreibung möglich.

Anschaffungs- bzw. Herstell-kosten	**AK bis 150,00 EUR**	**AK über 150,00 EUR bis 410,00 EUR**	**AK über 410,00 EUR bis 1.000,00 EUR**
Verfahren der Abschreibung	Sofort als Aufwand buchen	Wahlrecht: 1) Sofortabschreibung im Jahr der Anschaffung/ Herstellung oder 2) Poolabschreibung (wie rechts) oder 3) nach gewöhnlicher Nutzungsdauer	Wahlrecht: 1) Poolabschreibung, d. h. jahresweise Gruppierung der Wirtschaftsgüter und pauschale, lineare Abschreibung über 5 Jahre, und zwar auch dann, wenn das Anlagegut im Laufe dieser 5 Jahre aus dem Anlagevermögen ausscheidet, z. B. wegen Abnutzung, Beschädigung, Verkauf oder 2) nach gewöhnlicher Nutzungsdauer

Wertminderung des Anlagevermögens

Lineare Abschreibung siehe Kapitel 1.9

Degressive Abschreibung

Der degressive Abschreibungssatz beträgt maximal das zweieinhalbfache des zugehörigen linearen Abschreibungssatzes. Obergrenze = 25 %.

Unterschied zwischen

Linearer Abschreibung

- Abschreibung vom Anschaffungswert
- zulässig für alle nutzbaren Anlagegegenstände
- konstante Afa-Beträge
- führt am Ende der Nutzungsdauer zu einem Restwert von 0

Degressiver Abschreibung

- Abschreibung vom Buchwert
- zulässig nur bei beweglichen Anlagegegenständen
- fallende Afa-Beträge
- führt nie zu Restwert = 0, daher Übergang zu linearer Methode notwendig

Wann Übergang von degressiv auf linear?
Wenn degressiver Afa-Betrag < linearer Afa-Betrag für Restlaufzeit

Buchungssatz

650 Abschreibungen auf Sachanlagen an xxx Anlagenkonto

Verkauf gebrauchter Anlagen

Geschäftsvorfall	**Buchungssatz**				
Verkauf eines betriebseigenen PKW mit einem Buchwert von 7.000,00 € für					
a) 7.000,00 €	**Verkauf ohne Buchgewinn bzw. -verlust**				
	240	Forderungen		8.330,00	
		5461	Erl. a. AV-Abg.		7.000,00
		480	USt.		1.330,00
	5461	Erl. a. AV-Abg.		7.000,00	
		084	Fuhrpark		7.000,00
b) 9.000,00 €	**Verkauf mit Buchgewinn**				
	240	Forderungen		10.710,00	
		5461	Erl. a. AV-Abg.		9.000,00
		480	USt.		1.710,00
	5461	Erl. a. AV-Abg.		9.000,00	
		084	Fuhrpark		7.000,00
		546	Erträge a. AV-Abg.		2.000,00

c) 6.000,00 €	**Verkauf mit <u>Buchverlust</u>**			
	240	Forderungen	7.140,00	
		6961 Erl. a. AV-Abg.		6.000,00
		480 USt.		1.140,00
	6961	Erl. a. AV-Abg.	6.000,00	
	696	Verluste a. AV-Abg.	1.000,00	
		084 Fuhrpark		7.000,00

Übungsaufgaben

Buchen Sie!

1. Kauf einer Maschine auf Ziel: netto 30.000,00 € + 19 % USt. Transportkosten 700,00 € netto + 19 % USt. Montagekosten 1.500,00 € + 19 % USt.
   a) Buchen Sie die Eingangsrechnung.
   b) Buchen Sie die Zahlung unter Abzug von 2 % Skonto (nur auf den Maschinenwert)

2. Kauf eines LKW: Kaufpreis netto 120.000,00 €, Spezialaufbau 11.000,00 € netto. Anhängerkupplung 1.200,00 € netto. Überführungskosten 1.000,00 € netto, Zulassungskosten 400,00 € netto.

   Wir überweisen die Kfz-Steuer in Höhe von 1.600,00 € sowie die Haftpflichtversicherung in Höhe von 2.300,00 €. Tankfüllung: 500,00 € + 19 % USt.
   a) Ermitteln Sie die Anschaffungskosten.
   b) Buchen Sie den Kauf auf Ziel sowie die Nebenkosten.
   c) Buchen Sie die Zahlung des LKW unter Abzug von 2 % Skonto.

3. Kauf eines Betriebsgrundstückes: Kaufpreis 400.000,00 €, 3,5 % Grunderwerbsteuer vom Kaufpreis, Maklergebühr 9.000,00 € + 19 % USt. Kosten des Notars 600,00 € + 19 % USt. Kanalanschlusskosten 5.000,00 € + 19 % USt. Grundsteuer 900,00 €.
   Ermitteln Sie die Anschaffungskosten und buchen Sie die Zahlung per Banküberweisung.

4. Was versteht man unter Aktivierung?

5. Wie wird der aktivierungspflichtige Betrag beim Kauf von Anlagen ermittelt?

6. Erklären Sie den Begriff „***Anschaffungsnebenkosten***“. Nennen Sie 5 Beispiele.

7. Nennen Sie drei Beispiele für Anschaffungskostenminderungen.

8. Welche der folgenden Kosten sind ***nicht*** Bestandteil der Anschaffungskosten, also nicht aktivierungsfähig? (Begründung)
   a) Kfz-Versicherung
   b) Kfz-Steuer
   c) Transportversicherung
   d) Finanzierungskosten im Zusammenhang mit der Anschaffung
   e) Fundamentierungskosten
   f) Erschließungskosten
   g) Baugenehmigungsgebühr
   h) Grundsteuer
   i) Grunderwerbsteuer

9. Warum muss der Wert eines ***bebauten Grundstücks*** in Bodenwert und Gebäudewert aufgeteilt werden?

10. Beim Kauf eines Grundstücks fallen folgende Ausgaben an:

Anschaffungspreis	200.000,00 EUR
+ Grunderwerbsteuer	7.000,00 EUR
+ Notariats-, Vermessungs- u. Grundbuchkosten	6.000,00 EUR
	213.000,00 EUR

Gezahlte Grundsteuer	200,00 EUR
Fremdkapitalzinsen zur Finanzierung des Grundstücks	800,00 EUR

a) Mit welchem Wert ist das Grundstück zu aktivieren?
b) Begründen Sie Ihre Entscheidung.

11. Erklären Sie die buchhalterische Behandlung der GWG.

Verständnisfragen

1. Worin unterscheiden sich lineare und degressive Abschreibung?

2. Welcher steuerliche Zusammenhang hinsichtlich der Höhe des Abschreibungssatzes besteht zwischen linearer und degressiver Abschreibung?

3. Welche Abschreibungsmethode kommt der Realität am nächsten? Begründung.

4. Vergleichen Sie die degressive und lineare Abschreibungsmethode hinsichtlich ihrer erfolgsmäßigen Auswirkungen in den
   a) ersten b) späteren Nutzungsjahren.

5. a) Welche Abschreibungsmethode würden Sie bevorzugen, wenn Ihre Bilanz und GuV in den nächsten Jahren aufgrund einer geplanten Aufnahme von Fremdkapital eine hohe Kreditwürdigkeit ausstrahlen soll? Begründung.
   b) Welche Abschreibungsmethode würden Sie bevorzugen, wenn sich die Unternehmung momentan im
      - Verlustbereich • Gewinnbereich befindet? Begründung.

6. Ermitteln Sie die linearen und degressiven Abschreibungssätze in folgenden Fällen:
   Nutzungsdauer:
   a) 10 Jahre d) 20 Jahre
   b) 5 Jahre e) 12 Jahre
   c) 8 Jahre

7. Für jeden Gegenstand des abnutzbaren Anlagevermögens ist ein Abschreibungsplan aufzustellen, aus dem alle Daten hervorgehen müssen, die bei der Errechnung künftiger Abschreibungsbeträge zu beachten sind. Nennen Sie diese Daten.

8. Anschaffungskosten eines Lkw am 02.01.01: 40.000,00 EUR . Nutzungsdauer laut AfA-Tabelle: 8 Jahre.
   Erstellen Sie eine Abschreibungstabelle für die lineare und degressive Abschreibungsmethode. Wechseln Sie bei der degressiven Methode zum optimalen Zeitpunkt auf die lineare Methode (optimaler Zeitpunkt, wenn der lineare Abschreibungsbetrag für die Restlaufzeit den degressiven Abschreibungsbetrag übersteigt).

9. Eine Transporteinrichtung wurde in den letzten 3 Jahren degressiv mit je 20 % abgeschrieben. Restbuchwert: 53.760,00 €. Wie hoch waren die Anschaffungskosten?

Buchen Sie!

1. Verkauf einer gebrauchten Maschine, Buchwert 10.000,00 € für
   a) 10.000,00 €
   b) 12.000,00 €
   c) 7.000,00 € + jeweils 19 % USt.

2. Kauf eines LKW für 100.000,00 € + 19 % USt. Ein gebrauchter LKW, Restbuchwert = 25.000,00 €, wird für
   a) 35.000,00 € + 19 % USt.
   b) 20.000,00 € + 19 % USt.
   in Zahlung gegeben. Die Restzahlung erfolgt per Banküberweisung.

Kapitel 7: Jahresabschluss

7.1 Vorbereitende Abschlussbuchungen

Stofftelegramm

Reihenfolge der Buchungen beim Abschluss des Hauptbuches

Art der Buchung	Buchungssatz
1. Vorbereitende Abschlussbuchungen **1.1 Bestandsveränderungen**	**Zunächst:** Übernahme der Endbestände lt. Inventur in SB 801 Schlussbilanz 21/22 Unf. Erzeugn./ Fertigerzeugn. **Bei Mehrbestand:** 21/22 Unf. Erzeugn./ Fertigerzeugn. 52 Bestandsveränderungen **Bei Minderbestand:** 52 Bestandsveränderungen 21/22 Unf. Erzeugn./ Fertigerzeugn.
1.2 Aufwendungen für Waren	**Zunächst:** Übernahme des Endbestandes lt. Inventur in SB 801 Schlussbestand 221 Handelswaren **Buchen Wareneinsatz** 608 Aufwendungen für Handelswaren 221 Handelswaren
1.3 Abschreibungen	65 Abschreibungen xxx Anlagenkonto
1.4 Umbuchen der Vorsteuer	480 Umsatzsteuer 260 Vorsteuer
1.5 Abschluss der Unterkonten **1.5.1 im Einkaufsbereich** (am Beispiel Rohstoffe)	
1.5.1.1 Bezugskosten	200 Rohstoffe 2001 Bezugskosten für Rohstoffe
1.5.1.2 Preisnachlässe und Rücks.	2002 Preisnachlässe für Rohstoffe 200 Rohstoffe
1.5.1.3 Liefererskonti	2003 Liefererskonti für Rohstoffe 200 Rohstoffe
1.5.1.4 Liefererboni	2004 Liefererboni für Rohstoffe 200 Rohstoffe

1.5.2 im Verkaufsbereich	
1.5.2.1 Preisnachlässe und Rücks.	500 Umsatzerlöse 5001 Preisnachlässe
1.5.2.2 Kundenskonti	500 Umsatzerlöse 5002 Kundenskonti
1.5.2.3 Kundenboni	500 Umsatzerlöse 5002 Kundenboni
2. Abschluss der Aufwands- und Ertragskonten	**Abschluss Aufwandskonto:** 802 GuV xxx Aufwandskonto **Abschluss Ertragskonto:** xxx Ertragskonto 802 GuV
3. Abschluss des GuV-Kontos	**Bei Gewinn:** 802 GuV 300 Eigenkapital **Bei Verlust:** 300 Eigenkapital 802 GuV
4. Abschluss d. Bestandskonten	**Aktivkonten:** 801 Schlussbilanz xxx Aktivkonto **Passivkonten:** xxx Passivkonto 801 Schlussbilanz

Zeitliche Abgrenzung

Sonstige Forderungen/ Sonstige Verbindlichkeiten

Gemeinsames Kennzeichen:

- Zahlungsvorgang ganz **im neuen Jahr**
- Betrag gehört **wirtschaftlich ganz oder teilweise ins alte Jahr**.

Situation I: Zahlungsvorgang = **Einzahlung** im neuen Jahr

Beispiel: Zinsen für ausgeliehenes Darlehen (12 % p. a./ 100.000,00 €) werden von unserem Schuldner am 01.02. und am 01.08. nachträglich bezahlt.

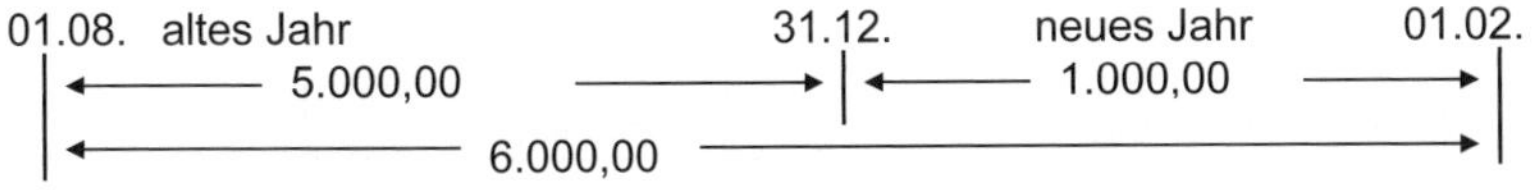

Buchung am 31.12.

269	Sonstige Forderungen	5.000,00	
	571 Zinserträge		5.000,00

Buchung bei Zahlungseingang

			Soll	Haben
280	Bank		6.000,00	
	269	Sonstige Forderungen		5.000,00
	571	Zinserträge		1.000,00

Allgemein

Buchungssatz im alten Jahr:

269	Sonstige Forderungen		(Betrag altes Jahr)	
	xxx	Ertragskonto		(Betrag altes Jahr)

Buchungssatz im neuen Jahr:

280	Bank o. Ä.		(Gesamtbetrag)	
	269	Sonstige Forderungen		(Betrag altes Jahr)
	xxx	Ertragskonto		(Betrag neues Jahr)

Situation II: Zahlungsvorgang = **Auszahlung** im neuen Jahr

Beispiel: Miete für Lagerraum zahlen wir am 01.03. und am 01.09. nachträglich, 3.000,00 €.

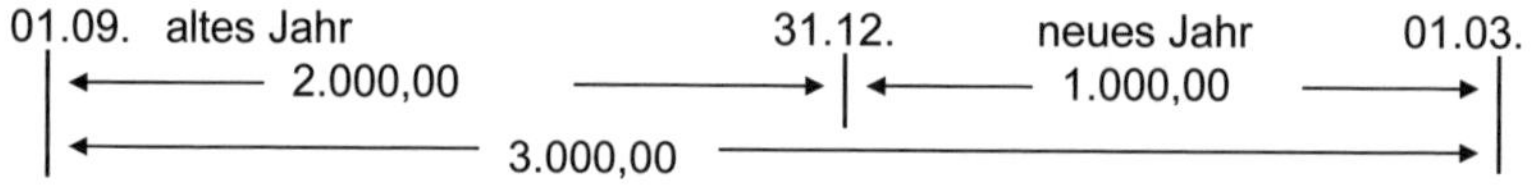

Buchung am 31.12.

670	Mieten		2.000,00	
	489	Sonstige Verbindlichkeiten		2.000,00

Buchung bei Zahlungsausgang

670	Mieten		1.000,00	
489	Sonstige Verbindlichkeiten		2.000,00	
	280	Bank		3.000,00

Allgemein

Buchungssatz im alten Jahr:

xxx	Aufwandskonto		(Betrag altes Jahr)	
	489	Sonstige Verbindlichkeiten		(Betrag altes Jahr)

Buchungssatz im neuen Jahr:

xxx	Aufwandskonto		(Betrag neues Jahr)	
489	Sonstige Verbindlichk.		(Betrag altes Jahr)	
	280	Bank o. Ä.		(Gesamtbetrag)

Aktive Rechnungsabgrenzung/ Passive Rechnungsabgrenzung

Gemeinsames Kennzeichen:

- Zahlungsvorgang ganz **im alten Jahr**
- Betrag gehört **wirtschaftlich ganz oder teilweise ins neue Jahr**.

Situation I: Zahlungsvorgang = **<u>Auszahlung</u>** im alten Jahr

Beispiel: Beim Jahresabschluss wird festgestellt, dass wir am 01.03. die Kfz-Versicherung in Höhe von 720,00 € für ein Jahr im Voraus durch Postscheck bezahlt haben.

01.03. altes Jahr — 31.12. — neues Jahr — 01.03.
← 600,00 → | ← 120,00 →
← 720,00 →

Buchung am 01.03.

690	Versicherungsbeiträge		720,00	
	281	Postgiro		720,00

Buchung am 31.12.

290	Aktive Rechnungsabgrenzung		120,00	
	690	Versicherungsbeiträge		120,00

Buchung zu Beginn des neuen Jahres

690	Versicherungsbeiträge		120,00	
	290	Aktive Rechnungsabgrenzung		120,00

<u>A l l g e m e i n</u>

Buchungssatz bei Zahlung:

xxx	Aufwandskonto		(Gesamtbetrag)	
	280	Bank o. Ä.		(Gesamtbetrag)

Buchungssatz bei Jahresabschluss:

290	Aktive Rechnungsabgr.		(Betrag neues Jahr)	
	xxx	Aufwandskonto		(Betrag neues Jahr)

Buchungssatz am Anfang des neuen Jahres:

xxx	Aufwandskonto		(Betrag neues Jahr)	
	290	Aktive Rechnungsabgr.		(Betrag neues Jahr)

Situation II: Zahlungsvorgang = **<u>Einzahlung</u>** im alten Jahr

Beispiel: Im Konto Zinserträge ist eine Zinszahlung unseres Darlehensschuldners über 1.800,00 € für die Zeit vom 01.08. bis 01.02. des nächsten Jahres enthalten.

01.08. altes Jahr — 31.12. — neues Jahr — 01.02.
← 1.500,00 → | ← 300,00 →
← 1.800,00 →

Buchung am 01.08.

280	Bank		1.800,00	
	571	Zinserträge		1.800,00

Buchung am 31.12.

571	Zinserträge	300,00	
	490 Passive Rechnungsabgr.		300,00

Buchung zu Beginn des neuen Jahres

490	Passive Rechnungsabgr.	300,00	
	571 Zinserträge		300,00

Allgemein

Buchungssatz bei Zahlung:

280	Bank o. Ä.	(Gesamtbetrag)	
	xxx Ertragskonto		(Gesamtbetrag)

Buchungssatz bei Jahresabschluss:

xxx	Ertragskonto	(Betrag neues Jahr)	
	490 Passive Rechnungsabgr.		(Betrag neues Jahr)

Buchungssatz am Anfang des neuen Jahres:

490	Passive Rechnungsabgr.	(Betrag neues Jahr)	
	xxx Ertragskonto		(Betrag neues Jahr)

Rückstellungen → Verbindlichkeiten, wobei Höhe und/oder Fälligkeit ungewiss ist.

Folge: Schätzung notwendig

Rückstellungen können gebildet werden für:

- ungewisse Verbindlichkeiten
- drohende Verluste aus schwebenden Geschäften
- unterlassene Instandhaltungsaufwendungen
- Gewährleistungen

Bildung einer Rückstellung:

xxx	**Aufwandskonto**	**an**	**38/39**	**Rückstellungen**

Auflösung der Rückstellung:

a) Ertragsfall

38/39	**Rückstellungen**	**an**	**280**	**Bank o. Ä.**
			548	**Erträge aus der Auflösung von Rückstellungen**

b) Aufwandsfall

38/39	**Rückstellungen**			
699	**Periodenfremde Aufwendungen**	**an**	**280**	**Bank o. Ä.**

Abschlussübersicht

(auch Betriebsübersicht, Bilanzübersicht)= **tabellarische** Darstellung des Abschlusses **auf einem Blatt**.

Aufgabe: Kompakte und übersichtliche Darstellung der Abschlussdaten für den Unternehmer

1. Summenbilanz: Enthält Summen der Soll- und Haben-Seiten der Konten. Wichtig zur Kontrolle! Summen der Soll- und Haben-Seite in der Summenbilanz müssen übereinstimmen.

2. Saldenbilanz I: Für jedes Konto der Summenbilanz wird der Saldo ermittelt und hier auf der wertmäßig größeren Seite eingetragen. Die Summen beider Seiten müssen übereinstimmen.

3. Umbuchungen: Enthält vorbereitende Abschlussbuchungen, z. B.:
- Abschreibungen an 0xx Anlagenkonto
- Abschluss des Kontos 3001 Privat auf 300 Eigenkapital
- Unterkonten 2001 - 2004 auf 2000 Rohstoffe (entsprechendes gilt für 202 Hilfsstoffe, 203 Betriebsstoffe, 204 Sonst. Material und 6001 - 6004 auf 600 Aufwendungen für Rohstoffe bei verbrauchsorientierter Buchung)
- Umsatzsteuer an 260 Vorsteuer
- Warenaufwand an 200 Waren

4. Saldenbilanz II: Enthält Verrechnung von Saldenbilanz I mit den Umbuchungen. Probe auf Übereinstimmung der Summen!

5. Schlussbilanz: Enthält die Salden der Bestandskonten. Summen stimmen nicht überein. Differenz = Reingewinn (falls Aktiva > Passiva) oder Reinverlust (falls Aktiva < Passiva).

6. Erfolgsbilanz: Enthält Salden der Erfolgskonten. Differenz spiegelbildlich zu Schlussbilanz. Reingewinn, falls Erträge > Aufwendungen und Reinverlust, falls Erträge < Aufwendungen

Übungsaufgaben

Bestandsveränderungen

Buchen Sie!

1.

Datum	BESTÄNDE Unfertige Erzeugnisse	Fertigerzeugnisse
31.12.01	122.000,00	46.500,00
31.12.02	91.600,00	111.300,00

Übrige Aufwendungen im Jahr 02: 370.000,00 €
Übrige Erträge im Jahr 02: 490.000,00 €

Notieren Sie sämtliche Abschlussbuchungssätze zum 31.12.02.

Verständnisfragen

1. Begründen Sie die erfolgsmäßige Auswirkung von Bestandsmehrungen und Bestandsminderungen.

Abschreibungen auf Forderungen

Buchen Sie!

1. a) Über das Vermögen unseres Kunden Günter Schock wurde am Freitag, 13.10. das Insolvenzverfahren eröffnet. Unsere Forderung: 9.520,00 € (einschließlich 19 % USt.)
   b) Am 31.12. erfahren wir, dass das Insolvenzverfahren mangels Masse abgelehnt wurde. Wie lautet die Buchung am 31.12.?

2. Von einer zweifelhaften Forderung über 8.330,00 € (einschl. USt.) sind 60 % uneinbringlich geworden. Wie lautet die Buchung am 31.12.?

3. Von einer zweifelhaften Forderung in Höhe von 4.165,00 € werden am 30.10. nach Abschluss des gerichtlichen Vergleichsverfahrens 2.499,00 € auf unser Bankkonto überwiesen. Wie lautet die Buchung am 30.10.?

Verständnisfragen

1. Nennen Sie zwei Vorfälle, die den Buchhalter veranlassen, eine Forderung auf das Konto **„Zweifelhafte Forderungen"** umzubuchen.
2. In welche drei Arten lassen sich Forderungen hinsichtlich ihrer Bonität einteilen?
3. Nennen Sie drei Vorfälle, die zu einer uneinbringlichen Forderung führen?
4. Wie werden a) zweifelhafte b) uneinbringliche Forderungen buchhalterisch behandelt?
5. Führt die Abschreibung einer uneinbringlichen Forderung zu einer Vorsteuer- oder Umsatzsteuerberichtigung? Begründung!

Zeitliche Abgrenzung

Buchen Sie!

1. Wir haben im Januar 02 Darlehenszinsen für das letzte Quartal des Jahres 01 zu zahlen.: 3.000,00 €.

   a) Buchung 31.12.? b) Buchung bei Zahlung im Januar?

2. Wir zahlen am 20. Dezember 01 die Kfz-Versicherung für das Jahr 02 im Voraus: 2.000,00 €.
   a) Buchung 20.12.? b) Buchung 31.12.? c) Buchung neues Jahr?

3. Wir erhalten im Januar 02 Mieten für Dezember 01: 5.000,00 €.

a) Buchung 31.12.? b) Buchung bei Zahlung im Januar?

4. Wir erhalten am 10.12.01 Miete für Januar 02: 4.000,00 €.
   a) Buchung 10.12.? b) Buchung 31.12.? c) Buchung neues Jahr?

5. Unser Schuldner Entenklemm hat die laut Vertrag nachträglich zu zahlenden Jahreszinsen (01.06. bis 01.06.) über 900,00 € am 31.05. des folgenden Jahres an uns zu zahlen.
   a) Buchung 31.12.? b) Buchung 31.05. des folgenden Jahres bei Überweisung der Zinsen?

6. Ein Darlehensschuldner hat uns am 30.11.01 180,00 € Zinsen für die Zeit vom 01.12.01 bis 01.03.02 überwiesen. Buchung am 31.12.?

7. Die Feuerversicherung wurde am 28.08.01 für die Zeit vom 01.09.01 bis zum 01.09.02 in Höhe von 300,00 € im voraus überwiesen.
   a) Buchung 28.08.01? b) Buchung 31.12.01? c) Buchung 02?

8. Bei einem laufenden Rechtsstreit mit einem Kunden rechnen wir mit Verfahrenskosten in Höhe von 2.000,00 €.

9. Aufgrund einer Betriebsprüfung müssen wir mit Gewerbesteuernachzahlungen für das vergangene Jahr 01 rechnen. Geschätzter Betrag: 8.000,00 €.
   a) Buchung 31.12.01?
   b) Buchung im Jahr 02: Wir haben richtig geschätzt und überweisen 8.000,00 €
   c) Buchung im Jahr 02: Wir haben zu hoch geschätzt und überweisen nur 6.000,00 €.
   d) Buchung im Jahr 02: Wir haben zu niedrig geschätzt und müssen 9.000,00 € überweisen.

Verständnisfragen

1. a) Welchem Zweck dienen die Konten „Sonstige Verbindlichkeiten/ Sonstige Ford." und „Aktive/Passive Rechnungsabgrenzungsposten"?
   b) Wann wird auf den Konten „Aktive Rechnungsabgrenzungsposten" bzw. „Sonstige Forderungen" gebucht?
   c) Wann wird auf den Konten „Passive Rechnungsabgrenzung" bzw. „Sonstige Verbindlichkeiten" gebucht?

2. a) Nennen Sie einen Geschäftsfall, der im Rahmen der zeitlichen Abgrenzung zur Buchung einer Sonstigen Forderung bzw. Sonstigen Verbindlichkeit führt.
   b) Nennen Sie einen Geschäftsfall, der im Rahmen der zeitlichen Abgrenzung zur Buchung eines Aktiven bzw. Passiven Rechnungsabgrenzungspostens führt.

3. Welche Auswirkung auf den Gewinn hat die Bildung eines(r)
   a) ARAP b) PRAP c) Sonst. Verbindlichkeit d) Sonst. Forderung?

4. a) Erklären Sie den Begriff „Rückstellungen" allgemein.
   b) In welchen Fällen müssen Rückstellungen gebildet werden?
   c) Erklären Sie die Erfolgswirksamkeit der Rückstellungsbildung.
   d) Unterscheiden Sie: Rückstellungen - Sonst. Verbindlichkeiten.
   e) Inwiefern unterscheiden sich Rückstellungen von Rücklagen?

Abschlussübersicht

Verständnisfragen

1. Welche Aufgaben hat die Abschlussübersicht (Betriebsübersicht)?
2. Wodurch unterscheidet sie sich von der herkömmlichen Darstellung des Abschlusses?
3. Beschreiben Sie kurz den horizontalen Aufbau der Abschlussübersicht.

7.2 Inhalt und Gliederung des Jahresabschlusses

Stofftelegramm

Jahresabschluss bei Einzelkaufleuten und Personengesellschaften

Bilanz	GuV
• § 242 I HGB verpflichtet zur Aufstellung. • § 247 HGB Hauptgliederungspunkte: Anlage- und Umlaufvermögen, Eigenkapital, Schulden, Rechnungsabgrenzungsposten • Kontenform	• § 242 II HGB verpflichtet zur Aufstellung • keine Formvorschrift

Jahresabschluss bei Kapitalgesellschaften

Bilanz	GuV	Anhang
• § 264 I HGB Pflicht zur Aufstellung • § 266 HGB Gliederung. Prinzip: Vermögen nach Flüssigkeit; Schulden nach Fälligkeit • Kontenform	• § 264 I HGB Pflicht zur Aufstellung • § 275 HGB Gliederung • Staffelform. Vorteil: Erfolgslage leichter zu interpretieren, größere Übersichtlichkeit durch Zwischensummen	• § 264 I HGB Pflicht zur Aufstellung • Erläuterung einzelner Positionen der Bilanz und der GuV • Angabe der Bilanzierungs- und Bewertungsmethoden

Lagebericht (§ 289 HGB, gehört nicht zum Jahresabschluss)

- Darstellung von Geschäftsverlauf und Lage der Kapitalgesellschaft
- Lagebericht soll eingehen auf:
  - Vorgänge von besonderer Bedeutung nach dem Bilanzstichtag
  - voraussichtliche Entwicklung der Gesellschaft
  - Bereich Forschung und Entwicklung

Anwendung des Bruttoprinzips bedeutet: **Saldierung** von

- Aktiv- mit Passivpositionen in der Bilanz und
- Ertrags- mit Aufwandspositionen in der GuV

ist **nicht zulässig**.

Ziel: Verbesserung des Informationsgehaltes der Bilanz und GuV, indem z. B. die Erfolgsquellen deutlich sichtbar gemacht werden.

Übungsaufgaben

Verständnisfragen

1. Aus welchen Teilen besteht der Jahresabschluss einer AG?
2. Wie werden Vermögen und Schulden gegliedert?
3. Welche Aufgaben hat der Anhang bei Kapitalgesellschaften?
4. Welche Aufgaben hat der Lagebericht bei Kapitalgesellschaften?
5. Welche Vorteile hat die Staffelform der GuV im Vergleich zur Kontenform?
6. a) Was besagt das „Bruttoprinzip"?
   b) Worin liegt die Bedeutung?

Kapitel 8: Auswertung des Jahresabschlusses

8.1 Statistisches Zahlenmaterial aufbereiten und beurteilen

Stofftelegramm

Ziel: Vergleichende Darstellung des Datenmaterials aus verschiedenen Unternehmensbereichen

Vergleichsmethoden
- Zeitvergleich
- Soll-Ist-Vergleich
- Unternehmensvergleich

Zahlenspiegel
- Produktionsmengen
- Arbeitszeiten
- Erlöse usw.

Innerbetriebliche Quellen
- Auftragseingänge
- Vertreterberichte

Außerbetriebliche Quellen
- Statistisches Bundesamt
- Monatsbericht der EZB

Verhältniszahlen

Setzt absolute Zahlen zueinander ins Verhältnis. Die Beziehung zwischen diesen Zahlen wird in der Regel ausgedrückt in %.

Gliederungszahlen

Setzen zwei **gleichartige** Zahlen zueinander ins Verhältnis, und zwar eine untergeordnete Teilmenge zu einer übergeordneten Gesamtmenge, z. B. Umsatz einer Artikelgruppe zum Gesamtumsatz

Beziehungszahlen

Setzt zwei **verschiedenartige** Zahlen, unter denen eine sinnvolle Beziehung besteht, zueinander ins Verhältnis, z. B. Eigenkapital zum Anlagevermögen oder Flüssige Mittel zu kurzfristigen Verbindlichkeiten.

Indexzahlen

Zeigt die Fortschreibung einer Reihe gleichartiger Größen über Jahre hinweg, wobei dem Wert eines Basisjahres die Messzahl 100 zugeordnet wird, z. B. Fortschreibung der Personalkosten, Bilanzsumme, Umsatzentwicklung, Preisindex für Lebenshaltungskosten

Durchschnittszahlen

Einfacher Durchschnitt

Summe der Werte dividiert durch deren Anzahl, z. B. durchschnittlicher Lagerbestand

Gewogener Durchschnitt

Jeder Wert wird mit der dazugehörigen Menge gewichtet.
Gewogener Durchschnitt = Summe der gewichteten Werte dividiert durch Summe der Werte.

Beispiel:

Artikel	Bestand	Einzelpreis
A	10	8,00
B	20	10,00
C	2	6,00

Berechnung des Durchschnittswertes der Artikel:

- **einfacher Durchschnittswert** = **8,00 €/Stück**
- **gewogener Durchschnitt** = (10 x 8,00 + 20 x 10,00 + 2 x 6,00)/32 = **9,125 €/Stück**

Die letzte Angabe ist **aussagefähiger**, da es viele teure (10,00 €) und wenige billige (6,00 €) gibt.

Grafische Darstellung

Gegenüber der Darstellung des Zahlenmaterials in Form eines „Zahlenfriedhofes“ hat die grafische Darstellung den Vorteil, dass Gesetzmäßigkeiten, Trendentwicklungen, Größenvergleiche anschaulicher werden.

Tabelle

Noch keine grafische Darstellung, jedoch geordnete Darstellung von Zahlen, z. B.

Umsätze im Kalenderjahr 20.. in Mio €

	Absatzgebiet		
	Süd	**Mitte**	**Nord**
1. Quartal	250	240	600
2. Quartal	400	250	450
3. Quartal	300	200	400
4. Quartal	550	300	700
Jahresumsatz	**1.500**	**990**	**2.150**

Stabdiagramm

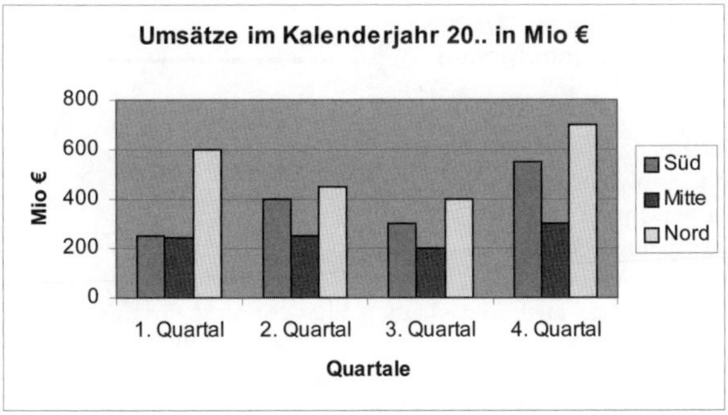

Umsetzung der obigen Tabelle in ein **Stabdiagramm**. In der Regel wird auf der X-Achse die Zeit dargestellt, auf der Y-Achse hingegen die Stückzahl, %-Sätze, €-Beträge. Die verschiedenen Absatzgebiete werden durch unterschiedliche Schraffur gekennzeichnet. Gut geeignet zum unmittelbaren Größenvergleich innerhalb eines Quartals (= Vergleich der Zeilenwerte aus der Tabelle)

Linien- oder Kurvendiagramm

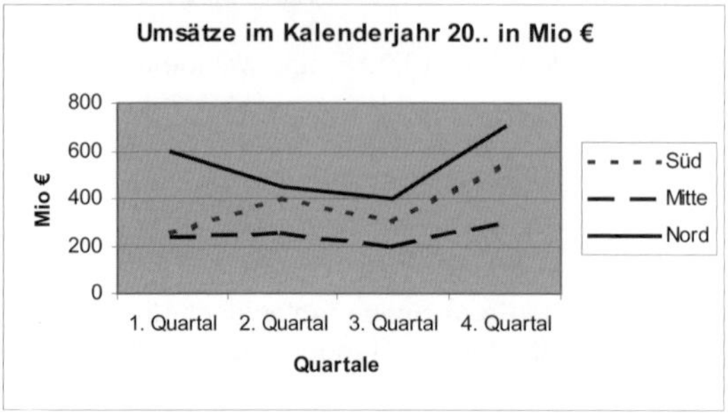

Umsetzung in ein Liniendiagramm. Gut geeignet zur Beurteilung der Umsatzentwicklung innerhalb eines Absatzgebietes (= Vergleich der Spaltenwerte aus der Tabelle)

Flächen- oder Kreisdiagramm

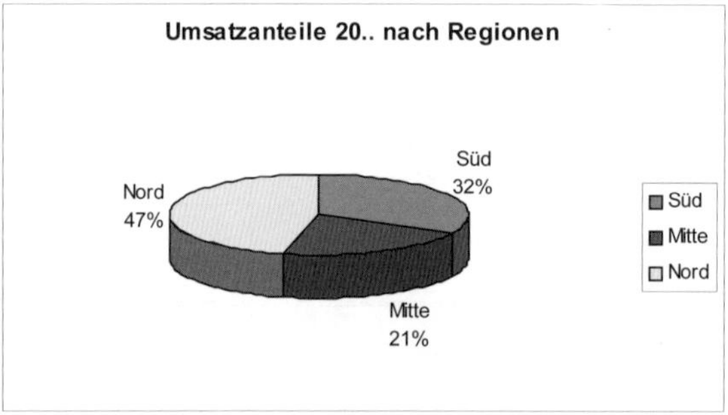

Umsetzung der Spaltensumme in ein **Kreisdiagramm**. Diese Darstellungsart eignet sich zur Veranschaulichung von Gliederungszahlen (Umsatzanteile der einzelnen Gebiete am Gesamtumsatz), wobei der Vollkreis den Gesamtumsatz darstellt und die Kreisausschnitte einen Größenvergleich für die Regionen ausdrücken.

Übungsaufgaben

1. Nachfolgend einige statistische Kennzahlen. Geben Sie an, ob es sich um Gliederungszahlen, Beziehungszahlen oder um Indexzahlen handelt.
   a) Die Eigenkapitalquote der börsennotierten AGs betrug 38,6 %.
   b) 4,1 % der Steuerpflichtigen (jene mit einem Jahreseinkommen über dem Spitzensteuersatz) zahlen 37,6 % der Einkommensteuer.
   c) 84 % der Selbstständigen haben eine Lebensversicherung, aber nur 48 % der Rentner.
   d) Der Deckungsgrad I (= Eigenkapital/Anlagevermögen) der XY-AG = 0,98.
   e) Der Deutsche Aktienindex DAX stieg innerhalb eines Kalenderjahres um 34 %.
   f) Die Eigenkapitalrentabilität (= Gewinn * 100 / Eigenkapital) der Schlapp OHG betrug im letzten Kalenderjahr 16,5 %.
   g) Das KGV (Kurs-Gewinn-Verhältnis = Aktienkurs/Ergebnis je Aktie) beträgt bei der Schnopfer AG 16,8.

2. Xaver Schlotterbeck, Mitinhaber der Allgäuer Metallwerke GmbH, entnimmt den Jahresabschlüssen der letzten Jahre folgende Angaben:

Jahr	**Umsatzerlöse**		**Gewinn**		
	€	**Index 2000 = 100**	**€**	**Index 2000 = 100**	**Umsatzrentabilität**
2000	72.000,00	100	8.650,00	100	
2001	73.500,00		9.200,00		
2002	77.000,00		5.400,00		
2003	71.500,00		6.400,00		
2004	76.000,00		7.300,00		
2005	82.000,00		8.800,00		

a) Um welche Art von Kennzahl handelt es sich bei den Daten, die in der rechten Spalte einzutragen sind?
b) Errechnen Sie die fehlenden Werte in den Spalten 3, 5 und 6.
c) Stellen Sie die Entwicklung der Umsatzrentabilität grafisch dar. Entscheiden Sie sich für eine Darstellungsform, die Ihnen geeignet erscheint.

3. Die Belegschaft der Allgäuer Metallwerke GmbH setzt sich wie folgt zusammen:

Arbeiter	1.250
Angestellte	190
Auszubildende	22

Ermitteln Sie die %-Anteile für die einzelnen Bereiche und stellen Sie das Ergebnis in einer geeigneten Form grafisch dar.

4. Das Haushaltswarenfachgeschäft Klingler in Ulm erzielte im vergangenen Kalenderjahr folgende Umsätze, geordnet nach Artikelgruppen.

Artikelgruppe	**1. Quartal**	**2. Quartal**	**3. Quartal**	**4. Quartal**	**Jahresumsatz**
Glaswaren	2.400,00	1.800,00	3.400,00	9.300,00	16.900,00
Porzellan/ Keramik	7.300,00	6.800,00	8.450,00	15.300,00	37.850,00
Schneidwaren und Bestecke	5.300,00	6.500,00	7.200,00	12.700,00	31.700,00
Edelstahl	16.930,00	18.500,00	21.900,00	26.400,00	83.730,00
Metallguss	11.840,00	9.400,00	8.600,00	13.400,00	43.240,00
Summe	43.770,00	43.000,00	49.550,00	77.100,00	213.420,00

Der Inhaber, Herr Klingler, wünscht für ein Gespräch mit seiner Bank die grafische Auswertung der obigen Zahlen. Er denkt dabei an
a) ein Stabdiagramm für die Umsatzentwicklung der Schneidwaren/Bestecke, Edelstahl und Metallguss-Artikel.
b) ein Liniendiagramm für die Gruppen Glaswaren und Porzellan/Keramik.
c) zwei Kreisdiagramme, welche die Verteilung des Jahresumsatzes auf die Artikelgruppen bzw. die Quartale veranschaulichen.

8.2 Problematik der Bewertung

Stofftelegramm

Hauptziel der Rechnungslegung

- **Informationsaufgabe:** Überblick über Vermögen, Schulden, Ertragslage
- Handelsrechtliche und steuerrechtliche **Gewinnermittlung** (Erstellung der Handels- und Steuerbilanz)

Informationskreis (Bilanzadressaten)

- Eigentümer
- Finanzbehörden
- Kommunen
- Gläubiger
- Öffentlichkeit

Zur Erreichung dieser Ziele sind Rechtsnormen für die Buchführung und Bilanzierung notwendig **(Bewertungsvorschriften).**

Schutzfunktion der Bewertungsvorschriften

Teilhaberschutz	Gläubigerschutz	Steuergerechtigkeit
Interesse an stabilen Gewinnausschüttungen, insbesondere Kleinaktionäre. Somit Schutz vor Unterbewertung des Vermögens (= Gewinnverringerung).	Interesse, dass Tilgungen problemlos möglich. Notwendigkeit: Schutz vor zu hohen Gewinnausschüttungen. Vorsichtsprinzip	Unterbewertung des Vermögens und Überbewertung der Schulden verringern den Gewinn. Ziel einer gerechten Besteuerung muss es sein, Betriebe vergleichbarer Ertragsstärke auch gleichartig zu besteuern.

Berechnung des Wertansatzes

Kauf

	Nettolistenpreis
+	**Anschaffungsnebenkosten** (Bezugs-, Transportkosten, Versicherung, Fundamentierung, Notar, Grunderwerbsteuer)
-	**Anschaffungskostenminderung** (Rabatte, Skonto, Boni, Subventionen)
=	**Anschaffungskosten**

Selbst erstellte Anlagen/ eigene Erzeugnisse	
	Summe Einzelkosten (Fertigungsmaterial, -löhne, SEK der Fertigung)
+	**Summe Gemeinkosten** (MGK, FGK, VwGK) beachte: keine VtGK
=	**Herstellkosten**

Fortschreibung der Werte	
	Anschaffungskosten bzw. Herstellkosten
-	**planmäßige Abschreibung**
=	**fortgeführte Anschaffungs- bzw. Herstellkosten**

Bewertungsgrundsätze

Vorsichtsprinzip

Bei Vermögenswerten ist eher der niedrigere, bei Schuldenbewertung ist eher der höhere Wert anzusetzen

Anschaffungswertprinzip

Die Anschaffungskosten dürfen **nie** überschritten werden.

Imparitätsprinzip

- Nicht **realisierte Gewinne** dürfen **nicht ausgewiesen** werden.
- **Ausweis aller** am Bilanzstichtag **drohenden Verluste**

Niederstwert- und Höchstwertprinzip

Siehe unten

Bewertung des Vermögens

↓

Niederstwertprinzip

Gemildertes Niederstwertprinzip	**Strenges Niederstwertprinzip**
Niedrigerer Wert **darf** angesetzt werden (Wahlrecht) **Anlagevermögen:** Bei vorübergehender Wertminderung	Niedrigerer Wert **muss** angesetzt werden (Pflicht) **Anlagevermögen:** Bei voraussichtlich dauernder Wertminderung **Umlaufvermögen:** Stets

Bewertung der Schulden

↓

Höchstwertprinzip
Von zwei möglichen Wertansätzen **muss** der höhere Wert angesetzt werden.

Übersicht

Übungsaufgaben

Verständnisfragen

1. Welche Bewertungsprinzipien gelten für folgende Bilanzpositionen
   a) Anlagevermögen b) Umlaufvermögen c) Schulden?

2. Erklären Sie folgende Begriffe:
   a) Vorsichtsprinzip
   b) Gemildertes Niederstwertprinzip
   c) Strenges Niederstwertprinzip
   d) Höchstwertprinzip
   e) Anschaffungswertprinzip
   f) Imparitätsprinzip
   g) Gläubigerschutz
   h) Teilhaberschutz

3. Erklären Sie den Begriff „Stille Reserven“ (stille Rücklagen). Wie entstehen sie allgemein?

4. In welchen Positionen sind hohe stille Rücklagen enthalten? (Begründung)

5. Nehmen Sie kritisch Stellung zur Bildung stiller Rücklagen.

6. In einer Schuhfabrik waren am 31.12. noch 60 Paar Spezialschuhe im Lager, deren Herstellungskosten 62,00 € betrugen. Aufgrund von Preissteigerungen bei Leder beträgt ihr Wert am Bilanzstichtag 65,00 €
   a) Ermitteln Sie für den gesamten Posten den Bilanzansatz.
   b) Begründen Sie Ihren Wertansatz.

7. Begründen Sie, mit welchem Betrag der Bestand einer Handelsware per 31.12. unter folgenden Bedingungen zu bilanzieren ist.
   a) Bezugspreis: 25,00 €; Marktpreis am 31.12.: 27,00 €
   b) Bezugspreis: 25,00 €, Marktpreis am 31.12.: 24,00 €

8. Am 1. Juli kauften wir Aktien zum Kurs von 280,00 €. Am 31.12. ist der Kurs auf 320,00 € gestiegen. Bewertung? (Begründung)

9. a) Im August kaufen wir aus Spekulationsgründen Aktien zum Kurs von 450,00 €. Wie sind die Aktien am 31.12. zu bewerten, wenn der Kurs auf 400,00 € gesunken ist? Begründung.
   b) Wie wäre a) zu beantworten, wenn eine langfristige Beteiligung an der AG vorläge?

Kapitel 9: Kosten- und Leistungsrechnung

9.1 Grundbegriffe der Kosten- und Leistungsrechnung

Stofftelegramm

Ausgaben: Geldabfluss **Einnahmen:** Geldzufluss

Aufwand: Begriff der GuV-Rechnung. Gesamter Werteverzehr in einer Periode

Ertrag: Begriff der GuV-Rechnung. Gesamter erfolgswirksamer Wertezufluss in einer Periode

Kosten: Begriff der Kosten- und Leistungsrechnung (KLR). **Betrieblich bedingter Werteverzehr** in einer Periode
Kurz: Betriebliche Aufwendungen

Leistungen: Begriff der KLR. **Betrieblich bedingter Wertezufluss** in einer Periode.
Kurz: Betriebliche Erträge

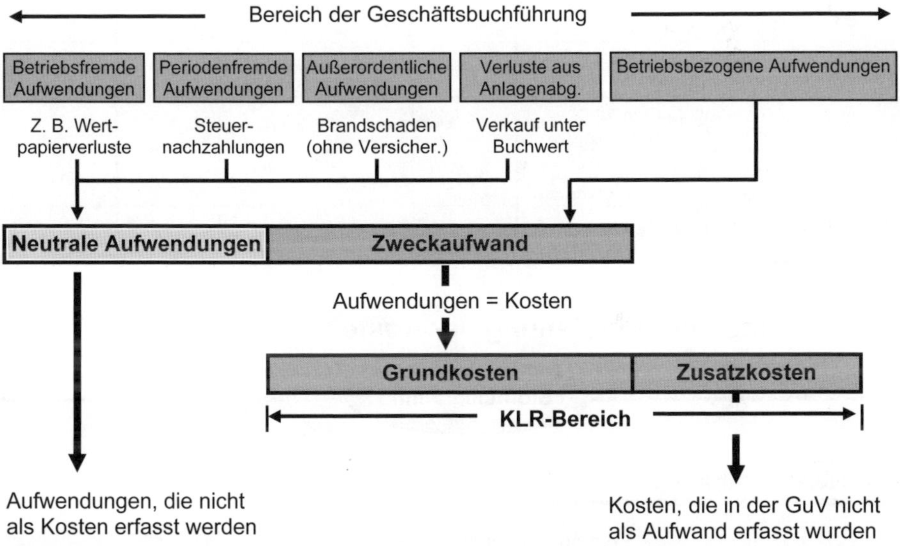

(**Hinweis**: Auf eine analoge Darstellung der betriebsbezogenen und neutralen **Erträge** wird hier verzichtet.)

Übungsaufgaben

1. Definieren Sie kurz: Ausgabe - Aufwand - Kosten.
2. Entscheiden Sie, ob Ausgaben und/oder Aufwendungen vorliegen
   a) Abschreibungen b) Zinszahlung, bar c) Kredittilgung

d) Kauf einer Maschine auf Ziel e) Verbrauch von Rohstoffen

3. Nennen Sie die vier Gruppen neutraler Aufwendungen.

4. Definieren Sie kurz die Begriffe:
   a) Neutrale Aufwendungen b) Zweckaufwand c) Grundkosten
   d) Zusatzkosten e) Anderskosten

5. Zeigen Sie mit Hilfe einer Skizze den Zusammenhang zwischen neutralen Aufwendungen, Zweckaufwand, Grundkosten und Zusatzkosten.

6. Ordnen Sie die nachfolgenden Begriffe (durch Ankreuzen) den neutralen Aufwendungen bzw. Kosten zu.

	Neutrale Aufwendungen				**Kosten**
	betriebs-fremd	**außer-ordentl.**	**period.-fremd**	**Verl. aus Anlagen-abgängen**	
a) Gehälter					
b) Nachzahlung betrieblicher Steuern für Vorjahr					
c) Verlust aus LKW-Verkauf					
d) Fertigungslöhne					
e) Abschreibung auf nicht betriebsnotwendiges Gebäude					
f) Soziale Aufwendungen					
g) Verlust aus Wertpapierverkauf					
h) Rohstoffaufwand					

9.2 Ursachen der Entstehung der Kosten

Stofftelegramm

Entstehung der Kosten

	Entstanden durch ...
Stoffkosten:	Verbrauch von Roh-, Hilfs- und Betriebsstoffen
Personalkosten:	Löhne, Gehälter, gesetzliche und freiwillige soziale Leistungen
Kapitalkosten:	Kapitaleinsatz zu betrieblich bedingten Zwecken, z. B. kalkulatorische Abschreibung, kalkulatorische Wagnisse
Fremdleistungskosten:	Inanspruchnahme von Leistungen anderer Betriebe, z. B. Reparaturen, Beratungskosten, Mieten, Pachten, Transportkosten
Kosten der menschlichen Gesellschaft:	Öffentliche Abgaben, z. B. betriebliche Steuern, Gebühren, Beiträge, Entsorgung

Kalkulatorische Kosten

Merke: Kalkulatorische Kosten sind Kosten, die in der GuV

- **überhaupt nicht** (z. B. kalkulatorischer Unternehmerlohn = **Zusatzkosten**) oder
- **in anderer Höhe** (z. B. kalkulatorische Zinsen = **Anderskosten**)

als Aufwendungen berücksichtigt werden.

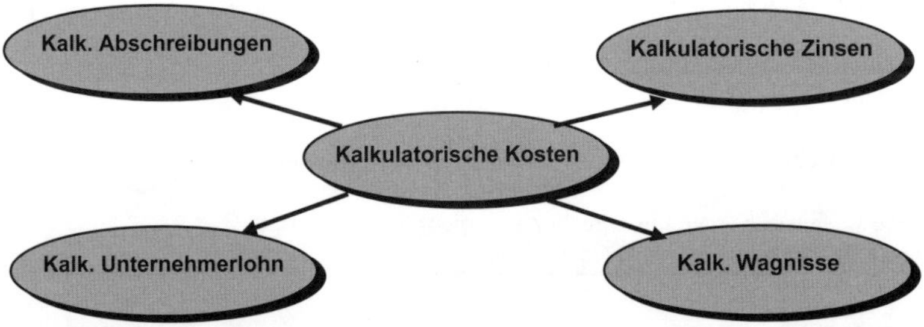

Kalkulatorische Abschreibungen

Gründe für das Auseinanderfallen von kalkulatorischer und bilanzieller Abschreibung

Bilanzielle Abschreibungen (GuV)	Kalkulatorische Abschreibungen (KLR)
• Erfassung des gesamten Vermögens	• Erfassung des betriebsnotwendigen Vermögens
• meist degressive Abschreibung	• lineare Abschreibung
• Nutzungsdauer lt. AfA-Tabelle	• betriebsindividuelle Nutzungsdauer
• Grundlage: Anschaffungs- oder Herstellkosten	• Grundlage: Wiederbeschaffungskosten
• steuerliche Sonderabschreibungen möglich	• keine steuerlichen Sonderabschreibungen
• AfA endet mit Ablauf der rechtlichen Nutzungsdauer (also wenn 100 % abgeschrieben)	• AfA so lange, wie Gegenstand genutzt wird (also über 100 % hinaus)

Kalkulatorische Wagnisse

Allgemeines

Unternehmerrisiko: nicht erfassbar, keine Kosten
Einzelwagnisse: kalkulierbar (Durchschnittswerte)
Zweck: gleichmäßige Belastung der Abrechnungsperioden mit Wagnisverlusten; Ausschaltung von Zufallsschwankungen.
Beispiele: Anlage-, Bestände-, Fertigungs-, Gewährleistungs-, Entwicklungswagnis

Übungsaufgaben

1. Nennen Sie Ursachen für die Entstehung der Kosten und bilden Sie jeweils zwei Beispiele.
2. a) Was versteht man unter kalkulatorischen Kosten?

b) Nennen Sie vier typische kalkulatorische Kosten.

3. Nennen und begründen Sie die Unterscheidungsmerkmale zwischen kalkulatorischen und bilanziellen Abschreibungen.

4. Ermitteln Sie in folgenden Fällen jeweils den Zweckaufwand, neutralen Aufwand, die Grundkosten und die Zusatzkosten

Kalkulatorische Abschreibungen	100.000,00 €
Bilanzielle Abschreibungen	120.000,00 €

5. Welchen Zweck hat die Verrechnung **konstanter** kalkulatorischer Wagnisse?

6. Welche Wagnisse werden kostenrechnerisch **nicht** berücksichtigt?
7. Nennen Sie Beispiele für verschiedene Wagnisarten.

9.3 Abgrenzungsrechnung (Ergebnistabelle)

Stofftelegramm

Abkürz.: **uA** = unternehmensbezogene Abgrenzung **nA** = neutrale Aufwendungen
kK = kostenrechnerische Korrekturen **nE** = neutrale Erträge

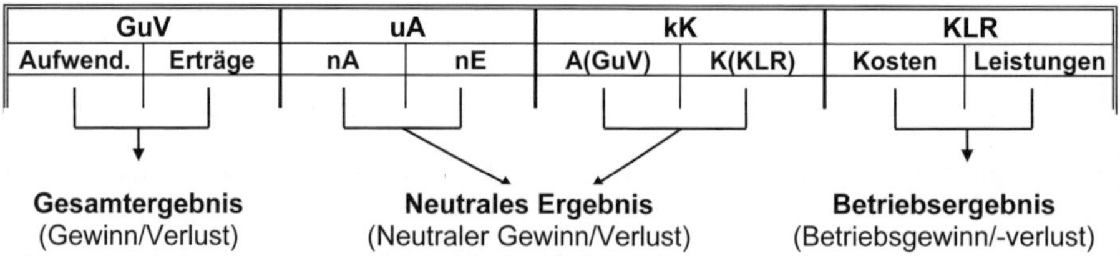

Hinweis zur Spalte **„Kostenrechnerische Korrekturen“**

Linke Seite = Aufwendungen lt. GuV, die in der Kostenrechnung in anderer Höhe als Kosten angesetzt werden.

Rechte Seite = Kosten lt. KLR, die in der GuV in anderer Höhe oder überhaupt nicht als Aufwendungen angesetzt werden (Anderskosten/ Zusatzkosten).

Übungsaufgaben

1. **Sachverhalt:** Eine Metallwarenfabrik erzielte im abgelaufenen Quartal folgende Aufwendungen und Erträge (Angaben in T€)

500	Umsatzerlöse	3.200	62	Fertigungslöhne	540
522	Mehrbestand an FE	100	63	Gehälter	420
53	Eigenleistungen	60	64	Soziale Abgaben	300

571	Zinserträge	40	65	Abschreibungen	280
600	Rohstoffaufwendungen	880	696	Verluste aus Abgang von Anlagevermögen	50
602/3	Aufwendungen für Hilfs-, Betriebsstoffe	250	70	Betriebliche Steuern	90

Weitere Angaben aus der Kosten- und Leistungsrechnung:
Kalkulatorische Abschreibungen 250 Kalkulatorische Wagnisse 60

a) Ermitteln Sie tabellarisch das Gesamtergebnis, das neutrale Ergebnis und das Betriebsergebnis.

b) Welches betriebswirtschaftliche Ziel verfolgt die kalkulatorische Abschreibung und wie wird es erreicht?

c) Warum werden kalkulatorische Wagnisse verrechnet?

9.4 Aufgaben der Kostenstellenrechnung, BAB

Stofftelegramm

Bildung der Kostenstellen nach Funktionen

Kostenstelle	Beispiele
Material	Einkauf, Prüfung, Lagerung, Materialausgabe
Fertigung	Dreherei, Bohrerei, Montage
Verwaltung	Geschäftsleitung, Buchhaltung, EDV, Organisation
Vertrieb	Marketing, Fertigteilelager, Fuhrpark

Maßgebend für die Tiefe der Gliederung ist der Informationsbedarf der Geschäftsleitung. Je detaillierter der Informationswunsch, desto feingliedriger muss der BAB sein. Zur besseren Verfolgung der Kostenverantwortung stimmen häufig Funktionsbereiche und Verantwortungsbereiche überein.

Aufgaben der Kostenstellenrechnung

- **Gewinnung von Daten für die Kalkulation** (Zuschlagssätze für Material-, Fertigungs-, Verwaltungs- und Vertriebsgemeinkosten)
- **Kontrolle der Kostenentwicklung** (z. B. durch Vergleich SOLL/IST oder von 2 Perioden)
- **Schaffung von abgegrenzten Verantwortungsbereichen** für die Kostenverursachung

Kosten nach Zurechenbarkeit

Einzelkosten: Kosten, die einem Produkt (= Kostenträger) unmittelbar (direkt) zugerechnet werden können. Beispiel: Fertigungslöhne und Fertigungsmaterial

Gemeinkosten: Kosten, die für mehrere Kostenträger gemeinsam anfallen und nicht unmittelbar dem Produkt zugerechnet werden können. Sie werden mit Hilfe der im Betriebsabrechnungsbogen (BAB) ermittelten Zuschlagssätze auf die Kostenträger verrechnet.

Sondereinzelkosten: Sie sind - wie die Einzelkosten - einem Kostenträger direkt zurechenbar. Sie entstehen aber nicht für alle Erzeugnisse gleichermaßen (wie z. B. Fertigungsmaterial), sondern aufgrund eines speziellen Kundenauftrages. Man unterscheidet:

Sondereinzelkosten der Fertigung, z. B. Lizenzgebühren, Modellkosten, Kosten für besondere Werkzeuge oder Vorrichtungen.
Sondereinzelkosten des Vertriebs, z. B. Spezialverpackungen, Vertreterprovision

Verbindung zwischen Betriebsergebnis, BAB und Zuschlagskalkulation

Erklärung zur Darstellung der folgenden Seite:

(1) Die Einzelkosten (Rohstoffaufwand und Fertigungslöhne) gehen direkt in die Gesamtkalkulation ein.
(2) Die Gemeinkosten werden in den BAB übernommen und
(3)
- auf Grund von Belegen (= **Kostenstelleneinzelkosten**) oder
- nach Verteilungsschlüsseln (= **Kostenstellengemeinkosten**) auf die Kostenstellen verrechnet.

(4) Die Summen der Gemeinkosten pro Hauptkostenstelle werden in das Schema der Gesamtkalkulation übertragen. Es wird unterstellt, dass ein verursachungsgerechter Zusammenhang zwischen der jeweiligen Zuschlagsgrundlage (Fertigungsmaterial, -löhne) und den zugeordneten Gemeinkosten besteht.
(5) Berechnung der Zuschlagssätze.
(6) Die ermittelten IST-Zuschlagssätze aus vergangenen Abrechnungsperioden (Nachkalkulation) sind Ausgangsbasis zur Ermittlung der Normalzuschlagssätze, mit denen künftige Angebotskalkulationen durchgeführt werden. Die Normalzuschlagssätze ergeben sich somit aus dem Durchschnitt der IST-Zuschlagssätze der Vergangenheit. Die Kontrolle der Abweichungen zwischen IST- und Normalgemeinkosten zeigt dann auf, in welchem Maße die IST-Gemeinkosten des Beobachtungszeitraumes vom langfristigen Durchschnitt der Vergangenheit abweichen.

Gesamtkalkulation		Stückkalkulation	
	Fertigungsmaterial		Fertigungsmaterial
+	Materialgemeinkosten	+	Materialgemeinkosten
=	Materialkosten	=	Materialkosten
	Fertigungslöhne		Fertigungslöhne
+	Fertigungsgemeinkosten	+	Fertigungsgemeinkosten
=	Fertigungskosten	=	Fertigungskosten
=	Herstellkosten der Produktion	=	Herstellkosten
+	Bestandsminderungen	+	Verwaltungsgemeinkosten
-	Bestandsmehrung	+	Vertriebsgemeinkosten
=	Herstellkosten des Umsatzes	=	Selbstkosten
+	Verwaltungsgemeinkosten		
+	Vertriebsgemeinkosten		
=	Selbstkosten		

Betriebsergebnis (in T€)

Rohstoffaufw.	200	Umsatzerlöse	530
H'stoffaufw.	10		
B'stoffaufw.	5		
Fert.löhne	100		
Hilfslöhne	30		
Gehälter	50		
Soz. Abg.	15		
Abschreibungen	20		

(2)

Betriebsabrechnungsbogen (BAB)

(3)

Gemeinkosten	Zahlen der KLR	Material	Fertigung	Verwaltung	Vertrieb
H'stoffaufwand	10.000,00		8.000,00		2.000,00
B'stoffaufwand	5.000,00		5.000,00		
Hilfslöhne	30.000,00	3.000,00	25.000,00		2.000,00
Gehälter	50.000,00	3.000,00	12.000,00	30.000,00	5.000,00
Soz. Abgaben	15.000,00	1.000,00	7.000,00	6.000,00	1.000,00
Abschreib.	20.000,00		14.000,00	5.000,00	1.000,00
Summe der GK	130.000,00	7.000,00 Mat.-GK	71.000,00 Fert.-GK	41.000,00 Verwalt.-GK	11.000,00 Vertr.-GK
	Zuschlags-grundlage	Fertigungs-material 200.000,00	Fertigungs-löhne 100.000,00	Herstellkosten des Umsatzes 378.000,00	
	Zuschlags-sätze	3,5 %	71,0 %	10,8 %	2,9 %

(1)

(4)

Gesamtkalkulation		IST-Zu-schlags-sätze	**Kalkulation für ein Erzeugnis** FM = 200,00 €; FL = 70,00 € (Verwendung von Normalzuschlags.)		
F'material	200.000,00		F'material	200,00	
+ MGK	7.000,00	3,5 %	+ 4,0 % MGK	8,00	
= Materialkosten	207.000,00		= Materialkosten		208,00
F'löhne	100.000,00		F'löhne	70,00	
+ FGK	71.000,00	71,0 %	+ 70,0 % FGK	49,00	
= Fertigungskosten	171.000,00	(5)	= Fertigungskosten		119,00
= Heko des Umsatzes	378.000,00		= Herstellkosten		327,00
+ VwGK	41.000,00	10,8 %	+ 11,0 % VwGK		35,97
+ VtGK	11.000,00	2,9 %	+ 3,0 % VtGK		9,81
= Selbstkosten	430.000,00		= Selbstkosten		372,78

(6)

Übungsaufgaben

1. Definieren Sie den Begriff **Kostenstelle.**
2. Welche Aufgaben hat die Kostenstellenrechnung?
3. Warum ist es empfehlenswert, bei der Bildung von Kostenstellen nicht nur nach Funktionen abzugrenzen, sondern auch (zumeist gleichzeitig) nach Verantwortungsbereichen?
4. Unterscheiden Sie
   a) Einzelkosten b) Gemeinkosten c) Sondereinzelkosten.
   Bilden Sie hierzu je zwei Beispiele.
5. Unterscheiden Sie
   a) Kostenstelleneinzelkosten
   b) Kostenstellengemeinkosten
   Nennen Sie jeweils 2 Beispiele.
6. Welcher Grundsatz muss bei der Wahl der Verteilungsschlüssel für nicht direkt zurechenbare Gemeinkosten beachtet werden?
7. Welchen Verteilungsschlüssel würden Sie wählen, wenn Sie die nachfolgenden Gemeinkosten auf die Kostenstellen nicht direkt verteilen können?
   a) Kosten der Werkskantine b) kalkulatorische Abschreibungen
8. Verteilen Sie die nachfolgenden Gemeinkosten entsprechend dem vorgegebenen Schlüssel

GK-Art	Betrag	Verteilungsgrundlage	Schlüsselgröße				Gemeinkosten in €			
			Ma	Fe	Vw	Vt	Ma	Fe	Vw	Vt
Energie	180,00	Kilowatt-Std.	120,00	200,00	110,00	170,00				
Reinigung	2.400,00	Quadratmeter	150,00	600,00	90,00	60,00				

9. Dem BAB der Firma Sauer sind folgende Angaben zu entnehmen:

Zahlen der Buchhaltung	Material	Fertigung I	Fertigung II	Verwaltung	Vertrieb
260.000,00	33.600,00	90.300,00	76.600,00	30.000,00	29.500,00

   a) Fertigungsmaterial 560.000,00 €
   Fertigungslöhne I 75.250,00 €
   Fertigungslöhne II 47.875,00 €
   Bestandsminderungen bei unfertigen Erzeugnissen 43.000,00 €
   Bestandsmehrungen bei fertigen Erzeugnissen 27.000,00 €

   Erstellen Sie die Gesamtkalkulation für die vergangene Abrechnungsperiode und ermitteln Sie die Zuschlagssätze. Zuschlagsgrundlage für die Verwaltungs- und Vertriebsgemeinkosten = Herstellkosten des Umsatzes.

   b) Berechnen Sie die Selbstkosten eines Kundenauftrages, der in der vergangenen Abrechnungsperiode durchgeführt wurde und für den nachfolgende Einzelkosten bekannt sind.
   Fertigungsmaterial 2.400,00 €
   Fertigungslohn I 650,00 €
   Fertigungslohn II 420,00 €
   Zur Verrechnung der Gemeinkosten verwenden Sie bitte die unter a) ermittelten Zuschlagssätze.
10. Warum werden bei der Gesamtkalkulation die Bestandsmehrungen abgezogen und die Bestandsminderungen hinzugezählt?

9.5 Kostenträgerrechnung

Stofftelegramm

Kostenträger

= vom Unternehmen definierte Leistungseinheit, auf welche die Kosten zugerechnet werden; zumeist 1 Stück, eine Serie, aber auch 1 Los aufgrund eines Kundenauftrages

Kostenträgerstückrechnung
= Ermittlung der Selbstkosten je Einheit z. B. durch Zuschlagskalkulation

Kostenträgerzeitrechnung
= Erfassung aller Einzel- und Gemeinkosten (gesamt und je Kostenträger) innerhalb eines Abrechnungszeitraumes

Ziele der Kostenträgerrechnung

- Ermittlung der Selbstkosten
- Ermittlung des Angebotspreises
- Kostenkontrolle (Nachkalkulation)
- Ermittlung der Preisuntergrenze

Muster für eine Zuschlagskalkulation im Handel

	Listeneinkaufspreis	2.000,00 €			Bezugs-kalkulation
-	Liefererrabatt, 25 % **(vom** Hundert)	500,00 €			
=	Zieleinkaufspreis	1.500,00 €			
-	Liefererskonti, 3 % **(vom** Hundert)	45,00 €			
=	Bareinkaufspreis	1.455,00 €			
+	Bezugskosten	145,00 €			
=	Einstandspreis	1.600,00 €			
+	Handlungskosten, 25 % **(vom** Hundert)	400,00 €			Selbstkosten-kalkulation
=	Selbstkosten	2.000,00 €			
+	Gewinnzuschlag, 5 % **(vom** Hundert)	100,00 €			Verkaufs-kalkulation
=	Barverkaufspreis	2.100,00 €	90 %		
+	Kundenskonto, 3 % **(im** Hundert)	70,00 €	3 %		
+	Vertreterprovision, 7 % **(im** Hundert)	163,33 €	7 %		
=	Zielverkaufspreis	2.333,33 €	100 %	80 %	
+	Kundenrabatt, 20 % **(im** Hundert)	583,33 €		20 %	
=	Listenverkaufspreis	2.916,66 €		100 %	

Vereinfachte Kalkulationsverfahren
üblich im Handel bzw. für Handelswaren im Industriebetrieb

Kalkulationszuschlag in % $= \frac{(\text{Listenverkaufspreis - Einstandspreis}) \times 100}{\text{Einstandspreis}}$

$= \frac{(2.916,66 - 1.600,00) \times 100}{1.600} = \mathbf{82,3\ \%}$

$$\textbf{Kalkulationsfaktor} = \frac{\text{Listenverkaufspreis}}{\text{Einstandspreis}} = \frac{\text{Kalkulationszuschlag}}{100} + 1$$

$$\textbf{Kalkulationsfaktor} = \frac{2.916{,}66}{1.600{,}00} = \frac{82{,}3}{100} + 1 = \mathbf{1{,}823}$$

Muster für eine Zuschlagskalkulation im Industriebetrieb

	Fertigungsmaterial	1.000,00 €			
+	Materialgemeinkosten, 5 %	50,00 €			
=	Materialkosten		1.050,00 €		
	Fertigungslöhne	800,00 €			
+	Fertigungsgemeinkosten, 150 %	1.200,00 €			
+	Sondereinzelkosten der Fertig.	150,00 €			
=	Fertigungskosten		2.150,00 €		
=	Herstellkosten		3.200,00 €		
+	Verwaltungsgemeinkosten, 20 %		640,00 €		
+	Vertriebsgemeinkosten , 15 %		480,00 €		
+	Sondereinzelkosten des Vertriebes		80,00 €		
=	Selbstkosten		4.400,00 €		
+	Gewinnzuschlag, 10 %		440,00 €		
=	Barverkaufspreis		4.840,00 €	91 %	
+	Kundenskonto, 3 % **i. H.**		159,56 €	3 %	
+	Vertreterprovision, 6 % **i. H.**		319,12 €	6 %	
=	Zielverkaufspreis		5.318,68 €	100 % ↓	75 %
+	Kundenrabatt, 25 % **i. H.**		1.772,89 €		25 %
	Listenverkaufspreis		7.091,57 €		100 % ↓

Beachten Sie, dass Kundenskonto, Vertreterprovision und Kundenrabatt **im Hundert** zu berechnen sind.

Zuschlagskalkulation mit Maschinenstundensätzen

Maschinenstundensatzrechnung ist sinnvoll, wenn

- Produkte teilweise auf Maschinen mit hohen, teilweise auf Maschinen mit niedrigen Kosten hergestellt werden,
- bestimmte Produkte mehr, andere weniger Maschinenstunden benötigen,
- die Höhe der Fertigungsgemeinkosten hauptsächlich durch Maschineneinsatz bestimmt wird. Geringe Fertigungslöhne eignen sich dann nicht als Zuschlagsbasis für alle Fertigungsgemeinkosten.

Fertigungsgemeinkosten

maschinenabhängige Fertigungs-GK
- kalkulatorische Abschreibung
- kalkulatorische Zinsen
- Instandhaltungskosten
- Raumkosten
- Energiekosten
- Werkzeugkosten
- Betriebsstoffkosten

Zuschlagsgrundlage = Maschinenlaufzeit

Restgemeinkosten
- Hilfslöhne
- Gehälter
- Sozialkosten
- Hilfsstoffkosten
- Heizungskosten
- Sonstige Fertigungsgemeinkosten

Zuschlagsgrundlage = Fertigungslöhne

Das obige Beispiel der Industriekalkulation könnte nach Einführung der Maschinenstundensatzrechnung folgende Änderung erfahren. Annahme: Die Fertigungsgemeinkosten von 1.200,00 € setzen sich zusammen aus 800,00 € maschinenabhängige Gemeinkosten (16 Maschinenstunden à 50,00 €) und 400,00 € Restfertigungsgemeinkosten.

	Vorher				**Nachher**		
	Fert.-mat.	1.000,00			Fert.-mat.	1.000,00	
+	MGK, 5 %	50,00		+	MGK, 5 %	50,00	
=	**Materialk.**		1.505,00	=	**Materialk.**		1.050,00
	Fertig.-l.	800,00			Fertig.-l.	800,00	
+	FGK, 150 %	1.200,00	→		RestFGK, 50 %	400,00	
			→		16 M'Std. à 50,00 €	800,00	
+	SEK F	150,00		+	SEKF	150,00	
=	**Fertigungsk.**		2.150,00	=	**Fertigungsk.**		2.150,00
=	**Herkstellk.**		3.200,00	=	**Herkstellk.**		3.200,00
...							...

(Restliche Kalkulation bleibt unverändert.)

Kostenträgerzeitrechnung mit Normal-, Ist- und Plankosten

Ziele der Kostenträgerzeitrechnung:

(1) Ermittlung der gesamten Selbstkosten einer Rechnungsperiode und der Selbstkosten einzelner Kostenträger (bzw. Erzeugnisgruppen)

(2) Gegenüberstellung dieser Selbstkosten zu den Nettoverkaufserlösen

(3) Ermittlung des Betriebsergebnisses

Beispiel

Die Blechle OHG produziert die beiden Erzeugnisgruppen Eimer und Gießkannen. Für die vergangene Abrechnungsperiode wurden folgende Daten ermittelt:

	Gesamt	Eimer	Gießkannen
Fertigungsmaterial		40.000,00	70.000,00
Materialgemeinkosten	15.400,00		
Fertigungslöhne		90.000,00	150.000,00
Fertigungsgemeinkosten	300.000,00		
Sondereinzelkosten der Fertigung		6.000,00	
Fertigerzeugnisse			
Anfangsbestand		15.000,00	25.000,00
Endbestand		20.000,00	22.000,00
Unfertige Erzeugnisse			
Anfangsbestand		9.000,00	13.000,00
Endbestand		8.000,00	7.000,00
Verwaltungsgemeinkosten	81.168,00		
Vertriebsgemeinkosten	27.056,00		
Sondereinzelkosten des Vertriebs			1.500,00
Nettoverkaufserlöse		335.783,00	574.735,00

Lösung auf Kostenträgerblatt

				Gesamt	Eimer	Gießkannen
1. - 16. Kostenträgerzeitrechnung	1.		Fertigungsmaterial	110.000,00	40.000,00	70.000,00
	2.	+	MGK, **14 %**	15.400,00	5.600,00	9.800,00
	3.	=	Materialkosten (1+2)	125.400,00	45.600,00	79.800,00
	4.		Fertigungslöhne	240.000,00	90.000,00	150.000,00
	5.	+	FGK, **125 %**	300.000,00	112.500,00	187.500,00
	6.		SEK der Fertigung	6.000,00	6.000,00	0,00
	7.		Fertigungsk.(4+5+6)	546.000,00	208.500,00	337.500,00
	8.		HK d. Produkt. (3+7)	671.400,00	254.100,00	417.300,00
	9.	+	Minderbestand UE	7.000,00	1000,00	6.000,00
	10.	+	Minderbestand FE	3.000,00	0,00	3.000,00
	11.	-	Mehrbestand FE	5.000,00	5.000,00	0,00
	12.		HK d. U. (8+9+10-11)	676.400,00	250.100,00	426.300,00
	13.	+	VwGK, **12 %**	81.168,00	30.012,00	51.156,00
	14.	+	VtGK, **4,0 %**	27.056,00	10.004,00	17.052,00
	15.	+	SEK des Vertr.	1.500,00	0,00	1.500,00
	16.		SK d. U. (12+13+14+15)	786.124,00	290.116,00	496.008,00

17. - 19. Ergebnisrechnung	17.		Nettoverkaufserlöse	910.518,00	335.783,00	574.735,00
	18.	-	SK d. U	786.124,00	290.116,00	496.008,00
	19.	=	Betriebserg. (17-18)	124.394,00	45.667,00	78.727,00

Ist-, Normal- und Plankosten

IST-Gemeinkosten: Tatsächlich entstandene Kosten der Abrechnungsperiode, nachträglich ermittelt, belastet durch die Zufallsschwankungen des Abrechnungszeitraumes (Ursachen hierfür siehe unten)

Normalgemeinkosten: Sie ergeben sich daraus, dass auf die einzelnen Zuschlagsgrundlagen (z. B. Fertigungsmaterial) Normalzuschlagssätze für die Gemeinkosten verrechnet werden. Diese Normalzuschlagssätze ergeben sich durch Glättung der IST-Zuschlagssätze vergangener Abrechnungsperioden. Die Zufallsschwankungen früherer Perioden schlagen sich demnach in den Normalgemeinkostensätzen nieder.

Plankosten: Sie werden im Gegensatz zu den Normalkosten nicht durch eine Rückwärtsbetrachtung (= Durchschnittswerte der Vergangenheit), sondern durch eine Vorwärtsbetrachtung (Planvorgaben der Unternehmensleitung) gewonnen. Vergleiche zwischen PLAN und IST legen offen, wie weit die tatsächlichen Gemeinkosten von den Planvorgaben abweichen (siehe Controlling).

Überdeckung: Normalkosten > Ist-Kosten
Unterdeckung: Normalkosten < Ist-Kosten

Mögliche Ursachen für die Abweichungen zwischen IST und PLAN

(1) Preisveränderungen

- Erhöht sich der Preis für die Zuschlagsgrundlage (z. B. Fertigungsmaterial) und bleiben die Normalzuschlagssätze unverändert, dann steigen die verrechneten Normalgemeinkosten. Werden hingegen die IST-Gemeinkosten von der Preiserhöhung nicht berührt (Folge: die IST-Zuschlagssätze sinken), dann ergibt sich eine Überdeckung.
- Kostenerhöhungen bei den Gemeinkosten führen bei unveränderten Normalzuschlagssätzen zum Ausweis einer Unterdeckung. Die IST-Zuschlagssätze steigen.

(2) Beschäftigungsveränderungen

- Mit steigender Beschäftigung steigen auch die variablen Kosten für Fertigungsmaterial und -löhne, während die Gemeinkosten teilweise konstant bleiben. Der Zuschlagssatz der IST-Gemeinkosten sinkt. Bei konstanten Normalgemeinkosten führt dies zu einer Überdeckung.

(3) Verbrauchsabweichungen

- Steigender/fallender Verbrauch an Fertigungsmaterial bzw. Fertigungszeiten im Vergleich zu Stücklisten- und Arbeitsplanvorgaben haben vergleichbare Folgen wie Preisschwankungen bei Fertigungsmaterial bzw. -löhnen.

Kostenträgerzeitrechnung mit Ist- und Normalkosten

Beim Beispiel von Seite REWE 9 - 12 seien folgende Normalgemeinkostenzuschlagssätze gegeben.

MGK:	15 %	FGK:	130 %
VwGK:	10 %	VtGK:	5 %

(Auf die Betrachtung der Erzeugnisgruppen wird verzichtet)

Erläuterung:
Im vorliegenden Fall liegt eine Überdeckung vor, d. h. die verrechneten Normalgemeinkosten waren größer als die IST-Gemeinkosten und zwar um den Betrag der Überdeckung. Somit sind die Selbstkosten des Umsatzes auf Normalkostenbasis größer als die Selbstkosten des Umsatzes auf Istkostenbasis.

Subtrahiert man von den Nettoverkaufserlösen die Selbstkosten des Umsatzes (Normalkosten), dann erhält man das Umsatzergebnis, das nunmehr (aufgrund der erhöhten Normalgemeinkosten) geringer ausfällt als das Betriebsergebnis auf Istkostenbasis. Erhöht man daher das Umsatzergebnis um den Betrag der Überdeckung, dann erhält man das Betriebsergebnis. (Analoge Argumentation gilt im Fall der Unterdeckung.)

Lösung unterhalb des BAB

	Material		Fertigung		Verwaltung		Vertrieb	
	%	€	%	€	%	€	%	€
IST-Gemeinkosten	14	15.400,00	125	300.000,00	12	81.168,00	4	27.056,00
Normal-Gemeink.	15	16.500,00	130	312.000,00	10	68.950,00	5	34.475,00
Überdeckung (+) **Unterdeckung (-)**		+ 1.100,00		+ 12.000,00		- 12.218,00		+ 7.419,00

Lösung auf dem Kostenträgerblatt

		Ist-Kosten		Normalkosten		Unterd. (-) Überd. (+)
		%	€, gesamt	%	€	
1.	Fertigungsmaterial		110.000,00		110.000,00	
2.	+ MGK	14	15.400,00	15	16.500,00	+ 1.100,00
3.	= Materialkosten (1+2)		125.400,00		126.500,00	
4.	Fertigungslöhne		240.000,00		240.000,00	
5.	+ FGK	125	300.000,00	130	312.000,00	+ 12.000,00
6.	SEK der Fertigung		6.000,00		6.000,00	
7.	Fertigungsk.(4+5+6)		546.000,00		558.000,00	
8.	HK d. Produkt. (3+7)		671.400,00		684.500,00	
9.	+ Minderbestand UE		7.000,00		7.000,00	
10.	+ Minderbestand FE		3.000,00		3.000,00	
11.	- Mehrbestand FE		5.000,00		5.000,00	
12.	HK d. U. (8+9+10-11)		676.400,00		689.500,00	
13.	+ VwGK	12	81.168,00	10	68.950,00	- 12.218,00
14.	+ VtGK	4	27.056,00	5	34.475,00	+ 7.419,00
15.	+ SEK des Vertr.		1.500,00		1.500,00	
16.	SK d. U. (12+13+14+15)		786.124,00		794.425,00	+ 8.301,00

17.	Nettoverkaufserlöse		910.518,00		910.518,00	
18.	- SK d. U		786.124,00		794.425,00	
19.	= Umsatzergebnis				116.093,00	
20.	Über-/Unterdeckung				+ 8.301,00	
21.	= Betriebserg. (17-18)		124.394,00		124.394,00	

Controlling

Ein Controlling-System unterstützt die Unternehmensleitung darin, das Schiff „auf Kurs" zu halten. Hierzu gehören:

- Planung von strategischen (langfristigen) und operativen (mittel- und kurzfristigen) Zielen
- Aufdeckung von Abweichungen zwischen den angestrebten Planzielen und den tatsächlichen IST-Daten
- Analyse dieser Abweichungen in Bezug auf deren Größe, Beeinflussbarkeit und Ursache

Controlling = Zielsetzung, Planung, Steuerung und Kontrolle des Unternehmens

Der Beruf des Controllers wurde durch die DV-Innovationen der letzten Jahre sehr stark beeinflusst, da durch die Entwicklung der PCs und damit verbundener Software (z. B. Tabellenkalkulationsprogramme) sehr mächtige Werkzeuge zur Verfügung stehen, die vielfältige Auswertungen unterstützen bei hoher Flexibilität und Gestaltungsfreiheit. Am Beispiel EXCEL: finanzmathematische und statistische Funktionen, Zielwertsuche, „Was wäre wenn"-Analysen, Grafik usw.

Controlling nutzt zunächst die im Unternehmen vorhandenen Daten aus den Grundfunktionen (Lohn- und Gehalts-, Produktions-, Materialdaten usw.). Diese werden aufbereitet, verdichtet, zueinander in Beziehung gesetzt. Damit erhält man ein einfaches, quantitatives Informations-, Steuerungs- und Kontrollwerkzeug.

Komplexere, so genannte qualitative Controlling-Systeme (Portfolio-Analysen, Nutzwertanalysen usw.), erfordern die Erweiterung um Daten, die nicht dem Rechnungswesen entstammen, sondern auf Schätzungen, Annahmen, strategischer Zielsetzung beruhen.

Übungsaufgaben

1. Was versteht man unter einem Kostenträger?
2. Unterscheiden Sie Kostenträgerstückrechnung von Kostenträgerzeitrechnung.
3. Worin liegen die Ziele der Kostenträgerrechnung?
4. Kalkulieren Sie den Listenverkaufspreis für einen Handelsbetrieb.

	Erzeugnis A	Erzeugnis B	Erzeugnis C
Listeneinkaufspreis	5.240,00 €	80,00 €	480,00 €
Liefererrabatt	15 %	20 %	10 %
Liefererskonto	3 %	2 %	3 %
Bezugskosten	130,50 €	5,80 €	40,50 €
Handlungskosten	30 %	25 %	20 %
Gewinnzuschlag	12 %	10 %	8 %
Kundenskonto	2 %	3 %	2,5 %
Vertreterprovision	5 %	-	7 %
Kundenrabatt	12 %	12 %	15 %

5. Wie hoch sind Rohgewinn, Kalkulationszuschlag und Kalkulationsfaktor, wenn der Einstandspreis 1.680,00 €, der Listeneinkaufspreis 1.810,00 € und der Listenverkaufspreis 2.360,00 € betragen?

6. Ermitteln Sie den Listenverkaufspreis anhand folgender Daten:

Fertigungsmaterial:	2.650,00 €
Fertigungslöhne:	3.400,00 €
Besonderer Konstruktionsaufwand:	352,00 €

Gemeinkostenzuschlagssätze:

MGKZ:	12 %	FGKZ:	120 %	Vw+VtGKZ:	15 %
Gewinnzuschlag:	10 %	Vertreterprovision:	8 %	Kundenskonto:	2 %

7. Die Firma Pech & Panne OHG stellt Kindergartenstühle her. Im letzten Monat wurden 8 000 Stühle hergestellt. Folgende Kosten wurden dabei erfasst:

Fertigungsmaterial Holz:	240.000,00 €
Materialgemeinkosten	19.200,00 €
Fertigungslöhne	40.000,00 €
Fertigungsgemeinkosten	44.000,00 €
Verwaltungs- und Vertriebsgemeinkosten	30.888,00 €

a) Berechnen Sie die Selbstkosten je Stuhl.
b) Zur Kalkulation des Verkaufspreises rechnet der Betrieb mit 12 % Gewinnzuschlag, 3 % Kundenskonto, 4 % Vertreterprovision und 15 % Kundenrabatt. Ermitteln Sie den Listenverkaufspreis pro Stuhl.

8. Die Firma Nielson GmbH ist Hersteller von Getriebemotoren. Ein Kunde, Hersteller von Fördereinrichtungen, bittet um ein Angebot von 12 Motoren zum Einbau in eine Montagelinie. Die Kalkulation geht von folgenden Daten pro Stück aus:

Fertigungsmaterial:	2.480,00	€	Fertigungslöhne:	760,00	€
GK-Zuschlagssatz:	8	%	FGK-Zuschlagssatz:	80	%
VwGK-Zuschlagssatz:	16	%	VtGK-Zuschlagssatz:	6	%
Gewinnzuschlag:	12	%	Kundenskonto	2,5	%
Vertreterprovision:	6	%	Kundenrabatt:	15	%

Ermitteln Sie den Listenverkaufspreis pro Stück.

9. In der „Rheinglas GmbH“ entstanden im letzten Monat folgende Daten.

Fertigungsmaterial:	60.640,00 €	Materialgemeinkosten:	4.200,00 €
Fertigungslöhne:	24.789,00 €	Fertigungsgemeinkosten:	34.860,00 €
Fertigerzeugnisse:			
AB	16.800,00 €	EB	19.500,00 €
Unfertige Erzeugnisse			
AB	17.800,00 €	EB	12.400,00 €
Verwaltungsgemeink.	13.200,00 €	Vertriebsgemeinkosten	6.940,00 €

Die Verwaltungsgemeinkosten sind auf die Herstellkosten der Produktion, die Vertriebsgemeinkosten auf die Herstellkosten des Umsatzes zu beziehen.

Berechnen Sie die Zuschlagssätze und ermitteln Sie die Selbstkosten.

10. Ein Unternehmen benötigt monatlich 72 000 Stanzelemente, die zum Preis von 0,80 € je Stück beschafft werden. Wegen sinkender Auslastung wird eine Umstellung von Fremdbezug auf Eigenfertigung erwogen. Hierfür müsste eine Stanzmaschine beschafft werden, die zu einem Maschinenstundensatz von 10,00 € eingesetzt werden könnte. Kapazität der Maschine je Stunde = 480 Stück.

Ermitteln Sie die Selbstkosten insgesamt und je Stück bei einer Produktionsmenge von 72 000 Stück. Dabei sind noch folgende Angaben zu berücksichtigen.

Fertigungsmaterial je Stück:	0,50	€
Materialgemeinkosten:	10	%
Fertigungslöhne je Std.:	20,00	€
Rest-Fertigungsgemeinkosten:	10	%
Verwaltungs- und Vertriebsgemeinkosten:	20	% der Herstellkosten

11. **Kostenstellensummen lt. Quartals-BAB:**

Material:	1.000,00	€
Fertigung I		
Maschinenstundensatz I:	150,00	€
Laufzeit dieser Maschine:	500	Std.
Restfertigungsgemeinkosten:	15.000,00	€
Fertigung II		
Maschinenstundensatz II	125,00	€
Laufzeit dieser Maschine	400	Std.
Restfertigungsgemeinkosten:	5.000,00	€
Verwaltung:	8.560,00	€
Vertrieb:	12.840,00	€

Beide Gemeinkosten beziehen sich auf die Herstellkosten des Umsatzes.

Einzelkosten:

Fertigungsmaterial:	25.000,00	€
Fertigungslöhne I:	20.000,00	€
Fertigungslöhne II:	16.000,00	€

	Anfangsbestand		Endbestand	
Fertigerzeugnisse	29.000,00	€	34.000,00	€
Unfertige Erzeugnisse	17.000,00	€	14.000,00	€

a) Ermitteln Sie die Zuschlagssätze.

b) Führen Sie eine Stückkalkulation durch:

Fertigungsmaterial:	1.600,00	€
Fertigungslöhne I:	600,00	€
Maschinenstunden I:	4	Std.
Fertigungslöhne II:	800,00	€
Maschinenstunden II:	1	Std.
Gewinnzuschlag:	20	%
Kundenskonti:	2	%
Kundenrabatt:	10	%

12. Unter welchen Voraussetzungen ist die Maschinenstundensatzrechnung sinnvoll?
13. Welche Kostenarten gehören zu den maschinenabhängigen Fertigungsgemeinkosten, welche zu den Restgemeinkosten?
14. Worin liegen die Ziele der Kostenträgerzeitrechnung?

15. Die Badischen Möbelwerkstätten ermitteln im Monat Juni für ihre beiden Erzeugnisgruppen folgende Daten:

	Gesamt	**Regalsysteme**	**Eckbänke**
Fertigungsmaterial		36.000,00	96.000,00
Materialgemeinkosten	21.516,00		
Fertigungslöhne		106.000,00	205.000,00
Fertigungsgemeinkosten	388.750,00		
Fertigerzeugnisse			
Anfangsbestand		5.000,00	15.000,00
Endbestand		12.000,00	5.000,00
Unfertige Erzeugnisse			
Anfangsbestand		19.000,00	13.000,00
Endbestand		18.000,00	19.000,00
Verwaltungsgemeinkosten	64.848,00		

Vertriebsgemeinkosten	29.794,00		
Sondereinzelkosten des Vertriebs			3.000,00
Nettoverkaufserlöse		418.835,00	684.194,00

Erstellen Sie das Kostenträgerblatt. Ermitteln Sie das Betriebsergebnis für das gesamte Unternehmen und die beiden Erzeugnisgruppen. Verwaltungsgemeinkosten beziehen sich auf die Herstellkosten der Produktion, die Vertriebsgemeinkosten auf die Herstellkosten des Umsatzes.

16. Unterscheiden Sie Normalkosten und Plankosten.
17. Wann liegt a) eine Überdeckung b) eine Unterdeckung vor?
18. Worin liegen die Ursachen für die Kostenabweichungen, die dann zu Über- bzw. Unterdeckung führen?

19. Bei der Armaturenfabrik Schleicher GmbH ergeben sich für den abgelaufenen Kalendermonat lt. BAB folgende Gemeinkosten.

	Material	**Fertigung**	**Verwaltung**	**Vertrieb**
Summe Gemeinkosten	66.000,00	220.000,00	140.000,00	88.000,00
Normalzuschlagssatz in %	8	160	12	5

An Einzelkosten sind angefallen:
Fertigungsmaterial: 750.000,00 € Fertigungslöhne: 145.000,00 €

Beständeentwicklung:	Anfangsbestand	Endbestand
Unfertige Erzeugnisse	64.000,00	72.000,00
Fertige Erzeugnisse	36.000,00	33.000,00

Verwaltungs- und Vertriebsgemeinkosten beziehen sich auf die Herstellkosten des Umsatzes.
Umsatzerlöse: 1.650.000,00 €
Erstellen Sie das Kostenträgerzeitblatt und ermitteln Sie:
a) die verrechneten Normalgemeinkosten
b) die IST-Gemeinkostenzuschlagssätze
c) die Über- und Unterdeckung
d) das Betriebsergebnis.

20. Warum wird bei der Ermittlung des Betriebsergebnisses in der Spalte der Normalkosten eine Unterdeckung abgezogen bzw. eine Überdeckung hinzuaddiert?
21. Ergänzen Sie im untenstehenden BAB die fehlenden Daten auf Normalkostenbasis und berechnen Sie den Gesamtbetrag der Kostenüber- oder Kostenunterdeckung.
Bestandsmehrung: 10.000,00 €

Gemein-kosten	**Zahlen der Buchhaltung**	**Material**	**Fertigungsstellen I**	**II**	**Verwaltung**	**Vertrieb**
Summen	876.200,00	71.100,00	136.800,00	378.000,00	120.000,00	170.300,00
Zuschlags-grundlage	...	FM 1.200.000,00	FL I 120.000,00	FL II 330.000,00	Heko des Umsatzes	
Normal-zuschläge	...	6 %	120 %	115 %	5 %	8 %
Normalge-meinkosten	...	?	?	?	?	?
Überdeck. Unterdeck.		?	?	?	?	?

22. **Sachverhalt:**
Von einer Metallwarenfabrik liegen Ihnen die Summen eines Quartals-BAB (siehe unten) als Auszug vor.

Bestände	Unfertige Erzeugnisse	Fertige Erzeugnisse
Anfangsbestand	255.000,00 €	160.000,00 €
Endbestand	275.000,00 €	130.000,00 €

Zuschlagsgrundlagen:
Verwaltungsgemeinkosten: Herstellkosten der Produktion
Vertriebsgemeinkosten: Herstellkosten des Umsatzes

a) Vervollständigen Sie den nachfolgenden Quartals-BAB an den mit „?“ gekennzeichneten Stellen.
b) Erstellen Sie das vollständige Kostenträgerzeitblatt mit Über- und Unterdeckung und ermitteln Sie das Betriebsergebnis.

Gemeinkosten	**Zahlen der Buchhaltung**	**Material**	**Fertigungsstellen I**	**II**	**Verwaltung**	**Vertrieb**
Summen	244.000,00	8.000,00	70.000,00	80.000,00	63.000,00	23.000,00
Ist-Zuschlags-grundlage	...	FM 160.000,00	FL I ?	FL II 82.000,00	Heko d. Prod. ?	Heko d. Ums. ?
Ist-Zuschlagssätze	...	5 %	140 %	?	14 %	?
Normal-Zu-schlags-grundlage		?	?	?	?	?
Normal-Zu-schlagssätze		6 %	136 %	105 %	13 %	?
Normal-Gemeinkosten	...	?	?	?	?	27.942,00
Überdeck. Unterdeck.		?	?	?	?	?

9.6 Deckungsbeitragsrechnung

Stofftelegramm

Probleme der Vollkostenrechnung:
Sinkende Beschäftigung (sinkende Nachfrage) führt zu steigenden Stückkosten (Fixkosten verteilen sich auf weniger Stück). Nach der Vollkostenrechnung stehen die Signale auf „Preiserhöhungen“. Diese Entscheidung ist unternehmerisch aber **falsch**, da zur Marktbehauptung jetzt Preissenkungen nötig wären.

Einfluss des Beschäftigungsgrades auf die Zuschlagssätze im BAB bei Vollkostenrechnung:

- <u>sinkende Beschäftigung:</u> Gemeinkosten sinken nicht im gleichen Maße wie die Einzelkosten, da Gemeinkosten zum Teil fix sind. Folge: Steigende Zuschlagssätze, steigende Preise (s. o.)
- <u>steigende Beschäftigung:</u> Sinkende Zuschlagssätze

Fazit : Die Vollkostenrechnung führt u. a. in Krisenzeiten zu falschen Managemententscheidungen

Lösung: Teilkostenrechnung (Deckungsbeitragsrechnung)

Abkürzungen:

E:	Erlös	**VK**:	Variable Kosten
FK:	Fixkosten	**DB**:	Deckungsbeitrag

Vergleich zwischen

Vollkostenrechnung

Traditionelle Denkrichtung:
Ausgehend von den Kosten und einem angestrebten Gewinn wird ein Marktpreis in einer **Vorwärtsstrategie** entwickelt.

Wenn **Erlös < Vollkosten**, dann wird das Produkt aus dem Angebot eliminiert.

Preisuntergrenze = Deckung der Vollkosten

Deckungsbeitragsrechnung

Neue Denkrichtung:
Ausgangspunkt ist der Marktpreis. In einer **Rückwärtsstrategie** werden die variablen Kosten abgezogen und damit der Deckungsbeitrag ermittelt. Auf der Basis dieses Deckungsbeitrages werden unternehmerische Entscheidungen gefällt.

Deckungs**b**eitrag = Erlös - variable Kosten

DB = +	Produkt leistet Beitrag zur Deckung der Fixkosten, Erfolg verbessert sich.
DB = -	Produkt deckt nicht einmal die variablen Kosten, Eliminierung
DB = 0	Preiserlöse decken gerade die **v**ariablen **K**osten. Preisuntergrenze (P = VK) ist erreicht.

Anwendung der Deckungsbeitragsrechnung

1. Bestimmung der kurzfristigen Preisuntergrenze

Die kurzfristige Preisuntergrenze ist dann erreicht, wenn der Verkaufserlös die variablen Kosten gerade deckt, das heißt: **Deckungsbeitrag = 0**. Ein Gewinn wird in diesem Fall nicht mehr erzielt, die fixen Kosten sind nicht gedeckt.

Beispiel: Ein Unternehmen produziert 500 Stück eines Erzeugnisses **E**. Die Gesamtkosten betragen 120.000,00 €, die Fixkosten 100.000,00 €.

a) Welches ist die Preisuntergrenze bei Vollkostenrechnung (= langfristige Preisuntergrenze)?
b) Welches ist die Preisuntergrenze bei Deckungsbeitragsrechnung (= kurzfristige Preisuntergrenze)?

Lösung:

a) Preisuntergrenze bei Vollkosten = 120.000,00 € : 500
= **240,00 €/Stück**

b) Preisuntergrenze bei Deckungsbeitragsrechnung:
Variable Kosten = Gesamtkosten - Fixkosten = 20.000,00 €
Variable Stückkosten = 20.000,00 € : 500 = **40,00 €/Stück**

2. Entscheidung über Zusatzauftrag

Ein Zusatzauftrag wird dann angenommen, wenn die Erlöse hieraus zu einem positiven Deckungsbeitrag führen.

Beispiel (ausgehend vom Beispiel oben Nr. 1): Die Erzeugnisse werden zum Stückpreis von 300,00 € verkauft. Kapazitäten sind noch frei. Ein Exporteur wäre bereit, monatlich 100 Stück abzunehmen. Er will allerdings nur 150,00 € pro Stück bezahlen. Die Geschäftsleitung überlegt, ob dieser Auftrag angenommen werden kann. Wie lautet die Entscheidung

a) unter Vollkostenrechnung b) unter Deckungsbeitragsrechnung

Lösung:

a) Vollkostenrechnung

Variable Kosten/Stück = 20.000,00 € : 500 = 40,00 €/Stück

Bei Annahme des Zusatzauftrages entstünden somit Gesamtkosten in Höhe von:

120.000,00 € (bisherige Kosten) + 40 x 100 (zusätzl. Kosten) = 124.000,00 €

Damit entstehen Gesamtkosten pro Stück von 124.000,00 : 600 = 206,67 €/St.

Fazit: Da der Exporteur nur 150,00 € zu zahlen bereit ist, entstünde ein **Verlust** von **56,67 € je Stück**. Der **Auftrag wird** somit **nicht angenommen**.

b) Teilkostenrechnung

	Ablehnung	**Annahme**
Bisherige Erlöse (500 x 300)	150.000,00	150.000,00
+ Erlöse Zusatzauftrag (100 x 150)	0,00	15.000,00
= Gesamterlös	150.000,00	165.000,00
- variable Kosten	20.000,00	24.000,00
= Deckungsbeitrag	130.000,00	141.000,00
- Fixkosten	100.000,00	100.000,00
Gewinn	30.000,00	41.000,00
Gewinnzuwachs		11.000,00

Der zusätzliche Exportauftrag verbesserte das Ergebnis um 11.000,00 €. Jedes exportierte Stück brachte einen Deckungsbeitrag von 150,00 - 40,00 = 110,00 €. Da die Fixkosten bereits durch die Grundauslastung gedeckt waren, bedeutet jede Mark Deckungsbeitrag auch unmittelbar Gewinn.

Fazit: Der Auftrag wird angenommen.

3. Sortimentsgestaltung

	Produkt A	**Produkt B**	**Produkt C**	**Insgesamt**
Umsatzerlöse	72.000,00	20.000,00	5.000,00	97.000,00
- variable Kosten	56.000,00	21.000,00	4.000,00	81.000,00
= Deckungsbeitrag	16.000,00	- 1.000,00	1.000,00	16.000,00
- Fixkosten	0,00	0,00	0,00	5.000,00
= Betriebsergebnis	0,00	0,00	0,00	11.000,00

Produkt B hat einen negativen Deckungsbeitrag und sollte aus dem Produktionsprogramm genommen werden. Aus folgenden Gründen würde B evtl. trotzdem weiterproduziert werden:

- Arbeitsplatzerhaltung
- „Vorzeigeartikel“
- Deckungsbeitrag evtl. nur kurzfristig negativ
- Sortimentsvielfalt
- Ergänzung anderer Produkte

Übungsaufgaben

1. Ein Industriebetrieb stellt drei Erzeugnisse her. Nachfolgende Daten sind hierzu bekannt:

	Prod. A	**Prod. B**	**Prod. C**
Fertigungsmaterial, gesamt	1.400	750	11.000
Fertigungslöhne, gesamt	1.000	600	9.000
Summe variable Gemeinkosten, gesamt	2.800	1.800	24.000
Summe Fixkosten	2.500	1.500	6.000
Erlöse/Stück	4	50	55
Produktionsmenge	2.600	105	1.100

Berechnen Sie

a) die gesamten Selbstkosten

b) die Selbstkosten pro Stück

c) die Deckungsbeiträge der einzelnen Erzeugnisse

d) das Betriebsergebnis für die Produkte nach der DB-Rechnung

e) Ein Exporteur will Erzeugnis A in sein Sortiment aufnehmen. Er plant eine monatliche Abnahme von 400 Stück. Er ist bereit, maximal 2,50 € je Erzeugnis zu zahlen. Fällen Sie die Entscheidung unter Berücksichtigung
- der Vollkostenrechnung
- der Deckungsbeitragsrechnung

2. a) Eine Unternehmung hat im abgelaufenen Geschäftsjahr 3 neue Artikel in ihr Sortiment aufgenommen. Nach der ersten Periode liegen dazu aus der Buchhaltung folgende Zahlen vor:

	A	**B**	**C**
Erlöse (€)	900.000,00	1.700.000,00	1.250.000,00
Gesamtkosten (€)	850.000,00	1.350.000,00	1.360.000,00
Absatzmenge	30 000	30 000	35 000

Wie hoch ist das Betriebsergebnis je Produkt und insgesamt?

b) Das „Verlust bringende" Produkt soll aus dem Sortiment genommen werden. Die Kostenanalyse liefert folgendes Bild.

		A	**B**	**C**
variable Kosten (€)		650.000,00	1.200.000,00	860.000,00
fixe Kosten (insgesamt)	850.000,00			

b1) Wie hoch ist der Deckungsbeitrag je Artikel sowie das Gesamtergebnis?
b2) Wie würde sich eine Streichung des verlustbringenden Produkts auf das Betriebsergebnis auswirken? Begründung.
b3) Welche Gründe könnten dafür sprechen, Produkte mit negativen Deckungsbeiträgen weiter zu produzieren?
b4) Wie viel € betragen die Preisuntergrenzen der Artikel?

Prüfungsaufgaben

Winter 2005/06

Abgrenzungsrechnung

Die Geschäftsbuchführung der Husto GmbH weist für das vergangene Geschäftsjahr folgende Aufwendungen und Erträge aus:

Konto-Nr.	Kontobezeichnung	EURO
500	Umsatzerlöse	1.300.000,00
571	Zinserträge	10.000,00
600	Aufwendungen für Rohstoffe	200.000,00
602	Aufwendungen für Hilfsstoffe	40.000,00
608	Aufwendungen für Handelswaren	80.000,00
62	Löhne	120.000,00
63	Gehälter	60.000,00
640	Arbeitgeberanteil zur Sozialversicherung	36.000,00
650	Abschreibungen auf Sachanlagen	400.000,00
670	Mieten, Pachten	30.000,00
680	Büromaterial	20.000,00
695	Abschreibungen auf Forderungen	8.500,00
699	Periodenfremde Aufwendungen	5.000,00
708	Betriebliche Steuern	40.000,00
751	Zinsaufwendungen	200.000,00

Weitere Angaben:
- Statt der angefallenen Forderungsverluste in Höhe von 8.500,00 EUR sollen kalkulatorische Wagnisse in Höhe von 10.000,00 EUR verrechnet werden.
- Anschaffungswert des Anlagevermögens: 2,0 Mio. EUR
- Bilanzieller Abschreibungssatz: 20 %
- Wiederbeschaffungswert des Anlagevermögens: 3,0 Mio. EUR
- Kalkulatorischer Abschreibungssatz: 12 %

Erstellen Sie die Ergebnistabelle (Anlage 1) und berechnen Sie
- das Unternehmensergebnis,
- das Ergebnis aus unternehmensbezogener Abgrenzung und kostenrechnerischen Korrekturen sowie
- das Betriebsergebnis.

Kalkulation
Für die Kalkulation einer Feinschmeckerpastetenkonserve werden in der Husto GmbH Herstellkosten in Höhe von 1,00 EUR ermittelt.
Welcher Gewinn kann erzielt werden, wenn der Verkaufspreis 2,00 EUR betragen soll und Ihnen folgende weiteren Zuschlagssätze bekannt sind:
- Verwaltungsgemeinkosten 25 %
- Vertriebsgemeinkosten 10 %
- Kundenrabatt 10 %
- Kundenskonto 2 %?

Anlage 1

Rechnungskreis I				Rechnungskreis II					
Erfolgsbereich				Abgrenzungsbereich				KLR-Breich	
Gesamtergebnis der Finanzbuchführung laut GuV-Konto				Unternehmensbezogene Abgrenzungen		Kostenrechnerische Korrekturen		Betriebsergebnisrechnung	
Nr.	Kontobezeichnung	Aufwand	Ertrag	Neutraler Aufwand	Neutraler Ertrag	Aufwand lt. GuV	Verrechnete Kosten	Kosten	Leistungen
500	Umsatzerlöse		1.300.000,00						
571	Zinserträge		10.000,00						
600	Aufwendungen f. Rohstoffe	200.000,00							
602	Aufwendungen f. Hilfsstoffe	40.000,00							
608	Aufw. f. Handelswaren	80.000,00							
62	Löhne	120.000,00							
63	Gehälter	60.000,00							
640	AG-Anteil Soz.versicherung	36.000,00							
650	Abschr. a. Sachanlagen	400.000,00							
670	Mieten, Pachten	30.000,00							
680	Büromaterial	20.000,00							
695	Abschr. auf Forderungen	8.500,00							
699	Periodenfr. Aufwendungen	5.000,00							
708	Betriebliche Steuern	40.000,00							
751	Zinsaufwendungen	200.000,00							
Summen									
Salden									

Sommer 2006

1 Kromer GmbH Reutlingen stellt seit zwei Jahren Lichtmaschinen für Autos her. Die Kapazität beträgt 1.000 Lichtmaschinen.
2004 beliefen sich die Kosten für 460 Stück auf 585.000,00 €, 2005 für 800 Stück auf 755.000,00 €. Die produzierten Mengen wurden im jeweiligen Jahr abgesetzt. Der Gesamtkostenverlauf ist linear. Der Stückerlös war in beiden Jahren 1.200,00 €.

1.1 Ermitteln Sie die fixen Kosten der Kromer GmbH.
1.2 Ab welcher Stückzahl wurde 2005 Gewinn erzielt? Rechnerischer Nachweis.

2 Die Kromer GmbH stellt unter anderem drei verschiedene Typen von Zündspulen her. Die Kostenrechnung liefert für 2004 folgende Zahlen:

	Typ A	Typ B	Typ C
Erzeugte und verkaufte Mengen (St.)	4.000	5.000	2.000
Nettoverkaufserlöse	600.000,00 €	650.000,00 €	200.000,00 €
Selbstkosten	400.000,00 €	520.000,00 €	210.000,00 €
davon proportional	120.000,00 €	160.000,00 €	80.000,00 €

2.1 Berechnen Sie für die drei Zündspulentypen den Deckungsbeitrag je Stück.
2.2 Um wie viel Prozent könnte der Preis für den Typ B bei gleichem Absatz wie 2004
a) auf Dauer und
b) für kurze Zeit reduziert werden?

Winter 2006/07

3 Die Trimm-Fit GmbH hat 10.000 Funktionssocken zum Listenpreis von 2,10 EUR/Stück bezogen. Folgende Daten liegen vor:
Kundenrabatt 15 %; Gewinn 20 %; Liefererskonto 2 %; Kundenskonto 2 %; Liefererrabatt 10 %; Handlungskosten 20 %; Bezugskosten insgesamt 500,00 EUR.
3.1 Kalkulieren Sie den Listenverkaufspreis.
3.2 Der erzielbare Marktpreis liegt bei 3,00 EUR. Berechnen Sie, welcher Gewinn sich in EUR und % ergibt.

Sommer 2007

In der Abteilung Kosten- und Leistungsrechnung der Einzelunternehmung Arnold, Büromöbelherstellung, sind folgende Vorgänge abzugrenzen:

3.1 Ordnen Sie diese Vorgänge durch Ankreuzen in der entsprechenden Spalte richtig zu (Anlage 6).

3.2 Errechnen Sie den Jahresbetrag der kalkulatorischen Abschreibung für folgende Maschine:
Anschaffungskosten 200.000,00 EUR, Wiederbeschaffungskosten 250.000,00 EUR, Nutzungsdauer 8 Jahre.

3.3 Die Gemeinkosten der Fa. Arnold werden mit Hilfe eines Betriebsabrechnungsbogens auf die einzelnen Kostenstellen verteilt.

3.3.1 Ergänzen sie den BAB unter Verwendung der folgenden Angaben (Anlage 7):
Betriebssteuern: 1 : 3 : 2 : 1
Mieten nach qm: 400, 2 000, 600, 200
Unternehmerlohn: 10 % : 20 % : 50 % : 20 %

3.3.2 Ermitteln Sie die Selbstkosten des Umsatzes unter Berücksichtigung folgender zusätzlicher Angaben:

Fertigungsmaterial	480.000,00 EUR
Fertigungslöhne	240.000,00 EUR
Sondereinzelkosten der Fertigung	30.000,00 EUR
Anfangsbestand Fertigerzeugnisse	220.000,00 EUR
Schlussbestand Fertigerzeugnisse	250.000,00 EUR

3.3.3 Berechnen Sie die Zuschlagssätze für die Gemeinkosten.
Bezugsgrundlage: Verwaltungsgemeinkosten = Herstellkosten Fertigung
Vertriebsgemeinkosten = Herstellkosten des Umsatzes

3.4 Die Fa. Arnold kauft auch Handelswaren dazu, um ihr Angebot zu erweitern. Wie viel Gewinn in Prozent (Ergebnis auf 2 Kommastellen) verbleibt dem Unternehmen bei folgenden Kalkulationsdaten:

Listenverkaufspreis	5.200,00 EUR,
Kundenrabatt	10 %,
Handlungskostenzuschlag	30 %,
Einstandspreis	3.270,00 EUR?

Bitte verwenden Sie das Kalkulationsschema.

Anlage 6

Geschäftsfälle	Neutraler Aufwand	Neutraler Ertrag	Kosten	Leistung
Beiträge zur Berufsgenossenschaft				
Mieteinnahmen für vermietete Lagerhallen				
Arbeitgeberanteil zur Sozialversicherung				
Erstattung zu viel gezahlter Kfz-Steuer (aus Vorjahr)				
Reparatur eines Sturmschadens am Bürogebäude				
Fremdinstandhaltung einer Produktionsmaschine				
Grundsteuer für vermietete Lagerhallen				
Umsatzerlöse für Handelswaren				

Anlage 7

Gemeinkostenarten	Zahlen der Kostenarten-rechnung	Kostenstellen			
		Material	Fertigung	Verwaltung	Vertrieb
Hilfs- u. Betriebsstoffe	30.000,00	4.000,00	24.000,00	1.600,00	400,00
Kraft-Brennstoffe	28.000,00	3.000,00	17.000,00	4.000,00	4.000,00
Hilfslöhne	52.000,00	8.000,00	39.000,00	0,00	5.000,00
Gehälter	65.000,00	12.000,00	6.000,00	37.000,00	10.000,00
Fremdreparaturen	8.000,00	400,00	3.600,00	2.000,00	2.000,00
Betriebssteuern	37.800,00				
Mieten	9.600,00				
Kalk. AFA	72.000,00	13.000,00	39.000,00	11.000,00	9.000,00
Kalk. Unternehmerlohn	24.000,00				
Summen	326.400,00				

Winter 2007/08

1 Die Fellbacher Fensterfabrik GmbH erhält einen Großauftrag für ein Hochhaus mit einheitlicher Standardfenstergröße. Hierbei bietet sich die Möglichkeit an, diesen Auftrag mithilfe eines günstigen Fremdbezugs aus Osteuropa statt mit eigener Fertigung auszuführen.

Grundlagen für die Entscheidung (Beträge je Fenster):

Verkaufserlös je Fenster	140,00 EUR
variable Kosten bei Eigenfertigung je Fenster	58,00 EUR
Bezugspreis je Fenster	76,00 EUR
gesamte fixe Kosten bei Eigenfertigung	1.350,00 EUR

1.1 Wie hoch sind die Deckungsbeiträge je Fenster bei Eigenfertigung bzw. bei Fremdbezug?

1.2 Wie hoch ist die Menge, bei der selbst hergestellte und bezogene Fenster dieselben Kosten verursachen? (Übergangsmenge)

1.3 Geben Sie zwei Argumente dafür an, die Fenster doch in Eigenfertigung zu erstellen, wenn die Kosten des Fremdbezugs günstiger wären.

2 Die Fellbacher Fensterfabrik GmbH muss entscheiden, ob sie einen Auftrag annehmen kann, der ihr 200,00 EUR je Fenster bietet.

Kalkulieren Sie den Verkaufspreis für ein Fenster mithilfe folgender Angaben:

Fertigungsmaterial	25,00 EUR
Fertigungslöhne	16,80 EUR
MGKZ	22 %
Maschinenstundensatz	160,00 EUR/h
Maschineneinsatz	15 Min.
RFGKZ	160 %
VwGKZ	18 %
VtGKZ	14 %
Gewinnzuschlag	12 %
Kundenskonto	3 %
Kundenrabatt	10 %

Sommer 2008

Die „Office Supplies GmbH“ produziert in einem Zweigwerk Schreibtischsets in zwei Ausführungen. Im ersten Quartal 2008 liegen Ihnen folgende Zahlen vor:

	Typ A	Typ B
Nettoverkaufspreis/Stück	6,50 EUR	7,50 EUR
Variable Kosten/Stück	3,20 EUR	4,20 EUR
Kapazität	30.000 Stück	20.000 Stück
Produktion = Absatz	25.000 Stück	18.000 Stück

1 Berechnen Sie die Höhe der Fixkosten, wenn im ersten Quartal 2008 ein Betriebsverlust von 3.100,00 EUR zu verzeichnen war.

2 Wie viel Stück von Typ A müssten bei gleich bleibendem Nettoverkaufspreis mehr produziert und abgesetzt werden, um die Gewinnzone zu erreichen, wenn die Produktion und der Absatz von Typ B unverändert bleiben?

3 Durch Umschichtung von Werbemaßnahmen ergibt sich eine Produktions- und Absatzsteigerung um insgesamt 1.000 Stück. Außerdem liegt eine Anfrage eines potenziellen Kunden vor, der bereit wäre, einen Auftrag über 3.500 Stück von Typ A zu erteilen, wenn auf den Nettoverkaufspreis 20 % Sonderrabatt gegeben werden.

3.1 Entscheiden Sie begründet, ob der Auftrag angenommen werden soll.

3.2 Gehen Sie davon aus, dass der Auftrag angenommen wird. Berechnen Sie die Auswirkungen auf das Betriebsergebnis.

4 Im Hauptwerk wird die Vollkostenrechnung praktiziert. Nach Ablauf des 1. Quartals ergeben sich für den Fertigungsbereich folgende Gemeinkosten:

MGK	120.000,00 EUR
FGK	280.000,00 EUR
VwGK	60.000,00 EUR
VtGK	48.000,00 EUR

An Einzelkosten sind angefallen:

MEK	600.000,00 EUR
FL	200.000,00 EUR

4.1 Berechnen Sie die Selbstkosten.

4.2 Berechnen Sie die Gemeinkostenzuschlagssätze.

Winter 2008/09

3.1 Bei der HOLZ-HÄDERLE KG herrscht in der Geschäftsleitung Krisenstimmung. In diesem Geschäftsjahr ergibt sich aus der Gewinn- und Verlustrechnung ein erheblicher Verlust. Mitarbeiter aus dem Rechnungswesen bemerken gegenüber der Geschäftsleitung, dass aus dem Ergebnis der Geschäftsbuchführung noch keine endgültigen Schlüsse auf den betrieblichen Erfolg (Betriebsergebnis) gezogen werden können. Vervollständigen Sie die Ergebnistabelle (Anlage 4) und ermitteln Sie mithilfe nachfolgender Daten das neutrale und das betriebliche Ergebnis (Betriebsergebnis).
Die Miet- und Zinserträge stammen nicht aus der betrieblichen Leistungserstellung.
Außerdem sind folgende kalkulatorische Kosten zu berücksichtigen:

Kalkulatorischer Unternehmerlohn:	40.000,00 EUR
Kalkulatorische Zinsen:	30.000,00 EUR
Kalkulatorische Abschreibungen:	50.000,00 EUR

3.2 Für einen hochwertigen Schreibtisch soll der Verkaufspreis ermittelt werden. Die HOLZ-HÄDERLE KG kalkuliert mit 15 % Gewinnzuschlag, 2 % Kundenskonto, 15 % Vertreterprovision und 20 % Kundenrabatt.
Bei der Herstellung entstanden 280,00 EUR Fertigungsmaterialkosten und 350,00 EUR Fertigungslöhne. Zuschlagsätze: MGKZ 8 %, FGKZ 120 %, VwGKZ 12 %, VtGKZ 10 %.

3.1

Konto Nr.	Kontenbezeichnung	Rechnungskreis I		Rechnungskreis II					
		Geschäftsbuchführung		Abgrenzungsbereich				Kosten- und Leistungsrechnung	
		GuV-Konto		Unternehmensbezogene Abgrenzungen		Kostenrechnerische Korrekturen		Betriebsergebnisrechnung	
				Neutrale		Verrechnete			
		Aufwand S	Erträge H	Aufwand S	Erträge H	Aufwand S	Kosten H	Kosten S	Leistungen H
600	Aufwendungen für Rohstoffe	500.000,00						500.000,00	
602	Aufwendungen für Hilfsstoffe	100.000,00						100.000,00	
603	Aufwendungen für Betriebsstoffe	22.000,00						22.000,00	
613	Fremdreparaturen	55.000,00						55.000,00	
620/630	Löhne/Gehälter	850.000,00							
640	Soziale Abgaben	78.000,00							
65	Abschreibungen auf Sachanlagen	70.000,00							
66	Sonstige Personalaufwendungen	96.000,00							
680	Büromaterial	70.000,00							
688	Spenden	80.000,00							
695	Abschreibungen auf Forderungen	25.000,00							
696	Verlust aus Anlagenverkäufen	70.000,00							
70	Betriebliche Steuern	140.000,00							
751	Zinsaufwendungen	60.000,00							
500	Umsatzerlöse		2.060.000,00						
540	Erträge aus Verm. u. Verp.		8.000,00						
546	Erträge aus Anlagenverkäufen		10.000,00						
548	Erträge a. Aufl. von Rückstell.		40.000,00						
571	Zinserträge		20.000,00						
579	Erträge aus Wertpapieren		10.000,00						
	Kalkulatorischer Unternehmerlohn								
Summen		2.160.000,00	2.148.000,00						
Ergebnisse			68.000,00						
Summen			1.216.000,00						

Sommer 2009

3.1 Die Industrie TEC GmbH hat folgende Gemeinkosten (EUR) anhand des BAB für ihre Kostenstellen ermittelt:

Material	Fertigung	Verwaltung	Vertrieb
93.560,00	320.150,00	152.270,00	62.140,00

Weitere Angaben:
Bestände FE: AB 67.240,00 EUR SB (Inventur) 42.300,00 EUR
Bestände UE: AB 25.660,00 EUR SB (Inventur) 34.240,00 EUR
Verbr. Fert'mat.: 722.340,00 EUR Verbr. Fert'löhne: 245.230,00 EUR
Die VerwGK werden auf die Herstellkosten der Rechnungsperiode (= der Fertigung) und die VertrGK auf die Herstellkosten des Umsatzes bezogen.

3.1.1 Berechnen Sie die Zuschlagssätze je Kostenstelle.

3.1.2 Ermitteln Sie anhand der Gesamtkalkulation die Selbstkosten des Umsatzes.

3.2 Der Autozulieferbetrieb Wanner Metall GmbH produziert Anhängerkupplungen für Pkw und Lkw. Aus der Kostenrechnung für den Monat April sind folgende Daten gegeben:

	Anhängerkupplung Pkw	**Anhängerkupplung Lkw**
Absatzmenge (Vollauslastung)	20.500 Stück	9.510 Stück
Variable Kosten	54,80 EUR/Stück	83,40 EUR/Stück
Nettoverkaufspreis	66,50 EUR/Stück	95,80 EUR/Stück

3.2.1 Ermitteln Sie die Deckungsbeiträge pro Stück der beiden Produkttypen.

3.2.2 Bestimmen Sie bei beiden Produkttypen die kurzfristige Preisuntergrenze.

3.2.3 Errechnen Sie das Betriebsergebnis April, wenn die fixen Kosten insgesamt 283.500,00 EUR betragen.

Winter 2009/10

Aufgabe 3 Kosten- und Leistungsrechnung
Ein Unternehmen für Büromaschinen weist am Ende des 1. Quartals folgende Zahlen aus:
Fertigungsmaterial 17.000,00 EUR
Fertigungslöhne 22.500,00 EUR

Außerdem liegt als Anlage der unvollständige BAB für das 1. Quartal vor.

3.1 Ergänzen Sie den BAB unter Verwendung der Angaben in Anlage 5.
Verteilungsschlüssel für die Steuern: 1:3:9:2
Verteilungsschlüssel für die kalkulatorischen Kosten: 6:30:9:5

3.2 Berechnen Sie die Zuschlagssätze (auf volle Prozentsätze kaufmännisch runden).

Aufgabe 4 Deckungsbeitragsrechnung

Ein Industriebetrieb produziert Flash-Speicher. Für den Monat März liegen aus der Kostenrechnung folgende Zahlen vor.

Produkt	Absatzmenge	Verkaufspreis in EUR je Stück	variable Kosten in EUR je Stück
A	1.000	192,00	115,55
B	2.400	79,17	33,42
C	2.000	64,00	28,35
Fixkosten insgesamt	209.480,00		

4.1 Ermitteln Sie die Deckungsbeiträge je Stück, die Gesamtdeckungsbeiträge und das Betriebsergebnis unter der Annahme, dass keine betrieblichen Engpässe vorliegen.

4.2 Der Industriebetrieb könnte einen Zusatzauftrag über 500 Stück von Produkt C erhalten, wenn ein Stückpreis von 25,00 EUR akzeptiert würde.
Prüfen Sie, ob sich die Annahme des Zusatzauftrags unter kostenrechnerischen Aspekten lohnen würde.

Anlage 5		**Kostenstellen**			
Gemeinkosten	**Beträge**	**Material**	**Fertigung**	**Verwaltung**	**Vertrieb**
Hilfsstoffe	6.600,00	700,00	5.900,00	0,00	0,00
Betriebsstoffe	3.040,00	120,00	2.320,00	500,00	100,00
Stromkosten	600,00	20,00	520,00	36,00	24,00
Gehälter	8.000,00	100,00	3.600,00	3.200,00	1.100,00
Steuern	1.500,00				
sonst. Kosten	2.800,00	0,00	100,00	1.600,00	1.100,00
kalk. Kosten	4.700,00				
Summe	27.240,00				

Sommer 2010

Die MAGRA GmbH ist ein führender Hersteller von Fahrzeugbatterien.
Für das 1. Quartal 2010 zeigen die Kosten- und Leistungsrechnung (Rechnungskreis 2) und der dazugehörige BAB folgendes – vereinfachtes – Bild (alle Beträge in EUR):

KLR – Rechnungskreis 2

Kto.Nr.	Bezeichnung	Kosten	Betriebl. Leistungen
500	Umsatzerlöse		51.400.000
521	Bestandsminderungen an Unfertigen Erzeugnissen	95.000	
522	Bestandsmehrungen an Fertigen Erzeugnissen		420.000
54	Sonstige betriebliche Erträge		3.840.000
600	Aufwendungen für Rohstoffe (Fertigungsmaterial)	12.600.000	
602/03	Hilfs- und Betriebsstoffe	3.710.000	
62	Fertigungslöhne	14.100.000	

63/64	Gehälter und soziale Abgaben	10.300.000	
65	Abschreibungen	8.600.000	
67-60	Weitere Kosten	1.740.000	
	Betriebsergebnis	4.515.000	
	Summe	55.660.000	55.660.000

Betriebsabrechnungsbogen (BAB)

Gemeinkosten	Zahlen KLR	Kostenstellen			
		Material	**Fertigung**	**Verwaltung**	**Vertrieb**
602/603 Hilfs- u. Betriebsstoffe	3.710.000	550.000	2.660.000	340.000	160.000
63/64 Gehälter und soziale Abgaben	10.300.000	1.800.000	3.500.000	3.600.000	1.400.000
65 Abschreibungen	8.600.000	900.000	5.900.000	1.100.000	700.000
67-69 Weitere Kosten	1.740.000	330.000	600.000	450.000	360.000
Summen	24.350.000	3.580.000	12.660.000	5.490.000	2.620.000

1 Ermitteln Sie die Gemeinkostenzuschläge auf eine Dezimale. Die Verwaltungsgemeinkosten beziehen sich auf die Herstellkosten der Rechnungsperiode, die Vertriebsgemeinkosten auf die Herstellkosten des Umsatzes.

Für ein Angebot soll der Listenverkaufspreis ermittelt werden.
Die Arbeitsvorbereitung ermittelt für das Fertigungsmaterial 42.600 EUR, für die Fertigungslöhne 56.900 EUR und an Sondereinzelkosten der Fertigung 3.800 EUR.

Für dieses Angebot soll mit folgenden Zuschlagssätzen kalkuliert werden:

Materialgemeinkostenzuschlagssatz	27,6 %
Fertigungsgemeinkostenzuschlagssatz	86,8 %
Verwaltungsgemeinkostenzuschlagssatz	12,0 %
Vertriebsgemeinkostenzuschlagssatz	6,0 %

Die MAGRA GMBH kalkuliert bei diesem Angebot mit einem Gewinnzuschlag von 5 %. Dem Kunden werden 12 % Rabatt gewährt.

2 Ermitteln Sie den Listenverkaufspreis.

Für das 2. Quartal 2010 sollen für das Produktsegment Hochleistungs-LKW-Batterien die Plandaten ermittelt werden.
Für dieses Segment ergaben sich im 1. Quartal Gesamtkosten in Höhe von 12.354.000 EUR, davon sind 40 % fixe Kosten und 60 % variable Kosten.
Die produzierte = verkaufte Menge betrug in diesem Quartal 42.600 Produktionseinheiten. Der durchschnittliche Erlös je Produktionseinheit betrug 312,80 EUR.
Für das 2. Quartal 2010 wird eine Absatzmenge = produzierte Menge von 44.800 Produktionseinheiten prognostiziert. Wegen des starken Konkurrenzdruckes wird aber der durchschnittliche Erlös je Produktionseinheit auf 309,60 EUR sinken.

3 Ermitteln Sie in übersichtlicher Form das voraussichtliche Betriebsergebnis im 2. Quartal für dieses Produktsegment.

Prüfungsaufgaben - Buchführung

Winter 2005/06

Aufgabe 1 Grundbuchungen ausgewählter Geschäftsfälle

Die „Husto GmbH" ist ein mittelständisches Unternehmen, das sich auf die Produktion hochwertiger Fleisch- und Wurstkonserven spezialisiert hat. Als Mitarbeiter sind Sie im Rechnungswesen des Unternehmens tätig. Einkäufe sollen Sie im Bereich der Finanzbuchhaltung verbrauchsorientiert erfassen. Berücksichtigen Sie, dass im Fleisch verarbeitenden Gewerbe die Umsätze zum ermäßigten USt-Satz von 7 % abgerechnet werden.

1 Bilden Sie die Buchungssätze zu den Anlagen 1 bis 3.

2 Buchen Sie die Bezahlung der Lieferantenrechnung (Anlage 1) per Banküberweisung unter Abzug von 3 % Skonto.

3 Nach der Anschaffung eines neuen PKW verkaufen wir den Altwagen, Buchwert 4.000,00 EUR, zu 3.000,00 EUR zuzüglich 16 % USt.
Buchen Sie den Anlageverkauf sowie die Ausbuchung des Buchwertes.

Aufgabe 2 Vorbereitende Abschlussbuchungen und Jahresabschluss zum 31.12.2005

1 Am 13. März 05 hat die Husto GmbH für ihren Handlungsreisenden einen neuen PKW erworben. Die Anschaffungskosten betrugen 38.000,00 EUR netto. Berechnen Sie die Höhe des Abschreibungsbetrages und nehmen Sie die Buchung vor, wenn bei einer Nutzungsdauer von 6 Jahren degressiv abgeschrieben werden soll.

2 Für ein gewährtes Kundendarlehen erhielt die Husto GmbH am 1.12. die Jahreszinsen in Höhe von 1.200,00 EUR im Voraus überwiesen. Welche Buchung ist zum 31.12. erforderlich?

3 Für den Bereich der Vorräte liegen Ihnen am Jahresende die Anfangsbestände sowie die Endbestände lt. Inventur vor:

	Anfangsbestände	Endbestände
200 Rohstoffe	20.000,00	15.000,00
202 Hilfsstoffe	11.000,00	13.000,00

Bilden Sie die notwendigen Buchungssätze.

Anlage 1

METZGEREI · PARTYSERVICE · RESTAURANT · HUG · SIEMENSSTR. 8 · 79585 STEINEN

Husto GmbH
Klöpferweg 34
79539 Lörrach

Rechnung Nr. 2899/05

Datum
08.10.2005

	€
Fleischwaren lt. Lieferschein 5989	4.350,00
Gewürze lt. Lieferschein 5990	2.650,00
Summe	7.000,00
+ 7 % Umsatzsteuer	490,00
Endbetrag	**7.490,00**

Wir gewähren 3 % Skonto bei Zahlung innerhalb 10 Tage nach Rechnungsdatum

VR-Bank Lörrach	7051010	BLZ 68391500	Steuer-Nr.	11009/4000
Sparkasse Lörrach	2020020	BLZ 68350048	USt-IdNr.	DE 123323001

Anlage 2

Kontoauszug

Kontonummer 0 085 727 758 Auszug 038
Datum 27.08.2005 Blatt 1

Postbank

IBAN DE04 6601 0075 0085 7277 58 BIC PBNKDEFF

26.08.	27.08.	3306	Gutschrift für AR 617 abzgl. 2 % Skonto	3.774,96

Postbank Karlsruhe 76127 Karlsruhe

Husto GmbH
Klöpferweg 34
79539 Lörrach

Alter Kontostand	840,07
Zahlungseingänge	3.774,96
Zahlungsausgänge	0,00
Neuer Kontostand	4.615,03

Postbank Karlsruhe, 76127 Karlsruhe, BLZ 660 100 75
Privatkunden Tel. 0180-30 40 700, Fax 0180-30 40 800, 7 x 24 Stunden direkt@postbank.de
Geschäftskunden Tel: 0180-44 40 400 Fax 0180-30 40 999, 7 x 24 Stunden business@postbank.de
Firmenkunden firmenkunden@postbank.de
www.postbank.de

Anlage 3

Sparkasse Lörrach Rheinfelden BLZ 683 500 48 Girokonto Nr. 1719186 Auszug 18 Blatt 1

Information zur Abrechnung

		Betrag
Lastschrift Darlehen Nr. 6221620666		1.476,35 S
Zinssatz	4,5 %	
Zinsen	1.051,81 €	
Tilgung	424,54 €	
Saldo	93.069,84 €	
Kontostand am 30.09.05		3.478,35 H

Husto GmbH
Klöpferweg 34
79539 Lörrach

Sommer 2006

Aufgabe 1 Buchungen ausgewählter Geschäftsvorfälle

In der Kirchheimer Elektrogroßhandlung GmbH haben Sie im Rahmen Ihrer Tätigkeit in der Finanzbuchhaltung folgende Geschäftsvorfälle unter Benutzung des beigefügten Kontenrahmens zu buchen. Die Buchungen im Einkaufsbereich sind verbrauchsorientiert zu behandeln.

1 Buchen Sie die Anlagen 1 bis 4.

2 Buchen Sie Anlage 5. Das Eisenregal wurde bisher mit einem Euro bilanziert.

Aufgabe 2 Vorbereitende Abschlussbuchungen und Jahresabschluss zum 31.12.2005

1 Am 01.02.2005 wurde ein LKW (Pritschenwagen) angeschafft:

Listenpreis	118.500,00 €
Überführungskosten	1.000,00 €
Radio	500,00 €
	120.000,00 €
+ 16 % Umsatzsteuer	19.200,00 €
Rechnungsbetrag	139.200,00 €

Der Rechnungsbetrag wurde unter Abzug von 3 % Skonto bezahlt.

Weitere Kosten:	
Zulassungsgebühren	200,00 €
Kfz-Steuer für 1 Jahr	3.000,00 €
Kfz-Versicherung für 1 Jahr	4.000,00 €

1.1 Berechnen Sie die Anschaffungskosten für den LKW.

1.2 Wie ist der LKW am Jahresende zu bewerten, wenn die Nutzungsdauer 12 Jahre beträgt und der Betrieb seinen Gewinn möglichst niedrig ausweisen will?

2 Auslandsverbindlichkeiten im Wert von 15.000,00 CHF wurden am Entstehungstag zum damaligen Kurs von EUR/CHF 1,6093 bilanziert.
Am 31.12.05 beträgt der Kurs EUR/CHF 1,4890. Wie ist zu bewerten (Begründung)?

3 Für die zu erwartende Gewerbesteuerzahlung wurde zum 31.12.05 eine Rückstellung von 5.000,00 € gebildet.
Die Steuerschuld beträgt lt. Steuerbescheid 5.500,00 € und wird im Januar per Banküberweisung beglichen.

4 Grenzen Sie die am 01.02.05 gezahlten Beträge für die Kfz-Steuer und Kfz-Versicherung ab.

Anlage 1

Verkaufsfachverband Sachsen GmbH

Verkaufsfachverband Sachsen GmbH - Erzgebirgsstrasse 3 - 09456 Annaberg-Buchholz

Kirchheimer Elektrogroßhandlung GmbH
Boschstrasse 48
73230 Kirchheim unter Teck

Elektroartikel
Postfach 34
09456 Annaberg-Buchholz

Tel. - 49 - 03733 - 567165 - 0
Fax. - 49 - 03733 - 67832167

Rechnungs-Nr. 78321
Datum 06-03-29
KD-Nr. 4589

Pos	Menge	Artikel-Bezeichnung	Art.- Nr.	Preis	Gesamt
01	130	Deckenleuchten	0535	32,50	4.225,00
02	120	Spiegelleuchten	0469	38,20	4.584,00
03	65	Unterbauleuchten	0712	44,30	2.879,50
04	50	Trafos	0139	21,10	1.055,00
05	100	Halogenzubehör-1	0332	10,50	1.050,00
06	100	Halogenzubehör-2	0924	11,40	1.140,00

Warenwert	14.933,50
zzgl. 16 % MWST	2.389,36
Rechnungsbetrag	17.322,86

Zahlbar innerhalb 8 Tagen mit 2 % Skonto oder 30 Tage Ziel.
Es gelten unsere allgemeinen Liefer- und Zahlungsbedingungen. Zahlungs- und Erfüllungsort ist für beide Teile Annaberg-Buchholz. Die Ware bleibt bis zur vollständigen Bezahlung unser Eigentum.

Geschäftsführung
Hans Georg Kuhn

Sparkasse Erzgebirge
Konto-Nr. 495 388
BLZ 3 592 001 204

UST-IdNr. DE 23987134

Sitz der Gesellschaft: Annaberg-Buchholz, Registergericht Annaberg-Buchholz, HRB 878

Anlage 2

Verkaufsfachverband Sachsen GmbH

Verkaufsfachverband Sachsen GmbH - Erzgebirgsstrasse 3 - 09456 Annaberg-Buchholz

Kirchheimer Elektrogroßhandlung GmbH
Boschstrasse 48
73230 Kirchheim unter Teck

Elektroartikel
Postfach 34
09456 Annaberg-Buchholz

Tel. - 49 - 03733 - 567165 - 0
Fax. - 49 - 03733 - 67832167

Gutschrift-Nr. 78321
Datum 06-04-04
KD-Nr. 4589
Anruf v. 05-04-03

Pos	Menge	Artikel-Bezeichnung	Art.- Nr.	Preis	Gesamt
Preisnachlass 10 %, Rechnungs-Nr. 78321 für					
01	10	Deckenleuchten	0535	32,50	32,50
02	12	Spiegelleuchten	0469	38,20	45,84
			Preisnachlass		78,34
			zzgl. 16 % MWST		12,53
			Gutschrift		90,87

Geschäftsführung
Hans Georg Kuhn

Sparkasse Erzgebirge
Konto-Nr. 495 388
BLZ 3 592 001 204

UST-IdNr. DE 23987134

Sitz der Gesellschaft: Annaberg-Buchholz, Registergericht Annaberg-Buchholz, HRB 878

Anlage 3

Franz Schneider e. Kfm
Inh. Franz Schneider
Dettinger Strasse 7
73230 Kirchheim

Schneider e. Kfm
Zentralheizungen-Öl und Gasfeuerungen-Kundendienst

Franz Schneider e. Kfm., Dettinaer Strasse 7, 73230 Kirchheim

Kirchheimer Elektrogroßhandlung GmbH
Boschstrasse 48
73230 Kirchheim unter Teck

Telefon 07021/8 37 36

Bankverbindungen:
Kreissparkasse Esslingen
(BLZ 611 500 20)
Kto Nr 240 000

Datum 06. April 2006

Rechnung Nr. 1267

Für die Wartung Ihrer Heizung gemäß	
Wartungsvertrag v. 02.06.2003	186,75 EUR
+ 16 % MWST	29,88 EUR
	216,63 EUR

Sitz des Einzelhandelsunternehmens: Kirchheim u. Teck,
Registergericht Kirchheim u. Teck,
HRA 1145
UST-IdNr. DE 356789 .

Anlage 4

Kassensysteme - Gerhard Block OHG - Bielefeld

Gerhard Block OHG, Landweg 2, 33617 Bielefeld
Kirchheimer Elektrogroßhandlung GmbH
Boschstrasse 48
73230 Kirchheim unter Teck

Auftragsbestätigung und
Rechnung Nr. 4567
Datum: 2006-04-07

Sie kauften lt. unseren Lieferungsbedingungen

1 Kassensystem MR 160	380,00 EUR
- 5 % Sonderrabatt	19,00 EUR
	361,00 EUR
+ Fracht	25,00 EUR
+ Transportversicherung	5,00 EUR
+ Einrichtung	18,00 EUR
	409,00 EUR
+ 16 % MWST	65,44 EUR
	474,44 EUR

Zahlbar innerhalb 10 Tagen mit 3 % Skonto oder 30 Tage Ziel

Sitz der Gesellschaft: Bielefeld;
Registergericht: Bielefeld;
HRA 598
UST-IdNr. DE 4574567

Anlage 5

Durchschrift

Nr.	EUR	Quittung
	Betrag Incl. 16 % MwSt/Betrag	185,60
Betrag in Worten	Einhundertfünfundachtzig	
Von	Altmetallgroßhandel K. Kurt e. Kfm., Reutlingen	
Für	Eisenregale dankend erhalten	
Datum/ Ort 10. April 2006 Reutlingen		

Buchungsvermerke

Stempel/Unterschrift des Empfängers

Kirchheimer
Elektrogroßhandlung GmbH
Boschstraße 48
73230 Kirchheim unter Teck

i. V. Kuhn

Winter 2006/07

Aufgabe 1 Personalaufwendungen

Die Trimm-Fit GmbH (Ulm) ist Herstellerin von Sportartikeln und verkauft ihre Produkte an den Sportfachhandel.

Folgende Gehaltsbuchungen sind für den Angestellten Müller (Verkauf) vorzunehmen:

1.1 Herr Müller erhält am 13.10.2006 einen Vorschuss in Höhe von 500,00 EUR in bar. Die Verrechnung soll mit dem nächsten Gehalt erfolgen.

1.2 Gehaltsabrechnung des Angestellten Müller für den Monat Oktober 2006. Die Zahlung erfolgt per Banküberweisung am 30.10.2006:

Personaldaten:	Ledig; kinderlos; evangelisch, 24 Jahre alt
Bruttogehalt:	2.660,00 EUR.
Steuern:	Laut Lohnsteuertabelle (Anlage 1)
Sozialversicherungssätze (gesamt):	Krankenversicherung: 14 %; Pflegeversicherung: 1,7 %; Rentenversicherung: 19,5 %; Arbeitslosenversicherung: 6,5 %

Berücksichtigen Sie dabei Folgendes: Krankenversicherung:
Arbeitnehmerbetrag für Zahnersatz und Krankengeld zusätzlich 0,9 %
Pflegeversicherung:
Arbeitnehmeranteil für Kinderlose zusätzlich 0,25 %

1.3 Nehmen Sie die Banküberweisung der laut Lohnsteuertabelle (Anlage 1) zu entrichtenden Beträge sowie der Sozialversicherungsbeiträge vor.

Aufgabe 2 Beschaffung, Produktion, Absatz und Jahresabschluss mit Bewertung (verbrauchsorientiert)

2.1 Die Trimm-Fit GmbH erhält eine Lieferung Laufsohlen von der Gummiwarenfabrik Contact-Plus KG, die zur Herstellung von Joggingschuhen benötigt werden. Buchen Sie die Eingangsrechnung (Anlage 2) vom 13.10.2006.

2.2 Buchen Sie die Bezahlung dieser Eingangsrechnung durch die Trimm-Fit GmbH am 23.10.2006 per Banküberweisung.

2.3 Herr Müller (Trimm-Fit GmbH) verkauft Running-Tops „Thermo+“, die von einem Hersteller aus China bezogen wurden, laut beiliegender Rechnung (Anlage 3), die nun gebucht werden muss, an die Walk & Run OHG.

2.4 Am 06.12.2006 bezahlt die Walk & Run GmbH ihre Rechnung (Anlage 3) per Banküberweisung.

2.5 Im Hinblick auf den Jahresabschluss am 31.12.2006 sind vorbereitende Abschlussbuchungen vorzunehmen (keine Buchungen auf GuV und Bilanz):

2.5.1 Die IHK-Beiträge für das letzte Quartal in Höhe von 500,00 EUR werden erst im Januar überwiesen.

2.5.2 Die Trim-Fit GmbH bezahlte am 01.03.2006 den Jahresbeitrag für die Gebäudebrandversicherung in Höhe von 600,00 EUR im Voraus.

2.5.3 Notwendige Reparaturen am Geschäftsgebäude konnten im alten Jahr nicht mehr ausgeführt werden.

2.5.3.1 Der Kostenvoranschlag ergab 18 000,00 EUR (netto), die Reparaturen werden erst im Januar erfolgen.

2.5.3.2 Die Rechnung für die im Januar erfolgte Reparatur (Aufgabe 2.5.3.1) in Höhe von 17.850,00 EUR (brutto unter Berücksichtigung von 19 % USt.) wird per Bankscheck bezahlt. Die Rückstellung ist im neuen Jahr aufzulösen.

Anlage 1

Lohnsteuertabelle 2006

Lohn (bis)	StKl	LSt	Ohne Kifb. KiSt	Ohne Kifb. SolZ	Kifb: 0,5 KiSt	Kifb: 0,5 SolZ	Kifb: 1,0 KiSt	Kifb: 1,0 SolZ	Kifb: 1,5 KiSt	Kifb: 1,5 SolZ
2.654,99	I	451,83	40,66	24,85	33,98	20,77	27,60	16,87	21,51	13,14
	II	418,08	37,62	22,99	31,07	18,99	24,82	15,17	18,86	11,52
	III	171,66	15,44	1,93	10,44		5,99		2,09	
	IV	451,83	40,66	24,85	37,29	22,79	33,98	20,77	30,76	18,80
	V	823,58	74,12	45,29	74,12	45,29	74,12	45,29	74,12	45,29
	VI	855,75	77,01	47,06	77,01	47,06	77,01	47,06	77,01	47,06
2.657,99	I	452,83	40,75	24,90	34,07	20,82	27,68	16,91	21,58	13,19
	II	419,00	37,71	23,04	31,16	19,04	24,89	15,21	18,93	11,57
	III	172,50	15,52	2,10	10,51		6,05		2,16	
	IV	452,83	40,75	24,90	37,37	22,84	34,07	20,82	30,84	18,85
	V	824,83	74,23	45,36	74,23	45,36	74,23	45,36	74,23	45,36
	VI	857,00	77,13	47,13	77,13	47,13	77,13	47,13	77,13	47,13
2.660,99	I	453,75	40,83	24,95	34,15	20,87	27,76	16,96	21,65	13,23
	II	419,91	37,79	23,09	31,23	19,08	24,97	15,26	19,00	11,61
	III	173,33	15,59	2,26	10,58		6,12		2,20	
	IV	453,75	40,83	24,95	37,45	22,88	34,15	20,87	30,92	18,89
	V	826,08	74,34	45,43	74,34	45,43	74,34	45,43	74,34	45,43
	VI	858,25	77,24	47,20	77,24	47,20	77,24	47,20	77,24	47,20
2.663,99	I	454,66	40,91	25,00	34,22	20,91	27,83	17,01	21,72	13,27
	II	420,75	37,86	23,14	31,31	19,13	25,04	15,30	19,07	11,65
	III	174,16	15,67	2,43	10,64		6,17		2,26	
	IV	454,66	40,91	25,00	37,53	22,93	34,22	20,91	30,99	18,94
	V	827,33	74,45	45,50	74,45	45,50	74,45	45,50	74,45	45,50
	VI	859,58	77,36	47,27	77,36	47,27	77,36	47,27	77,36	47,27
2.666,99	I	455,58	41,00	25,05	34,31	20,96	27,91	17,05	21,80	13,32
	II	421,66	37,94	23,19	31,39	19,18	25,12	15,35	19,14	11,70
	III	175,00	15,75	2,60	10,72		6,23		2,30	
	IV	455,58	41,00	25,05	37,62	22,99	34,31	20,96	31,07	18,98
	V	828,58	74,57	45,57	74,57	45,57	74,57	45,57	74,57	45,57
	VI	860,83	77,47	47,34	77,47	47,34	77,47	47,34	77,47	47,34

Anlage 2 (Der USt-Satz wurde auf 19 % abgeändert)

Contact-Plus KG - Fabrikation von Gummikomponenten –
Bahnhofstr. 63
66954 Pirmasens

Trimm-Fit GmbH - Herstellung von Sportartikeln - 19.10.2006
Einsteinstr. 17
89066 Ulm

RECHNUNG Nr. 723

Menge	Artikel	Preis (Paar)		Preis (gesamt)
2.500 Paar	Laufsohle für Modell Ultimo	12,50 EUR		31.250,00 EUR
- 10 % Rabatt		- 1,25 EUR	-	3.125,00 EUR
+ Fracht und Versicherung			+	50,00 EUR
Nettopreis				28.175,00 EUR
Mehrwertsteuer (19 %)+				5.353,25 EUR
Rechnungsbetrag:				**33.528,25 EUR**
Lieferdatum: 10.10.2006				

Zahlbar innerhalb von 10 Tagen mit 3 % Skonto = 1.005,85 EUR oder 30 Tage netto Kasse.
Kontoverbindung: Volksbank Pirmasens / Kontonummer: 317222 / BLZ: 500 300 20
UST-IdNr.: DE 72543600

Anlage 3
Trimm-Fit GmbH - Herstellung von Sportartikeln -
Einsteinstr. 17
89066 Ulm

Walk & Run OHG
Marathonweg 33
72073 Tübingen

RECHNUNG: Nr. 922 Ulm, 06.11.2006

Pos.	Artikelbezeichnung	Größe	Anzahl	Stückpreis	Gesamtpreis
1.	Running -Top Thermo+	XL	20 St.	30,00 EUR	600,00 EUR
2.	Running-Top Thermo+	M	40 St.	30,00 EUR	1.200,00 EUR
3.	Running -To Thermo+	S	30 St.	30,00 EUR	900,00 EUR
			Nettobetrag:		2.700,00 EUR
			Fracht:		20,00 EUR
			MWSt. (19 %):		516,80 EUR
			Rechnungsbetrag:		3.236,80 EUR

Lieferdatum: 01.11.2006
Zahlungsbedingungen: Zahlbar innerhalb von 10 Tagen mit 2 % Skonto = 64,74 EUR oder 30 Tage Ziel.
Zahlungsweg: Kreissparkasse Ulm / Kontonummer: 711 379 / BLZ: 650 530 10
USt-Id-Nr.: DE 32165400

Sommer 2007

Aufgabe 1
Monika Märklin e. Kfr., Mannheim, betreibt als Einzelunternehmerin einen Betrieb zur Herstellung von Modelleisenbahnanlagen und Zubehör. Sie sind als Mitarbeiter/in in der Buchhaltung tätig.

Bilden Sie die Buchungssätze für die Anlagen 1 bis 5.

Anlage 1

Bayrische Maschinenwerke GmbH
Berliner Str. 1
80199 München
Tel.: 089-234568
Fax: 089-2345677
E-Mail: info@BayrischeMaschinenwerke.de
Internet: Bayrische_Maschinenwerke.de

Bayrische Maschinenwerke GmbH

Firma
Monika Märklin e. Kfr.
Modelleisenbahnbau & Zubehör
Heinrich-Hertz-Straße 77
68159 Mannheim

Rechnung Nr. 202010 Kunden-Nr. 100 Datum: 02.04.2007

1 Stanzmaschine XL 12045g	80.000,00 EUR
- 5 % Rabatt	4.000,00 EUR
	76.000,00 EUR
zzgl. Transportkosten	500,00 EUR
zzgl. Montagekosten	500,00 EUR
	77.000,00 EUR
19 % USt.	14.630,00 EUR
Rechnungsbetrag	91.630,00 EUR

Zahlung innerhalb 14 Tagen nach Rechnungserstellung abzüglich 2 % Skonto = 1.832,60 EUR, innerhalb 30 Tagen netto Kasse.

Mit freundlichen Grüßen

ppa. *Meiringer*

Max Meiringer
Leiter Verkaufsabteilung

Bankverbindungen: Bayrische Kreditbank, Konto 454545, BLZ 600 900 08
Münchner Stadtsparkasse, Konto 787677, BLZ 560 907 00
USt-ID-Nr. DE 899949169

Anlage 2

Hugo Dengel KG
- Bauunternehmung –

Hugo Dengel KG, Färberstraße 23, 6875 Mannheim

Firma
Monika Märklin e. Kfr.
Modelleisenbahnbau & Zubehör
Heinrich-Hertz-Straße 77
68159 Mannheim

Rechnung Nr. 2366 04.04.2007

Erstellen eines Betonsockels für eine Stanzmaschine lt. Kostenvoranschlag, pauschal	2.000,00 EUR
+ 19 % USt.	380,00 EUR
	2.380,00 EUR

Zahlbar sofort, ohne Abzug

Telefon 0621-4711-0; Telefax-11; E-mail: HugoDengel@dengel bauunternehmung.de
Sitz der Gesellschaft: Mannheim; RG Mannheim HRA 1015; St-Nr. 325210/1007
Bankverbindung: Kreissparkasse Mannheim Kto 34521 BLZ 610 300 09

Anlage 3

STADTBANK MANNHEIM
Bankleitzahl 650 908 00

Auszug für Girokonto 5441759
Nr. 40 Blatt 1

Buch.-Tag	Text	Wert	SOLL	HABEN
	Alter Kontostand vom 13.04.2007	EUR		112.560,00
16.04.	Lieferantenrechnung Bayrische Maschinenwerke Abzüglich 2 % Skonto	16.04.	89.797,40	
	Kontostand zum 16.04.2007	EUR		22.762,60

Herr/Frau/Firma
Monika Märklin
Modelleisenbahnbau & Zubehör
Heinrich-Hertz-Straße 77
68159 Mannheim

Anlage 4

Monika Märklin e. Kfr.
Modelleisenbahnbau & Zubehör

Heinrich-Hertz_Straße 77
68159 Mannheim
Telefon 0621-780-0
Telefax 0621-78088
e-mail märklin@modelleisenbahnbau.de

Badische
Modelleisenbahnfreunde e.V.
Lichtentaler Straße 23
76133 Karlsruhe

20.04.2007

Rechnung

Rechnungs-Nr. **07-1005**
Kunden-Nr. **07070**

Artikelbezeichnung	Menge	E-Preis EUR	Gesamtpreis EUR
Komplettlieferung	1	9.800,00	9.800,00
Baugröße H0 mit Hochwertigem Landschaftsbau aus Silflor, digitale Steuerung mit Anlagensteuerungen und Gleisstellpulten gemäß Plan			
Verpackungskosten			50,00
			9.850,00
19 % USt.			1.871,50
Rechnungsbetrag			11.721,50

Zahlung innerhalb von 14 Tagen nach Rechnungserstellung abzüglich 2 % Skonto = 234,43, innerhalb 30 Tagen netto Kasse.

USt-ID-Nr. DE 688899
Bankverbindungen:
STADTBANK Mannheim Konto 5441759 BLZ 650 908 00
Kreissparkasse Mannheim Konto 175517 BLZ 690 877 03

Sitz der Firma: Mannheim
Registergericht Mannheim HRA 7676/00

Anlage 5

Monika Märklin e. Kfr.
Modelleisenbahnbau & Zubehör

Heinrich-Hertz_Straße 77
68159 Mannheim
Telefon 0621-780-0
Telefax 0621-78088
e-mail märklin@modelleisenbahnbau.de

Badische
Modelleisenbahnfreunde e.V.
Lichtentaler Straße 23
76133 Karlsruhe

30.04.2007

Gutschrift

Rechnungs-Nr. **07-1005**
Kunden-Nr. **07070**

Sehr geehrter Herr Weber,

aufgrund Ihrer Mängelrüge gewähren wir Ihnen einen Nachlass von insgesamt

583,10 EUR.

Im Endbetrag sind 19 % USt. = 83,10 EUR enthalten.

Mit freundlichen Grüßen

Märklin

USt-ID-Nr. DE 688899
Bankverbindungen:
STADTBANK Mannheim Konto 5441759 BLZ 650 908 00
Kreissparkasse Mannheim Konto 175517 BLZ 690 877 03

Sitz der Firma: Mannheim
Registergericht Mannheim HRA 7676/00

Aufgabe 2 Jahresabschluss (USt-Satz gegenüber Originalaufgabe auf 19 % geändert.)

Beim Unternehmen Märklin sind zum 31.12.2006 u. a. folgende Abschlussbuchungen vorzunehmen bzw. bereits durchgeführte Buchungen zu kontrollieren und gegebenenfalls zu korrigieren. Monika Märklin möchte einen möglichst geringen Gewinn für das Wirtschaftsjahr 2006 ausweisen.

2.1 Am 15.11.2006 wurde für den Ausstellungsraum eine Glasvitrine (Nutzungsdauer 8 Jahre) gekauft. Die Rechnung lautete:

1 Glasvitrine	430,00 EUR
+ 19 %	81,70 EUR
	511,70 EUR

Die Rechnung wurde wie folgt gebucht:

0870	Geschäftsausstattung	430,00	an	2800	Bank	511,70
2600	Vorsteuer	81,70				

Aufgrund einer Mängelrüge gewährte der Lieferant am 15.12.2006 einen Preisnachlass von 5 % per Bankgutschrift.

2.1.1 Geben Sie an, welche Auswirkung der Preisnachlass auf die Bewertung der Vitrine am Ende des Jahres hat.

2.1.2 Nehmen Sie die Abschreibung zum 31.12.2006 vor.

2.2 Märklin hat Teile ihres Firmenparkplatzes vermietet. Am 1. Dezember 2006 erhält sie vereinbarungsgemäß die Miete für Dezember 2006 – Februar 2007 in Höhe von 6.000,00 EUR auf ihr Bankkonto gutgeschrieben. Es wurde bereits gebucht:

2800	Bank	6.000,00	an	5400	Ertr. a. Vermiet.	6.000,00

Winter 2007/08

Aufgabe 1 Buchungen ausgewählter Geschäftsbereiche

1 Die Fellbacher Fensterfabrik GmbH ist ein mittelständischer Betrieb und beliefert vor allem Bauunternehmen der Region mit maßgefertigten Fenstern.
Buchungen im Einkauf erfolgen verbrauchsorientiert.
Bilden Sie die Buchungssätze für die Anlagen 1 bis 4. (Hinweis: Anlage 3 bezieht sich auf die Anlagen 1 und 2)

Anlage 1

Müller Holzwerk KG, Im Auwald 14, 71540 Murrhardt

Fellbacher Fensterfabrik GmbH
Max Plank-Straße 197
70736 Fellbach

Telefon 07192-1522

Liefer-/Rechnungsdatum: 5. Oktober 2007
Rechnungs-Nr. 923-14
Kunden-Nr. 1256

Rechnung

Artikelbezeichnung	Artikel-Nr.	Menge	E-Preis	Gesamtpreis
Massivholz, Fichte, 120 x 24 x 2000 mm, unbehandelt	32719	540 m^2	3,99 EUR	2.154,60 EUR
Massivholz, Buche, 180 x 24 x 2000 mm, gehobelt	32837	280 m^2	5,99 EUR	1.677,20 EUR
Transport mit eigenem Lkw				320,00 EUR
Nettopreis				4.151,80 EUR
+ 19 % USt.				788,84 EUR
Rechnungsbetrag				**4.940,64 EUR**

Zahlbar innerhalb von 10 Tagen nach Rechnungserstellung abzüglich 2 % Skonto (98,81 EUR), innerhalb von 30 Tagen netto Kasse.

Müller Holzwerk KG

Rott

Rott

USt-ID-Nr. De 87256395
Bankverbindungen
Murrhardter Bank Konto Nr. 65825
BLZ 600 500 20
Postbank Stuttgart Konto Nr. 265384
BLZ 60010070

Sitz der Gesellschaft: Murrhardt
Registergericht Backnang HRB 2564/69
Geschäftsführer: Walter Müller

Anlage 2

Fellbacher Fensterfabrik GmbH, Max Planck-Straße 197, 70736 Fellbach

Frank GmbH, Bauunternehmung
Strümpfelbacher Str. 203
71384 Weinstadt

Telefon 07111-328915

Liefer-/Rechnungsdatum: 5. Oktober 2007
Rechnungs-Nr. 594-22
Kunden-Nr. 336

Rechnung

Artikelbezeichnung	Artikel-Nr.	Menge	E-Preis	Gesamtpreis
Dachfenster Optilight, Fichte, endbehandelt, 78 x 118 cm	28495	10	168,99 EUR	1.689,90 EUR
passender Eindeck-rahmen	28485	10	42,99 EUR	429,90 EUR
Nettopreis				2.119,80 EUR
+ 19 % USt.				402,76 EUR
Rechnungsbetrag				**2.522,56 EUR**

Zahlbar innerhalb von 10 Tagen nach Rechnungserstellung abzüglich 3 % Skonto (75,68 EUR), innerhalb von 30 Tagen netto Kasse.

Fellbacher Fensterfabrik GmbH

Beck

Beck

USt-ID-Nr. De 15975687
Bankverbindungen
Kreissparkasse Konto Nr. 145879
BLZ 602 500 20
Postbank Stuttgart Konto Nr. 1792300
BLZ 60010070

Sitz der Gesellschaft: Fellbach
Registergericht Waiblingen HRB 85942/17
Geschäftsführer: Erich Weinert

Anlage 3

Kontoauszug

Kontonummer 1792300	Auszug 042
Datum 15.10.2007	Blatt 1

Buch	Wert	Vorgang	Umsatz in Euro
		Alter Kontostand vom 12.10.	22.023,80 EUR
15.10.	15.10.	Müller Holzwerk KG, Re-Nr.: 923-14	4.841,83 EUR -
15.10.	15.10.	Frank GmbH, Re-Nr.: 594-22	2.446,88 EUR +
		Neuer Kontostand vom 15.10.	19.628,85 EUR

Fellbacher Fensterfabrik GmbH
Max Plank-Straße 197
70736 Fellbach

Postbank Stuttgart
70304 Stuttgart
BLZ 600 100 70

Tel: 0180-44 40 400

www.postbank.de

Anlage 4

Autohaus Bernhard Schlegel GmbH + Co, KG, Fellbacher Str. 422,
70374 Stuttgart

Fellbacher Fensterfabrik GmbH
Max Plank-Straße 197
70736 Fellbach

Telefon 0711-3352948

Liefer-/Rechnungsdatum: 15. Oktober 2007
Rechnungs-Nr. 6945
Kunden-Nr. 814

Rechnung

Artikelbezeichnung	**Gesamtpreis**
Lieferwagen Opel Rapid 220	64.154,00 EUR
Überführungskosten	420,00 EUR
Anhängerkupplung	320,00 EUR
Nettopreis	64.894,00 EUR
- 10 % Rabatt	6.489,40 EUR
+ 19 % USt.	11.096,87 EUR
Rechnungsbetrag	69.501,47 EUR

Zahlbar innerhalb von 30 Tagen nach Rechnungsdatum netto Kasse.

Autohaus Bernhard Schlegel GmbH + Co, KG

Schlegel

Schlegel

USt-ID-Nr. De 97485395
Bankverbindungen
Deutsche Bank Konto Nr. 238594
BLZ 602 400 30
Postbank Stuttgart Konto Nr. 8541948
BLZ 60010070

Sitz der Gesellschaft: Stuttgart
Registergericht Stuttgart HRB 34891/44
Geschäftsführer: Bernhard Schlegel

Aufgabe 2 Jahresabschluss am 31.12.

Nehmen Sie für die Fellbacher Fensterfabrik GmbH die vorbereitenden Abschlussprüfungen zum 31.12. vor.

1 Der Lieferwagen (Anlage 4) hat eine Nutzungsdauer von sechs Jahren. Er soll degressiv (maximal 30 %) abgeschrieben werden. Buchen Sie die Abschreibung im Anschaffungsjahr.

2 Im September erhielten und bezahlten wir eine Lieferung Spezialbeschläge im Warenwert von 8.800,00 EUR. Im November sank der Listenpreis wegen starker Konkurrenz um 20 %. Am Jahresende sind 50 % der gelieferten Beschläge noch am Lager.
Mit welchem Betrag sind die Beschläge in der Bilanz zu bewerten? Kurze Begründung.

3 Am 22.12. erhielten wir eine Warenlieferung aus der Schweiz. Die Rechnung lautete über 6.642,00 sfr. Ermitteln Sie, mit welchem EUR-Betrag die Verbindlichkeit in der Bilanz auszuweisen ist.
Kurze Begründung.

Kurs bei Wareneingang:	1,58 sfr je 1 EUR
Kurs am 31.12.:	1,62 sfr je 1 EUR

4 Wir haben am 01.09. einen Lagerraum gemietet. Die Halbjahresmiete in Höhe von 900,00 EUR wird von uns jeweils nachträglich durch unsere Bank überwiesen. Die nächste Zahlung ist am 01.03. n. J. für die vorhergehenden sechs Monate fällig.
Buchen Sie am 31.12. die zeitliche Abgrenzung.

5 Wir überweisen am 29.12. die Darlehenszinsen für das 1. Quartal des folgenden Jahres. Unsere Darlehensschuld beträgt 40.000,00 EUR, der Zinsfuß 7 %.
Buchen Sie am 31.12. die zeitliche Abgrenzung.

Sommer 2008

Aufgabe 1 Buchungen ausgewählter Geschäftsvorfälle

Die „Office Supplies GmbH" ist ein Unternehmen, das Bürobedarfsartikel herstellt und verkauft. Es wird verbrauchsorientiert gebucht.

1.1 Erfassen Sie buchhalterisch die Belege der Anlagen 1 – 3 aus Sicht der „Office Supplies GmbH".

1.2 Buchen Sie die Bezahlung der Anlagen 1 und 2 jeweils unter Abzug von 3 % Skonto.

1.3.1 Buchen Sie die vollständige Gehaltsabrechnung der Angestellten Daniela Müller für den April 2008:

Monatsgehalt brutto:	2.100,00 EUR
- Lohnsteuer	420,00 EUR
- Kirchensteuer	33,60 EUR
- Solidaritätszuschlag	23,10 EUR
- Krankenversicherung	147,00 EUR
- Pflegeversicherung	17,85 EUR
- Arbeitslosenversicherung	44,10 EUR
- Rentenversicherung	208,95 EUR
= Nettogehalt	?

Der AG-Anteil zur KV beträgt 128,10 EU R.

1.3.2 Buchen Sie die Zahlung der noch abzuführenden Beträge durch Banküberweisung

1.3.2.1 an das Finanzamt

1.3.2.2 die zuständige Krankenkasse

Aufgabe 2 Vorbereitende Abschlussbuchungen und Jahresabschluss zum 31.12.2007

Bei der „Office Supplies GmbH" sind am Geschäftsjahresende zum 31.12. folgende Abschlussbuchungen vorzunehmen:
Unserem Mitarbeiter Max Müller wurde folgendes Darlehen gewährt
Mitarbeiterdarlehen über

12.000,00 EUR (zwölftausend) Zinssatz 8,5 % p. a.
Zinstermine: 01.02., 01.05., 01.08., 01.11.
Zinsfälligkeit: jeweils vierteljährlich rückwirkend
Laufzeit: bis 31.12.2010
Tilgung: Gesamtbetrag am Ende der Laufzeit

Biberach, 1. August 2006

Kreditgeber:
Office Supplies GmbH

Kreditnehmer:
Max Müller, Verkäufer (im Hause) ,

2.1 Berechnen Sie die Höhe der Quartalszinsen.

2.2 Erstellen Sie den Buchungssatz für den Zahlungseingang am 01.11.2007 durch Banküberweisung.

2.3 Wie lautet der Buchungssatz für die zeitliche Abgrenzung am 31.12.2007?

2.4 Über das Vermögen unseres inländischen Kunden, Büromöbel Pfeiffer GmbH, wurde am Freitag 13.04. das Insolvenzverfahren eröffnet. Unsere Forderung gegenüber der Pfeiffer GmbH beträgt zu diesem Zeitpunkt 9.520,00 EUR (einschließlich 19 % USt.).

2.4.1 Wie ist am 13.04.2007 zu buchen?

2.4.2 Am 31.12.2007 erfahren wir, dass das Insolvenzverfahren mangels Masse abgelehnt wurde. Wie lautet die Buchung am 31.12.2007?

2.5 Der Handelswarenbestand betrug am Anfang des Jahres 83.500,00 EUR, am Ende des Jahres 94.500,00 EUR. Nehmen Sie die erforderlichen Buchungen vor.

Anlage 1

Esselte Leitz GmbH & Co. KG

Esselte Leitz GmbH & Co. KG Siemensstraße 54, 70469 Stuttgart

Office Supplies GmbH Filiale 1
Leipzigstrasse 11
88400 Biberach

Ihre Zeichen:
Ihre Nachricht vom:
Unsere Zeichen: co-ri
Unsere Nachricht vom:
Name: Herr Clumbus
Telefon: +049(711)8103-0
Fax: +49(711)8103-486
E-Mail:
Datum: 14.04.2008

Rechnung Nr. 45 550110 (bei Zahlung immer angeben)

Artikel-Nr.		Preis/Std. Packung	Menge	Stück-rab. %	Stück-preis	Gesamt
85917	Leitz-Ordner rec 8 cm, schwarz	1,60	100	0,00	1,60	160,00
86112	Leitz Register A – Z	0,30	150	0,00	0,30	45,00
90012	Leitz Heftgerät „Standby“	3,00	200	0,00	3,00	600,00
90051	Leitz Bürolocher, schwarz Blatt	3,00	250	0,00	3,00	750,00
		Preis netto				1.555,00
		Gesamtrabatt, 10 %				155,50
						1.399,50
		Versandkosten				100,00
						1.499,50
		USt, 19 %				284,91
		Rechnungsbetrag				1.784,41

Zahlungsbedingungen: Zahlen Sie innerhalb von 30 Tagen netto Kasse oder innerhalb von 14 Tagen unter Abzug von 3 % Skonto (53,53 EUR) nach Rechnungsdatum.

Lieferdatum: 14.04.2008

Kontoverbindung: Württembergische Hypothekenbank BLZ: 600 105 00, KtoNr.: 1000458302
Amtsgericht Stuttgart Nr.: 789-8798 USt-ID Nummer 889/5432/0110

Anlage 2

Office Supplies GmbH
Leipziger Str. 80 – 88400 Biberach

Office Supplies GmbH, Leipziger Str. 80, 88400 Biberach

Firma
Weishaupt GmbH
Max-Weishaupt-Straße 143
88457 Schwendi

Ihr Zeichen:
Ihre Nachricht vom: 10.04.2008
Unser Zeichen:
Unsere Nachricht vom:

Name: Vonier
Telefon: 07581-45444
Telefax: 07581-45445
E-Mail: Office-Supplies-GmbH@web.de

Rechnungsnummer:	5 5 240001
Rechnungsdatum:	18.04.2008
Kundennummer:	240001
Bestellnummer:	04-894532
Bestellung vom:	10.04.2008

Rechnung Nr. 5 5 240001 **Liefertermin: 18.04.2008**

Pos.	Artikelnr.	Bezeichnung	Menge	Einzelpreis	Rabatt in €	Gesamtpreis
1	2203	Leitz-Ordner rec, 8 cm, schwarz	100	1,92 EUR		192,00 EUR
2	2208	Leitz Register A-Z	150	0,36 EUR		54,00 EUR
3	2308	Leitz Heftgerät, „Standby“	200	3,60 EUR		720,00 EUR
4	2309	Leitz Bürolocher, schwarz, 25 Blatt	250	3,60 EUR		900,00 EUR
				Zwischensumme		1.866,00 EUR
				zzgl. Versandkosten		150,00 EUR
				Zwischensumme		2.016,00 EUR
				zzgl. 19 % USt.		383,04 EUR
				Endsumme		**2.399,04** EUR

Zahlungsbedingungen: Zahlbar innerhalb von 10 Tagen unter Abzug von 3 % Skonto (71,97 EUR) oder 30 Tage netto Kasse.

Postbank München, BLZ 70010080, Kto-Nr. 10 20 30 40
Amtsgericht Stuttgart Nr. 789-4444, USt-ID Nummer: 765/4321/0021

Anlage 3

Office Supplies GmbH
Leipziger Str. 80 – 88400 Biberach

Office Supplies GmbH, Leipziger Str. 80, 88400 Biberach

Firma
Boehringer Ingelheim Pharma KG & Co, KG
Birkendorfer Straße 6
88397 Biberach/Riss

Name: Vonier
Telefon: 07581-45444
Telefax: 07581-45445
E-Mail: Office-Supplies-GmbH@web.de

Datum: 30.04.2008

Bonusgutschrift

Pos.	Monat	Umsätze	Bonus in %	Bonus in EUR
1	1. Quartal	21.705,00 EUR	5	1.085,25 EUR
			Zwischensumme	1.085,25 EUR
			Gutschrift, netto	1.085,25 EUR
			zzgl. 19 % USt.	206,20 EUR
			Endsumme	**1.291,45** EUR

Postbank München, BLZ 70010080, Kto-Nr. 10 20 30 40
Amtsgericht Stuttgart Nr. 789-4444, USt-ID Nummer: 765/4321/0021

Winter 2008/09

Aufgabe 1 Buchungen ausgewählter Geschäftsvorfälle

Die HOLZ-HÄDERLE KG in Heilbronn stellt Fertig-Parkett für verschiedenste Einsatzbereiche her. Im Rahmen Ihrer Tätigkeit in der Buchhaltung haben Sie mithilfe des beigefügten Kontenrahmens folgende Geschäftsvorfälle zu buchen:

1.1 Buchen Sie Anlage 1.

1.2 Der Zahlungseingang erfolgt am 24.10.08.

1.3 Buchen Sie Anlage 2.

1.4.1 Am Monatsende ist die Gehaltsabrechnung für unsere Mitarbeiterin Karin Schuster zu buchen. (Anlage 3)

1.4.2 Der Arbeitgeberanteil zur Sozialversicherung ist aus Anlage 3 zu berechnen und zu buchen.

1.4.3 Banküberweisung an die Krankenkasse.

Aufgabe 2 Abschlussbuchungen zum 31.12.

2.1 Für eine zu erwartende Gewerbesteuernachzahlung im neuen Jahr ist eine Rückstellung in Höhe von 2.700,00 EUR zu bilden. Wie ist am 31.12. des alten Jahres zu buchen?

2.2 Die vierteljährliche Zinszahlung über 840,00 EUR für ein gewährtes Darlehen geht vereinbarungsgemäß am 01.12. im Voraus für die Monate Dezember bis Februar ein. Buchen Sie die zeitliche Abgrenzung am 31.12.

2.3 Das Insolvenzverfahren gegen den Kunden Breuer ist beendet. Die Forderung in Höhe von 7.616,00 EUR ist in voller Höhe uneinbringlich geworden.

Anlage 1

HOLZ-Häderle KG

HOLZ-HÄDERLE KG Waldstraße 12 74078 Heilbronn

Restaurant Jahn-Stube
Inh. Paul Weber
Jahnstraße 3
73760 Ostfildern

Rechnung Nr. 1234/08 Kundennummer 1212 14.10.2008

Für die Verlegung in Ihrem Gastraum lieferten wir gemäß Ihrer Bestellung vom 08.10.08

Menge	Einheit	Artikel/Leistung	Einzelpreis	Gesamtpreis
30	Paket-3,17m^2	Parkett Buche Schiffsboden 220 cm x 18 cm – 13,5 mm stark	67,18 €	2.015,40 €
1	Versandkosten nach 73760 Ostfildern			125,56 €
Nettobetrag				2.140,96 €
Umsatzsteuer 19 %				406,78 €
Endbetrag				2.547,74 €

Zahlbar innerhalb 10 Tagen mit 3 % Skonto oder 30 Tage netto
Die Ware bleibt bis zur vollständigen Bezahlung unser Eigentum.

HOLZ-HÄDERLE KG
Waldstraße 12
74078 Heilbronn
Steuernummer 50034/654

Fon: 07131 / 48 25 43
Fax: 07131 / 48 25 33
info@holz-haederle.de

Bankverbindung
KSK Heilbronn
BLZ 600 500 00
Konto 123 456

Anlage 2

A - L - Z
Automobil-Lackier-Zentrum

Automobil-Lackier-Zentrum Am Kreisel 110 74076 Heilbronn

HOLZ-HÄDERLE KG
Waldstraße 12
74078 Heilbronn

Sachbearbeiter: SK
Kundennummer: 52566
Rechnungsnummer: 98776
Datum: 16.10.2008

Rechnung

Reparatur Kleintransporter HN-K 2265 vom 16.10.08
Scheinwerfer und Kotflügel rechts vorne

Arbeitslohn Zeitbasis 10 AW = 1 Std.	
Gesamt 35 AW X 62,00 EUR/Std.	217,00 €
Nebenkosten	
Entsorgung (2,00 % von Ersatzteile)	4,56 €
Lackierung	
Arbeitskosten	248,00 €
Ersatzteile	223,36 €
Kleinersatzteile (2,00 %)	4,47 €

Fällig sofort ohne Abzüge	Nettobetrag	697,39 €
	Umsatzsteuer 19 %	132,50 €
	Endbetrag	829,89 €

Automobil-Lackier-Zentrum
Am Kreisel 110
74076 Heilbronn
Steuernummer 789941654

Tel: 07131134 34 43
Fax: 07131 / 34 34 33
info@ALZ-Heilbronn.de

Bankverbindung
KSK Heilbronn
BLZ 600 500 00
Konto 234 456

Anlage 3

HOLZ-Häderle KG

HOLZ-HÄDERLE KG Waldstraße 12 74078 Heilbronn

Karin Schuster
im Hause

Gehaltsabrechnung Oktober 2008

Bruttoentgelt					2.200,00 €
Vermögenswirksame Leistungen					40,00 €
Steuer- und sozialversicherungspflichtiges Entgelt					2.240,00 €
Steuerabzüge					
Lohnsteuer	Klasse: I	Kinder: 0	329,00 €		
Kirchensteuer		8,00%	26,32 €		
Solidaritätszuschlag		5,50%	18,10 €		373,42 €
Sozialversicherungsbeiträge		Gesamt:	AN-Anteil:		
Krankenversicherung		14,50%	7,25%	162,40 €	
Zuschlag Zahnersatz/Krankengeld		0,90%	0,90%	20,16 €	
Rentenversicherung		19,90%	9,95%	222,88 €	
Arbeitslosenversicherung		3,30%	1,65%	36,96 €	
Pflegeversicherung		1,95%	0,98%	21,84 €	
Zuschlag für Kinderlose		0,25%	0,25%	5,60 €	469,84 €
Nettoentgelt					1.396,74 €
Vermögenswirksame Leistungen					40,00 €
Auszahlungsbetrag					1.356,74€

HOLZ-HÄDERLE KG
Waldstraße 12
74078 Heilbronn
Steuernummer 50034/654

Fon: 07131 / 48 25 43
Fax: 07131 / 48 25 33
info@holz-haederle.de

Bankverbindung
KSK Heilbronn
BLZ 600 500 00
Konto 123 456

Sommer 2009

Aufgabe 1 Buchungen ausgewählter Geschäftsvorfälle
Die in Ulm ansässige Holz Vogt KG produziert als mittelständischer Betrieb Holzkisten jeglicher Art für die Industrie sowie für Baumärkte im gesamten Bundesgebiet.
Sie sind Sachbearbeiter in der Finanzbuchhaltung. Es wird verbrauchsorientiert gebucht.

1.1 Erstellen Sie für die Belege der Anlagen 1 bis 3 die entsprechenden Buchungssätze.

1.2 Unser Kunde Baumarkt Gmeiner GmbH, Heidenheim, zahlt die Rechnung Nr. 5302 (Anlage 1) trotz mehrerer Mahnungen nicht. Am 26.02.2009 wurde gegen den Baumarkt das Insolvenzverfahren eingeleitet. Durch einen Vergleich erhielten wir am 15.04.2009 noch 40 % unserer Forderung auf unser Bankkonto.

Erstellen Sie alle erforderlichen Buchungssätze, die im Zusammenhang mit diesem Geschäftsfall entstehen.

Aufgabe 2 Jahresabschluss am 31.12...
Die Holz Vogt KG kaufte am 10.06.2008 eine Hobelmaschine zum Preis von 904,40 EUR einschließlich 19 % USt. und am 15.07.2008 vier Schreibtische zu insgesamt 1.120,00 EUR, netto, zuzüglich 19 % USt. gegen Banküberweisung. Da der Betrieb die Anlagegüter zügig abschreiben will, sind diese nach Möglichkeit als Geringwertige Wirtschaftsgüter (GWG) zu erfassen.

2.1.1 Erstellen Sie die Buchungssätze der Geschäftsfälle bei der Anschaffung nach den derzeit gültigen (neuen) steuerrechtlichen Vorgaben.

2.1.2 Berechnen Sie die Abschreibung dieser Anlagegüter am Jahresende 2008.

2.1.3 Buchen Sie die Abschreibung.

2.2 Für die am 01.12. angemieteten Geschäftsräume zahlt die Holz Vogt KG vierteljährlich Miete in Höhe von 660,00 durch Banküberweisung im Voraus.
Erstellen Sie die Buchungssätze zum 01.12. und zum 31.12.

2.3 Am 31.03.2009 erhält die Holz Vogt KG per Banküberweisung Darlehenszinsen in Höhe von 360,00 EUR von einem Schuldner für ein halbes Jahr nachträglich.
Erstellen Sie die Buchungssätze am 31.12.2008 und am 31.03.2009.

Anlage 1

Holz Vogt KG
Industriestr. 10
89081 Ulm

Baumarkt Gmeiner GmbH
Vorstadtweg 15
89518 Heidenheim

Tel.: 0731-15632
Fax: 0731-15630
E-Mail: vogt@info-holz.de
Internet: www.holz_vogt_kg-ulm.de

Rechnung Nr. 5302

Liefer-/Rechnungsdatum 15.01.2009
Kunden-Nr. B 508

Anzahl	Artikelbezeichnung	Artikel Nr.	E-Preis	Gesamtpreis
200	Holzkisten, Lärche massiv, 60 x 50 x 30 cm	L 3583	15,65 EUR	3.130,00 EUR
120	Holzkisten, Buche massiv, 50 x 25 x 35 cm	B 2832	12,55 EUR	1.506,00 EUR
		Verpackung		180,00 EUR
		Nettopreis		4.816,00 EUR
		+ 19 % USt.		915,04 EUR
		Rechnungsbetrag		5.731,04 EUR

Zahlbar innerhalb 14 Tagen nach Rechnungsstellung abzüglich 2 % Skonto, innerhalb 30 Tagen netto Kasse.

Holzwerke Vogt KG

E. Manz

USt.-Id.: DE 73865832
Bankverbindungen:

Geschäftsführer: Max Vogt
Sparkasse Ulm, Kto-Nr. 483650
Ulmer Volksbank EG, Kto-Nr. 583602

Registergericht 89073 Ulm URB 1378
BLZ 630 500 00
BLZ 630 901 00

Anlage 2

Sägewerk Mangold OHG

Forststr. 12
80198 München
Tel.: 089-562853
Fax: 089-562850

Firma
Holz Vogt KG
Industriestr. 10
89081 Ulm

Rechnung Nr. 3583 Kunden-Nr. 215 Datum: 16.03.2009

Artikelbezeichnung	**Stückzahl**	**E-Preis**	**Gesamtpreis**
Holzbretter, Eiche 140 x 24, 3.000 mm	1.200	8,60 EUR	10.320,00 EUR
Holzbretter, Kiefer	800	7,50 EUR	6.000,00 EUR
	Transport mit eigenem Lkw		230,00 EUR
	Nettopreis		16.550,00 EUR
	+ 19 % USt.		3.144,50 EUR
	Rechnungsbetrag		19.694,50 EUR

Zahlbar innerhalb 14 Tagen nach Rechnungsstellung abzüglich 2 % Skonto, innerhalb 30 Tagen netto Kasse.

Sägewerk Mangold OHG

Volkert

Fritz Volkert

USt.-Id.:	DE 56635049		
Bankverbindung:	Münchner Stadtsparkasse	Kto-Nr. 5648352	BLZ 560 707 00
Internet:	www.Saegewerk_Mangold-München.de	E-Mail: Saegewerk@Mangold.de	

Anlage 3

Sparkasse Ulm
BLZ 63050000

Auszug
Nr. 55 Blatt 1

Girokonto Nr. 483650

Alter Kontostand					EUR 89.500,00
Buchungstag	Text	Wert	Soll	Haben	
25.03.	Lieferantenrechnung Sägewerk Mangold OHG München, abzüglich 2 % Skonto	25.03.	EUR 19.300,61		
Neuer Kontostand		25.03.			EUR 70.199,39

Holz Vogt KG
Industriestr. 10
89081 Ulm

Winter 2009/10

Aufgabe 1 Buchungen ausgewählter Geschäftsvorfälle

Die „Weimer SB-Geräte GmbH" ist ein Unternehmen, das Selbstbedienungsgeräte (z. B. Einkaufswagen) aus Metall für den Einzelhandel herstellt. Sie sind in der Buchhaltung der „Weimer SB-Geräte GmbH" beschäftigt. Es wird verbrauchsorientiert gebucht.

1.1 Erfassen Sie die Belege der Anlagen 1 - 4 aus der Sicht der Weimer SB-Geräte GmbH, indem Sie die Buchungssätze bilden.

1.2 Buchen Sie den Zahlungseingang der Rechung aus Anlage 3. Der Zahlungseingang erfolgt unter Abzug von Skonto.

Aufgabe 2 Abschlussbuchungen zum 31.12.

Unternehmer Schnell ist Besitzer eines Transportunternehmens. Er gründete sein Unternehmen 1995 und fertigt nun den Jahresabschluss 2008 an.

2.1 Die Miete für die Büroräume für die Monate Dezember 2008 und Januar 2009 wurde am 28. Dezember 2008 mit 4.000,00 EUR überwiesen und gebucht. Wie buchen Sie am 31.12.2008?

2.2 Für eine zu erwartende Gewerbesteuernachzahlung ist am 31. Dezember 2008 eine Rückstellung in Höhe von 6.000,00 EUR zu bilden.

2.3 Am 28. April 2009 erhält Schnell den Steuerbescheid aus 2.2 über 5.800,00 EUR. Die Steuerschuld wird am 30. April 2009 per Banküberweisung beglichen. Wie buchen Sie am 30. April 2009?

2.4 Im Jahr 2008 erwarb Schnell bei seinem Autohaus einen neuen Transporter. Der Listenpreis betrug 25.000,00 EUR netto. Darauf erhielt er 10 % Rabatt. Für die Überführung musste er 400,00 EUR netto bezahlen. Er bekam den Transporter voll getankt – dafür wurden 65,00 EUR netto berechnet. Für die Kfz-Steuer fielen an: 1.560,00 EUR, die Kfz-Versicherung betrug 2.340,00 EUR. Berechnen Sie die Anschaffungskosten und verbuchen Sie diese.

Anlage 1

Metall Müller GmbH

Metall Müller GmbH, Michlstr. 2, 88400 Biberach

Tel.: 07351 145-0
Fax.: 07351 145-1
Ihr Ansprechpartner Herr Heiner

Weimer SB-Geräte GmbH
Frauenstr. 27
89075 Ulm

Kunden- Nr. 1237
Rechnungs- Nr. 431009
Liefer-/Rechnungsdatum 05.06.2009

Rechnung

Pos.	Artikel.	Art.- Nr.	Stück	Einzelpreis €	Gesamtpreis €
01	Metallstäbe 1230 x 25 mm	1711	1.000	2,50	2.500,00
02	Metallstäbe 1430 x 35 mm	1712	1.000	3,50	3.500,00
03	Drahtgitter 1670 x 25 x 230 mm	1356	100	19,90	1.990,00
			Preis netto		7.990,00
			zzgl. Versandkosten		129,00
			zzgl. Transportkosten		349,00
			Zwischensumme		8.468,00
			zzgl 19 % Umsatzsteuer		1.608,92
			Rechnungsbetrag		**10.076,92**

Zahlung innerhalb von 10 Tagen nach Rechnungserhalt abzüglich 2 % Skonto oder innerhalb von 30 Tagen netto Kasse.

Metall Müller GmbH, Michlstr. 2, 88400 Biberach - Telefon 07351 145-0 - Fax.: 07351 145-1

Sitz der Gesellschaft ist Biberach
Registergericht Ulm HRB 12785
Geschäftsführer: Helga Rieger

USt-IdNr.: 432 374 672
E-Mail: info@metallmueller.de
Internet: www.metallmueller.de

Sparkasse Biberach
Konto- Nr. 454 368
BLZ 450 130 40

Anlage 2

Metall Müller GmbH

Metall Müller GmbH, Michlstr. 2, 88400 Biberach

Weimer SB-Geräte GmbH
Frauenstr. 27
89075 Ulm

Tel.: 07351 145-0
Fax.: 07351 145-1
Ihr Ansprechpartner Herr Heiner

Kunden- Nr. 1237
Rechnungs- Nr. 431009
Liefer-/Rechnungsdatum 05.06.2009

Gutschrift

Sehr geehrte Frau Wolf,
aufgrund Ihrer Mängelrüge gewähren wir Ihnen einen Nachlass von insgesamt

517,65 EUR.

Der Endbetrag enthält 19 % Umsatzsteuer = 82,65 EUR.

Mit freundlichen Grüßen
Heiner

Metall Müller GmbH, Michlstr. 2, 88400 Biberach - Telefon 07351 145-0 - Fax.: 07351 145-1

Sitz der Gesellschaft ist Biberach
Registergericht Ulm HRB 12785
Geschäftsführer: Helga Rieger

USt-IdNr.: 432 374 672
E-Mail: info@metallmueller.de
Internet: www.metallmueller.de

Sparkasse Biberach
Konto- Nr. 454 368
BLZ 450 130 40

Anlage 3

Weimer SB-Geräte GmbH

Weimer SB-Geräte GmbH, Frauenstr. 27, 89075 Ulm

Tel.: 0731564-0
Fax.: 0731564-1
Ihr Ansprechpartner Frau Holl

SB-Markt Nieß OHG
Industriestr. 12
89312 Günzburg

Kunden- Nr.	214
Rechnungs- Nr.	23060009
Liefer-/Rechnungsdatum	03.06.2009

Rechnung

Pos.	Artikel	Art.- Nr.	Stück	Einzelpreis in EUR	Gesamtpreis in EUR
01	Einkaufswagen „Shopper“	21356	60	456,00	27.360,00
02	Metall-Einkaufskorb „Carry“	21452	100	39,00	3.900,00
			Nettopreis		31.260,00
			zzgl. Transportkosten		635,00
			Zwischensumme		31.895,00
			zzgl. 19 % Umsatzsteuer		6.060,05
			Rechnungsbetrag		**37.955,05**

Zahlbar innerhalb von 14 Tagen unter Abzug von 3 % Skonto oder innerhalb von 30 Tagen netto Kasse.

Weimer SB-Geräte GmbH, Frauenstr. 27, 89075 Ulm, Tel.: 0731564-0, Fax.: 0731564-1

Sitz der Gesellschaft ist Ulm	USt-IdNr.: 272 823 418	Volksbank Ulm
Registergericht Ulm HRB 3490	E-Mail: info@weimersb.de	Konto- Nr. 174 783
Geschäftsführer: Jens Jehle	Internet: www.weimersb.de	BLZ 520 100 80

Anlage 4

Weimer SB-Geräte GmbH

Weimer SB-Geräte GmbH, Frauenstr. 27, 89075 Ulm

SB-Markt Nieß OHG
Industriestr. 12
89312 Günzburg

Tel.: 0731564-0
Fax.: 0731564-1
Ihr Ansprechpartner Frau Holl

Kunden- Nr. 214
Rechnungs- Nr. 23060009
Liefer-/Rechnungsdatum 03.06.2009

Bonusgutschrift

Pos.	**Quartal**	**Umsätze in EUR**	**Bonus in %**	**Bonus in EUR**
01	2. Quartal 2009	48.346,00	3 %	1.4509,38

Gutschrift netto	1.450,38
zzgl. 19 % USt.	275,57
Endsumme	**1.725,95**

Weimer SB-Geräte GmbH, Frauenstr. 27, 89075 Ulm, Tel.: 0731564-0, Fax.: 0731564-1

Sitz der Gesellschaft ist Ulm
Registergericht Ulm HRB 3490
Geschäftsführer: Jens Jehle

USt-IdNr.: 272 823 418
E-Mail: info@weimersb.de
Internet: www.weimersb.de

Volksbank Ulm .
Konto- Nr. 174 783
BLZ 520 100 80

Sommer 2010

Aufgabe 1 Finanzbuchführung
Die HÄRING GmbH, Esslingen, stellt Windkraftanlagen her. Sie sind dort in der Buchhaltung beschäftigt und sollen die folgenden Geschäftsvorfälle buchen.

1 Die Stadtwerke Reutlingen erhalten von der HÄRING GmbH eine Windenergieanlage geliefert. Buchen Sie die Ausgangsrechnung. (Anlage 1)

2 Für die Fertigung wird eine stationäre Oberfräse angeschafft. (Anlage 2)

2.1 Buchen Sie die Eingangsrechnung.

2.2 Am 24. März 2010 wird die Eingangsrechnung unter Abzug von Skonto per Banküberweisung beglichen. Bilden Sie den Buchungssatz.

2.3 Berechnen Sie unter Beachtung der steuerrechtlichen Regelungen den höchstmöglichen Abschreibungsbetrag für das Jahr 2010 und bilden Sie den Buchungssatz zum 31.12.2010. Die Nutzungsdauer der Fräse beträgt 10 Jahre.

3 Für die Verwaltung werden einige neue Gegenstände beschafft. (Anlage 3)

3.1 Bilden Sie den Buchungssatz für die Anschaffung.

3.2 Wie ist am 31.12.2010 unter Beachtung der steuerrechtlichen Vorschriften zu buchen? Die Nutzungsdauer der angeschafften Wirtschaftsgüter beträgt je 12 Jahre.

4 Im Jahr 2009 war die HÄRING GmbH in einen Rechtsstreit verwickelt. Für die Rechtsberatungskosten wurde zum 31.12.2009 eine Rückstellung in Höhe von 12.000,00 EUR gebildet.
Im April 2010 wird der Rechtsstreit durch einen Vergleich beendet. Die Anwaltskanzlei berechnet ein Honorar in Höhe von 4.000,00 EUR zuzüglich 19 % USt., das per Bank überwiesen wurde.
Geben Sie den Buchungssatz für die Buchung im April 2010 an.

5 Am 30.09.2009 wurde ein Wartungsvertrag abgeschlossen. Die Jahresrate in Höhe von 6.000,00 EUR zuzüglich 19 % USt wird jeweils am 30.09. eines Jahres im Voraus fällig und vom Konto der HÄRING GmbH abgebucht.
Geben Sie die Buchungssätze für die Buchungen am 30.09.2009 und am 31.12.2009 an.

6 Zum 31.12.2009 ist eine zweifelhafte Forderung in Höhe von brutto 4.998,00 EUR abzuschreiben. Der voraussichtliche Ausfall wurde auf 80 % geschätzt.
Bilden Sie den Buchungssatz zum 31.12.2009.

7 Für ein von der HÄRING GmbH gewährtes Darlehen waren am 31.12.2009 die Zinsen für das letzte Quartal 2009 in Höhe von 4.200,00 EUR noch nicht auf dem Bankkonto eingegangen.
Bilden Sie den erforderlichen Buchungssatz zum 31.12.2009.

Anlage 1

Otto Häring GmbH
WINDKRAFTANLAGEN
Mozartstraße 14
73728 Esslingen

Otto Häring GmbH, Mozarstraße 14, 73728 Esslingen

Stadtwerke Reutlingen
Briesbergstraße 225
72770 Reutlingen

Bei Zahlung bitte angeben

Rechnungsnummer:	8874
Lieferdatum:	1. März 2010
Rechnungsdatum:	1. März 2010
Kundennummer:	2717

Rechnung

Menge	Artikel/Bezeichnung	Einzelpreis	Gesamtpreis
2	Windenergieanlage Hä-Wi 23-14 Dreiblattrotor 6-16 U/min drehzahlvariabel	85.350,00	170.700,00 EUR
2	Betonfundamente	25.000,00	50.000,00EUR
2	Montage	7.500,00	15.000,00 EUR
			235.700,00 EUR
	10 % Einführungsrabatt		23.570,00 EUR
			212.130,00 EUR
	19 % Umsatzsteuer		40.304,70 EUR
			252.434,70 EUR

Zahlbar: innerhalb 30 Tagen nach Endabnahme/3 % Skonto
60 Tagen nach Endabnahme netto

Otto Häring GmbH
Mozartstraße 14
73728 Esslingen

Geschäftsführer
Otto Häring
Wilhelm Meister

UST.-IDNr DE 18823455
Steuer-Nr. 42/019/642587
Finanzamt Esslingen
Amtsgericht Esslingen
HRB 3567543

Konto:
Industriebank Esslingen AG
Kto-Nr. 376459
BLZ 455 500 40
IBAN DE 83 4555004 04 376459

Anlage 2

BRUNNER AG
MASCHINEN- UND
WERKZEUGBAU

Brunner AG, Europaallee 28, 40489 Düsseldorf

Otto Häring GmbH
Windkraftanlagen
Mozartstraße 14
73728 Esslingen

Rechnung

Rechnungsnummer:	2010-552148
Lieferdatum:	12. März 2010
Rechnungsdatum:	12. März 2010
Kundennummer:	D 3145643

Artikel/Bezeichnung	Menge	Einzelpreis	Gesamtpreis
Stationäre Oberfräse	1	38.500,00 EUR	38.500,00 EUR
Fracht und Verpackung			1.500,00 EUR
Zwischensumme			40.000,00 EUR
- 10 % Rabatt			4.000,00 EUR
Rechnungsbetrag netto			36.000,00 EUR
19 % Umsatzsteuer			6.840,00 EUR
Rechnungsbetrag			42.840,00 EUR

Zahlbar: innerhalb 14 Tagen nach Endabnahme/3 % Skonto
30 Tagen nach Endabnahme netto

Geschäftsführer
Sascha Steinfurt
Dr. Thomas Bittner

UST.-IDNr. DE 19237568
Steuer-Nr. 42/019/359456
Finanzamt Düsseldorf
Amtsgericht Düsseldorf
HRB 389

Konto:
Sparkasse Düsseldorf
Kto-Nr. 449 443 227
BLZ 585 531 30
IBAN DE 48 58553130 18 449 443 227

Anlage 3

Heide Kaltenbach e. K.
BÜROBEDARF

Heide Kaltenbach, Dieselstraße 133, 73728 Esslingen

Otto Häring GmbH
Windkraftanlagen
Mozartstraße 14
73728 Esslingen

Rechnung

Rechnungsnummer: 1589
Lieferdatum: 15. April 2010
Rechnungsdatum: 15. März 2010
Kundennummer: 844

Pos	Artikel/Bezeichnung	Menge	Einzelpreis	Gesamtpreis
14566	Schreibtisch Modell New York	1	970,00 EUR	970,00 EUR
121366	Locher, stabile Ausfertigung	3	36,00 EUR	108,00 EUR
	Zwischensumme			1.078,00 EUR
	19 % Umsatzsteuer			204,82 EUR
	Endsumme			1.282,82 EUR

Heide Kaltenbach e.K.
BÜROBEDARF
Dieselstraße 133
73728 Esslingen

Konto:
Sparkasse Esslingen
Kto-Nr. 123876
BLZ 480 500 40

Konto:
UST.-IDNr DE 1896354
Finanzamt Esslingen
Amtsgericht Esslingen, HRB 4455

Übungsaufgaben

Aufgabe 1

Die Süddeutsche Möbelwerke AG stellen Wohnzimmer-, Schlafzimmer-, Kinderzimmer- und Büromöbel her. Für das abgelaufene Kalenderjahr liegen folgende Quartalsumsätze (in TEUR) vor:

Umsatzstatistik der Süddeutschen Möbelwerke AG									
	Wohnzimmer		**Schlafzimmer**		**Kinderzimmer**		**Büro**		**Summe Quartale**
	TEUR	**%**	**TEUR**	**%**	**TEUR**	**%**	**TEUR**	**%**	
Quartal I	640		450		380		340		
Quartal II	830		490		210		380		
Quartal III	740		520		240		330		
Quartal IV	870		530		290		410		
Summe Produktgruppe									

Der Vertriebsleiter gibt Ihnen die Aufgabe, die Daten mithilfe eines Tabellenkalkulationsprogrammes tabellarisch aufzuarbeiten und grafisch darzustellen.

1.1 Erstellen Sie eine Tabelle mit den vorgegebenen Zahlen und Texten.

1.2 Ergänzen Sie die Tabelle durch Verwendung geeigneter Formeln (auf Kopierfähigkeit achten!) mit
- den Umsatzsummen für die einzelnen Quartale.
- den Umsatzsummen für die vier Produktgruppen.
- dem Jahresumsatz.
- dem prozentualen Anteil der Produktgruppen an den vier Quartalsumsätzen.
- dem prozentualen Anteil der Produktgruppen am Jahresumsatz.

1.3 Formatieren Sie die TEUR-Werte mit 1000er-Punkten und die %-Werte auf zwei Nachkommastellen.

1.4 Erstellen Sie ein Kreisdiagramm, welches veranschaulicht, wie sich der Jahresumsatz auf die vier Produktbereiche verteilt.

1.5 Wählen Sie ein geeignetes Diagramm und zeigen Sie die Umsätze der Produktgruppen in den einzelnen Quartalen.

Versehen Sie die Diagramme mit aussagefähigen Überschriften und Legenden.

Aufgabe 2

Als Mitarbeiter der Strohmann & Hinterhand GmbH sollen Sie die Vergütung für den Monat Juni der Mitarbeiter im Außendienst berechnen.

Name	Nettoumsatz	Fixum	Provision in EUR	Anzahl Neuabschlüsse	Prämie Neuabschlüsse	Gesamtvergütung
Abel	150.000,00	1.500,00		8		
Bebel	185.000,00	1.600,00		12		
Cefix	140.000,00	1.400,00		7		
Debel	160.000,00	1.400,00		6		
					Summe:	
					Durchschnitt	

Die Prämie je Neuabschluss beträgt 250,00 EUR. Als Provision erhalten die Reisenden 2,5 % vom Nettoumsatz.

2.1 Erstellen Sie eine Tabelle mit obigen Daten und Texten.
2.2 Ermitteln Sie unter Berücksichtigung der Tabellenwerte und der Zusatzinformationen die Monatsvergütung der einzelnen Reisenden.
2.3 Ermitteln Sie die Gesamtvergütung aller Reisenden und deren Durchschnittsvergütung.
2.4 Felder, in denen EUR-Beträge enthalten sind, sind als solche zu formatieren.
2.5 Stellen Sie die Aufteilung der Gesamtvergütung auf die einzelnen Außendienstmitarbeiter in einer geeigneten grafischen Form dar. Versehen Sie die Grafik mit einer aussagefähigen Beschriftung.

Aufgabe 3

Die Personalstatistik der Reiß & Wolf GmbH verzeichnet für die letzten fünf Kalenderjahre im Produktionsbereich folgende Mitarbeiterzahlen.

	Facharbeiter	Angelernte	Ungelernte
2004	40	27	21
2005	45	25	27
2006	55	26	22
2007	49	22	18
2008	56	38	15

3.1 Erstellen Sie eine Tabelle mit den vorgegebenen Zahlen und Texten.
3.2 Legen Sie (rechts) zwei weitere Spalten an mit den Summen der Arbeitnehmer im Kalenderjahr und einer Indexentwicklung (2004 = 100).
3.3 Ergänzen Sie die Tabelle um eine weitere Zeile, in welcher Sie für das letzte Kalenderjahr die Prozentanteile für die einzelnen Arbeitnehmergruppen ermitteln.
3.4 Erstellen Sie ein 100%-Säulendiagramm, in welchem Sie je Säule die Zusammensetzung der Mitarbeiter im Produktionsbereich von 2004 – 2008 darstellen. Versehen Sie Ihre Grafik mit einer aussagefähigen Überschrift und einer Legende.
3.5 Wählen Sie eine geeignete Darstellungsart, um die Mitarbeiterentwicklung der Jahre 2004 – 2008 darzustellen.

Aufgabe 4

Sie sind Mitarbeiter der Firma Haus & Garten GmbH. Für den Gartenstuhl „Montmartre", den es in drei Varianten gibt, liegt eine Preis- und eine Absatztabelle für die Regionen Nord, Mitte und Süd vor.

Preistabelle des Gartenstuhls „Montmartre"

	Ohne Armlehne	**Mit Armlehne**	**Hoher Rücken, verstellbar, mit Armlehne**
Preise	240,00 €	290,00 €	390,00 €

Absatztabelle des Gartenstuhls „Montmartre"

	Ohne Armlehne	**Mit Armlehne**	**Hoher Rücken, verstellbar, mit Armlehne**
Region Nord	140	320	380
Region Mitte	170	350	540
Region Süd	210	390	450

1. Aufgabenteil – statistische Auswertung

1.1 Übernehmen Sie die beiden obigen Tabellen in ein Tabellenkalkulationsprogramm und entwickeln Sie daraus die Umsatztabelle.

1.2 Wie heißt die kopierfähige Formel zur Berechnung des Umsatzes in der Region Nord für den Gartenstuhl ohne Armlehne, wenn die Formel

1.2.1 durch Kopieren nach rechts
1.2.2 durch Kopieren nach unten

verwendet werden soll?

1.3 Erweitern Sie die Umsatztabelle um eine weitere Spalte nach rechts und eine weitere Zeile nach unten und ermitteln Sie dort die Umsatzsummen nach Regionen und nach Produktart.

1.4 Ermitteln Sie aus den Umsatzsummen nach Regionen den maximalen Wert.

2. Aufgabenteil – grafische Auswertung

2.1 Erstellen Sie ein geeignetes Diagramm, mit welchem Sie die Umsätze der drei Erzeugnisse in den Regionen darstellen und versehen Sie das Diagramm mit aussagefähigen Beschriftungen.

2.1.1 Empfänger Ihres Diagramms sind die jeweiligen Gebietsleiter.

2.1.2 Empfänger Ihres Diagramms sind die jeweiligen Produktleiter.

Aufgabe 5

Sie sind Mitarbeiter/-in der IMMO-Baden GmbH, einem gewerblichen Vermieter von Immobilien. Sie sollen für das abgelaufene Kalenderjahr die Abrechnung für den Wasserverbrauch erstellen. Gewerblichen Mietern wird dabei ein Kubikmeterpreis von 4,10 EUR und privaten ein Kubikmeterpreis von 4,50 EUR in Rechnung gestellt.

Wasserverbrauch der Immobilie „Parkstraße“

Mieter	gewerblich (g)/ privat (p)	Verbrauch Vorjahr	Zählerstand laufendes Jahr		Verbrauch laufendes Jahr	Kosten laufendes Jahr	Verbrauchs-änderung in %
			Jahres-anfang	Jahres-ende			
Schober OHK	g	2.400	35.870	38.520			
Klein	p	280	11.450	11.815			
Weber GmbH	g	4.680	16.850	22.280			
Ott	p	450	8.620	9.240			
Singer	p	550	13.590	14.070			

1. Aufgabenteil – statistische Auswertung

1.1 Erstellen Sie die obige Tabelle als Ausgangsversion in einem Tabellenkalkulationsprogramm.

1.2 Ermitteln Sie mithilfe einer kopierfähigen Formel den Verbrauch des laufenden Jahres.

1.3 Ermitteln Sie mithilfe einer kopierfähigen Formel die Kosten des laufenden Jahres. Beachten Sie, dass gewerblichen Mietern ein anderer Preis in Rechnung gestellt wird als privaten.

1.4 Ermitteln Sie mithilfe einer kopierfähigen Formel die Verbrauchsänderung in %.

2. Aufgabenteil – grafische Auswertung

2.1 Wählen Sie ein geeignetes Diagramm und stellen Sie die Verbrauchsentwicklung Vorjahr – laufendes Jahr für die Privatkunden grafisch dar und beschriften Sie das Diagramm.

Aufgabe 6

An der Schnopfer OHG sind die Gesellschafter Schnopfer, Abel, Bebel und Cebel beteiligt. Im abgelaufenen Kalenderjahr wurde ein Gewinn von 520.000,00 EUR erzielt. Der Gesellschaftsvertrag sieht vor, dass das eingebrachte Kapital zu 8 % verzinst und der verbleibende Rest nach Köpfen verteilt wird. In einer Rohfassung wurde der nachfolgende Entwurf erstellt, dem auch die Kapitalanteile zum Jahresanfang entnommen werden können.

	A	B	C	D	E	F
1	Gewinnverteilung der Schnopfer OHG					
2						
3						
4	Gewinn		520.000,00 €			
5	Verzinsung in %		8			
6						
7	**Gesellschafter**	**Anfangskapital**	**Verzinsung**	**Kopfanteil**	**Gesamt-vergütung**	**Endkapital**
8	**Schnopfer**	900.000,00 €				
9	**Abel**	50.000,00 €				
10	**Bebel**	100.000,00 €				
11	**Cebel**	500.000,00 €				
12	**Summe**	1.550.000,00 €				

Aufgabenteil 1 – statistische Auswertung

1.1 Erstellen Sie die obige Tabelle als Ausgangsversion in einem Tabellenkalkulationsprogramm.

1.2 Ermitteln Sie mithilfe kopierfähiger Formeln die Werte für die Verzinsung, den Kopfanteil, die Gesamtvergütung und das Endkapital.

Aufgabenteil 2 – grafische Auswertung

2.1 Wählen Sie ein geeignetes Diagramm, stellen Sie die Kapitalverhältnisse der Gesellschafter (in %) zum Jahresende dar und beschriften Sie das Diagramm.

Aufgabe 7

Der Feriengasthof „Alpenrose“ möchte die Übernachtungen statistisch erfassen. Hierfür wurde folgender Rohentwurf erstellt, aus dem Sie die Übernachtungspreise für Kinder und Erwachsene ersehen können. Bei mehr als 5 Übernachtungen wird ein Preisnachlass von 20 % gewährt.

	A	B	C	D	E	F	G	H	I	J
1										
2	Preis Erwachsene		60,00 €							
3	Preis Kinder		20,00 €							
4	Nachlass bei mehr als 5 Tagen in %		20,00							
5	Name	Tag der Ankunft	Tag der Abreise	Anzahl Übernachtungen	Erwachsene	Kinder	Vorläufiger Betrag	Nachlass in %	Nachlass in €	Endgültiger Betrag
6	Abel	05.08.2006	22.08.2006		2	3				
7	Bebel	03.08.2006	04.08.2006		2	2				
8	Cebel	03.06.2006	10.08.2006		2	0				
9								Durchschnittlicher Erlös		

1. Aufgabenteil – statistische Auswertung

1.1 Erstellen Sie die kopierfähigen Formeln zur Ermittlung der Spaltenwerte für „Anzahl der Übernachtungen", „Vorläufiger Betrag", „Nachlass in %", „Nachlass in EUR" und „Endgültiger Betrag".

1.2 In der Zelle J9 soll der durchschnittliche Erlös der drei Übernachtungen ausgewiesen werden.

2. Aufgabenteil – grafische Auswertung

2.1 Wählen Sie ein geeignetes Diagramm und zeigen Sie auf, in welchem Maße durch die Gewährung von Rabatten Erlösminderungen hingenommen werden mussten.

Aufgabe 8

Sie sind Mitarbeiter/-in der IMMO-Baden GmbH, einem gewerblichen Vermieter von Immobilien. Sie sollen für das abgelaufene Kalenderjahr die Abrechnung für die Mietkosten für das Objekt „Rosenpark" erstellen. Die Ausgangsinformationen können Sie dem nachfolgenden Rohentwurf entnehmen.

	A	B	C	D	E	F	G	H	I
1	**Mietkostenabrechnung des Objekts "Rosenpark"**								
2									
3	**Mietpreis pro qm und Monat**								
4	**Typ I**	**7,50 €**							
5	**Typ II**	**7,20 €**							
6									
7	**Mieter**	**Wohnungs-typ**	**Wohnfläche in qm**	**Miete/Jahr**	**Nebenkosten in €**	**Gesamt-kosten laufendes Jahr**	**Gesamt-kosten Vorjahr**	**Veränderung in %**	**Minderung/ Mehrung**
8	**Kleinert**	I	75		2.450,00 €		8.762,00 €		
9	**Ott**	II	80		2.640,00 €		10.162,00 €		
10	**Pelz**	II	65		1.800,00 €		7.942,00 €		
11	**Würmeling**	I	75		2.450,00 €		8.932,00 €		
12	**Hampel**	I	90		2.700,00 €		10.385,00 €		
13									
14				Durchschnittliche Mietkosten					
15				Maximale Mietkosten					
16									

1. Aufgabenteil – statistische Auswertung

1.1 Erstellen Sie kopierfähige Formeln zu Ermittlung der fehlenden Spaltenwerte. Berücksichtigen Sie hierbei die unterschiedlichen Mietpreise je nach Wohnungstyp. Weisen Sie in der letzten Spalte aus, ob es sich um eine Kostensteigerung oder um eine Kostenminderung handelt.

1.2 Ermitteln Sie die durchschnittlichen und die maximalen Gesamtkosten des laufenden Jahres.

2. Aufgabenteil – grafische Auswertung

2.1 Die IMMO-Baden GmbH möchte wissen, wie sich die Struktur der Mietkosten (Miete und Nebenkosten) der einzelnen Mieter zusammensetzt. Erstellen Sie hierfür ein geeignetes Diagramm und beschriften Sie dieses.

Kapitel 1: Textreproduktion und Textformulierung

1.1 Möglichkeiten der Texterstellung

Stofftelegramm

Texterstellung durch

Schriftliche Vorlage	**Sprachaufzeichnung**	**Textkonserven**	**Direktansage**
- Stichworte - kurzschriftlich - langschriftlich	- Phonodiktat - PC-Diktat - PC-Autoscript	- Textbausteine - Serienbrief mit Variablen	- in PC - in Textsystem

Spracherkennungssysteme: Der Text wird in ein Mikrofon gesprochen, das mit dem PC verbunden ist. Eine entsprechende Software wandelt die Sprache in Text um, der unmittelbar auf dem Bildschirm erscheint. Auch die Textgestaltung wie Absätze, Einrückungen und dgl. lässt sich so durchführen. Der Diktierende muss jedoch eine besondere Sprechweise anwenden, die unnatürlich ist und daher große Konzentration erfordert. Bedingung: Nur hochleistungsfähige Computer können hierzu eingesetzt werden.

Ziel eines Unternehmens im Bereich "Schreiben" ist, die hohen Schreibplatzkosten durch organisierten Schreibdienst zu verringern.

Phonodiktat:

- Voraussetzung: Regeln für das Phonodiktat nach DIN 5009 müssen eingehalten werden.
- Große Zeitersparnis gegenüber Langschrift- oder Stenoaufnahme.
- Der Diktant ist örtlich (Handdiktiergerät) und zeitlich unabhängig.
- Unabhängigkeit auch von der Schreibkraft, da die Diktate von anderen Phonotypistinnen geschrieben werden können.
- Bessere Arbeitseinteilung durch die Schreibkraft.

PC-Diktat:

- Mit einem für Sprachaufzeichnung ausgerüsteten PC entfallen Diktiergeräte und Kassetten.
- Der PC benötigt eine Steckkarte (Platine) für die Sprachaufzeichnung, einen Adapter für Mikrofon und Fußschaltung, Software für PC-Diktat und Textprogramm.
- Korrekturen bzw. nachträgliche Einfügungen sind problemlos zu bewältigen.
- Die auf dem Bildschirm angezeigten Informationen über den Diktanten und seine Diktate gewährleisten der Schreibkraft höhere Flexibilität und bessere Arbeitseinteilung.
- Die Diktate können bei Vernetzung der PC-Anlage auch an andere Schreibplätze versandt werden.

PC-Autoscript:
Der Sachbearbeiter erledigt seine Post direkt am PC ohne Einsatz einer Schreibkraft. Die Texte werden von ihm formuliert, erfasst, gestaltet, ausgedruckt und unterschrieben.

Textbausteine:

Wiederkehrende Sätze und Abschnitte zu einem Sachgebiet werden in einem Texthandbuch gesammelt und jeweils mit einer Selektionsnummer und einem Stichwort versehen. Der Sachbearbeiter trägt in einem Schreibauftrag nur noch die Selektionsnummer und evtl. die Variable ein.

Serienbrief mit Variablen:

Das sind Briefe, die häufig geschrieben werden müssen, wie Werbebriefe, Angebote, Auftragsbestätigungen, Beantwortung von Bewerbungen, Mahnungen, aber auch Einladungsschreiben oder Anfragen an potentielle Lieferanten. Der gespeicherte Brief enthält an den Stellen, an denen Variable (z. B. Datum, Name, Zahlen) eingefügt werden sollen, Stoppcodes. Diese werden manuell eingegeben. Praktische Ausführung am PC:

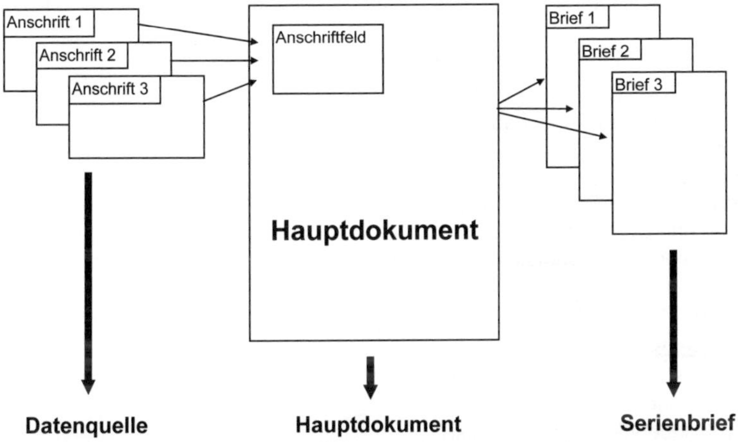

Übungsaufgaben

1. Zählen Sie die wirtschaftlichen Gesichtspunkte des Phonodiktates auf!
2. Nennen Sie die Vorteile eines PC-Diktats.
3. Was versteht man unter "PC-Autoscript"?
4. Textkonserven können Bausteinbriefe sowie Serienbriefe sein. Erklären Sie den Unterschied.
5. Serienbriefe können nicht überall eingesetzt werden. Begründen Sie.

1.2 Textformulierung und Textgestaltung

Stofftelegramm

Der Brief ist die "Visitenkarte" des Absenders. Durch ihn kann ein Unternehmen Kunden gewinnen, behalten oder auch verlieren. Er sollte mehr als nur eine sachliche Mitteilung sein. Ein Brief wird aus folgenden 3 Teilen aufgebaut:

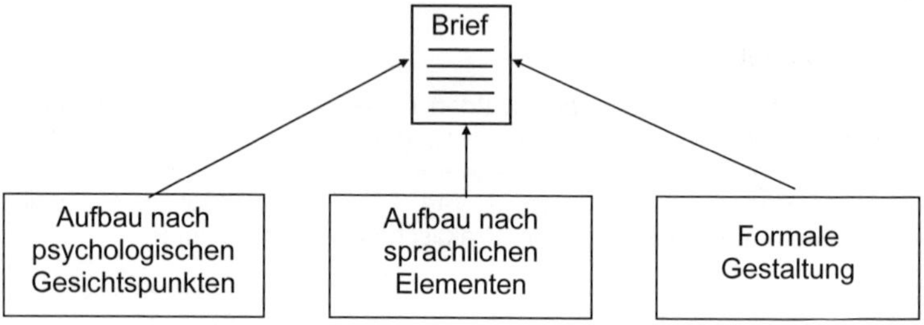

Aufbau nach psychologischen Gesichtspunkten

- Wichtig ist, sich in die Lage des Empfängers zu versetzen
- Zuerst die Fragen des Partners beantworten
- Positiv schreiben
- Problemlösungen anbieten
- Auf die Bedürfnisse des Partners eingehen
- Eigene Fehler ehrlich zugeben
- Höflicher und freundlicher Briefstil

Aufbau nach sprachlichen Elementen

- Kurze, klare, verständliche Sätze
- Wiederholungen und Floskeln wirken störend.
- Verben sind besser als Substantive.
- Das Aktiv wirkt lebendiger als das Passiv.
- Der "Sie-Stil" ist ansprechender als der "Wir-Stil".
- Fremdwörter weitgehend vermeiden
- Sachliche Informationen

Formale Gestaltung

- Schreib- und Gestaltungsregeln nach DIN 5008 beachten
- Text durch Absätze übersichtlich gliedern
- Korrekte Rechtschreibung, Grammatik und Zeichensetzung sind selbstverständlich.
- Wichtige Dinge hervorheben, z. B. Fettschrift, Zentrieren
- Der Brief muss im Abdruck gut lesbar und sauber sein
- Genügend Rand lassen für Ablage und Bearbeitung
- Anschrift und Anrede müssen übereinstimmen.

Übungsaufgaben

Verbessern Sie die folgenden Formulierungen:

1. Wir bestätigen dankend den Erhalt Ihres Schreibens vom ...
2. Heute Morgen haben wir die gewünschte Auskunft von Ihnen erhalten und danken Ihnen für Ihre Ausführungen.
3. Unser Ladengeschäft wurde neu renoviert.
4. Die entstehenden Kosten werden wir tragen.
5. Entschuldigen Sie das Verzögern der Verbuchung Ihrer Überweisung.
6. Mit der Möglichkeit einer Stundung des Betrages ist nicht zu rechnen.
7. Der Rechnungsbetrag wird Ihnen von uns überwiesen.
8. Es wird Ihnen von uns garantiert, dass es sich um biologisch kontrollierte Produkte handelt.
9. Wir bitten um Ihre baldige Antwort.
10. Wir bitten, den Fragebogen ausgefüllt zurückzusenden.
11. Wir suchen einen dynamischen Marketing-Professional mit profunder Qualifikation auf dem Sektor des ...
12. Wir bitten höflichst um Verständnis für unsere prekäre Situation.
13. Da wir auf unser Angebot nichts mehr von Ihnen gehört haben, rechneten wir nicht mehr damit, dass Sie noch bestellen würden.

Erstellen Sie ein innerbetriebliches Rundschreiben nach folgender Situation:

Ihr Chef, Herr A. Bergemann, hat festgestellt, dass die Telefonkosten in seiner Firma im letzten halben Jahr um knapp 40 % angestiegen sind. Der Umsatz hingegen blieb konstant. Er möchte eine Einsparung um mind. 20 % erreichen. Daher appelliert er an alle Mitarbeiter, für die nächsten 6 Monate die Telefonkosten erheblich zu reduzieren. Er bittet Sie, das Rundschreiben zu entwerfen und Möglichkeiten der Einsparung aufzuzeigen.

Formulieren Sie die Mitteilung in ganzen Sätzen und achten Sie auf gute Ausdrucksweise. Auf eine übersichtliche Darstellung legt der Chef besonderen Wert. Das Rundschreiben wird von ihm unterzeichnet.

1.3 Drucken und Vervielfältigen

Stofftelegramm

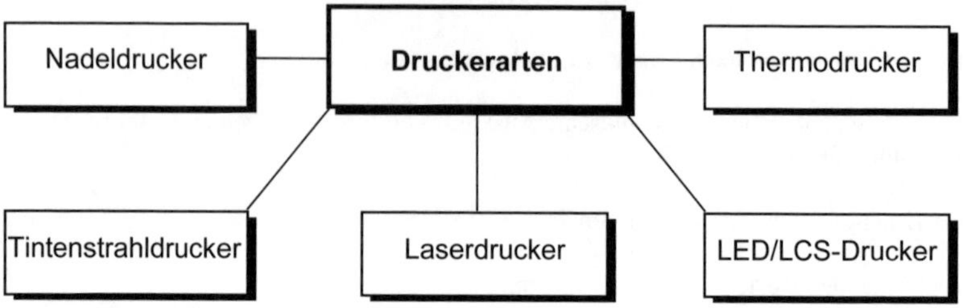

Impact-Drucker

Nadeldrucker (Matrixdrucker)
Durch die Anzahl der Nadeln im Druckkopf wird die Druckqualität erzeugt. Je mehr Nadeln, desto exakter das Schriftbild.
Einsatz: Universell auf allen Gebieten, auf denen keine hohen Anforderungen an das Schriftbild gestellt werden; wenn Durchschläge notwendig sind (Schreibsätze).

Non-impact-Drucker

Thermodrucker
Statt Nadeln arbeiten hier winzige Heizelemente, die der Druckkopf auf ein Spezialpapier oder Folie fixiert → geringe Geräuschentwicklung.
Einsatz: Vorwiegend bei Taschencomputern und Faxgeräten.

Tintenstrahldrucker
Düsen spritzen matrixgleich Tinte auf das Papier. Diese Drucker sind geräuscharm und drucken auch farbig → gute Druckqualität, jedoch keine Durchschläge möglich.
Einsatz: Im Text- und Grafikbereich; urkundenecht.

Laserdrucker
Sie arbeiten in ähnlicher Weise wie das elektrostatische Kopierverfahren: Aufladen und Belichten (mit Laserlicht) einer Trommel, Entwickeln, Übertragen und Einbrennen des Bildes auf Papier → ausgezeichnete Druckqualität, fast geräuschlos (Arbeitsplatzdrucker), ein- und mehrfarbige Drucke, eine Vielzahl von Schriftarten.
Einsatz: Für Texte und Grafiken mit hohen Anforderungen an die Druckqualität.

LED/LCS-Drucker (Farblaserdrucker)

LED = Light Emitting Diode: arbeitet ähnlich wie Laserdrucker, jedoch anstatt Laserbelichtung erfolgt die Belichtung über eine Leuchtdiodenzeile.

LCS = Liquid Crystal Shutter: belichtet die Trommel mit einer Quarzlampe, unter der sich eine Lichtschaltzeile mit matrixförmigen Flüssigkristallen befindet.

Beide Drucker erzeugen eine hohe Druckqualität und sind sehr leise.

Einsatz: siehe Laserdrucker

Auswahlkriterien für den Kauf eines geeigneten Druckers

Druckerleistung

- Geschwindigkeit
- Speicher

Papierverwendung

- Papierzuführung/Schächte
- mögliche Papierformate
- Einzelblatt automatisch
- Kassettenvermögen

Mehrfarbendrucke möglich?

Druckqualität

- Druckauflösung
- mögliche Zeichensätze

Ergonomie

- Toner-Recycling
- eingebaute Ozonfilter
- Sleep-Mode
- EconoMode-Einstellung

Durchschläge möglich?

Kopiergeräte

Einsatz von Kopiergeräten

Zur Vervielfältigung von Originalen in kleineren Auflagen sind Kopierer auch im Computer-Zeitalter unentbehrlich. Leistungsfähige Kopiergeräte können stufenlos verkleinern oder vergrößern (zoomen), ohne Blattwechsel beidseitig kopieren, ausschnittweise kopieren, elektronisch sortieren und sind einfach zu bedienen. Viele Kopiergeräte sind mit dem Computer vernetzt und können nicht nur kopieren, sondern auch drucken, faxen und scannen. Digitale Farbkopierer mit einem Mikro-prozessor ermöglichen Farbkopien auf normalem Papier, die eine sehr hohe Qualität aufweisen.

Einsatz:
- Vervielfältigen von Originalen
- Transparente für den Tageslichtprojektor
- Farbige Flyer in kleinerer Stückzahl

Bewertungskriterien

Für die richtige Wahl eines Kopiergerätes sind folgende Überlegungen anzustellen:

- Was muss der Kopierer können?
  z. B. vergrößern und verkleinern, mehrseitige Vorlagen kopieren, verschiedene Formate vereinheitlichen, sortieren, heften
- Welchen Komfort soll der Kopierer bieten?
  z. B. kurze Aufwärmzeit, hohe Kopiergeschwindigkeit, einfache Bedienerführung
- Was kostet eine Kopie?
  abhängig von den Kosten für Toner und Wartung
- Wie wird die Anschaffung finanziert?
- Wer bietet den besten Service?
- Welcher Kopierer ermöglicht die beste Umweltverträglichkeit?
  schadstoffarm, geringe Geräuschentwicklung

Digital Kopierer

Moderne Digital Kopierer sind besonders funktional und überall einsetzbar. Sie unterscheiden sich zu herkömmlichen Kopiergeräten darin, dass sie einen hohen Arbeitsspeicher benötigen, in dem die Dokumente zwischengespeichert und nach Fertigstellung der Dokumente wieder vernichtet werden.

Vorteile:
- Aus dem Zwischenspeicher können mehrere Kopien erstellt werden.
- Dokumente im Zwischenspeicher können noch bearbeitet werden.
- Zusatzfunktionen wie Scannen, Faxen, Drucken können genutzt werden.
- Direktes Versenden der Vorlagen per E-Mail oder in Netzwerkverzeichnisse.

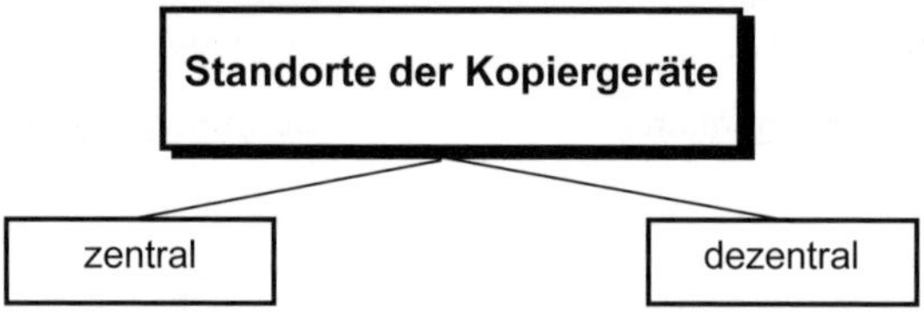

Ein wesentlicher Gesichtspunkt beim Einsatz von Kopiergeräten ist der Standort: zentrale oder dezentrale Aufstellung.

Dies ist abhängig

- von der Art und Größe des Betriebes
- dessen räumlicher Aufteilung
- dem Kopiervolumen der einzelnen Abteilungen
- der Dringlichkeit der Kopien
- der Art und Größe der Vorlagen und der zu erstellenden Kopien

Vorteile bei zentralem Standort

- Durch höheres Kopieraufkommen lohnt sich die Anschaffung eines leistungsfähigen Gerätes mit vielen Zusatzeinrichtungen (Sorter, Hefter, Binder).
- Es treten weniger Störungen durch Einsatz von Fachkräften auf bzw. lassen sich schneller beheben.
- Unnötiges oder unkontrolliertes Kopieren kann weit gehend ausgeschaltet werden.
- Wirtschaftlicheres Arbeiten durch bessere Auslastung des Kopiergerätes.

Vorteile bei dezentralem Standort

- Es entstehen keine Wege und Wartezeiten.
- Ein schnelleres Kopieren ist möglich ⇨ höhere Beweglichkeit.
- Der Arbeitsfluss wird nicht gestört ⇨ Arbeitsplatz bleibt besetzt.
- Bei Störung des Kopiergerätes ist jederzeit eine Ausweichmöglichkeit gegeben.
- Die Diskretion zur Erstellung von vertraulichen Kopien bleibt besser gewahrt.

Urheberrecht

Das Urheberrecht wird im Urheberrechtsgesetz geregelt. Geschützt werden Werke der Literatur, Wissenschaft und Kunst. Ihrem Urheber gewährt das Gesetz das subjektive Urheberrecht, das seine geistigen und persönlichen Interessen schützt und ihm ausschließlich Verwertungsrechte gibt. Der © Copyrightvermerk weist auf ein rechtlich geschütztes Werk hin. Ausnahmen von diesem Kopierverbot bestehen bei

- Kopien für den persönlichen Gebrauch
- Verwendung vor Behörden und Gerichten
- Genehmigung des Urheberrechtsinhabers

Übungsaufgaben

1. Welche Merkmale weist ein Nadeldrucker auf?
2. Ein Drucker soll angeschafft werden, der in einer Abteilung mit 4 Mitarbeitern aufgestellt werden soll. Der Drucker sollte folgende Anforderungen erfüllen:
   - einsetzbar für Texte und Grafiken
   - urkundenechte Drucke erstellen
   - Briefhüllen und Transparentfolien bedrucken
   - farbig auf Normalpapier drucken.

   Begründen Sie Ihre Entscheidung!
3. Welche besonderen Vorteile zeichnen den Laserdrucker aus?
4. Zählen Sie mögliche Leistungsmerkmale für Kopiergeräte auf.
5. Mit welcher Technik arbeiten Farbkopiergeräte?
6. Woran kann ein gesetzlich geschütztes Dokument erkannt werden?

1.4 Postbearbeitung

Stofftelegramm

Basisprodukte bei Inlandsbriefen

Bezeichnung	Gewicht	Größe	Dicke	Formate
Standardbrief	bis 20 g	bis 23,5 x 12,5 cm	bis 0,5 cm	C6, B6, DL
Kompaktbrief	bis 50 g	bis 23,5 x 12,5 cm	bis 1 cm	C6, B6, DL
Großbrief	bis 500 g	bis 35,3 x 25,0 cm	bis 2 cm	C5, B5, C4, B4
Maxibrief	bis 1000 g	bis 35,3 x 25,0 cm	bis 5 cm	C5, B5, C4, B4

Sendungsarten der Deutsche Post AG

Brief **Plusbrief**	Standard-, Kompakt-, Groß- und Maxibrief Briefumschlag plus Marke, erspart Aufkleben der Briefmarken, höhere Aufmerksamkeit als freigestempelte Briefe
Postkarte	Begrenzte Mitteilungen. Im geschäftlichen Briefverkehr von geringer Bedeutung
InfoCard	Anschreiben und Antwortkarte in einem. Anschrift steht auf einem abziehbaren Label, Adresse für Antwort befindet sich unter dem Label.
Infopost	Bestimmte Anzahl inhaltsgleicher Sendungen zu ermäßigtem Entgelt. Die Mindestmenge richtet sich nach den geordneten Postleitzahlen (50 bis 4000 Stück)
Infobrief	Kleinere Mengen inhaltsgleicher Sendungen mit unterschiedlichen Postleitzahlen, Mindestmenge 50 Stück, billiger als Brief
Postwurfsendung **Postwurf Spezial**	Inhaltsgleiche Sendungen ohne Anschrift - an Haushalte mit Tagespost - an alle Haushalte - an alle Briefabholer (Postfach) Teiladressierte Prospekte und Werbemittel, die durch die Deutsche Post AG zielgenau an einzelne Häuser verteilt werden, die sie vorher ausgewählt haben.
Büchersendung	Versand von Büchern, Broschüren, Notenblättern und Landkarten zu ermäßigtem Entgelt. Nicht zugelassen sind briefliche Mitteilungen.
Blindensendung	Gebührenfreie Beförderung von Informationen für Blinde: Schriftstücke in Blindenschrift, Tonaufzeichnungen für Blinde und Papiere zur Aufnahme von Blindenschrift
Warensendung	Offene Sendungen zum preiswerten Versand kleiner Gegenstände (Proben, Muster) mit Rechnung; Briefe unzulässig
Päckchen **Pluspäckchen**	Versand von Gegenständen bis 2 kg → Einheitsgebühr; Beförderung mit Paketpost, briefliche Mitteilungen sind erlaubt Päckchen plus Porto mit Motiv-Wertmarke, (PackSet): Höchstgewicht 20 kg
Pakete	Höchstgewicht 20 kg, Haftung bis 500 €, Transportversicherung (Güterschaden) von 2.500 und 25.000 €

Zusatzleistungen

Die Deutsche Post AG bietet mit "Zusatzleistungen" eine besondere Behandlung der Sendungen an. Die Kosten dafür werden zuzüglich zum Beförderungsentgelt erhoben.

Für sichere Beförderung	
Einschreiben	Vom Empfänger dokumentierte Übergabe der Sendung
Einschreiben Einwurf	Vom Postzusteller notierter Einwurf in Briefkasten oder Postfach des Empfängers
Eigenhändig	Die Sendung wird nur dem Empfänger persönlich oder einer von ihm bevollmächtigten Person ausgehändigt. Nur in Verbindung mit Einschreiben.
Rückschein	Die Auslieferung der Sendung wird dem Absender auf einem vorbereiteten Rückschein bestätigt. Nur in Verbindung mit Einschreiben.
Nachnahme	Übergabe von Sendungen nur gegen Barzahlung und Einzug von Geldbeträgen. Nur in Verbindung mit Einschreiben.
Express Briefe	Zustellung in Deutschland am nächsten Werktag. Keine Freimachung erforderlich. Zusätzlich kann eine Transportversicherung von 2.500 € und 25.000 € abgeschlossen werden.

Schnelle und sichere Beförderung

- Express-Briefe (siehe oben)
- ePost Classic (elektronischer Briefservice)

Preisgünstige Beförderung

- Infopost und Infobriefe (siehe Sendungsarten)
- Postwurfsendung (siehe Sendungsarten)

Für die Wirtschaftlichkeit ist auch die richtige Wahl der Sendungsart maßgebend: z. B. ist eine Sendung bis zu 1000 g als Maxibrief fast um die Hälfte billiger als ein Päckchen. Auch die Büchersendung ist wesentlich preisgünstiger als die Basisprodukte.

ePost Classic – elektronischer Briefservice der Post

Postkunden mit großem Versandvolumen können z. B. Konto- und Depotauszüge, Wertpapierabrechnungen, Mahnungen, Kundenanschreiben, Wahlbenachrichtigungen, Lohnsteuer- oder Zählerstandablese-Karten und vieles mehr produzieren lassen. Die Sendungen werden direkt aus der EDV des Kunden elektronisch an die Post geliefert. Der Auftrag wird per Datentransfer über das Netz der PrintCom-Produktionszentren (sechs Druckzentren deutschlandweit) verteilt. Dort werden die Briefe gedruckt, gefalzt, kuvertiert, frankiert und anschließend durch die Post zugestellt. Für den Absender entfallen alle diese Arbeiten des Postausgangs. Einsparung von Personalkosten, Druck- und Kuvertiermaschinen, ebenso erhebliche Zeiteinsparung.

Private Anbieter für Sendungen (Kurierdienste)

- Deutscher Paketdienst (DPD)
- General Logistics (GLS)
- Hermes
- United Parcel Service (UPS)
- TNT Logistics
- German Parcel
- DHL Express Vertrieb
- FedEx Federal Express
- GO! General Overnight

Arbeitsablauf beim Posteingang

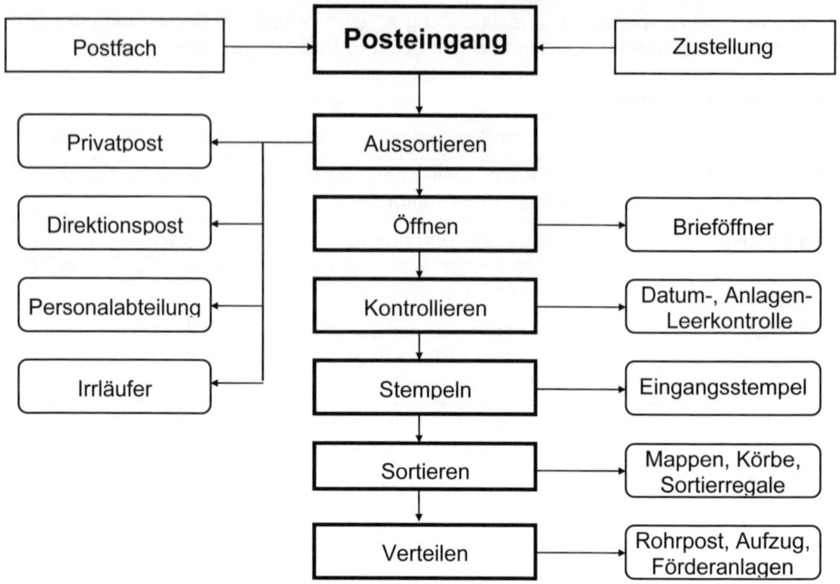

Arbeitsablauf beim Postausgang

Kontrollieren	Anschrift, Unterschrift, Anlagen
Trennen	Durchschläge an die Abteilungen zurück
Zusammentragen	verschiedene Exemplare an einen Empfänger
Falzen	je nach Größe entsprechende Falzart wählen
Kuvertieren	in Fensterkuverts, ansonsten zusätzlich adressieren
Schließen	selbstklebende Briefhüllen
Wiegen und Frankieren	verschiedene Abrechnungsarten bei Frankiermaschinen

Poststraße

Für die meisten Tätigkeiten beim Postausgang gibt es leistungsfähige Maschinen, die zusammengesetzt die Poststraße ergeben. Dazu gehören die Zusammentragmaschine, Brieffalzmaschine, Kuvertiermaschine, Briefschließmaschine und Frankiermaschine. Schon bei einem täglichen Postvolumen von 150 Postsendungen lohnt sich der Einsatz einer Poststraße.

Übungsaufgaben

1. Füllen Sie die nachstehende Tabelle aus:

Basisprodukt	**Höchstgewicht**	**Größe**	**Dicke**
Standardbrief			
Kompaktbrief			
Großbrief			
Maxibrief			

2. Erläutern Sie den Unterschied zwischen einer Infopost und einer Postwurfsendung.

3. Wie unterscheidet sich das Einschreiben Einwurf mit dem Einschreiben?

4. Ein mehrseitiges Angebot soll als Standardbrief versandt werden. Wie viele Blätter A4 (80 g/m^2) darf die Briefsendung höchstens umfassen?

5. Sie sollen ein Paket mit einem Gewicht von 35 kg versenden. Welche Gewichtsbeschränkung gilt für Pakete der Deutsche Post AG und welche Beförderungsmöglichkeit gibt es in diesem Fall?

6. Was bedeutet die Zusatzleistung "Rückschein"?

7. Folgende Sendungen befinden sich im Postausgangskorb zum Versand. Welche geeignete Versandmöglichkeit wählen Sie:
   7.1 Dichtungsringe für eine Maschine, 15 g, mit Rechnung
   7.2 Goldmünze im Wert von 600,00 €

   7.3 Buch mit persönlichem Brief, Gewicht 400 g
   7.4 2000 Werbeschreiben an dieselbe Leitregion
   7.5 Patentunterlagen an das Patentamt

8. Wie unterscheiden sich Geschäftsbrief und Privatbrief? Nennen Sie jeweils ein Beispiel dafür.

9. Welche Kontrollen sind beim Öffnen der Eingangspost notwendig?

10. Eine vollautomatische Brieföffnermaschine öffnet 600 Kuverts/Min. Von Hand können 15 Kuverts/Min. geöffnet werden. Wie lange braucht man für 600 Kuverts?

11. Welche Möglichkeiten der Postverteilung gibt es in Großbetrieben?

12. Welche Falzarten eignen sich für Fensterbriefhüllen DL?

13. Nennen Sie Maschinen, die beim Postausgang als Poststraße zusammengefügt werden (Reihenfolge beachten).

14. Sie verwenden für die Freimachung der Post eine Frankiermaschine. Aus welchen Teilen besteht der Stempelabdruck?

Kapitel 2: Informationsbeschaffung, Informationserstellung und -verwaltung

2.1 Möglichkeiten der Informationsbeschaffung

Stofftelegramm

Informationsbeschaffung

- mündlich
- schriftlich
- verfilmt
- digital

Mündliche Information

- durch persönliche Kontakte
- durch telefonische Kontakte

Vorteile
- Zeit sparend, wenn nur eine Stelle informiert werden muss
- Unklarheiten können sofort erledigt werden
- Umfassenderes Bild durch Zusatzfragen
- Neue Gedankengänge können sich durch zusätzliche Gesprächspunkte eröffnen

Nachteile
- Leichter manipulierbar, da ein Nachweis fehlt
- Gefahr, vom Thema abzuschweifen
- Kann leicht in Vergessenheit geraten durch fehlende Arbeitsunterlage
- Ungeeignet zur Weitergabe von Zahlenmaterial und technischen Daten

Schriftliche Information

- durch Informationsstellen
- durch Nachschlagewerke

Vorteile
- Bleibende Unterlage, auf die jederzeit zurückgegriffen werden kann
- Besitzt Beweiskraft
- Ein größerer Kreis kann schneller informiert werden.
- Geringere Übermittlungsfehler
- Schwerer manipulierbar
- Durch Einsatz der Technik schnellste Information über den ganzen Erdball

Nachteile
- Bleibt leicht liegen
- Rückfragen sind Zeit raubend
- Unklarheiten im Ausdruck → Missverständnisse
- Zeit- und arbeitsaufwändig

Verfilmte Information

- durch Mikrofilm
- durch Videoaufnahmen

Vorteile:
- große Informationsmengen auf kleinem Raum
- sicher vor Zugriff Unbefugter (nicht direkt lesbar)

Nachteile:
- hohe Gerätekosten
- nachträgliche Bearbeitung (Aktualisierung) nicht möglich

Digitale Information

- auf Disketten
- auf CD-ROM
- über Datenbanken (Internet, T-Online)

Vorteile:
- sehr schnelle Information
- neuester Stand durch ständige Aktualisierung

Nachteil:
- nur mit leistungsfähigen Computern schnelle Information

Informationsquellen

Informationsstellen

- Unternehmensmitglieder, Führungskräfte
- Wirtschaftsforschungsinstitute
- Informationsdienst der Banken
- Industrie- und Handelskammern, Handwerkskammern, Berufsverbände
- Reisebüros, Fluggesellschaften
- Verkehrsämter, Stadtverwaltungen
- Automobilclubs
- Bibliotheken
- Internet, Online-Dienste, Datenbanken

Nachschlagewerke

- Fachbücher, Fachzeitschriften
- Geschäftsberichte
- Aktennotizen, Protokolle
- Dokumentationen, Statistiken
- Umfragen, Erhebungen
- Telefon- und Adressbücher
- BGB, HGB, Rechtstexte
- Atlas, Straßenkarten
- Kursbuch der Dt. Bahn AG (CD-Rom)
- Duden, Lexika

Informationsverarbeitung

- Eine Information muss **objektiv** sein, also den Sachverhalt mit Daten und Zahlen wiedergeben.
- Sie muss **vollständig** sein, um besser verstehen zu können und um Zeit raubende Rückfragen zu vermeiden.
- Sie muss **korrekt aufbereitet** sein, um sie ohne größeren Zeit- und Energieaufwand erfassen zu können.
- Sie muss **rechtzeitig** erfolgen, um Handlungen und Entscheidungen nicht unnötig zu verzögern.

Der Unternehmenserfolg ist von einem effektiven Informationsmanagement abhängig. Das heißt: feststellen des tatsächlichen Informationsbedarfs, selektieren der Informationen, klären und organisieren der betrieblichen Informationswege, Informationen beschaffen, bewerten und auswerten.

2.2 Ordnungssysteme

Stofftelegramm

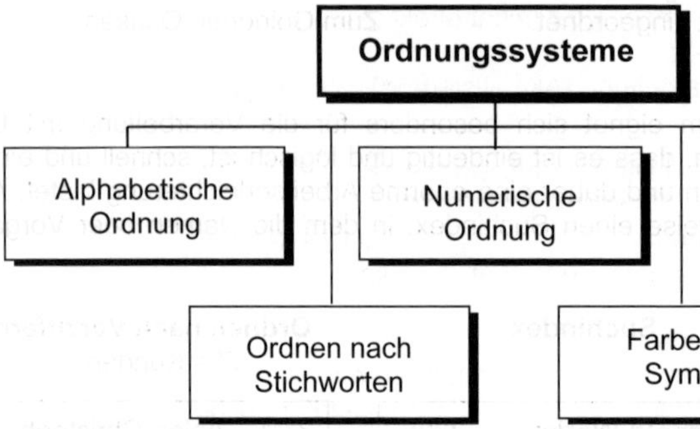

Alphabetische Ordnung
In der DIN 5007 sind vom Normenausschuss Bürowesen (Nbü) im DIN Deutsches Institut für Normung e. V. die Deutschen Einheits-ABC-Regeln als Grundlage für eine einheitliche Ordnung festgelegt worden.

Ordnen von Namen natürlicher Personen	Beispiele		
Für die Einordnung werden die Namen nach ihren Anfangsbuchstaben und der Reihenfolge der weiteren Buchstaben nach dem ABC geordnet.	B**a**der Ba**u**der D**r**iemel	D**u**nker Klu**g**e Klu**p**fer	
Die Umlaute ä, ö, ü werden wie ae, oe, ue behandelt und hinter ad, od, ud eingeordnet.	F**a**erber F**ä**rber	B**ä**r **K**laus Baer **M**arkus	
ch, ck, sch, sp, st werden wie zwei bzw. drei einzelne Buchstaben angesehen. ß wird wie ss behandelt, Reihenfolge: ss, ß.	Fle**ch**ner Fle**ck**el **Sch**liesser	**Sp**echt Hassler Haßler	
Ausnahme: In Registraturen können Sch und St am Wortanfang eine selbstständige Ordnungsgruppe bilden.	**S**auter **S**inz **S**org	**Sch**äfer **Sch**öpf **Sch**uler	**St**raub **St**röhle **St**ühler
Beim Ordnen von Personennamen ist der Familienname erstes Ordnungswort, anschließend dann die Vornamen als weitere Ordnungswörter. Abgekürzte Vornamen gelten als eigenständige Wörter. Gebr., Geschw. werden wie Vornamen behandelt.	Keller Keller, **E**. Keller, **Eva** Keller, **G**ebr. Keller, **Gi**sela	Keller, **K**urt-Heinz Keller, **R**. Keller, **Ro**lf Kolb, **G**ertrud Kolb, **Ges**chw.	
Vorsatzwörter wie von, van, zum, de, du werden nicht berücksichtigt. Ebenso bleiben akademisch Grade und Adelstitel unberücksichtigt. Zusammengesetzte Familiennamen folgenden einfachen Familiennamen.	Bois, Marcel **du** Dahlborn, Markus, **von** Dahlborn, Martin, **Dr.** Dahlborn-**Grube**, Silke		

Ordnen von Namen juristischer Personen und Institutionen

Juristische Personen und Institutionen werden im Allgemeinen unter ihrem vollständigen Namen eingeordnet. Feststehende Abkürzungen werden wie ein Wort behandelt. Verhältniswörter, Bindewörter und Artikel bleiben unberücksichtigt. Am Anfang stehende Verhältniswörter dagegen werden mit eingeordnet.

ADAC
Maschinenfabrik Wagner
Ma**x**-Planck-Institut
Verein zur **B**ekämpfung der ...
Verein für das Wohl des Kindes
Zum Goldenen Ochsen

Numerische Ordnung

Das numerische Ordnungssystem eignet sich besonders für die Verarbeitung mit EDV-Anlagen. Die Vorteile liegen darin, dass es ist eindeutig und logisch ist, schnell und einfach sortiert und geordnet werden kann und daher eine enorme Arbeitserleichterung bietet. Allerdings erfordert diese Ordnungsweise einen Suchindex, in dem die Namen oder Vorgänge alphabetisch geordnet sind.

Ordnen nach fortlaufenden Nummern

2201	Becker, Kurt
2202	Driemel, Tim
2203	Morgen Nicole
2204	Ziegler, Jörg, AG
2205	Gantner-Mode
2206	**Arnold-Werke**
2207	Bühler, Ingrid

Suchindex

Arnold-Werke	**2206**
Becker, Kurt	2201
Bühler, Ingrid	2207
Driemel, Tim	2202
Gantner-Mode	2205
Morgen, Nicole	2203
Ziegler, Jörg, AG	2204

Ordnen nach Vorziffern
37 = Kunden

37.1	Abler, Christoph
37.2	Brinke, Elfriede
37.3	Frey, Stefan
37.4	Klose, Sebastian
37.5	Krause, Nadine
...	
37.43	Schramm, Jochen

Dekadische Ordnung (Zehnernummerierung)

Bei der dekadischen Ordnung wird in Hauptgruppen, Gruppen und Untergruppen mit je 10 Unterteilungen (0 - 9) geordnet. In der ersten Ziffer der Gruppen und Untergruppen ist die Hauptgruppe erkennbar. Daher nennt man diese Ordnungsnummern auch "sprechende Nummern". Die dekadische Ordnung wird vor allem für die Erstellung von Aktenplänen genutzt sowie in der Buchführung im Kontenrahmen bzw. Kontenpläne.

Alphanumerische Ordnung

Die alphanumerische Ordnung stellt eine Kombination zwischen alphabetischer und numerischer Ordnung dar. In der Regel übernimmt das alphabetische Ordnungsmerkmal die Grundordnung und verhindert damit eine zu hohe Nummernbildung, um übersichtlicher zu sein.

Chronologische Ordnung (zeitlich)

Die chronologische Ordnung erfasst Sachverhalte in ihrer zeitlichen Reihenfolge, z. B. nach Jahren, Monaten, Tagen. Sie wird fast immer mit einem anderen Ordnungssystem kombiniert. Reihenfolge bei kaufmännischer Ablage: Das zuletzt erhaltene Schriftstück liegt oben; bei der Behördenablage liegt das zuletzt erhaltene Schriftstück unten.

Farben und Symbole

Farben sind zusätzliche Ordnungsmittel, um eine bestehende Ordnung zu ergänzen. Verschiedenfarbige Durchschläge erleichtern das Vorsortieren von Schriftstücken. Symbole tragen zur besseren Übersicht bei, z. B. auf dem Ordnerrücken oder an Planungstafeln.

Ordnen nach Stichworten

In kleineren Ablagen werden Einzelakten unter einem Stichwort gesammelt, z. B. Prospekte.

Übungsaufgaben

1. Auf welcher Grundlage basiert die alphabetische Ordnung?
2. Unterscheiden Sie die beiden Formen bei der alphabetischen Ordnung.
3. Ordnen Sie folgende Namen alphabetisch nach DIN 5007:
   Egon Maier, Gebr. Maier, Fritz Maler, Karl Mager, Alfred Mair, Maier & Co., Meier Peter, Martin Meiering, Otto Meyer, Markus Mahler.
4. Nachfolgende Namen sind alphabetisch zu ordnen:
   Rößler Gebr.; Roessle; Roßmann Peter; Rose Karin; Roeßler Annegret; Rößler Ilse; Rößler A.; Römer Fritz.
5. Welcher Nachteil besteht bei der numerischen Ordnung?
6. Nach welchem Prinzip arbeitet die dekadische Ordnung?
7. Was versteht man unter chronologischer Ordnung?
8. Unterscheiden Sie zwischen kaufmännischer Heftung und Behördenheftung.

2.3 Archivierung

Erfordernis der Archivierung - Aufbewahrungsfristen - Archivierungssysteme

Stofftelegramm

Gründe für die Schriftgutaufbewahrung

Gesetzliche Gründe	Betriebliche Gründe
- Nach HGB § 238, 257, 261 und Steuerrecht AO § 147 (Abgabenordnung) - Handelsbriefe, Auftragsunterlagen = 6 Jahre - Inventare, Handelsbücher, Bilanzen, Rechnungen = 10 Jahre	- als Beweismittel - als Arbeitsunterlage - als Vorlage bei gleich gelagerten Fällen - zur Auskunft - zur Kontrolle

Aufbewahrungsfristen

Wertstufe	Schriftgutart	Aufbewahrungsfrist
Tageswert	Werbesendungen, unverlangte Angebote, Notizen, Zeitungen, einmalige Infos	keine, nach Kenntnisnahme vernichten
Prüfwert	Mahnungen, interessante Angebote, Bewerbungen, Preislisten	unterschiedlich, je nach Aktualität der Unterlagen

Gesetzeswert	Unterlagen zum lückenlosen Nachweis eines Handelsgeschäftes und steuerrechtlich bedeutende Unterlagen: Bestellungen, Rechnungen, Kassenbelege, Buchungsbelege	6 Jahre Handelsbriefe, Frachtbriefe, Lieferscheine 10 Jahre Handelsbücher, Inventare, Rechnungen, Quittungen, Bilanzen
Dauerwert	Firmengründungsunterlagen, Grundstücksunterlagen, Patentschriften, Verträge	langfristig oder dauernd, je nach Bedeutung für das Unternehmen

Archivierungssysteme

Registraturformen

- Liegend in Aktendeckel, Mappen, Heftern
- Stehend in Ordnern, Stehsammler (Einstellmappen)
- Hängend in Mappen, Heftern, Sammler, Ordner; Hängeregistratur vertikal, Pendelregistratur lateral

Mikroverfilmung

- Rollfilm für eine große Zahl sachlich zusammenhängender Unterlagen, Ersatz- u. Sicherheitsfilm
- Jacket: zerschnittener Rollfilm in Folientasche, z. B. erweiterbare Kunden- oder Personalkartei
- Mikrofiches = Planfilme, die an vielen Arbeitsplätzen gleichzeitig benötigt werden (Ersatzteillisten)
- Filmlochkarte: Verbindung von Bildern und Zahlen

elektronische Archivierung

- auf Diskette, Festplatte
- auf CD-ROM, nicht lösch- und beschreibb.
- CD-R / CD WORM (Write Once Read Many), einmal beschreibbar, nicht löschbar
- CD-RW (rewriteble) lösch- und beschreibbar
- DVD zur einmaligen optischen Speicherung für große Datenmengen

Dokumenten-Management-System (DMS)

Definition: Ein DMS ist ein Managementsystem zur Organisation und Verwaltung von Dokumenten. Es setzt sich aus drei Begriffen zusammen: Das **Dokument** ist das Objekt eines DMS, der Informationsträger, der systematisch gemanagt werden soll. Das (Dokumenten-) **Management** ist der organisatorische, strukturelle Teil des DMS, der die Abläufe und Strukturen zur Handhabung der Dokumente sowie die Aufgabenbereiche realisiert. Das **System** ist die Summe aller Systemkomponenten, aller Bausteine, aus denen sich ein DMS aufbaut und Dokumente effizient und effektiv managt.

Anwendung: Eingangspost, Faxe, E-Mails, Dokumente aus allen Abteilungen eines Unternehmens, Fotos, Bücher, Zeitschriften. Kurz: Alle Papierdokumente von der Visitenkarte bis zur DIN A0-Zeichnung.

Ablauf:

zu archivierende Dokumente	Erfassen der Dokumente	Indexieren der Dokumente	Archivieren der Dokumente	Recherchieren der Dokumente

Vorteile:

- große Zeitersparnis durch schnelles und sicheres Wiederfinden der Dokumente
- Platzersparnis durch effiziente Komprimierung auf Festplatte oder CD-ROM
- Sofortiger Zugriff auf alle archivierten Dokumente
- Strukturierung von Wissen durch Anlegen einer individuellen Wissensdatenbank
- Keine Papierberge mehr
- Schnellerer Informationsfluss durch digitale Weiterleitung des Posteingangs
- Dokumente können direkt mit E-Mail weitergeleitet werden
- Zugriffsberechtigung auf bestimmte Dokumente kann festgelegt werden

Datenschutz und Datensicherheit

Das Bundesdatenschutzgesetz (BDSG) besagt, dass personenbezogene Daten vor Missbrauch bei ihrer Speicherung, Übermittlung, Veränderung und Löschung zu schützen sind. Für die Einhaltung der Regelungen stehen Aufsichtsbehörden, Datenschutzbeauftragte, sowie Landes- und Bundesschutzbeauftragte zur Verfügung.

Für die Datensicherheit gibt es Maßnahmen in technischer (Hardware), programmtechnischer (Software) und organisatorischer (Datenorganisation) Hinsicht.

Übungsaufgaben

1. Begründen Sie die Archivierung von Schriftgut in einem Unternehmen.
2. Unterscheiden Sie die Aufbewahrungsfrist bei Schriftgut nach Tages-, Prüf-, Gesetzes- und Dauerwert.
3. Wann kann eine Rechnung, die am 30. Mai 2008 bezahlt wurde, vernichtet werden?
4. Nennen Sie die Vorteile der Mikroverfilmung.
5. Erläutern Sie kurz die Mikrofilmformen und deren Einsatz.
6. Beschreiben Sie den Arbeitsablauf beim Dokumenten-Management-System.
7. Wodurch können Datenverluste entstehen?
8. Welche Stellen überwachen den Datenschutz?

2.4 Formulargestaltung

Stofftelegramm

Gestaltungsgrundsätze

⇒ Papierformat nach DIN-Vorschriften auswählen

⇒ Postalische Bestimmungen einhalten (z. B. 9-zeiliges Anschriftfeld)

⇒ Randabstände beachten (Lochrand berücksichtigen)

⇒ Einheitlicher Zeilenbeginn → Verwendung der vorgegebenen Tabulatoren

⇒ Genügend große Schreibfelder, da variable Eintragungen erfolgen

⇒ Allgemein verständliche Formulierung des Leittextes

⇒ Klare Vordruckbezeichnung in gut erkennbarer Schrift

⇒ Vermeiden von häufigem Schriftartenwechsel

⇒ Sparsamer Umgang und Wechsel mit Hervorhebungen

⇒ Auswahlantworten mit Kästchen versehen, nicht: "Zutreffendes unterstreichen"

⇒ Ablaufgerechte Reihenfolge der Datenfelder, um den Schreibfluss nicht zu hemmen

⇒ Evtl. Loch- bzw. Faltmarkierungen anbringen

⇒ Evtl. Vordruckentwurfsblätter nach DIN 4998 verwenden

Vordruckgestaltung am PC

Mit PCs können die im Unternehmen üblichen Vordrucke wie Geschäftsbriefvordrucke, Angebote, Rechnungsformulare und Gesprächsnotizen problemlos erstellt werden. Maßgebend dafür sind leistungsfähige Programme, die über anwenderfreundliche graphische Funktionen verfügen. Mit dieser Form der Vordruckerstellung werden Zeit und Kosten eingespart, da die Vordrucke jederzeit abrufbar zur Verfügung stehen und leicht ergänzt, geändert bzw. aktualisiert werden können.

Kapitel 3: Kommunikationsnetze und -medien

3.1 Kommunikationsmedien

Stofftelegramm

Telefon

Leistungsmerkmale moderner Telefonapparate	
Wahlwiederholung	Die zuletzt gewählte Rufnummer wird gespeichert und kann bei Bedarf durch Tastendruck automatisch wiederholt werden.
Kurzwahl	Häufig benötigte Rufnummern werden auf zwei Tasten gespeichert. Zum Wählen werden nur diese beiden Tasten gedrückt.
Namenstaste (Zielwahltaste)	Rufnummern werden auf sog. Zielwahltasten gespeichert. Mit kurzem Druck auf diese Taste wird der Wahlvorgang ausgelöst.
Display	Die gewählte oder gespeicherte Rufnummer wird in einem Anzeigefeld dargestellt und kann kontrolliert werden.
Lautsprecher	Durch einen eingebauten Lautsprecher können andere im Raum anwesende Personen das Gespräch mithören.
Freisprechen	Durch das eingebaute Mikrofon und einen Lautsprecher kann ohne Abnehmen des Hörers telefoniert werden.
Wahl bei aufliegendem Hörer	Während des Wählens braucht der Hörer nicht abgenommen zu werden.
Direktruf	Eine gewünschte Nummer (z. B. Notruf) wird einprogrammiert. Durch Druck auf eine beliebige Zifferntaste wird diese automatisch gewählt.
Notizbuchfunktion	Während eines Gespräches können Rufnummern über die Zifferntasten gespeichert und später durch Kurzwahl angewählt werden.
Stummschaltung	Mit dieser Taste kann das Mikrofon ausgeschaltet werden, so dass der Gesprächspartner nicht mithören kann, was während des Gesprächs mit anderen Personen gesprochen wird.
Optische Anrufanzeige	Ein eingebaute kleine Leuchte signalisiert den Anruf, so dass der Tonruf leise eingestellt werden kann.
Wahlsperre	Anrufe können entgegengenommen werden, abgehende Gespräche sind nicht möglich.
Tonruf/Melodieruf	Als Alternative zur Klingel ertönt ein melodischer Dreiklang.
Gebührenanzeige	Die Einheiten und die entsprechenden Gebühren werden im Display angezeigt.

Telefongebühren

Die Gebühren für ein Telefongespräch bei der Telekom hängen von folgenden Faktoren ab:

⇒ Wochentag und Tageszeit des Gesprächs (Tarifzeit)
⇒ Entfernung der Verbindung (Tarifzone)
⇒ Dauer des Gesprächs (Tarifeinheiten)

Dazu kommt die monatliche Grundgebühr für den Hauptanschluss und eventuelle Gebühren für Sonderleistungen, z. B. zusätzliche Klingel, 2. Sprechapparat.

Tarife der Telekom

Seit der Markt für alle Anbieter offen ist, gibt es eine Vielzahl von Telefongesellschaften mit unterschiedlichen Tarifen. Für den Laien ist dies ein fast undurchdringlicher Dschungel von Angeboten, zumal die Tarife sehr häufig geändert werden. Um die neuesten Tarife für den Telefondienst zu erhalten, bietet sich das Internet an. Auch in Zeitungen und Zeitschriften werden die Tarife der jeweiligen Anbieter regelmäßig veröffentlicht.

Die Deutsche Telekom bietet verschiedene Tarife an:

- T-ISDN Tarife
- T-Net Tarife
- Tarife zu T-D1
- Tarife für Geschäftskunden (z. B. Business Call 500 und 700)
- Wunschtarife, z. B. AktivPlus, Select Tarife

Service 0180

Unternehmen mit dieser Dienstleistung können bundesweit unter einer 0180 beginnenden Nummer angewählt werden. Man wird automatisch mit dem richtigen Ansprechpartner in der nächstgelegenen Geschäftsstelle verbunden. Die Gesprächskosten ergeben sich aus der ersten Ziffer nach der Vorwahl.

Service 0900

Unter dieser bundesweit einheitlichen Nummer bieten Unternehmen einen Tele-Info-Service an, wie z. B. Anzeigenmarkt, Börse, Faxabrufdienste, Gesundheit, Informationsdienste, Kino, Reise, Sport/Fußball, Wetter, Verbrauchertipps. Alle Informationen werden ständig aktualisiert. Die letzte Ziffer der 0900-Vorwahl weist auf den Inhalt des Dienstes hin: 09001 für Informationsdienste, 09003 für Unterhaltung, 09005 für sonstige Dienste.

Call-by-Call-Selection

Bei jedem Telefonat im sog. **Call-by-Call-Verfahren** kann der Kunde den jeweils besten Anbieter wählen. Jeder Anbieter verfügt über eine fünfstellige Netzvorwahl. Die Gespräche werden je nach Anbieter entweder mit der Telekom-Rechnung oder direkt durch das Unternehmen abgerechnet.

Beispiel einer Call-by-Call-Verbindung nach Stuttgart über Talkline:

010	**50**	**0711**	**987654**
Vorwahl Call-by-Call	Nummer von Talkline ID	Vorwahl von Stuttgart	Rufnummer des Teilnehmers

Pre-Selection

Mit Pre-Selection geht der Nutzer eine vertragliche Bindung mit einem Anbieter ein. Alle Fern- und Auslandsgespräche werden dann automatisch auf das Netz des Providers umgeschaltet. Da die Anbieter laufend unter Konkurrenzdruck ihre Tarife ändern, muss gut überlegt werden, mit welchem Provider ein Vertrag geschlossen wird.

Anbieter	**Netzvorwahl**	**Anbieter**	**Netzvorwahl**
Arcor	0 10 70	Talkline ID	0 10 50
callax	0 10 77	Telekom	0 10 33
o.tel.o	0 10 11	Telegate	0 10 80
Prompt	0 10 55	tesion	0 10 23

Mobilfunk

Funktelefon

dialogfähig

- D1-Netz T-Mobile
- D2-Netz Vodafone
- E1-Netz E-Plus
- E2-Netz O_2

Funkrufdienste

nicht dialogfähig

- e*Cityruf
- e*Skyper
- e*Bos

Mobilfunktelefone gibt es als Handy, als fest eingebautes Autotelefon und als tragbares Autotelefon.

e*Cityruf: Über diesen Funkrufdienst können einzelne Personen und Gruppen von bis zu 200 Empfängern zentral per Knopfdruck schnell und sicher erreicht werden. Die Einsatzbereiche sind sehr vielfältig, ob LKW-Koordination, Notfallalarmierung, Bereitschaftsdienst oder Kundenbenachrichtigung. Außer einer festen monatlichen Pauschale entstehen keine zusätzlichen Gebühren.

e*Skyper: Mit dem Skyper-Empfangsgerät können Nachrichten aus Wirtschaft, Politik, Sport, Wetter, sowie die aktuellen Börsenkurse per Knopfdruck abgerufen werden. Funktioniert wie eine mobile elektronische Zeitung, die fortlaufend auf den neuesten Stand gebracht wird. e*Skyper kann auch in Bereichen genutzt werden, in denen das Mobiltelefon verboten ist oder nicht funktioniert, wie zum Beispiel im Flugzeug, in Krankenhäusern oder in Rechenzentren.

e*Bos: Dieser Funkrufdienst ist ein Angebot der e*Message Wireless Information Services Deutschland GmbH und wird eingesetzt zur Alarmierung für Behörden und Organisationen mit Sicherheitsaufgaben (BOS) Sie erfolgt in einem von der Bundesnetzagentur zugewiesenen, nicht-öffentlichen Frequenzbereich ausschließlich für die BOS und erfüllt alle operativen Anforderungen von Feuerwehren, Rettungsdiensten und Hilfsorganisationen.

SMS – Short Message Service und MMS – Multimedia Messaging Service

Bei SMS können mit dem Mobiltelefon Texte in Sekundenschnelle von Handy zu Handy übertragen werden. Mit MMS können ebenfalls in Sekunden wesentlich größere Datenmengen mit multimedialem Inhalt verschickt werden, d. h. Bilder, Fotos von der integrierten Kamera, Sound und auch Videosequenzen.

Telefax

Mit einem Faxgerät können originalgetreue Nachbildungen einer Vorlage übermittelt werden. Dabei kann es sich um hand- oder maschinenschriftliche Vorlagen, sowie Zeichnungen oder Abbildungen handeln. Faxgeräte haben einen Sende- und Empfangsteil. Beim Senden wird die Vorlage fotoelektronisch Punkt für Punkt abgetastet. Die unterschiedlichen Helligkeitswerte (Rasterpunkte) werden in elektrische Signale umgewandelt und über das Telefonnetz übertragen. Im Empfangsgerät werden die elektrischen Signale durch eine Drucksteuerung mit hellen und dunklen Punkten auf ein Blatt übertragen.
Da Fernkopieren weltweit möglich ist, wurden dafür wichtige technische Daten vereinheitlicht. Fernkopierer werden nach der Übertragungsgeschwindigkeit und nach ihrer Auflösung in verschiedene international standardisierte Gruppen unterteilt:

Gerätegruppe 3:	analog	Übertragungszeit ca. 40 bis 60 Sekunden
Gerätegruppe 4:	digital	Übertragungszeit ca. 5 bis 10 Sekunden

Vorteile:

- direkte Übermittlung der Vorlage
- originalgetreue Nachbildung von Texten, Bildern, Zeichnungen
- automatisches Senden und Empfangen
- billiger als Briefpost (Übermittlung günstiger, Einsparung von Briefhüllen)
- die üblichen Tätigkeiten für Posteingang und -ausgang entfallen)
- einfache Bedienung der Faxgeräte
- weltweite Übermittlung
- preisgünstige Endgeräte
- durch eine Faxkarte ist der Betrieb über einen PC möglich
- tragbare Faxgeräte ermöglichen Faxen von unterwegs

T-Online

Die T-Online International AG ist mit über 12,5 Mio Kunden (Stand Juni 2003) Deutschlands größter Online-Dienst und Internet Service Provider. Individualisierte Tarifmodelle und ein umfassendes Serviceangebot ermöglichen es dem Kunden, das Internet bedarfsbezogen und in vollem Umfang zu nutzen.

Zugang zum Internet: Mit Modem, ISDN und dem mobilen Zugang nutzt T-Online alle relevanten Netze und Technologien. T-Online stellt den Internet-Zugang mit einer Höchstgeschwindigkeit zur Verfügung auf Basis der neuen breitbandigen Übertragungstechnik ADSL (T-ISDN dsl der Deutschen Telekom). Handelsübliche Endgeräte wie PC, Laptop, Handy und elektronische Organizer machen den Zugang unter Einbindung eines mehrstufigen Sicherheitssystems möglich.

Kommunikation im Internet: Die elektronische Post, **E-Mail,** ermöglicht es, Mitteilungen aller Art weltweit und rund um die Uhr zu versenden und zu empfangen. Weitere Kommunikationsangebote sind das Schreiben und Lesen von E-Mails über WAP-Handy und das Senden von SMS-Kurzmitteilungen in alle deutschen und die wichtigsten internationalen Mobilfunknetze.

OnlineBanking: Über T-Online lassen sich Bankgeschäfte einfach und sicher erledigen, z. B. Überweisungen oder Abfrage von Kontostand und Umsatzübersicht. Abfragen von Kontoständen ist inzwischen auch über Mobiltelefon möglich.

Internet

Internet, das weltweit größte nichtkommerzielle Computer-Netzwerk der Welt, wurde ursprünglich für militärische Zwecke geschaffen und später von Universitäten als weltweite elektronische Bibliothek genutzt. Heute nutzen Millionen Teilnehmer dieses Netz zum Bereitstellen und Abrufen von Informationen, zum Kommunikationsaustausch und zum Herunterladen (Downloaden) von Programmen, Grafiken, Filmen und Dateien.

Voraussetzungen für den Internetzugang

- leistungsfähiger PC
- Telefonanschluss
- Modem oder
- ISDN-Anschluss und ISDN-Karte
- Browser (Internet-Explorer, Netscape)
- Provider
- Internet-Software
- Zugangsberechtigung

Provider

Um Zugang zum Internet zu erhalten, benötigt man einen Netzanbieter = Provider.

World Wide Web

Das WWW, auch "weltweites Spinnennetz", genannt ist aufgrund seiner multimedialen Eigenschaften der meist genutzte Internetdienst.

HTTP

Hyper **T**ext **T**ransfer **P**rotocol ist ein Bestandteil des WWW, mit dem die Verbindung zwischen einem Anbieter (Server) und einem Nutzer (Client) hergestellt wird. Dabei handelt es sich um einen Standard zur Übermittlung von HTML-Seiten.

HTML

Hyper **T**ext **M**arkup **L**anguage ist eine international standardisierte Dokumentensprache, mit der die WWW-Dokumente erstellt werden. Die mit dieser Sprache erstellten Dokumente enden mit .html oder .htm.

FTP

Das **F**ile **T**ransfer **P**rotocol ermöglicht die Datenübertragung von einem Rechner im Internet auf den eigenen PC (downloaden).

E-Mail

Nachrichten können vom eigenen PC unabhängig von der Tageszeit sekundenschnell weltweit verschickt werden. Auch Grafiken, Fotos und ganze Dateien lassen sich per E-Mail versenden. Absender und Empfänger benötigen dazu eine E-Mail-Adresse.

Übungsaufgaben

1. Wovon sind die Gebühren eines Telefongesprächs abhängig?

2. Während eines Gesprächs erhalten Sie eine Telefonnummer mitgeteilt, die Sie anschließend anwählen möchten. Welche zusätzliche Einrichtung können Sie dazu verwenden?

3. Erklären Sie folgende Zeichen und Anordnungen aus dem Telefonbuch:

3.1	11 58-0	3.5	§ 11 59 17
3.2	5 43-8 67	3.6	0171 3 94 95 96
3.3	<34 45>	3.7	0169 2 31 23 45 67
3.4	+ 11 55 55	3.8	0177 1 17 32 45

4. Sie führen ein Telefongespräch mit einem wichtigen Kunden. Während des Gesprächs benötigen Sie von Ihrem Mitarbeiter eine dringende Auskunft, die Ihr Kunde nicht mithören soll. Wie gehen Sie vor?

5. Welche Möglichkeiten bestehen, eine häufig benötigte Telefonnummer leichter zu wählen?

6. In einem Großunternehmen sind die Telefongebühren enorm gestiegen. Die Geschäftsleitung bittet ihre Mitarbeiter um Vorschläge, wie die Telefonkosten gesenkt werden können. Welche Möglichkeiten kennen Sie, Kosten einzusparen?

   6.1 in technischer Hinsicht
   6.2 in persönlicher Hinsicht

7. Erklären Sie folgende Leistungsmerkmale moderner Telefonapparate:

7.1	Freisprechen	7.3	Kurzwahl	7.5	Wahlsperre
7.2	Stummschaltung	7.4	Direktruf	7.6	Notizbuchfunktion

8. Worin besteht der Unterschied zwischen Funktelefon und Funkrufdienst?

9. Ordnen Sie die jeweiligen Funkrufdienste den nachstehenden Texten zu:

   A Cityruf **B** T-Scall **C** e*notice **D** e*skyper

   9.1 ☐ Der Empfänger dieses Funkrufdienstes ist unterwegs immer über eingegangene E-Mails informiert. Bis zu 80 Zeichen der empfangenen E-Mails können auf dem Display des Pagers angezeigt werden.

   9.2 ☐ Im Funkrufempfangsgerät erscheinen im Display bis zu 15 Ziffern. Es fallen keine monatlichen Grundgebühren an.

   9.3 ☐ Mit diesem Funkrufdienst können außer Funkrufsignalen auch Ziffern und kurze Texte übermittelt werden.

   9.4 ☐ Der Inhaber dieses Funkrufdienstes wird ständig mit den neuesten Nachrichten aus aller Welt und den aktuellen Börsenkursen versorgt.

10. Telefaxgeräte sind heute aus dem Geschäftsleben nicht mehr wegzudenken. Erläutern Sie, weshalb dieser Telekommunikationsdienst so wichtig geworden ist.

11. Welcher Unterschied besteht in der Übermittlung von Nachrichten zwischen Telefax und E-Mail?

12. Nennen Sie Dienste, die über T-Online genutzt werden können.

13. Woran erkennt man eine Internet-Adresse und woran eine E-Mail-Adresse?

3.2 Kommunikationsnetze

Stofftelegramm

Kommunikationsnetze

Für die Informationsübertragung bzw. den Informationsaustausch mit verschiedenen Telekommunikationsdiensten stehen Kommunikationsnetze zur Verfügung. Diese ermöglichen eine Verständigung zwischen allen teilnehmenden Partnern. Je nach Entfernung zwischen den Teilnehmern werden die **Netzwerk-Typen** unterschieden:

LAN	- Local Area Network	innerhalb eines Raumes, Gebäudes, Firma
MAN	- Metropolitan Area Network	innerhalb einer Stadt
WAN	- Wide Area Network	innerhalb eins Landes oder Kontinents
GAN	- Global Area Network	weltweit

Netzarten

<u>analoges Netz</u>
- Telefonnetz

<u>digitale Netze</u>
- ISDN/Euro-ISDN = Diensteintegrierendes digitales Netz
- Mobilfunknetze D1, D2, E-plus (E1), O2 (E2)
- Satellitensysteme

Das **Telefonnetz** ist ein schmalbandiges analoges Vermittlungsnetz zur Sprachübertragung und durch Einsatz von Modems und Akustikkoppler auch für Datenübertragung (Telefax, T-Online) geeignet.

Das **ISDN-Netz** umfasst alle Kommunikationsdienste für Sprache, Text, Bild und Daten über eine Leitung. Bis zu 8 Endgeräte können mit einer einzigen Rufnummer an einem ISDN-Anschluss angeschlossen werden. Das ISDN hat eine zehnfache Übertragungsleistung gegenüber der Analog-Technik. Seit 1994 bietet die Deutsche Telekom den zukunftsweisenden **Euro-ISDN**-Anschluss an. Wesentlich ist hier der europäische und inzwischen auch der außereuropäische einheitliche Standard. In beiden ISDN-Netzen können zusätzliche Leistungen genutzt werden wie gleichzeitige, unabhängige Nutzung von zwei Geräten, Anrufweiterschaltung, Dreierkonferenz, Anklopfen, Gespräch halten bei einer weiteren Verbindung, Rufnummernübermittlung, Tarifanzeige usw.

Die **Mobilfunknetze D1** (T-Mobil, Netzvorwahl 0160, 0170, 0171, 0175) und **D2** (Vodafone, Netzvorwahl 0162, 0172, 0173, 0174) nutzen europaweit denselben Frequenzbereich. Sprache, Text und Daten können durch die Digitaltechnik übertragen werden. Das **E-plus-Netz** (E1-Netz = E-Plus Mobilfunk, Netzvorwahl 0163, 0177, 0178) ist ausschließlich für kleine Handgeräte (Handys) ausgerichtet. Das **O2-Netz** (E2-Netz = vormals Viag Interkom, Netzvorwahl 0176, 0179) konkurriert mit den bereits bestehenden Mobilfunknetzen durch niedrige Preise.

Zur weltweiten Informationsübertragung (Rundfunk- und Fernsehprogramme, Sprache, Text, Bild und Daten) werden **Nachrichtensatelliten** eingesetzt. Die Deutsche Telekom AG versorgt mit den Satelliten Kopernikus 1 und Kopernikus 2 die Bundesrepublik Deutschland mit den Bereichen: Telefon- und Datenverkehr, Verteilung und Übertragung von Rundfunkprogrammen sowie flächendeckende Übermittlung der modernen Kommunikationsdienste, wie z. B. Videokonferenz. Weitere geostationäre Satelliten sind Eutelsat und INTELSAT. **INMARSAT** (**In**ternational **Mar**itime **Sat**ellite Organization) ist ein weltweites Satelliten-Mobilfunksystem. Vier Satelliten in einer Höhe von 36.000 Kilometer über dem Äquator decken nicht nur die Landflächen, sondern auch alle Ozeane ab.

Prüfungsaufgaben

Prüfung Winter 2005/2006

Situation

Sie haben erfolgreich Ihre Ausbildung zum Bürokaufmann bzw. zur Bürokauffrau absolviert. Nun bewerben Sie sich bei einem großen Marketing-Unternehmen und werden zum Vorstellungsgespräch eingeladen. Vor dem Gespräch findet ein Eignungstest mit folgenden Fragen statt:

Aufgabe 1

1 Die Firma verschickt viele Werbesendungen.

1.1 Nennen Sie drei unterschiedliche Versendungsmöglichkeiten der Deutschen Post AG für Werbesendungen.

1.2 Zeigen Sie jeweils zwei Merkmale für diese Versendungsmöglichkeiten auf.

1.3 Was versteht man unter dem Begriff „STAMPIT"?

1.4 Welche Arbeitsschritte werden mit einer Poststraße automatisiert?

1.5 Machen Sie drei Vorschläge, wie Portokosten in einem Unternehmen eingespart werden können.

Aufgabe 2

2 Größere Firmen benutzen für die Erledigung der Korrespondenz ein Diktiergerät.

2.1 Welche Vorteile bietet der Einsatz von Diktiergeräten?

2.2 Warum gibt es „Regeln für das Fonodiktat"?

2.3 Erläutern Sie anhand von zwei Beispielen, was man unter „Konstanten" und „Anweisungen" versteht.

2.4 Schreiben Sie auf, wie folgender Satz nach den Regeln für das Fonodiktat diktiert wird:

Die Tagung findet am 30. Oktober 2005 im Hotel „Alter Schwan" in Karlsruhe statt.

Aufgabe 3

3 Das Unternehmen hat Agenturen in Bremen, München, Köln und Karlsruhe. Es wird in Erwägung gezogen, künftig Telefonkonferenzen mit allen Agenturen zu führen.

3.1 Zeigen Sie drei Vorteile einer Telefonkonferenz auf.

3.2 Nennen Sie fünf Kriterien, die bei der Planung und Durchführung einer Telefonkonferenz beachtet werden müssen.

3.3 Wer trägt die Kosten dieser Telefonkonferenz?

3.4 Erklären Sie den Unterschied zwischen einer Telefonkonferenz und einer Videokonferenz.

Prüfung Sommer 2006

Situation

Sie sind Mitarbeiter/in bei der Wintex GmbH.

Aufgabe 1

1 Ihr Chef, Herr Tränkle, beauftragt Sie einen Vordruck für ein Preisausschreiben mit folgenden Angaben zu erstellen.

- Konfession
- Straße und Hausnummer
- PLZ und Ort
- Geburtsdatum
- Familienstand
- Vorname Name
- Telefonnummer
- Einkommen

1.1 Welche Daten unterliegen grundsätzlich dem Bundesdatenschutzgesetz? Nennen Sie diese!

1.2 Der Bürger ist vor dem Missbrauch seiner personenbezogenen Daten geschützt. Erläutern Sie, welche Rechte der Bürger in diesem Zusammenhang hat.

1.3 Erklären Sie, wie Datenverluste entstehen können!

1.4 Die Wintex GmbH hat umfangreiche Kundenstammdaten. Sie ist verpflichtet, für die Sicherheit der gespeicherten Daten zu sorgen. Erklären Sie anhand von vier Beispielen, wie man Datenverluste vermeiden kann.

Aufgabe 2

2 Sie sollen verschiedene Briefe für den Postversand fertig machen.

2.1 Welche Briefhüllen (genaue Angaben) verwenden Sie?

- Geschäftsbrief nach DIN 676 im Zick-Zack-Falz
- 2 Eintrittskarten im Format A6 ohne Begleitschreiben
- ein Geschäftsbericht A4 (50 Seiten gebunden) mit Begleitschreiben
- 2-seitige Adressliste ohne Begleitschreiben

2.2 Der Prokurist, Herr Dr. Rolf Kraft, soll zum 50. Geburtstag eine Glückwunschkarte erhalten. Herr Dr. Kraft befindet sich zurzeit im Hotel HIRSCH in 76532 Baden-Baden, Bachstraße 86. Schreiben Sie die Adresse für die Briefhülle.

2.3 Der Rechtsanwalt Ihrer Firma, Herr Dieter Feldmann, soll unbedingt am nächsten Werktag vor 10:00 Uhr einen 3-seitigen Vertrag ohne Begleitschreiben erhalten. Die Kanzlei Feldmann & Partner befindet sich in der Marktstraße 87 in 77652 Offenburg und hat das Postfach 24 28. Gestalten Sie die Adresse mit dem entsprechenden Zusatz. Beachten Sie außerdem, dass Herr Feldmann den Brief mit dem Vertrag ungeöffnet erhalten soll.

2.4 Erläutern Sie zwei Punkte, die Sie beim Postversand des Vertrages an Herrn Feldmann (siehe 2.3) beachten müssen.

2.5 Im Zusammenhang mit dem Postversand fallen immer wieder die Begriffe „Tagespost" und „Massenpost". Was versteht man darunter?

Aufgabe 3

3 Sie sind in Ihrem Betrieb für die Homepage zuständig. Über einen Server sind Sie den ganzen Tag an das Internet angeschlossen. Sie brauchen nur auf einen Browser zu klicken und schon sind Sie „online". Die Firewall wurde vor sechs Monaten aktualisiert.

3.1 Sie wundern sich, dass Ihr Rechner langsamer ist als sonst, Dateien verschwunden sind und er oft „abstürzt“. Erläutern Sie anhand zweier Beispiele, woran das liegen kann. Wie lässt sich das Risiko vermindern?

3.2 Sie möchten für Ihren Betrieb DSL einrichten. Zeigen Sie einen Vorteil auf.

3.3 Sie verschicken in Ihrem Betrieb in der Zwischenzeit viele E-Mails. Beim Umgang und bei der Gestaltung müssen bestimmte Grundsätze beachtet werden. Nennen Sie sechs.

3.4 Im Zusammenhang mit E-Mails wird häufig von der digitalen Signatur gesprochen. Was versteht man darunter.

3.5 Was sind Spams? Wie kann man sie verhindern?

Prüfung Winter 2006/2007

Situation

Sie sind Mitarbeiter/in in der Maschinenfabrik Sunder GmbH in Heidelberg.

Aufgabe 1

1 Da neue PC-Drucker benötigt werden, verschaffen Sie Ihrer Chefin, Frau Sunder, einen Überblick über die verschiedenen Druckerarten.

1.1 Ordnen Sie in einer Tabelle den drei gängigen Druckerarten die folgenden Begriffe zu:

Tinte, Farbband, Toner/Bildtrommel; druckt mehrere Durchschläge in einem Arbeitsgang, nicht für alle Papiere geeignet (Versickern der Farbe), hoher Speicherbedarf; keine Grafik und Farbdrucke möglich, günstigster Farbdrucker, beste Druckqualität bei Grafiken und Zeichnungen.

1.2 Sie haben am PC ein Informationsblatt erstellt und benötigen davon 500 Stück. Sie überlegen, ob Sie diese Auflage drucken oder kopieren sollen. Nehmen Sie dazu Stellung.

1.3 Der einzige Kopierer der Sunder GmbH steht in einem Kopierraum im Erdgeschoss der Firma. Bezeichnen Sie den Standort und zeigen Sie vier Nachteile auf.

Aufgabe 2

2 In der Sunder GmbH werden sehr viele Vordrucke verwendet.

2.1 Man unterscheidet amtliche, genormte und frei gestaltete Vordrucke. Nennen Sie insgesamt sechs Beispiele zu den drei Vordruckarten.

2.2 Erklären Sie den Unterschied zwischen einem Formular, das handschriftlich ausgefüllt wird und einem Online-Formular.

2.3 Nennen und erläutern Sie jeweils ein Beispiel, wann Sie einen von Hand auszufüllenden Vordruck und einen Online-Vordruck verwenden.

2.4 Erläutern Sie vier Grundsätze bei der Gestaltung von Vordrucken.

Aufgabe 3

3 Die Sunder GmbH verfügt über einen ISDN-Anschluss.

3.1 Erläutern Sie vier mögliche Leistungsmerkmale, über die ein modernes Telefon verfügt.

3.2 Damit Gespräche nach Feierabend nicht verloren gehen, möchte Ihre Firma sie künftig aufzeichnen lassen. Beschreiben Sie die unterschiedlichen Möglichkeiten.

3.3 Welche vier Angaben sollte Ihr Meldetext enthalten?

3.4 Ihre neue Auszubildende fragt Sie nach der Bedeutung von „Ortsgesprächen per Call-by-Call". Erläutern Sie den Begriff und die Art der Abrechnung.

Prüfung Sommer 2007

Situation

Sie sind Mitarbeiter/in bei der Firma Kostner & Söhne GmbH in Stuttgart.

Aufgabe 1

1 Die Erstellung und Vervielfältigung werbewirksamer Falt- und Informationsblätter etc. nimmt zu, daher wird die Anschaffung eines neuen leistungsfähigen Kopierers in Erwägung gezogen.

1.1 Welche Faktoren sind entscheidend für die Auswahl eines geeigneten Gerätes? Nennen Sie vier Möglichkeiten.

1.2 Wie setzen sich die Kopierkosten zusammen? Nennen Sie drei Kostenarten.

1.3 Wodurch kann man Umweltbelastungen beim Kopieren vermeiden? Zeigen Sie vier Möglichkeiten auf.

1.4 Woran erkennen Sie umweltfreundliche Geräte?

Aufgabe 2

2 Die Geschäftsleitung möchte ein Dokumenten-Management-System (DMS) einführen.

2.1 Welche drei technischen Voraussetzungen sind dafür erforderlich?

2.2 Nennen Sie die beiden notwendigen Schritte, um Dokumente, die in Papierform vorliegen, in einem DMS verwalten zu können.

2.3 Erklären Sie zwei Möglichkeiten, um digitalisierte Dokumente zu suchen.

2.4 Welche drei Vorteile ergeben sich durch den Einsatz eines Dokumenten-Management-Systems?

Aufgabe 3

3 In Ihrer Firma werden viele Dokumente über Telefax verschickt.

3.1 Das Sendegerät erstellt eine Liste über alle empfangenen und gesendeten Telefaxe. Wie nennt man diese Liste und welche Angaben enthält sie (vier Punkte)?

3.2 Zeigen Sie drei Punkte auf, die beim Faxen zu beachten sind.

3.3 Welche vier Vorteile ergeben sich beim Einsatz von Telefaxgeräten?

3.4 Stellen Sie PC-Fax und herkömmliche Faxgeräte gegenüber und erläutern Sie drei Vorteile.

Prüfung Winter 2007/2008

Situation

Sie sind Mitarbeiter/in beim Autozulieferer Kuhn GmbH in Waiblingen. Für Urlaubsvertretungen stellt Ihre Firma Aushilfen im kaufmännischen Bereich ein.

Aufgabe 1

1 Ihre Urlaubsvertretung, Frau Maria Papazoudi, wird ab nächste Woche in der Poststelle eingesetzt.

1.1 Die Post muss jeden Morgen vom Postfach abgeholt werden. Listen Sie die Punkte auf, die beim Abholen der Post beachtet werden müssen.

1.2 Schreiben Sie die einzelnen Tätigkeiten auf, die anschließend im Posteingang zu erledigen sind. Jede Abteilung holt ihre Post selbst in der Poststelle ab.

1.3 Die Ausgangspost wird von den einzelnen Abteilungen in die Poststelle gebracht. Abends muss die Tagespost versandfertig gemacht werden. Welche einzelnen Arbeitsschritte sind durchzuführen?

1.4 Bei der Ausgangspost fallen auch Einschreiben und Postexpress-Sendungen an. Was ist hierbei zu beachten?

Aufgabe 2

2 Außerdem soll Frau Papazoudi im Vertrieb eingesetzt werden.

2.1 Bei der Schriftgutablage ist der Schriftverkehr der Kunden in alphabetischer Ordnung abzulegen. Erstellen Sie eine Liste in alphabetischer Reihenfolge nach DIN 5007.

Zierer, Udo von
Ziegler, Rainer
Zander & Co., Stuttgart
Zander GmbH, Schwieberdingen
Zimmerle, Jens, Dr.
Zandler & Partner, Rechtsanwälte
Zöllner, Renate
Zöllner-Siebert, Dagmar

2.2 Abends wird im Vertrieb eine Datensicherung durchgeführt. Was versteht man darunter und welche Hilfsmittel benötigen Sie dafür?

2.3 Im Vertrieb werden auch persönliche Daten von Kunden gespeichert. Was bedeutet in diesem Zusammenhang „Datenschutz"? Nennen Sie zwei Beispiele.

2.4 Sie haben im Vertrieb eine DVD „Kundenorientiertes Verkaufen". Beim Kopieren stoßen Sie auf den Begriff „urheberrechtlich geschützt". Was bedeutet das?

Aufgabe 3

3 Frau Papazoudi soll auch im Vertrieb Telefongespräche annehmen und führen.

3.1 Worauf kommt es beim Entgegennehmen und Führen von Telefongesprächen an (sechs Angaben)?

3.2 Sie muss häufig selbst anrufen. Erläutern Sie sechs Punkte für wirtschaftliches Telefonieren.

3.3 Frau Papazoudis Namen ist ungeläufig. Wie muss sie ihren Namen richtig buchstabieren?

3.4 Im Telefonbuch sehen Sie Nummern mit 0800 und 0180. Erläutern Sie Ihrer Aushilfe den Unterschied.

Prüfung Sommer 2008

Situation

Sie sind Mitarbeiter/in des Möbelhauses Vogler GmbH und für die Kundenbetreuung zuständig. Zurzeit betreuen Sie die Auszubildende, Frau Beck, der Sie heute wichtige Aufgaben im Sekretariat erläutern.

Aufgabe 1

1 Bei der Texterstellung gibt es verschiedene Möglichkeiten der Sprachaufzeichnung.

1.1 Schreiben Sie folgenden Text nach den Regeln für das Fonodiktat (DIN 5009) in der Diktatsprache.

> **Ihre persönliche Kundenkarte**
>
> Sehr geehrter Herr Schneider,
>
> mit dieser Karte gewähren wir Ihnen bei jedem Einkauf 3 % Rabatt. Als zusätzliches Dankeschön erhalten Sie auf Ihren ersten Einkauf mit der „Vogler Kundenkarte“ in der Zeit vom
>
> 13. August bis 25. August
>
> einen Direktbonus von 10 %.
>
> Wir wünschen Ihnen viel Vergnügen beim neuen Einkaufserlebnis mit Ihrer Kundenkarte.

1.2 Warum sind Regeln für das Fonodiktat notwendig?

1.3 Sie haben in einer Fachzeitung für Büromanagement einen sehr interessanten Artikel über Spracherkennungssysteme gelesen. Unter Spracherkennung kann sich Frau Beck nichts vorstellen. Erklären Sie ihr, was man darunter versteht.

1.4 Spracherkennungssysteme werden bereits in einigen Berufsgruppen erfolgreich angewandt. Nennen Sie zwei dieser Berufsgruppen.

Aufgabe 2

2 In der Vergangenheit wurden häufig Schriftstücke in Ihrem Unternehmen immer wieder unter verschiedenen Begriffen abgelegt und häufig nicht wiedergefunden. Deshalb wurde vor drei Jahren ein Aktenplan eingeführt.

2.1 Sie erläutern Frau Beck, was man unter einem Aktenplan versteht.

2.2 Was spricht für den Einsatz eines Aktenplans? Nennen Sie drei Vorteile.

2.3 Sie geben Frau Beck die aktuellen Kontoauszüge zur Ablage. Sie ist der Meinung, dass diese nach sechs Jahren vernichtet werden können. Nehmen Sie dazu Stellung und nennen Sie das genaue Ende der Aufbewahrungsfrist.

2.4 Welchen Grund gibt es außerdem noch, Schriftgut aufzubewahren? Zeigen Sie vier Beispiele auf.

Aufgabe 3

3 Ihr Abteilungsleiter, Herr Peters, benötigt für seine Geschäftsreisen ein Mobilfunktelefon. Sie sollen ihm bei der Auswahl des richtigen Anbieters behilflich sein und besorgen ihm die erforderlichen Informationen.

3.1 In den Ihnen vorliegenden Prospekten werden bereits Mobilfunktelefone für 1,00 EUR angeboten. Tatsächlich liegt der Wert jedoch bei 249,99 EUR. Wie erklären Sie sich das?

3.2 Bevor sich Herr Peters für ein Tarifmodell entscheidet, muss er einige grundsätzliche Überlegungen anstellen. Nennen Sie fünf Überlegungen.

3.3 Herr Peters hat sich für einen Vertrag mit einem Mindestumsatz entschieden. Was bedeutet das?

3.4 Mit einem Mobiltelefon kann man nicht nur telefonieren. Zählen Sie sechs weitere Funktionen auf.

Prüfung Winter 2008/2009

Situation

Sie sind Mitarbeiter/-in bei der Martin Kolb GmbH, die auf dem europäischen Markt expandieren möchte.

Aufgabe 1

1 Der Postversand hat in den letzten Monaten ernorm zugenommen. Das Aufkleben von Briefmarken soll deshalb reduziert werden.

1.1 Sie sind der Meinung, dass durch den Einsatz einer Frankiermaschine viel Arbeit beim Postausgang eingespart werden kann. Mit welchen vier Argumenten können Sie Ihren Chef zur Anschaffung einer solchen Maschine überzeugen?

1.2 Ihr Chef bittet Sie um weitere Vorschläge zur Frankierung von Briefen. Erläutern Sie ihm drei verschiedene Möglichkeiten.

1.3 Unterbreiten Sie zwei Vorschläge, wodurch Portokosten eingespart werden können.

Aufgabe 2

2 Ihr Chef muss häufig verreisen. Für die Telefonanrufe, die während seiner Abwesenheit eingehen, erstellen Sie einen Vordruck.

2.1 Welche drei Vorteile sprechen für den Einsatz einer Telefonnotiz?

2.2 Schreiben Sie in ablaufgerechter Reihenfolge sechs Angaben auf, die eine Telefonnotiz unbedingt enthalten muss.

2.3 Welche vier Vorteile ergeben sich bei der Nutzung von Online-Formularen?

Aufgabe 3

3 Sie bereiten sich auf einen Kundenanruf vor.

3.1 Welche sechs Vorbereitungen treffen Sie vor dem Telefonat?

3.2 Welche sechs Fehler sollten Sie grundsätzlich beim Telefonieren vermeiden?

3.3 Die Telefonanlage der Martin Kolb GmbH hat verschiedene Leistungsmerkmale. Erklären Sie die Funktionen Makeln, Anklopfen, Dreierkonferenz, Anrufweiterschaltung.

Prüfung Sommer 2009

Situation

Sie sind Bürokauffrau/-mann beim Büroartikelversand Schnell & Günstig und für die Bearbeitung der eingehenden Bestellungen von Büroartikeln zuständig. Zurzeit betreuen Sie eine Praktikantin, die heute verschiedene Aufgaben kennenlernen soll.

Aufgabe 1

1 In Ihrer Abteilung steht ein älterer Laserdrucker. Heute Morgen gab er endgültig seinen Geist auf. Er soll nun durch einen neuen, modernen Drucker ersetzt werden.

1.1 Sie holen zwei Angebote von namhaften Druckerherstellern ein. Welche Überlegungen und Vergleiche führen zu einer Kaufentscheidung? Erläutern Sie vier Punkte.

1.2 Ihre Chefin überlegt, ob als Alternative auch ein All-in-one-Drucker (Multifunktionsgerät) gekauft werden kann. Was kann dieses Gerät? Zeigen Sie je einen Vorteil und einen Nachteil auf.

1.3 Ihre Vorgesetzte, Frau Kienzle, legt großen Wert darauf, dass im Unternehmen „umweltbewusst" gearbeitet wird. Welche vier wichtigen Tipps können Sie der Praktikantin im Hinblick auf das Drucken geben?

Aufgabe 2

2 In Ihrer Abteilung werden die eingehenden Bestellungen noch im Original in der entsprechenden Kundenakte im Schreibtisch aufbewahrt.

2.1 Wie nennt man diese Registraturform? Erläutern Sie drei Vorteile.

2.2 Nach einer Werbeaktion erhalten Sie von drei neuen Kunden Bestellungen. Sie sollen dafür jeweils eine Kundenakte einrichten. Die Praktikantin soll die Kundenakten Böttinger, Bäse, Breyer, Breuer, Brüder, Baader im Kundenregister „B" einsortieren. Helfen Sie ihr.
Vorhandene Kunden: Bachmann, Baumann, Berger, Brinkmann, Brüggemann, Buchner.

2.3 Die letzte Bestellung ging gestern per Post ein. Wann beginnt und wann endet die gesetzliche Aufbewahrungsfrist für diese Bestellung? (Genaue Angaben erforderlich)

2.4 In Ihrer Firma gibt es auch eine Altablage (Zentralregistratur). Warum braucht man sie? Geben Sie zwei Argumente an.

Aufgabe 3

3 Vor Kurzem hat Ihre Firma eine Internetseite eingerichtet, auf der die Kunden ihre Bestellungen online in ein Bestellformular eingeben können.

3.1 Welche Vorteile hat diese Vorgehensweise gegenüber der bisherigen Bestellweise per Post? Erläutern Sie Argumente.

3.2 Heute ging die Bestellung eines Kunden per E-Mail ein. Nehmen Sie Stellung zur Aufbewahrung elektronischer Dokumente.

3.3 Die Praktikantin hat noch nie eine geschäftliche E-Mail geschrieben. Erläutern Sie ihr, welche Angaben in den E-Mail-Kopf gehören.

3.4 Eine dringende Bestellung ging heute auch per Telefax ein. Welche Angaben können Sie aus der Teilnehmerkennung entnehmen?

Prüfung Winter 2009/2010

Situation

Als Mitarbeiter/-in im Büromaschinenhandel Keller & Söhne sind Sie auch für die Betreuung der Praktikantinnen zuständig.

Aufgabe 1

1 Die Praktikantin kann sich unter „privaten Post- und Briefdienstleistern“ nicht viel vorstellen.

1.1 Erklären Sie, was man darunter versteht.

1.2 Beschreiben Sie vier Leistungsangebote von Postdienstleistern.

1.3 Nennen Sie vier Möglichkeiten des Express-Dienstes der Deutschen Post AG. Was muss bei der Anschrift beachtet werden?

Aufgabe 2

2 Die Praktikantin hat die Bewerbungen, die heute eingegangen sind, nach dem Alphabet richtig geordnet.

2.1 Erklären Sie, was Sie unter der chronologischen Ablage verstehen, und geben Sie hierfür ein Beispiel.

2.2 Die numerische Ordnung findet in Ihrer Firma bei Kundennummern Anwendung. Was spricht für den Einsatz dieser Ordnungsweise? Nennen Sie drei Vorteile.

2.3 Die Praktikantin hat alle Standorte für die Ablage von Schriftgut kennengelernt. Sie möchte wissen, welche Unterlagen sie in der Arbeitsplatzablage unterbringen soll und was sich in der Altablage befindet. Geben Sie Auskunft.

2.4 Die Praktikantin hat Fragen zu verschiedenen Speichermöglichkeiten. Erläutern Sie ihr drei optische Speichermedien.

Aufgabe 3

3 Die Praktikantin hat Fragen zum Internet und erzählt in diesem Zusammenhang vom Trickbetrug beim Onlinebanking.

3.1 Wie können Sie zur Sicherheit dieser Zahlungsform beitragen? Nennen Sie drei Punkte.

3.2 Erläutern Sie vier Vorsichtsmaßnahmen, wie Sie sich vor Computerviren schützen können.

3.3 Die Praktikantin soll mit Suchoptionen im Internet gezielt recherchieren. Nennen Sie ihr drei wichtige Suchoptionen und fügen Sie je ein Beispiel hinzu.

Prüfung Sommer 2010

Situation

Sie machen Ihre Ausbildung bei der Firma Massivbau Dübel & Späne AG.

Aufgabe 1

1 Ihr Chef möchte die Arbeitsabläufe im Posteingang neu organisieren.

1.1 Erklären Sie ihm die digitale Archivierung der Eingangspost.

1.2 Nennen Sie die Vorteile des digitalen Posteingangs.

1.3 Neben dem digitalen Posteingang gibt es noch weitere Möglichkeiten. Nennen Sie diese.

1.4 In der Hektik des Tages ist der alte Eingangsstempel kaputtgegangen. Welche Informationen muss der neue Eingangsstempel auf jeden Fall enthalten?

1.5 Da Ihre Ausbildung bald zu Ende ist, sollen Sie heute den neuen Auszubildenden in die Abläufe des Posteingangs einführen. Welche Briefe dürfen nicht geöffnet werden?

Aufgabe 2

2 Zur Ihren Aufgaben gehört auch die Ablage.

2.1 Ihr Chef hat auf dem Schreibtisch eine chaotische Ablage. Empfehlen Sie ihm eine klassische Registraturform und begründen Sie diese.

2.2 Nennen Sie zu der gewählten Registraturform die passenden Schriftgutbehälter.

2.3 Ihr Chef möchte, dass Sie die eingehende Post in Wertstufen einteilen. Erläutern Sie die unterschiedlichen Wertstufen.

2.4 Ordnen Sie jeder Wertstufe zwei Beispiele zu.

Aufgabe 3

3 Durch die wachsende Nutzung von Multimedia will Ihr Chef einiges über den Datenschutz wissen.

3.1 Welche Rechte hat er, wenn es um seine personenbezogenen Daten geht?

3.2 Wie kann er sich vor dem Missbrauch, dem Verlust und der Beschädigung von Daten schützen? (6 Angaben)

3.3 Ein Geschäftspartner möchte eine Dial-in-Konferenz. Erläutern Sie ihm vier Merkmale.

3.4 Das Unternehmen beabsichtigt den Einsatz von VoIP. Erklären Sie den Begriff und die technische Ausstattung.

Prüfungsaufgaben

Prüfung Winter 2005/2006 Alternative 1

Organisatorische Hinweise

Die unten stehenden Daten sind vor Prüfungsbeginn in einer Datenquelle – entweder in der vorgeschlagenen oder in ähnlicher Form – zu erfassen und als Datei REISEN-DAT für jeden Prüfungsplatz zu speichern.

Anrede	**Vorname**	**Name**	**Straße**	**PLZ**	**Ort**	**Kinder**
Frau	Ilse	Wagner	Hafenweg 6	85221	Dachau	nein
Frau	Maike	Baum	Gärtnerplatz 3	80809	München	ja
Familie	Michael	Walter	Marienstr. 5	80804	München	ja
Herrn	Guido	Schaber	Brandstr. 10	81241	München	nein
Frau	Brigitte	Wild	Goethestr. 14	83646	Bad Tölz	ja
Herrn	Hans	Meyer	Forststr. 2	83661	Lengries	ja
Familie	Günter	Müller	Badgasse 15	86825	Bad Wörishofen	nein
Frau	Martina	Weiß	Schillerstr. 5	85221	Dachau	nein

Teil 1: Textgestaltung

Situation

Sie sind Mitarbeiter/in im Reise-Center AKTUELL-Reisen. Ihr Chef gibt Ihnen den Auftrag ein Informationsblatt für eine Sonderaktion zu entwerfen.

Aufgabe

1. Öffnen Sie eine neue Datei, ergänzen Sie in der Kopfzeile Ihren Namen und erfassen Sie die Angaben für das Informationsblatt auf einer A4-Seite nach DIN 5008.

   Text

   AKTUELL-Reisen, Inh. Sven-Uwe Adelmann, 80333 München, ☎ 089 29440-0, 🖷 089 29440-1, 🖃 info@aktuell.de

   Sonderaktion

   Wir bieten Ihnen Urlaub mit Kindern in Familien-Hotels, Bauernhöfen, Ferienclubs mit Kinderbetreuung und Babyservice in Dänemark, Deutschland, Österreich, Schweiz, Frankreich, Italien oder Spanien! Wir sind seit 10 Jahren Spezialisten für Ihren Familienurlaub, denn wir kennen die Ziele durch eigene Erfahrungen. Kein Kind ist zu klein für unsere Angebote. Die Ausrüstung für jedes Alter ist in den Quartieren vorhanden –

vom Windeleimer bis zur Steckdosensicherung und manches mehr. Genießen Sie Ihren Urlaub mit unserem Service!

2. Gestalten Sie den Text werbewirksam und berücksichtigen Sie dabei Folgendes:

   - Gestalten Sie die Überschrift in WordArt.
   - Fügen Sie eine Grafik oder Ähnliches ein.
   - Formatieren Sie geeignete Inhalte mit Aufzählungspunkten.
   - Fügen Sie auf der linken Blattseite einen Seitenrand mit Effekt ein.

3. Speichern Sie Ihre Arbeit unter dem Dateinamen FAMILIEN.

Technische Hinweise

Hinweise für den Druck werden von der Fachaufsicht gegeben.

Teil 2: Textformulierung

Situation

Herr Adelmann bittet Sie einen Werbebrief an die Stammkunden zu verfassen, dem das Informationsblatt beigefügt wird.

Aufgabe

1. Formulieren und gestalten Sie nach DIN 5008 einen Serienbrief. Benutzen Sie die vorhandene Briefvorlage und die Datenquelle REISEN-DAT. Bezugszeichen: Ihr Kurzzeichen, Telefon 123, Sachbearbeiter/in sind Sie. Den Brief unterschreibt Herr Adelmann.

2. Entnehmen Sie alle notwendigen Angaben aus dem Informationsblatt.

3. Formulieren Sie die folgenden Punkte:

   - Reisen für Singles
   - Ferienclubs, Hotels mit Animation
   - Tunesien, Marokko, Frankreich
   - Golf, Tennis, Segeln, Surfen
   - Sauna, Dampfgrotte, Kosmetik, Massage
   - kostenloser Prospekt
   - www.aktuell-reisen.de

4. Speichern und drucken

   - Speichern Sie das Hauptdokument unter dem Dateinamen REISEN-SER.
   - Drucken Sie das Hauptdokument mit den Seriendruckfeldern.
   - Selektieren und drucken Sie alle Briefe Papier sparend an die Kunden ohne Kinder.
   - Speichern Sie die selektierten Briefe unter REISEN-Anw.

Technische Hinweise

Hinweise für den Druck werden von der Fachaufsicht gegeben.

Prüfung Winter 2005/2006 Alternative 2

Organisatorische Hinweise

Die unten stehenden Daten sind vor Prüfungsbeginn in einer Datenquelle – entweder in der vorgeschlagenen oder in ähnlicher Form – zu erfassen und als Datei URLAUB-DAT für jeden Prüfungsplatz zu speichern.

Anrede	**Vorname**	**Name**	**Straße**	**PLZ**	**Ort**	**Kinder**
Frau	Ilse	Wagner	Hafenweg 6	85221	Dachau	nein
Frau	Maike	Baum	Gärtnerplatz 3	80809	München	ja
Familie	Michael	Walter	Marienstr. 5	80804	München	ja
Herrn	Guido	Schaber	Brandstr. 10	81241	München	nein
Frau	Brigitte	Wild	Goethestr. 14	83646	Bad Tölz	ja
Herrn	Hans	Meyer	Forststr. 2	83661	Lengries	ja
Familie	Günter	Müller	Badgasse 15	86825	Bad Wörishofen	nein
Frau	Martina	Weiß	Schillerstr. 5	85221	Dachau	nein

Teil 1: Textgestaltung

Situation

Sie sind Mitarbeiter/in im Reise-Center AKTUELL-Reisen. Ihr Chef gibt Ihnen den Auftrag ein Informationsblatt für eine Sonderaktion zu entwerfen.

Aufgabe

1. Öffnen Sie eine neue Datei, ergänzen Sie in der Kopfzeile Ihren Namen und erfassen Sie die Angaben für das Informationsblatt auf einer A4-Seite nach DIN 5008.

   Text

   AKTUELL-Reisen, Inh. Sven-Uwe Adelmann, 80333 München, ☎ 089 29440-0, 🖷 089 29440-1, ✉ info@aktuell.de

   Sonderaktion
   Wir bieten Ihnen Urlaub für Singles in Ferienclubs und Hotels mit Animation, Sportangeboten, Wellness-Center in Tunesien, Marokko, Frankreich, Italien, Spanien, Deutschland oder Österreich! Wir sind seit 10 Jahren Spezialisten für Ihren Singleurlaub, denn wir kennen die Ziele durch eigene Erfahrungen. Kein Wunsch bleibt unerfüllt! Sport und Action für jedes Alter wird in den Quartieren angeboten: Golf, Tennis, Segeln, Surfen, Sauna, Dampfgrotte, Kosmetik und Massage. Ein Erlebnis für alle Singles!

2. Gestalten Sie den Text werbewirksam und berücksichtigen Sie dabei Folgendes:

   - Gestalten Sie die Überschrift in WordArt.
   - Fügen Sie eine Grafik oder Ähnliches ein.
   - Formatieren Sie geeignete Inhalte mit Aufzählungspunkten.
   - Fügen Sie auf der linken Blattseite einen Seitenrand mit Effekt ein.

3. Speichern Sie Ihre Arbeit unter dem Dateinamen SINGLE.

Technische Hinweise

Hinweise für den Druck werden von der Fachaufsicht gegeben.

Teil 2: Textformulierung

Situation

Herr Adelmann bittet Sie einen Werbebrief an die Stammkunden zu verfassen, dem das Informationsblatt beigefügt wird.

Aufgabe

1. Formulieren und gestalten Sie nach DIN 5008 einen Serienbrief. Benutzen Sie die vorhandene Briefvorlage und die Datenquelle URLAUB-DAT. Bezugszeichen: Ihr Kurzzeichen, Telefon 123, Sachbearbeiter/in sind Sie. Den Brief unterschreibt Herr Adelmann.

2. Entnehmen Sie alle notwendigen Angaben aus dem Informationsblatt.

3. Formulieren Sie die folgenden Punkte:

   - Urlaub für Familien und Alleinerziehende
   - Familien-Hotels, Bauernhöfe, Ferienclubs
   - Dänemark, Schweiz, Italien
   - Kinderbetreuung, Babyservice
   - kostenloser Prospekt
   - www.aktuell-reisen.de

4. Speichern und drucken
   - Speichern Sie das Hauptdokument unter dem Dateinamen URLAUB-SER.
   - Drucken Sie das Hauptdokument mit den Seriendruckfeldern.
   - Selektieren und drucken Sie alle Briefe Papier sparend an die Kunden mit Kindern.
   - Speichern Sie die selektierten Briefe unter URLAUB-Anw.

Technische Hinweise
Hinweise für den Druck werden von der Fachaufsicht gegeben.

Prüfung Sommer 2006 Alternative 1

Organisatorische Hinweise

Die unten stehenden Daten sind vor Prüfungsbeginn in einer Datenquelle zu erfassen und als Datei KUNDEN-DAT für jeden Prüfungsplatz zu speichern.

Anrede	Vorname	Name	Straße	PLZ	Ort
Herrn	Franz	Göggel	Bohlhalde 5	72501	Gammertingen
Herrn	Norbert	Flad	Am Berg 5 a	72108	Rottenburg
Frau	Elke	Binder	Hauptstr. 13	72513	Hettingen
Herrn	Anton	Meier	Bergstr. 5	72074	Tübingen
Frau	Eva	Müller	Seestraße 17	72108	Rottenburg
Familie	Peter	Rat	Torstr. 17	72760	Reutlingen
Frau	Rosa	Schreiner	Talstr. 63	72072	Tübingen
Herrn	Christian	Lieb	Schillerstraße 19	72108	Rottenburg
Familie	Jutta	Blum	Kiefernstr. 4	72072	Tübingen
Herrn	Roland	Nill	Grabenstr. 43	72116	Mössingen
Familie	Uwe	Reibold	Sonnenbergstr. 23	72108	Rottenburg
Frau	Stefanie	Hahn	Rammertblick 54	72072	Tübingen

Teil 1: Textgestaltung

Situation

Sie sind Mitarbeiter/in im Sporthotel Friedel, Am Kurpark 1 in Bad Bayersoien. Nach dem erfolgreichen Umbau der Wellness- und Beautylandschaft „Fortune" laden Sie mehrere Stammgäste zur Eröffnung der Anlage ein. Ihr Chef, Herr Dr. Uwe Friedel, beauftragt Sie ein Eröffnungsprogramm zu gestalten.

Aufgabe

1. Öffnen Sie eine neue Datei, beginnen Sie mit Ihrem Namen und Ihrer Klassenbezeichnung in der ersten Zeile. Erfassen Sie die Angaben für das Eröffnungsprogramm auf einer A4-Seite nach DIN 5008.

   Text

   Sporthotel Friedel, Am Kurpark 1, 82435 Bad Bayersoien, ☎ 08845 7714-0,
   Telefax 08845 7714-33, E-Mail: hotelfriedel@t-online.de

   Verwirklichen Sie Ihre Träume und genießen Sie die „kleine Insel des Glücks".

   Wir eröffnen unsere neue Wellness- und Beautylandschaft „Fortune" am 26. Juni 2006 um 10:00 Uhr. Nehmen Sie sich Zeit für ein bisschen Lebensglück und entdecken Sie die Neuigkeiten von „Fortune" bei einem Glas Champagner.

Neu in unserem Angebot: Dampfsauna, Finnische Sauna, Felsenfreibad (beheizt), Whirlpool, Massagen und Energiebehandlungen.

Wir laden Sie und Ihren Partner/Ihre Partnerin zu einer kleinen Reise in unsere Wellness- und Beautylandschaft „Fortune" ein.

2. Gestalten Sie den Text werbewirksam und berücksichtigen Sie folgende Angaben:

- Fügen Sie an geeigneter Stelle eine Grafik ein.
- Verwenden Sie mindestens 4 Formatierungsmöglichkeiten.
- Gestalten Sie das Angebot als Aufzählung.

3. Speichern Sie Ihre Arbeit unter dem Dateinamen FORTUNE.

Technische Hinweise

Hinweise für den Druck werden von der Fachaufsicht gegeben.

Teil 2: Textformulierung

Situation

Im Anschluss an die Programmgestaltung beauftragt Sie Herr Dr. Friedel einen Brief zur Eröffnung an die Stammgäste zu schreiben. Diesem Brief fügen Sie das Programm und einen Gutschein bei.

Aufgabe

Formulieren und gestalten Sie entsprechend DIN 5008 einen Serienbrief. Benutzen Sie die in Ihrem System vorhandene Dokumentvorlage für den Geschäftsbrief. Verwenden Sie die vorhandene Datenquelle KUNDEN-DAT. Ergänzen Sie Ihr Kurzzeichen, Telefon 45, Sachbearbeiter/in sind Sie. Die Briefanrede ist als Bedingungsfeld einzufügen. Den Brief unterschreiben Sie im Auftrag.

Formulieren Sie den Brief nach den Stichpunkten von Herrn Dr. Fiedel und entnehmen Sie die notwendigen Angaben aus dem Eröffnungsprogramm.

- Eröffnung nach 4-monatigem Umbau
- 10:30 Uhr: Führung durch Wellness- und Beautylandschaft
- 11:00 Uhr: Karibischer Aufguss in der Finnischen Sauna
- 12:00 Uhr: Energiemassage
- Karibisches Buffet gegen Vorlage des Gutscheins
- Frottee-Bademantel und 2 Saunatücher gegen Leihgebühr
- Kinderbetreuung
- Auskunft und Anmeldung bei Herrn Ulf Seeler, ☎ 46

Speichern und drucken

- Speichern Sie den Serienbrief (Hauptdokument) unter dem Dateinamen WELLNESS-SER.
- Drucken Sie das Hauptdokument mit den Seriendruckfeldern.
- Drucken Sie nur die Briefe an die Adressaten in Tübingen.
- Speichern Sie die selektierten Briefe unter WELLNESS-Anw.

Technische Hinweise

Hinweise für den Druck werden von der Fachaufsicht gegeben.

Prüfung Sommer 2006 Alternative 2

Organisatorische Hinweise

Die unten stehenden Daten sind vor Prüfungsbeginn in einer Datenquelle zu erfassen und als Datei KUNDEN-DAT für jeden Prüfungsplatz zu speichern.

Anrede	**Vorname**	**Name**	**Straße**	**PLZ**	**Ort**
Herrn	Franz	Göggel	Bohlhalde 5	72501	Gammertingen
Herrn	Norbert	Flad	Am Berg 5 a	72108	Rottenburg
Frau	Elke	Binder	Hauptstr. 13	72513	Hettingen
Herrn	Anton	Meier	Bergstr. 5	72074	Tübingen
Frau	Eva	Müller	Seestraße 17	72108	Rottenburg
Familie	Peter	Rat	Torstr. 17	72760	Reutlingen
Frau	Rosa	Schreiner	Talstr. 63	72072	Tübingen
Herrn	Christian	Lieb	Schillerstraße 19	72108	Rottenburg
Familie	Jutta	Blum	Kiefernstr. 4	72072	Tübingen
Herrn	Roland	Nill	Grabenstr. 43	72116	Mössingen
Familie	Uwe	Reibold	Sonnenbergstr. 23	72108	Rottenburg
Frau	Stefanie	Hahn	Rammertblick 54	72072	Tübingen

Teil 1: Textgestaltung

Situation

Sie sind Mitarbeiter/in im Sport- und Kosmetikstudio CARE4BEAUTY in Gammertingen. Nach dem erfolgreichen Umbau der Trainingsräume laden Sie mehrere Stammgäste zur Eröffnung der Anlage ein. Ihr Chef, Herr Elmar Zimmermann, beauftragt Sie ein Eröffnungsprogramm zu gestalten.

Aufgabe

1. Öffnen Sie eine neue Datei, beginnen Sie mit Ihrem Namen und Ihrer Klassenbezeichnung in der ersten Zeile. Erfassen Sie die Angaben für das Eröffnungsprogramm auf einer A4-Seite nach DIN 5008.

   Text

   Sport- und Kosmetikstudio CARE4BEAUTY, Hechinger Str. 10, 72501 Gammertingen, ☎ 07574 6614-0, Telefax 07574 6614-33, E-Mail: care4beauty@aol.com

   Ausdauertraining, Radfahren, Kosmetik – bei uns finden Sie all dies und noch viel mehr!

   Wir eröffnen unsere neuen Trainingsräume am 1. Juli 2006 um 10:00 Uhr. Nehmen Sie sich Zeit und lassen Sie sich von unseren Fitnesstrainern in die einzelnen Angebote einweisen.

   Testen Sie an diesem Tag: Nordic-Walking, Pilates, Spinning, Aerobic und Fitnessgymnastik.

Besuchen Sie uns und lassen Sie Ihre Fitness von dem bekannten Sportwissenschaftler und Arzt Dr. Mark Deichmann näher unter die Lupe nehmen.

Gemeinsam kommen wir an Ihr Ziel!

2. Gestalten Sie den Text werbewirksam und berücksichtigen Sie folgende Angaben:

   - Fügen Sie an geeigneter Stelle eine Grafik ein.
   - Verwenden Sie mindestens 4 Formatierungsmöglichkeiten.
   - Gestalten Sie das Angebot als Aufzählung.

3. Speichern Sie Ihre Arbeit unter dem Dateinamen FITNESS.

Technische Hinweise

Hinweise für den Druck werden von der Fachaufsicht gegeben.

Teil 2: Textformulierung

Situation

Im Anschluss an die Programmgestaltung beauftragt Sie Herr Zimmermann, einen Brief zur Eröffnung an die Stammgäste zu schreiben. Diesem Brief fügen Sie das Programm und einen Gutschein bei.

Aufgabe

Formulieren und gestalten Sie entsprechend DIN 5008 einen Serienbrief. Benutzen Sie die in Ihrem System vorhandene Dokumentvorlage für den Geschäftsbrief. Verwenden Sie die vorhandene Datenquelle KUNDEN-DAT. Ergänzen Sie Ihr Kurzzeichen, Telefon 55, Sachbearbeiter/in sind Sie. Die Briefanrede ist als Bedingungsfeld einzufügen. Den Brief unterschreiben Sie im Auftrag.

Formulieren Sie den Brief nach den Stichpunkten von Herrn Zimmermann und entnehmen Sie die notwendigen Angaben aus dem Eröffnungsprogramm.

- Eröffnung nach 3-monatigem Umbau
- 10:30 Uhr: Führung durch die neuen Räume
- 11:00 Uhr: Nordic-Walking
- 12:00 Uhr: Pilates oder Spinning
- Fitness-Imbiss gegen Vorlage des Gutscheins
- Programme für Frauen und Männer
- Kinderbetreuung
- Auskunft und Anmeldung bei Herrn Klaus Keller, ☎ 35

Speichern und drucken

- Speichern Sie den Serienbrief (Hauptdokument) unter dem Dateinamen FIT-SER.
- Drucken Sie das Hauptdokument mit den Seriendruckfeldern.
- Drucken Sie nur die Briefe an die Adressaten in Rottenburg.
- Speichern Sie die selektierten Briefe unter FIT-Anw.

Technische Hinweise

Hinweise für den Druck werden von der Fachaufsicht gegeben.

Prüfung Winter 2006/2007 Alternative 1

Organisatorische Hinweise

Die unten stehenden Daten sind vor Prüfungsbeginn in einer Datenquelle zu erfassen und als Datei REIF-DAT für jeden Prüfungsplatz zu speichern.

Anrede	Vorname	Name	Straße	PLZ	Ort
Frau	Christa	Heck	Veilchenweg 5	70300	Stuttgart
Herrn	Simon	Peters	Hohle Gasse 33	70173	Stuttgart
Frau	Birgit	Kohn	Badstraße 5	73734	Esslingen
Familie	Hans	Wiegert	Stundenstein 28	70567	Stuttgart
Familie	Frank	Müller	Katzensteige 16	70180	Stuttgart
Herrn	Martin	Beck	Hessengasse 88	73732	Esslingen
Frau	Susanne	Rein	Torstraße 2	70173	Stuttgart
Herrn	Sven	Osswald	Katharinenstaffel 8	73728	Esslingen
Herrn	Markus	Steiner	Karlstraße 49	70300	Stuttgart
Frau	Katrin	Jüngel	Schulgasse 53	70629	Stuttgart
Frau	Stefanie	Knupfer	Zanderstraße 122	70567	Stuttgart
Familie	Thomas	Heuberger	Schwarzklingenweg 10	73733	Esslingen
Frau	Sabine	Dreher	Hohenkreuzweg 12	73732	Esslingen
Frau	Karin	Gutbrod	Schmale Gasse 58	73728	Esslingen

Teil 1: Textgestaltung

Situation

Sie machen Ihre Ausbildung zur Bürokauffrau bzw. zum Bürokaufmann im Autohaus Reif GmbH. Ihr Chef, Herr Reif, gibt Ihnen heute den Auftrag, ein ansprechendes Werbeblatt für die bevorstehende Winteraktion zu entwerfen.

Aufgaben

1 Öffnen Sie ein neues Dokument, und schreiben Sie in die Kopfzeile Ihren Namen und Ihre Klassenbezeichnung. Erfassen Sie die Angaben für das Werbeblatt auf einer A4-Seite im Querformat mit zwei Spalten nach DIN 5008.

2 Text

Autohaus Reif GmbH, Falkenweg 8, 70300 Stuttgart, Telefon: 0711 390-98, Fax: 0711 390-99, E-Mail: reif@t-online.de, Homepage: www.auto-reif.de

Unsere Werkstatt ist eine Meisterwerkstatt. Wir sorgen dafür, dass Ihr Auftrag schnell und zuverlässig ausgeführt wird. Der nächste Winter kommt bestimmt! Ihre Sicherheit liegt uns am Herzen, deshalb haben wir für Sie aktuelle Winterangebote.

Winter-Check für 18,50 EUR: Kontrolle der elektronischen Anlage, Flüssigkeiten, Radaufhängung, Beleuchtung und Abgasanlage

Winter-Kompletträder für 79,00 EUR: Komplettrad inklusive Montage, Überprüfung des Reifendrucks und Einlagerung Ihrer Sommerreifen

Unser Team freut sich schon auf Ihr Kommen.

3 Gestalten Sie das Werbeblatt mit

- mindestens 3 Formatierungsmöglichkeiten
- einer Grafik oder Ähnlichem und
- Aufzählungszeichen

4 Speichern Sie unter dem Dateinamen WINTER.

Technische Hinweise

Hinweise für den Druck werden von der Fachaufsicht gegeben.

Teil 2: Textformulierung

Situation

Das Werbeblatt kommt sehr gut bei den Kunden an. Herr Reif möchte deshalb seinen Stammkunden ein spezielles Angebot unterbreiten und beauftragt Sie, einen Serienbrief an diesen Kundenstamm zu schreiben.

Aufgaben

1 Formulieren und gestalten Sie einen ansprechenden Serienbrief unter Berücksichtigung der DIN 5008. Benutzen Sie die vorhandene Briefvorlage und die Datenquelle REIF-DAT. Bezugszeichen: Ihr Kurzzeichen, Telefon 98, Sachbearbeiter/in sind Sie. Den Brief unterschreibt Herr Reif.

2 Entnehmen Sie alle notwendigen Angaben aus dem Werbeblatt.

3 Erstellen Sie das Schreiben unter Berücksichtigung folgender Punkte:

- Winter-Check für Stammkunden für nur 15,00 EUR
- Serviceangebot: neue Starterbatterie ab 75,00 EUR, Montage der Winterreifen für 16,00 EUR
- Serviceberatung
- großes Sortiment an Zubehörteilen
- Zubehörkatalog wird dem Schreiben beigelegt

4. Speichern und Drucken

- Speichern Sie den Serienbrief (= Hauptdokument) unter dem Dateinamen REIF-SER.
- Drucken Sie das Hauptdokument mit den Seriendruckfeldern.
- Selektieren und drucken Sie Papier sparend die Briefe an die Kunden, deren Postleitzahl mit 701 beginnt.
- Speichern Sie die selektierten Briefe unter dem Dateinamen REIF-ANW.

Technische Hinweise

Hinweise für den Druck werden von der Fachaufsicht gegeben.

Prüfung Winter 2006/2007 Alternative 2

Organisatorische Hinweise

Die unten stehenden Daten sind vor Prüfungsbeginn in einer Datenquelle zu erfassen und als Datei REIF-DAT für jeden Prüfungsplatz zu speichern.

Anrede	**Vorname**	**Name**	**Straße**	**PLZ**	**Ort**
Frau	Christa	Heck	Veilchenweg 5	70300	Stuttgart
Herrn	Simon	Peters	Hohle Gasse 33	70173	Stuttgart
Frau	Birgit	Kohn	Badstraße 5	73734	Esslingen
Familie	Hans	Wiegert	Stundenstein 28	70567	Stuttgart
Familie	Frank	Müller	Katzensteige 16	70180	Stuttgart
Herrn	Martin	Beck	Hessengasse 88	73732	Esslingen
Frau	Susanne	Rein	Torstraße 2	70173	Stuttgart
Herrn	Sven	Osswald	Katharinenstaffel 8	73728	Esslingen
Herrn	Markus	Steiner	Karlstraße 49	70300	Stuttgart
Frau	Katrin	Jüngel	Schulgasse 53	70629	Stuttgart
Frau	Stefanie	Knupfer	Zanderstraße 122	70567	Stuttgart
Familie	Thomas	Heuberger	Schwarzklingenweg 10	73733	Esslingen
Frau	Sabine	Dreher	Hohenkreuzweg 12	73732	Esslingen
Frau	Karin	Gutbrod	Schmale Gasse 58	73728	Esslingen

Teil 1: Textgestaltung

Situation

Sie machen Ihre Ausbildung zur Bürokauffrau bzw. zum Bürokaufmann im Autohaus Radi GmbH. Ihr Chef, Herr Radi, gibt Ihnen heute den Auftrag, ein ansprechendes Werbeblatt für die bevorstehende Lichttestaktion zu entwerfen.

Aufgaben

1 Öffnen Sie ein neues Dokument, und schreiben Sie in die Kopfzeile Ihren Namen und Ihre Klassenbezeichnung. Erfassen Sie die Angaben für das Werbeblatt auf einer A4-Seite im Querformat mit zwei Spalten nach DIN 5008.

2 Text

Autohaus Radi GmbH, Finkenweg 8, 73730 Esslingen, Telefon: 0711 4356-78, Fax: 0711 4356-79, E-Mail: info@radi.de, Homepage: www.auto-radi.de

Sehen und gesehen werden! Schenken Sie uns fünf Minuten Ihrer wertvollen Zeit – für Ihre Augen und Ihr Auto. Kommen Sie in der Zeit vom 1. bis 15. November zum kostenlosen Lichttest.

Unser Kooperationspartner Optiker Beckmann wird im Rahmen dieser Lichttestaktion einen kostenlosen Sehtest durchführen. Während Sie Ihre Augen prüfen lassen, kontrollieren wir an Ihrem Wagen die Beleuchtung: Fern- und Abblendlicht, Brems- und Schlusslicht, Warnblinkanlage, Nebelschlussleuchte, Fahrtrichtungsanzeiger, Begrenzungs- und Parkleuchten.

Wir wünschen Ihnen allzeit gute Fahrt.

3 Gestalten Sie das Werbeblatt mit

- mindestens 3 Formatierungsmöglichkeiten
- einer Grafik oder Ähnlichem und
- Aufzählungszeichen

4 Speichern Sie unter dem Dateinamen Licht.

Technische Hinweise

Hinweise für den Druck werden von der Fachaufsicht gegeben.

Teil 2: Textformulierung

Situation

Herr Radi möchte seinen Stammkunden ein Angebot unterbreiten und beauftragt Sie, einen Serienbrief zu schreiben.

Aufgaben

1 Formulieren und gestalten Sie einen ansprechenden Serienbrief unter Berücksichtigung der DIN 5008. Benutzen Sie die vorhandene Briefvorlage und die Datenquelle REIF-DAT. Bezugszeichen: Ihr Kurzzeichen, Telefon 78, Sachbearbeiter/in sind Sie. Den Brief unterschreibt Herr Radi.

2 Entnehmen Sie alle notwendigen Angaben aus dem Werbeblatt.

3 Erstellen Sie das Schreiben unter Berücksichtigung folgender Punkte:

- Winterreifen auf vorgeschriebene Profiltiefe überprüfen
- Vorsaisonpreis – Winter-Kompletträder ab 79,00 EUR/Stück inkl. Montage
- kostenlose Reifeneinlagerung bei Abnahme eines kompletten Satzes
- gründliche Reinigung der ausgewechselten Räder
- Werbeblatt beifügen

4. Speichern und Drucken

- Speichern Sie den Serienbrief (= Hauptdokument) unter dem Dateinamen RADI-SER.
- Drucken Sie das Hauptdokument mit den Seriendruckfeldern.
- Selektieren und drucken Sie Papier sparend die Briefe an die Kunden, deren Postleitzahl mit 7373 beginnt.
- Speichern Sie die selektierten Briefe unter dem Dateinamen RADI-ANW.

Technische Hinweise

Hinweise für den Druck werden von der Fachaufsicht gegeben.

Prüfung Sommer 2007 Alternative 1

Organisatorische Hinweise

Die unten stehenden Daten sind vor Prüfungsbeginn in einer Datenquelle zu erfassen und als Datei BEWERBER-DAT für jeden Prüfungsplatz zu speichern.

Anrede	**Vorname**	**Name**	**Straße**	**PLZ**	**Ort**
Frau	Regina	Zierkowski	An der Elbe 8	67890	Herford
Herrn	Carlos	Garcia	Obere Kirchstr. 11	72555	Metzingen
Frau	Lisa	Busch	Kurze Gasse 19	72574	Bad Urach
Herrn	Charly	Kolbe	Erlenweg 23	72582	Grabenstetten
Herrn	Sven	Port	Im Stadtgraben 16	89077	Ulm
Frau	Lilli	Weidemann	Hermann-Hesse-Str. 89	89143	Blaubeuren
Herrn	Stefano	Maldini	Am Renker 7	89150	Laichingen
Herrn	Kai	Süßkind	Hauptstr. 3	89143	Blaubeuren
Frau	Susanne	Dettmer	Fürstenbergstr. 8	89150	Laichingen
Frau	Katharina	Neubert	Marienplatz 7	89077	Ulm
Frau	Marita	Hermle	Ährenweg 121	72555	Metzingen
Herrn	Frieder	Göser	Hoher Weg 4	72574	Bad Urach
Frau	Anna	Kupfer	An der Mauer 1	73479	Ellwangen
Herrn	Ignaz	Hirsch	Im Heimatwinkel 2	73476	Adelmannsfeld

Teil 1: Textgestaltung

Situation

Sie sind Mitarbeiter/in in der Personalabteilung der Reinhold Mayer AG, Werkzeughersteller, Mauerstraße 100, 89143 Blaubeuren, ☎ 08312 991-0, 📠 08312 991-1, 📧 Reinhold.Mayer@aol.de, Internet: www.mayerwerkzeuge.de. Ihr Chef beauftragt Sie, eine Stellenanzeige für die hiesige Tageszeitung zu entwerfen.

Aufgaben

1 Öffnen Sie eine neue Datei, ergänzen Sie in der Kopfzeile Ihren Namen, und gestalten Sie die Stellenanzeige auf einer A4-Seite nach DIN 5008.

2 Text

Wir sind ein expandierendes Unternehmen im Bereich der Werkzeugherstellung und suchen zum 1. Oktober 2007 eine/n Bürokauffrau/-mann für die Verkaufsabteilung. Das Aufgabengebiet umfasst im Wesentlichen Angebotserstellung nach Kundenwünschen, Korrespondenz, telefonische Kundenkontakte, Überwachung/Fakturierung von Auftragseingängen. Wir erwarten von Ihnen eine abgeschlossene kaufmännische Ausbildung, Engagement, Eigeninitiative, Verantwortungsbewusstsein, Zuverlässigkeit und Offenheit. Wir bieten Ihnen einen sicheren Arbeitsplatz mit leistungsgerechter Bezahlung. Wenn Sie sich für diese Aufgaben interessieren, senden Sie Ihre aussagefähigen Bewerbungsunterlagen an die Personalabteilung.

3 Gestalten Sie die Stellenanzeige werbewirksam mit Firmenlogo, mindestens drei unterschiedlichen Formatierungen, einer Aufzählung mit Pfeilen und einem Rahmen.

4 Speichern Sie die Anzeige unter dem Dateinamen ANZEIGE.

Technische Hinweise

Hinweise für den Druck werden von der Fachaufsicht gegeben.

Teil 2: Textformulierung

Situation

Auf die Anzeige sind 45 Bewerbungen eingegangen. Vier Bewerber kommen aufgrund ihrer Qualifikation in die engere Auswahl und erhalten eine Einladung zu einem Vorstellungsgespräch.

Aufgaben

1 Formulieren und gestalten Sie nach DIN 5008 einen Serienbrief. Benutzen Sie die vorhandene Briefvorlage, gestalten Sie den Briefkopf mit Firmenlogo und verwenden Sie die Datenquelle BEWERBER-DAT. Bezugszeichen: Ihr Kurzzeichen, Telefon 543, Sachbearbeiter/in sind Sie und unterschreiben im Auftrag.

2 Berücksichtigen Sie neben der Situationsbeschreibung die folgenden Punkte und beachten Sie dabei, dass Sie den Vorstellungstermin über ein Bedingungsfeld einfügen müssen:

- Dank für Bewerbung
- Termin für Bewerber/innen aus Blaubeuren: 15. Juli 2007
- Termin für Bewerber/innen aus Ulm: 17. Juli 2007
- jeweils um 15:00 Uhr
- telefonische Absage bei Nicht-Einhaltung des Termins
- Wegbeschreibung liegt bei

3 Speichern und Drucken

- Speichern Sie das Hauptdokument unter dem Dateinamen EINLADUNG-SER.
- Drucken Sie das Hauptdokument mit den Seriendruckfeldern.
- Selektieren und drucken Sie die 4 Einladungen Papier sparend.
- Speichern Sie die selektierten Briefe unter EINLADUNG-ANW.

Technische Hinweise

Hinweise für den Druck werden von der Fachaufsicht gegeben.

Prüfung Sommer 2007 Alternative 2

Organisatorische Hinweise

Die unten stehenden Daten sind vor Prüfungsbeginn in einer Datenquelle zu erfassen und als Datei BEWERBER-DAT für jeden Prüfungsplatz zu speichern.

Anrede	Vorname	Name	Straße	PLZ	Ort
Frau	Regina	Zierkowski	An der Elbe 8	67890	Herford
Herrn	Carlos	Garcia	Obere Kirchstr. 11	72555	Metzingen
Frau	Lisa	Busch	Kurze Gasse 19	72574	Bad Urach
Herrn	Charly	Kolbe	Erlenweg 23	72582	Grabenstetten
Herrn	Sven	Port	Im Stadtgraben 16	89077	Ulm
Frau	Lilli	Weidemann	Hermann-Hesse-Str. 89	89143	Blaubeuren
Herrn	Stefano	Maldini	Am Renker 7	89150	Laichingen
Herrn	Kai	Süßkind	Hauptstr. 3	89143	Blaubeuren
Frau	Susanne	Dettmer	Fürstenbergstr. 8	89150	Laichingen
Frau	Katharina	Neubert	Marienplatz 7	89077	Ulm
Frau	Marita	Hermle	Ährenweg 121	72555	Metzingen
Herrn	Frieder	Göser	Hoher Weg 4	72574	Bad Urach
Frau	Anna	Kupfer	An der Mauer 1	73479	Ellwangen
Herrn	Ignaz	Hirsch	Im Heimatwinkel 2	73476	Adelmannsfeld

Teil 1: Textgestaltung

Situation

Sie sind Mitarbeiter/in in der Personalabteilung der Bernhard Schirmer GmbH, Hersteller von Kaffeemaschinen, Ludwig-van-Beethoven-Str. 50, 72555 Metzingen, ☎ 07312 991-0, 📠 07312 991-1, 🖃 Bernhard.Schirmer@aol.de, Internet: www.schirmerkaffee.de. Ihr Chef beauftragt Sie eine Stellenanzeige für die hiesige Tageszeitung zu entwerfen.

Aufgaben

1 Öffnen Sie eine neue Datei, ergänzen Sie in der Kopfzeile Ihren Namen, und gestalten Sie die Stellenanzeige auf einer A4-Seite nach DIN 5008.

2 Text

Wir sind ein expandierendes Unternehmen für die Herstellung von Kaffeemaschinen und suchen zum 1. Oktober 2007 eine/n Bürokauffrau/-mann für den Verkaufsinnendienst. Ihre Aufgaben: Verwaltung und Pflege von Datenbanken, Unterstützung des Leiters für den Verkaufsinnendienst, Erstellen von Präsentationen, Controlling der kundenbezogenen Bestände und Terminverwaltung. Unsere Erwartungen: Engagement, Eigeninitiative, gute EDV-Kenntnisse (Word, Excel, PowerPoint), eine abgeschlossene kaufmännische Ausbildung, Kontakt und Teamfähigkeit. Unser Angebot: leistungsgerechte Bezahlung und ein sicherer Arbeitsplatz. Haben wir Sie neugierig gemacht? Dann senden Sie Ihre aussagefähigen Bewerbungsunterlagen an die Personalabteilung.

3 Gestalten Sie die Stellenanzeige werbewirksam mit Firmenlogo, mindestens drei unterschiedlichen Formatierungen, einer Aufzählung mit Pfeilen und einem Rahmen.

4 Speichern Sie die Anzeige unter dem Dateinamen INSERAT.

Technische Hinweise

Hinweise für den Druck werden von der Fachaufsicht gegeben.

Teil 2: Textformulierung

Situation

Auf die Anzeige sind 54 Bewerbungen eingegangen. Vier Bewerber kommen aufgrund ihrer Qualifikation in die engere Auswahl und erhalten eine Einladung zu einem Vorstellungsgespräch.

Aufgaben

1 Formulieren und gestalten Sie nach DIN 5008 einen Serienbrief. Benutzen Sie die vorhandene Briefvorlage, gestalten Sie den Briefkopf mit Firmenlogo, und verwenden Sie die Datenquelle BEWERBER-DAT. Bezugszeichen: Ihr Kurzzeichen, Telefon 543, Sachbearbeiter/in sind Sie und unterschreiben im Auftrag.

2 Berücksichtigen Sie neben der Situationsbeschreibung die folgenden Punkte, und beachten Sie dabei, dass Sie den Vorstellungstermin über ein Bedingungsfeld einfügen müssen:

- Dank für Bewerbung
- Termin für Bewerber/innen aus Metzingen: 14. Juli 2007
- Termin für Bewerber/innen aus Bad Urach: 16. Juli 2007
- jeweils um 11:00 Uhr
- Bitte um Absage bei Verhinderung
- Firmenprospekt liegt bei

3 Speichern und Drucken

- Speichern Sie das Hauptdokument unter dem Dateinamen VORSTELLUNG-SER.
- Drucken Sie das Hauptdokument mit den Seriendruckfeldern.
- Selektieren und drucken Sie die 4 Einladungen Papier sparend.
- Speichern Sie die selektierten Briefe unter VORSTELLUNG-ANW.

Technische Hinweise

Hinweise für den Druck werden von der Fachaufsicht gegeben.

Prüfung Winter 2007/2008 Alternative 1

Organisatorische Hinweise

Die unten stehenden Daten sind vor Prüfungsbeginn in einer Datenquelle zu erfassen und als Datei Schulen-DAT für jeden Prüfungsplatz zu speichern.

Schule	**Anrede**	**Vorname**	**Name**	**Straße**	**PLZ**	**Ort**
Hauswirtschaftliche Schule	Herrn	Volker	Rausenberger	Eugen-Nägele-Str. 40	72250	Freudenstadt
Kaufmännische Schule	Frau	Heike	Schäfer	Teckstraße 31	78727	Oberndorf
Kaufmännische Schule	Frau	Monika	Hebel	Heerstraße 150	78628	Rottweil
Kaufmännische Schule	Herrn	Achim	Schneiderhan	Wittumweg 13/1	78713	Schramberg
Hauswirtschaftliche Schule	Frau	Diana	Bok	Schulstraße 17	78549	Spaichingen
Kaufmännische Schule	Frau	Sigrid	Eberhard	Neckarstraße 6 – 8	72172	Sulz
Kaufmännische Schule	Herrn	Tobias	Bronner	Mühlenweg 29	78532	Tuttlingen
Hauswirtschaftliche Schule	Frau	Stephanie	Noll	Erzbergerstraße 28	78628	Rottweil
Hauswirtschaftliche Schule	Herrn	Michael	Pfeiffer	Zähringerstraße 14/3	78713	Schramberg

Teil 1: Textgestaltung

Situation

Sie arbeiten bei dem Reiseunternehmen LUX GmbH, Königstraße 36 in 78614 Rottweil. Für die kommende Wintersaison sollen die Schulen im Umkreis schon frühzeitig auf besondere Angebote hingewiesen werden. Sie entwerfen und erstellen ein Informationsblatt.

Aufgaben

1 Öffnen Sie eine neue Datei. Ergänzen Sie in der Kopfzeile Ihren Namen und die Klassenbezeichnung. Erfassen Sie die Angaben für das Informationsblatt auf einer A4-Seite nach DIN 5008.

2 Text

Unser Top-Angebot speziell zum Wintersporttag
HOCHJOCH

Hier kann die ganze Klasse/Schule gemeinsam einen Tag im Schnee erleben! Das Skigebiet (bis 2.400 m Höhe) bietet mit 12 km die längste Abfahrt des Montafons und durch Beschneiungsanlagen eine absolute Schneesicherheit bis ins Tal. Ihre Vorteile: Die Liftkarten erhalten Sie im Bus, die Organisation und Abwicklung übernehmen wir, Sie fahren im 4-Sterne-Bus.

Aktionsangebot pro Person
Schülerzahl; Preis ohne Liftkarte; Preis mit Liftkarte
20 – 30; 30,00 EUR; 45,00 EUR
31 – 40; 28,00 EUR; 43,00 EUR
41 – 60; 26,50 EUR; 41,50 EUR
ab 61; 25,00 EUR; 40,00 EUR €

Genießen Sie einen Tag in den herrlichen Bergen bei Spaß und Sport. Reiseunternehmen LUX GmbH, Königstraße 36, 78614 Rottweil, ☎ 0741 422-150, 🖷 0741 422-110, 🖃 info@lux-reisen.de

3 Gestalten Sie das Infoblatt werbewirksam und berücksichtigen Sie dabei folgende Angaben:

- Setzen Sie die Überschrift in WordArt.
- Verwenden Sie mindestens drei Formatierungsmöglichkeiten.
- Formatieren Sie die Vorteile mit Aufzählungszeichen.
- Gestalten Sie das Aktionsangebot in einer Tabelle mit Rahmen.

4. Speichern Sie unter WINTERSPORT

Technische Hinweise

Hinweise für den Druck werden von der Fachaufsicht gegeben.

Teil 2: Textformulierung

Situation

Nach einer Besprechung mit Ihrem Chef werden Sie gebeten, einen Werbebrief zu verfassen, dem das Infoblatt und das neue Winterprogramm beigefügt werden.

Aufgaben

1 Formulieren und gestalten Sie nach DIN 5008 einen Serienbrief. Benutzen Sie die vorhandene Briefvorlage und die Datenquelle SCHULEN-DAT. Ergänzen Sie Ihr Kurzzeichen, Durchwahl 150, Sachbearbeiter/in sind Sie. Den Brief unterschreibt Herr Prokurist Schwarz.

2 Berücksichtigen Sie die folgenden Punkte

- Unvergessliches Erlebnis
- Gemeinschaftsgefühl
- Tolle Angebote – auch für Nicht-Skifahrer (Rodeln, Eislaufen, Schneeschuhwandern)
- Internetseite www.lux-reisen.de
- Ski- und Rodelverleih möglich

3 Speichern und Drucken

- Speichern Sie das Hauptdokument unter WINTER-SER.
- Drucken Sie das Hauptdokument mit den Seriendruckfeldern.
- Selektieren Sie die Briefe an die Kaufmännischen Schulen in Schramberg und Rottweil.
- Speichern Sie die selektierten Briefe unter WINTER-ANW.
- Drucken Sie Papier sparend.

Technische Hinweise

Hinweise für den Druck werden von der Fachaufsicht gegeben.

Prüfung Winter 2007/2008 Alternative 2

Organisatorische Hinweise

Die unten stehenden Daten sind vor Prüfungsbeginn in einer Datenquelle zu erfassen und als Datei Schulen-DAT für jeden Prüfungsplatz zu speichern.

Schule	**Anrede**	**Vorname**	**Name**	**Straße**	**PLZ**	**Ort**
Hauswirtschaftliche Schule	Herrn	Volker	Rausenberger	Eugen-Nägele-Str. 40	72250	Freudenstadt
Kaufmännische Schule	Frau	Heike	Schäfer	Teckstraße 31	78727	Oberndorf
Kaufmännische Schule	Frau	Monika	Hebel	Heerstraße 150	78628	Rottweil
Kaufmännische Schule	Herrn	Achim	Schneiderhan	Wittumweg 13/1	78713	Schramberg
Hauswirtschaftliche Schule	Frau	Diana	Bok	Schulstraße 17	78549	Spaichingen
Kaufmännische Schule	Frau	Sigrid	Eberhard	Neckarstraße 6 – 8	72172	Sulz
Kaufmännische Schule	Herrn	Tobias	Bronner	Mühlenwerg 29	78532	Tuttlingen
Hauswirtschaftliche Schule	Frau	Stephanie	Noll	Erzbergerstraße 28	78628	Rottweil
Hauswirtschaftliche Schule	Herrn	Michael	Pfeiffer	Zähringerstraße 14/3	78713	Schramberg

Teil 1: Textgestaltung

Situation

Sie arbeiten bei dem Reiseunternehmen LUX GmbH, Königstraße 36 in 78614 Rottweil. Für die kommende Wintersaison sollen die Schulen im Umkreis schon frühzeitig auf besondere Angebote hingewiesen werden. Sie entwerfen und erstellen ein Informationsblatt.

Aufgaben

1 Öffnen Sie eine neue Datei. Ergänzen Sie in der Kopfzeile Ihren Namen und die Klassenbezeichnung. Erfassen Sie die Angaben für das Informationsblatt auf einer A4-Seite nach DIN 5008.

2 Text

Unser Top-Angebot speziell zum Wintersporttag
SILVRETTA NOVA

Hier kann die ganze Klasse/Schule gemeinsam einen Tag im Schnee erleben! Das Skigebiet gehört mit über 110 km Abfahrtspisten zu den besten Wintersportgebieten. Anspruchsvolle Steilabfahrten und eine Vielzahl von Tiefschneehängen bieten ein grenzenloses Wintersportvergnügen. Ihre Vorteile: Die Liftkarten erhalten Sie im Bus, die Organisation und Abwicklung übernehmen wir, Sie fahren im 4-Sterne-Bus.

Aktionsangebot pro Person
Schülerzahl; Preis ohne Liftkarte; Preis mit Liftkarte
20 – 30; 30,00 EUR; 45,00 EUR
31 – 40; 28,00 EUR; 43,00 EUR
41 – 60; 26,50 EUR; 41,50 EUR
ab 61; 25,00 EUR; 40,00 EUR

Genießen Sie einen Tag in den herrlichen Bergen bei Spaß und Sport. Reiseunternehmen LUX GmbH, Königstraße 36, 78614 Rottweil, ☏ 0741 422-150, 🖷 0741 422-110, 🖂 info@lux-reisen.de

3 Gestalten Sie das Infoblatt werbewirksam und berücksichtigen Sie dabei folgende Angaben:

- Setzen Sie die Überschrift in WordArt.
- Verwenden Sie mindestens drei Formatierungsmöglichkeiten.
- Formatieren Sie die Vorteile mit Aufzählungszeichen.
- Gestalten Sie das Aktionsangebot in einer Tabelle mit Rahmen.

4. Speichern Sie unter SPORTTAG

Technische Hinweise

Hinweise für den Druck werden von der Fachaufsicht gegeben.

Teil 2: Textformulierung

Situation

Nach einer Besprechung mit Ihrem Chef werden Sie gebeten, einen Werbebrief zu verfassen, dem das Infoblatt und das neue Winterprogramm beigefügt werden.

Aufgaben

1 Formulieren und gestalten Sie nach DIN 5008 einen Serienbrief. Benutzen Sie die vorhandene Briefvorlage und die Datenquelle SCHULEN-DAT. Ergänzen Sie Ihr Kurzzeichen, Durchwahl 150, Sachbearbeiter/in sind Sie. Den Brief unterschreibt Herr Prokurist Schwarz.

2 Berücksichtigen Sie die folgenden Punkte

- Besonderer Erlebnistag
- Gemeinschaftsgefühl
- Komplettpreise, attraktive Programme, langjährige Erfahrung
- Internetseite www.lux-reisen.de
- Individuelle Beratung

3 Speichern und Drucken

- Speichern Sie das Hauptdokument unter SPORT-SER.
- Drucken Sie das Hauptdokument mit den Seriendruckfeldern.
- Selektieren Sie die Briefe an die Hauswirtschaftlichen Schulen in Schramberg und Rottweil.
- Speichern Sie die selektierten Briefe unter SPORT-ANW.
- Drucken Sie Papier sparend.

Technische Hinweise

Hinweise für den Druck werden von der Fachaufsicht gegeben.

Prüfung Sommer 2008

Organisatorische Hinweise

Die unten stehenden Daten sind vor Prüfungsbeginn in einer Datenquelle zu erfassen und als Datei BANK-DAT für jeden Prüfungsplatz zu speichern.

Anrede	Vorname	Name	Straße	PLZ	Ort
Herrn	Gerold	Häberle	Ehrenhalde 3	70192	Stuttgart
Familie	Achim	Stengele	Auf der Schanz 10	74080	Heilbronn
Frau	Sigrid	Schmid-Eisele	Nordbahnhofstr. 5	70191	Stuttgart
Frau	Larissa	Binder	Johann-Strauß-Str.- 92	74087	Heilbronn
Herrn	Armin	Auer	Hermann-Kurz-Str. 33	70192	Stuttgart
Frau	Sarah	Zeiss	Ilsfelder Straße 25	74223	Flein
Frau	Ludmilla	Wagner	Poststraße 55	70173	Stuttgart
Herrn	Malte	Jensen	Südstr. 30	74072	Heilbronn
Frau	Marie	Schmid	Neufeldstr. 7	70191	Stuttgart
Familie	Irene	Wahl	Breite Str. 2	70173	Stuttgart

Teil 1: Textgestaltung

Situation

Sie sind Mitarbeiter/in im Stuttgarter Bankhaus Sorglos, Telefon 0711 280-0. Ihre Chefin, Frau Hilde Moser, möchte die Jugendlichen in Stuttgart und Umgebung auf das neue Sorglos-Sparen aufmerksam machen. Sie beauftragt Sie daher, ein Informationsblatt zu gestalten.

Aufgaben

1 Öffnen Sie eine neue Datei, ergänzen Sie in der Kopfzeile Ihren Namen, und erfassen Sie die Angaben für das Informationsblatt auf einer A4-Seite nach DIN 5008.

2 Text

Bankhaus Sorglos, Am Hauptbahnhof 3, 70173 Stuttgart, ☏ 0180 500002, 🖷 0180 500005, 🖃 sorglos@t-online.de

Nur bei uns „Sorglos-Sparen" für Jugendliche!

Wer mehr weiß, hat mehr drauf! Bei uns finden Sie Angebote und Infos, die optimal zu Ihrem Alter und Ihrer Lebenssituation passen. Und das können wir Ihnen bieten: 4 % Verzinsung auf dem Sparkonto (garantiert für die nächsten drei Jahre); ein kostenloses Schreibset (Wert 50,00 EUR) bei Kontoeröffnung; Sorglos-Info-Center (wichtige Infos zu Schule, Beruf, Wirtschaft, Freizeit und Spaß). Mit uns sind Sie immer dabei. Wir informieren Sie per Newsletter, durch Plakate und Flyer oder persönlich am Schalter. Den vollen Durchblick haben Sie nur mit uns!

3 Gestalten Sie den Text werbewirksam und berücksichtigen Sie dabei Folgendes:

- Fügen Sie an geeigneter Stelle eine Grafik ein.
- Verwenden Sie mindestens vier Formatierungsmöglichkeiten.
- Gestalten Sie das Angebot als Aufzählung.
- Verwenden Sie einen passenden Rahmen.

4 Speichern Sie die Anzeige unter dem Dateinamen SPAREN.

Technische Hinweise

Hinweise für den Druck werden von der Fachaufsicht gegeben.

Teil 2: Textformulierung

Situation

Nach erfolgreicher Gestaltung des Informationsblattes beauftragt Sie Ihre Chefin, Frau Hilde Moser, alle Jugendlichen anzuschreiben, um für das Sorglos-Banking zu werben. Legen Sie dem Brief das Infoblatt bei.

Aufgaben

1 Formulieren und gestalten Sie nach DIN 5008 einen Serienbrief. Benutzen Sie die vorhandene Briefvorlage und die Datenquelle BANK-DAT. Bezugszeichen: Ihr Kurzzeichen, Durchwahl 95, Sachbearbeiter/in sind Sie. Den Brief unterschreiben Sie im Auftrag.

2 Formulieren Sie folgende Punkte:

- Neuer Service „Sorglos-Banking"
- Cleveres Angebot für Jugendliche
- Vorteil: Konto 365 Tage nutzbar; rund um die Uhr
- Keine Nutzungsgebühren
- Ab 18 Jahren Dispokredit (bis zu 1.000,00 EUR) und Kreditkarte
- Schutz durch PIN (persönliche Identifikationsnummer) und TAN (Transaktionsnummer)
- Herr Mark Fliege hilft bei Fragen zur Geldanlage, zu Sparverträgen usw.; Durchwahl 77

3 Speichern und Drucken

- Speichern Sie das Hauptdokument unter dem Dateinamen BANK-SER.
- Drucken Sie das Hauptdokument mit den Seriendruckfeldern.
- Selektieren und drucken Sie alle Briefe Papier sparend, die mit der Postleitzahl 74 beginnen.
- Speichern Sie die selektierten Briefe unter BANK-ANW.

Technische Hinweise

Hinweise für den Druck werden von der Fachaufsicht gegeben.

Prüfung Winter 2008/2009

Organisatorische Hinweise

Die unten stehenden Daten sind vor Prüfungsbeginn in einer Datenquelle zu erfassen und als Datei KNECHT-DAT für jeden Prüfungsplatz zu speichern.

Schule	Anrede	Name	Straße	PLZ	Ort
Kaufm. Schule	Frau	Konrad	Hasenbergstr. 26	70178	Stuttgart
Kaufm. Schule	Herrn	Wagner	Steinbeisstr. 2	71034	Böblingen
Hausw. Schule			Jahnstraße 20	74653	Künzelsau
Kaufm. Schule	Herrn	Wolf	Grabenstr. 10	73614	Schorndorf
Kaufm. Schule	Frau	Hof	John-F.-Kennedy-Allee 6	70806	Kornwestheim
Kaufm. Schule	Frau	Kreutzer	Fockentalweg 8	71229	Leonberg
Hausw. Schule			Fockentalweg 8	71229	Leonberg
Hausw. Schule	Herrn	Völker	Austraße 7	71034	Böblingen
Gewerbl. Schule	Herrn	Benner	Längenholz 8	71083	Herrenberg
Kaufm. Schule			Römerhügelweg 53	71636	Ludwigsburg
Gewerbl. Schule	Herrn	Rieger	Fischerpfad 10	74321	Bietigheim-Bissingen

Teil 1: Textgestaltung

Situation

Sie sind Mitarbeiter/-in in der Ausbildungsabteilung der Karl Knecht KG, Postfach 7 92, 70029 Stuttgart. Ihr Vorgesetzter hat Sie beauftragt, einen Informationstag rund um das Thema „Ausbildung" zu organisieren. Im ersten Schritt sollen Sie einen Aushang für die regionalen Schulen entwerfen.

Aufgaben

1 Öffnen Sie eine neue Datei. Ergänzen Sie Ihren Namen und die Klassenbezeichnung. Erfassen Sie die Angaben für den Aushang auf einer DIN-A4-Seite nach DIN 5008.

2 Text

Karl Knecht KG, Industriestraße 35 – 55, 70278 Stuttgart, ☎ 0711 23456-0, www.knecht.com

Tag der Ausbildung

Nicht nur in Verbindung mit Montage- und Befestigungstechnik ist Knecht Spezialist, auch die Ausbildung junger Leute hat bei Knecht traditionell einen hohen Stellenwert. Um Ihnen den Einstieg ins Berufsleben zu erleichtern, veranstalten wir am 29. März 2009 einen Informationstag rund um das Thema „Ausbildung". Hier können Sie sich an verschiedenen Stationen über folgende Ausbildungsmöglichkeiten bei uns erkundigen: Kaufmännische Berufe, Logistikberufe, IT-Berufe, Bachelor-Studiengänge an Berufsakademien. Informieren Sie sich vorab im Internet oder rufen Sie uns an.

3 Gestalten Sie den Aushang werbewirksam und nutzen Sie folgende Formatierungsmöglichkeiten:

- WordArt
- Aufzählung oder Nummerierung
- Grafik oder ClipArt
- unterschiedliche Zeichenformate

4 Speichern Sie den Aushang unter dem Dateinamen „Schulaushang".

Technische Hinweise

Hinweise für den Druck werden von der Fachaufsicht gegeben.

Teil 2: Textformulierung

Situation

Ihr Vorgesetzter, Herr Michael Schneider, bittet Sie nun im zweiten Schritt, einige Schulen über den bevorstehenden „Tag der Ausbildung" zu informieren.

Aufgaben

1 Formulieren und gestalten Sie nach DIN 5008 einen Serienbrief mit Briefkopf. Benutzen Sie die vorhandene Briefvorlage und die Datenquelle KNECHT-DAT. Ergänzen Sie Ihr Kurzzeichen, Durchwahl 123, Sachbearbeiter/-in sind Sie. Sie unterschreiben den Brief im Auftrag von Herrn Schneider.

2 Entnehmen Sie wichtige Punkte dem Aushang und ergänzen Sie die folgenden Punkte:

- Schüler, Eltern und Lehrer einladen
- Gewinnspiele
- Betriebsbesichtigung
- Filme über die Ausbildungsmöglichkeiten
- kleine Snacks
- Fruchtcocktails und andere Getränke
- Hinweis auf das Plakat
- Aushang in der Aula

3 Speichern und Drucken

- Speichern Sie das Hauptdokument unter dem Dateinamen KNECHT-SER.
- Drucken Sie das Hauptdokument mit den Seriendruckfeldern.
- Selektieren Sie die Briefe an die Kaufmännischen Schulen im Postleitzahlenbereich 71.

- Speichern Sie die selektierten Briefe unter KNECHT-ANW.
- Drucken Sie Papier sparend

Technische Hinweise

Hinweise für den Druck werden von der Fachaufsicht gegeben.

Prüfung Sommer 2009

Organisatorische Hinweise

Die unten stehenden Daten sind vor Prüfungsbeginn in einer Datenquelle zu erfassen und als Datei WELLNESS-DAT für jeden Prüfungsplatz zu speichern.

Anrede	Vorname	Name	Straße	PLZ	Ort
Frau	Carla	Munz	Im Steingarten 3	73460	Nellingen
Herrn	Xaver	Weiser	Talstraße 19	80243	München
Herrn	Karl	Abele	Mozartstr. 104	70399	Stuttgart
Frau	Ingeborg	Schaefer	Neckarstr. 55	78078	Niedereschbach
Frau	Julia	Lutz	Keniastr. 12	47268	Duisburg
Frau	Heide	Assmann	Wallgraben 78	70575	Stuttgart
Frau	Margit	Deissler	Rennweg 25	72550	Metzingen
Frau	Susanne	Maier	Hegelstr. 16	73230	Kirchheim
Herrn	David	Trefz	Bahnhofstr. 13	70371	Stuttgart
Frau	Gertrud	Maimer	Lammweg 127	70883	Münchingen
Herrn	Georg	Becker	Carl-Zeiss-Str. 46	87335	Augsburg
Frau	Elise	Kupfer	Langgasse 32	70285	Stuttgart
Herrn	Reiner	Weiss	Kocherstr. 41	71263	Weil der Stadt
Herrn	Karl	Krautter	Eberhardstr. 29	89076	Ulm

Teil 1: Textgestaltung

Situation

Sie sind Mitarbeiter/-in im Kurzentrum von Bad Rappenau. Für das neu eröffnete Kurzentrum mit angeschlossenem Wellnesshotel soll in mehreren Tageszeitungen geworben werden. Sie sollen dafür eine Zeitungsanzeige erstellen.

Aufgaben

1 Öffnen Sie eine neue Datei, ergänzen Sie in der Kopfzeile Ihren Namen und erfassen Sie die Angaben für die Zeitungsanzeige auf einer DIN-A4-Seite nach DIN 5008.

2 Text

Gesund jung bleiben!

Wir bieten einzigartige Therapiemöglichkeiten!

Die 2-Wochen-Kur für sagenhafte 1.180,00 EUR im neu eröffneten Kurzentrum mit angeschlossenem 4-Sterne-Gesundheitshotel. Pauschalangebot: 14 Übernachtungen mit Halbpension, kurärztliche Untersuchungen, individuelle Therapien, freie Nutzung des großzügigen Schwimmbad- und Saunabereichs, ganzjährig beheiztes Außenbecken, Rahmenprogramm (Vorträge, Tanzabende), Tiefgaragenstellplatz gratis. Nutzen Sie dieses einmalige Angebot für Ihre Gesundheit. Haben wir Sie überzeugt? Dann freuen wir uns, Sie in Bad Rappenau begrüßen zu dürfen.

Kurzentrum, 74900 Bad Rappenau, An der Saline 3, ☏ 07264 5900-253, info@kurzentrum-rappenau.de, www.kurzentrum-rappenau.de

3 Gestalten Sie die Zeitungsanzeige werbewirksam und berücksichtigen Sie dabei folgende Angaben:

- Setzen Sie die Überschrift in WordArt.
- Verwenden Sie drei Formatierungsmöglichkeiten.
- Gestalten Sie die Angaben des Pauschalangebots als Aufzählung.
- Umrahmen Sie die Anzeige mit einem Seitenrand.

4 Speichern Sie die Anzeige unter dem Dateinamen WELLNESS-ANZEIGE.

Technische Hinweise

Hinweise für den Druck werden von der Fachaufsicht gegeben.

Teil 2: Textformulierung

Situation

Herrn Direktor Hägele gefällt die von Ihnen gestaltete Anzeige gut. Er bittet Sie, nun einen Werbebrief an ausgewählte Gäste zu schreiben, die schon einmal in Bad Rappenau waren. Der Text der Anzeige soll als Infoblatt diesem Brief beigelegt werden.

Aufgaben

1 Formulieren und gestalten Sie nach DIN 5008 einen Serienbrief mit einem entsprechenden Briefkopf. Benutzen Sie die vorhandene Briefvorlage und die Datenquelle WELLNESS-DAT. Bezugszeichen: Ihr Kurzzeichen, Durchwahl 223, Sachbearbeiter/-in sind Sie. Entnehmen Sie alle notwendigen Angaben der Anzeige. Den Brief unterschreiben Sie im Auftrag.

2 Formulieren Sie folgende Punkte:

- Ort kennengelernt beim letzten Aufenthalt
- Kurzentrum neu eröffnet
- Kurpark durch Park der Landesgartenschau 2008 vergrößert
- Eröffnungsangebot
- gute Erholung, schöne Umgebung

3 Speichern und Drucken

- Speichern Sie das Hauptdokument unter dem Dateinamen WELLNESS-SER.
- Drucken Sie das Hauptdokument mit den Seriendruckfeldern.
- Selektieren und drucken Sie die Briefe Papier sparend an die weiblichen Gäste aus Stuttgart.
- Speichern Sie die selektierten Briefe unter WELLNESS-ANW.

Technische Hinweise

Hinweise für den Druck werden von der Fachaufsicht gegeben.

Prüfung Winter 2009/2010

Organisatorische Hinweise

Die unten stehenden Daten sind vor Prüfungsbeginn in einer Datenquelle zu erfassen und als Datei ANMELDUNG-DAT für jeden Prüfungsplatz zu speichern.

Anrede	**Vorname**	**Name**	**Straße**	**PLZ**	**Ort**	**Distanz**
Herrn	Franz	Klingel	Bergstr. 1	75323	Bad Wildbad	kurz
Frau	Elfi	Schanz	Hauptstr. 7	75175	Pforzheim	lang
Frau	Regina	Saalke	Schillerstr. 11	75365	Calw	mittel
Herrn	Herbert	Wittke	Am Wiesenweg 17	75175	Pforzheim	mittel
Frau	Andrea	Sturm	Bahnhofstr. 21	72202	Nagold	kurz
Frau	Michaela	Stein	Rathausplatz 3	72213	Altensteig	lang
Herrn	Markus	Steiger	Brunnenstr. 12	72218	Wildberg	lang
Frau	Sylvia	Kerner	Oberdorfstr. 78	72270	Baiersbronn	kurz
Herrn	Gustav	Schmidt	Auf der Höhe 8	72250	Freudenstadt	mittel

Teil 1: Textgestaltung

Situation

G. Schwarz betreibt in Freudenstadt seit Längerem eine erfolgreiche Rad-Akademie, die viele Dienstleistungen und Reisen rund ums Radfahren anbietet. Wie jedes Jahr plant Herr Schwarz auch für 2010 die beliebte „SCHWARZWALD CYCLASSICS", eine Radtouristikfahrt (RTF), bei der Hobby-Radfahrer zusammen mit Profi-Radfahrern gemeinsam in einem Team starten können. Die Profis verzichten auf ihre Gage und alle Einnahmen werden für einen sozialen Zweck gestiftet. Die Teilnehmer können sich für drei verschiedene Distanzen anmelden.

Sie sind Mitglied im Organisationsteam für diese RTF. Ihre Aufgabe ist es, ein Informationsblatt für die Veranstaltung zu entwerfen.

Aufgaben

1 Öffnen Sie eine neue Datei. Ergänzen Sie in der Kopfzeile Ihren Namen und die Klassenbezeichnung. Erfassen Sie die Angaben für das Informationsblatt auf einer A4-Seite nach DIN 5008.

2 Text

15. SCHWARZWALD CYCLASSICS

Termin: Sonntag, 21. März 2010; Startgebühr: 20 EUR; Start/Ziel: Gemeindehalle in Freudenstadt; Kurzdistanz: 80 km, Mitteldistanz: 120 km; Langdistanz: 175 km

Folgende Profis starten: Stefan Schuhbinder, Sebastian Kurz, Andreas Kröten, Mike Schlau und Marcel Wüste. Alle Einnahmen spenden wir einem guten Zweck. Wir freuen uns auf Ihre Teilnahme an der Radtouristikfahrt. Ausschreibung und Anmeldung sowie Download der Streckendaten unter www.radakademie.de/classic-schwarzwald.htm.

Veranstalter: Rad-Akademie GmbH, Am Marktplatz 5, 72250 Freudenstadt,
☏ 07441 2379-87; 🖷 07441 2377; 🖃 info@radakademie.de, www.radakademie.de

3 Gestalten Sie das Infoblatt werbewirksam und berücksichtigen Sie dabei folgende Angaben:

- Gestalten Sie die Überschrift in WordArt.
- Verwenden Sie mindestens 4 Formatierungsmöglichkeiten.
- Formatieren Sie geeignete Inhalte mit Aufzählungszeichen oder tabellarisch.
- Verwenden Sie einen Seitenrand mit Effekt und fügen Sie eine Grafik ein.

Technische Hinweise

Hinweise für den Druck werden von der Fachaufsicht gegeben.

Teil 2: Textformulierung

Situation

Nachdem sich zahlreiche Teilnehmer für die Veranstaltung angemeldet haben, werden Sie beauftragt, Anmeldebestätigungen mit Angabe der Startzeit zu versenden. Die Teilnehmer der Langdistanz starten um 08:00 Uhr, die Fahrer der Mitteldistanz um 09:00 Uhr und die Radler der Kurzdistanz um 10:00 Uhr.

Aufgaben

1 Formulieren und gestalten Sie nach DIN 5008 einen Serienbrief. Benutzen Sie die vorhandene Briefvorlage und die Datenquelle ANMELDUNG-DAT. Sie sind Sachbearbeiter/-in; ergänzen Sie Ihr Kurzzeichen und die Durchwahl 34. Den Brief unterschreibt Herr Schwarz.

2 Berücksichtigen Sie folgende Punkte:

- Startzeit (Bedingungsfeld einfügen)
- Einchecken bis 30 Min. vor dem Start bei der Rennleitung
- Verpflegungsstationen alle 30 km
- Radtrikot als Erinnerung

- buntes Rahmenprogramm
- Verlosung von tollen Sachpreisen

3 Ergänzen Sie folgende Anmeldungen in der Datenquelle ANMELDUNG-DAT:

Ralf Tienger, Marktplatz 17, 75175 Pforzheim, Kurzdistanz
Gerda Schmitz, Steinstr. 11, 72213 Altensteig, Mitteldistanz
Vera Ranke, Untere Mühle 9, 75175 Pforzheim, Langdistanz

4 Speichern und Drucken

- Speichern und drucken Sie die Datenquelle ANMELDUNG-DAT.
- Speichern Sie das Hauptdokument unter BESTÄTIGUNG-SER.
- Drucken Sie das Hauptdokument mit den Seriendruckfeldern.
- Selektieren Sie die Briefe an die Teilnehmer aus Pforzheim.
- Speichern Sie die selektierten Briefe unter BESTÄTIGUNG-ANW.
- Drucken Sie Papier sparend

Technische Hinweise

Hinweise für den Druck werden von der Fachaufsicht gegeben.

Prüfung Sommer 2010

Organisatorische Hinweise

Die unten stehenden Daten sind vor Prüfungsbeginn in einer Datenquelle zu erfassen und als Datei MARKETING-DAT für jeden Prüfungsplatz zu speichern.

Firma	Anrede	Vorname	Name	Straße	PLZ	Ort
Müllers Gartencenter	Frau	Eva	Müller	Seestr. 17	72108	Rottenburg
Rolladen Rat	Herrn	Peter	Rat	Torstr. 87	72760	Reutlingen
Maler Schmid	Frau	Rosa	Schmid	Talstr. 63	72108	Rottenburg
Fliesen Meier	Herrn	Anton	Meier	Bergstr. 5	72074	Tübingen
Bürohaus Blum	Frau	Jutta	Blum	Kiefernstr. 4	72760	Reutlingen
Designbüro Nill	Herrn	Roland	Nill	Grabenstr. 43	72116	Mössingen
Immobilien Reibold	Herrn	Uwe	Reibold	Sonnenbergstr. 23	72108	Rottenburg
Küchen Hahn	Frau	Stefanie	Hahn	Rammertblick 54	72072	Tübingen
Autohaus Bader	Frau	Melanie	Bader	Industriestr. 22	72145	Hirrlingen

Teil 1: Textgestaltung

Situation

Sie arbeiten bei Online-Marketing FESCH GmbH, Europaplatz 10, 72072 Tübingen, ☎ 07071 4545-10, 📠 07071 4545-40, ✉ Online-Marketing@t-online.de. Ihr Vorgesetzter bittet Sie, einen Flyer zu entwerfen, der das Programm für das Seminar „Online-Marketing" enthält.

Aufgaben

1 Öffnen Sie eine neue Datei. Ergänzen Sie in der Kopfzeile Ihren Namen und die Klassenbezeichnung. Erfassen Sie die Angaben für den dreispaltigen Flyer auf einer A4-Seite nach DIN 5008 im Querformat. Die Seitenränder sind oben 1,5 cm; links, rechts und unten jeweils 1 cm.

2 Text der 1. Spalte

Schulungsprogramm für das Seminar „Online-Marketing" am 3. August 2010 im Tagungshotel Fortuna, Reutlingen

3 Text der 2. Spalte

Programm

08:30 Uhr	Begrüßung, Frau Maria Felix
08:45 Uhr	Eröffnungsvortrag: Möglichkeiten des Internets zur Kundengewinnung und Kundenbindung, Frau Andrea Eck
10:00 Uhr	Kaffeepause
10:30 Uhr	Vorträge zur Auswahl: Marketinginstrumente online, Herr Klaus Kemmler; Kundenansprache im Internet, Frau Anja Fallier
12:00 Uhr	Mittagspause
13:00 Uhr	Workshops zur Auswahl: Informationsverhalten im Internet, Frau Anja Fallier; Anzeigen in Suchmaschinen, Herr Klaus Kemmler; Gestaltungsmöglichkeiten der E-Mail-Kommunikation, Herr Florian Höfle
17:00 Uhr	Seminarende

4 Text der 3. Spalte

Besser werden durch besser werben!
Online-Marketing FESCH GmbH (Absenderangaben mit geeignetem Logo)

5 Gestalten Sie das Schulungsprogramm übersichtlich und verwenden Sie mindestens drei Formatierungsmöglichkeiten Ihres Programms.

6 Speichern Sie das Schulungsprogramm unter dem Dateinamen SCHULUNGSPROGRAMM.

Technische Hinweise

Hinweise für den Druck werden von der Fachaufsicht gegeben.

Teil 2: Textformulierung

Situation

Ihr Vorgesetzter gibt Ihnen den Auftrag, eine Einladung zu der Schulung „Online-Marketing" zu schreiben.

Aufgaben

1 Formulieren und gestalten Sie nach DIN 5008 einen Serienbrief. Benutzen Sie die in Ihrem System vorhandene Dokumentvorlage für den Geschäftsbrief. Fügen Sie den Namen und das Logo des Unternehmens in den Briefkopf ein. Ergänzen Sie Ihr Kurzzeichen, Durchwahl 12, Sachbearbeiter/-in sind Sie. Den Brief unterschreiben Sie im Auftrag. Verwenden Sie die vorhandene Datenquelle MARKETING-DAT.

2 Formulieren Sie die folgenden Punkte:

- Seminar „Online-Marketing" am 3. August 2010 im Hotel Fortuna, Reutlingen
- Fachvorträge und Workshops zu den Themen Kundengewinnung und Kundenbindung
- Hinweis auf beigefügtes Programm
- Vorträge und Workshops können nach Bedarf zusammengestellt werden
- Präsentation der Software „Salesforce"
- Teilnehmerzahl ist begrenzt – rechtzeitige Anmeldung

3 Fügen Sie eine Fußzeile ein mit folgenden Inhalten:

Geschäftsführer:	Internet:	Bankverbindung:
Maria Felix	www.online-marketing-fesch.de	KSK Tübingen
Kurt Schneider	E-Mail:	BLZ: 641 500 20
	online-marketing@fesch.de	Konto-Nr.: 54027000

4 Speichern und Drucken

- Speichern Sie den Serienbrief (Hauptdokument) unter dem Dateinamen MARKETING-SER.
- Drucken Sie das Hauptdokument mit den Seriendruckfeldern.
- Selektieren und drucken Sie die Briefe für die Interessenten, die in Tübingen wohnen.
- Speichern Sie die selektierten Briefe unter dem Dateinamen MARKETING-ANW.

Technische Hinweise

Hinweise für den druck werden von der Fachaufsicht gegeben.